DANIELS' RUNNING FORMULA

Fourth Edition

Jack Daniels, PhD

다니엘스의
러닝 포뮬러

잭 다니엘스 지음 • 주용태 옮김

전 세계 러너들의 바이블

인간희극

∗ 일러두기

1. 원서에서는 거리 단위로 mile과 km를 대부분 병기하고 있다. 그런데 마일로만 표기된 일부분에 대해서 본 한국어판은 다음과 같이 처리하였다.

–훈련 프로그램 구성표에 있는 마일 표기는 모두 km로 변환하였다(1mile=1.6km). 독자들이 자신의 러닝 훈련에 바로 적용할 수 있도록 하기 위해서이다.

–내용상 마일로 표기되어 있어도 이해하는 데 아무 불편이 없는 부분은 그대로 두었다. 예: 나는 팀의 장거리 주자가 하루에 6마일을 달린 날, 단거리 선수가 2마일만 달렸다고 해서 단거리 선수를 폄하하지 말라고 다독인다.

–이 밖에 마일로 표기했을 때만 의미 있는 내용들은 영미권 국가에서 개최되는 해외 마라톤 대회에 참가했을 경우 참고가 될 수 있으므로 그대로 남겨두었다.

2. 이 책은 "러닝 포뮬러" 라는 제목에 걸맞게 훈련 내용을 기호로 표기하였다. 처음엔 다소 어색하더라도 한번 익숙해지면 훨씬 더 직관적으로 훈련 내용을 숙지할 수 있을 것이다. 표기법에 대해서는 본문에서도 필요할 때마다 자세히 설명되어 있지만 간략하게 소개하면 다음과 같다.

– × 뒤의 숫자는 반복 횟수이다. + 뒤의 내용은 추가되는 훈련이다. ( ) 안의 내용은 1회 러닝당 회복의 조합이다. jg는 회복조깅을 뜻한다. [ ] 안의 내용은 반복 횟수를 포함한 세트 횟수이다. 원서에서는 W를 워킹의 약어로 사용하였으나 본 한국어판에서는 다른 주요 훈련의 약어와 혼동을 피하기 위해 그냥 "걷기" 로 표기하였다.

예: (R 200m + jg 200m)×8 + L 90분 + 걷기 10분 [3세트]

3. 원서의 race를 본 한국어판에서는 "레이스", 혹은 "대회" 로 표기하였다. 대회 참가를 훈련의 하나로 설정하여 프로그램에 추가한 경우를 나타내는 표현인데, 참여할 대회가 많지 않은 우리나라 상황에 비춰 볼 때 몇몇 동료들과 함께하는 경쟁적인 러닝이나 혼자 실시하는 기록주(time trial)를 이 race에 대응시켜도 큰 무리는 없으리라 생각된다.

4. 본 한국어판에서 역자의 주는 가독성을 위해 본문 내에 서체를 달리하여 수록하였다. 생소한 용어나 궁금한 내용에 대한 역자의 설명을 바로 확인할 수 있을 것이다.

헌정사

이 책을 나의 아내 낸시Nancy에게 헌정하게 된 것을 큰 영광으로 생각한다. 낸시는 나의 가장 친한 친구이고, 내가 세상에서 가장 감사하는 사람이자 우리의 아름다운 두 딸 오드라Audra와 사라Sarah의 엄마이다.

낸시와 나는 함께 세계를 여행했다. 태국에서 같이 왕족을 만났고 달리는 열차에서 같이 뛰어내리기도 했다. 이 많은 흥미로운 시간을 같이하면서 낸시는 뉴잉글랜드 챔피언십 타이틀을 열 번 획득했고 두 번의 올림픽 선발전에 출전했다. 그녀는 두 번의 유방암 진단을 받았고 PTSD(심리적 외상 후 스트레스 장애)를 겪으면서도 정식 간호사가 되었다. 낸시가 만난 모든 사람은 동정심 많은 아내에 대해 격려의 말만 전한다.

성공적인 달리기의 토대를 제공하는 이 책 《다니엘스의 러닝 포뮬러》의 그 어떤 한 문장도 내 옆에 낸시가 없었다면 세상에 내놓는 것이 불가능했을 것이다. 나는 《러너스 월드》가 선정한 '세계 최고의 코치'가 되는 등 여러 번 실적을 평가받고 있지만 아내인 낸시의 공헌은 인정받지 못했다. 그러나 내가 지도자로서—나이키 팜 팀, 코틀랜드 뉴욕 주립 대학교, 브레바드 컬리지, 웰스 컬리지의 코치로서—오랫동안 성공을 거둘 수 있었던 것은 틀림없이 낸시가 옆에 있어 주었기 때문이다. 낸시는 이 팀에 있던 모든 선수의 심장이자 영혼이었다. 그녀 자신이 엘리트 선수였기 때문에 풍부한 경험을 바탕으로 다른 선수들을 위해 각종 대회에서 코스, 기상 컨디션이 달라도 항상 올바른 판단을 내렸다. 나에게, 또 우리 팀에게 "바꿀 수없는 존재"란 말은 재능이 넘치고 최고의 반려자인 아내 낸시에 가장 어울리는 표현일 것이다.

한국어판 출간에 부쳐

옮긴이 **주용태**

역자는 30년 넘게 춘천마라톤 운영에 관여했습니다. '가을의 전설'이라 불리는 춘천마라톤이 1991년 서울에서 춘천으로 옮겨가 95년 국제대회로 승격하고, 96년 일반인에게 문호를 개방하는 등 춘천마라톤 역사 절반 이상을 함께하며, 김완기 선수와 권은주 선수의 한국기록 수립도 현장에서 지켜보았습니다.

90년대 중후반 황영조, 이봉주, 김이용, 백승도 등 마라톤 강국 한국을 대표하는 선수들이 당시 세계기록 보유자 벨라이네 딘사모 등 해외 정상급 건각들과 백중세를 보이며 춘천 호반을 질주하는 모습은 아직도 눈에 선합니다. 그런 선수를 섭외하고 멋진 승부의 장을 준비하면서 많은 자부심과 보람을 느꼈던 시절이었습니다.

하지만 언제부터인가 춘천마라톤뿐 아니라 국내 메이저 대회의 선두는 아프리카 선수 일색으로 채워지고 국내 남자 선수는 2시간 10분을 넘지 못하는 침체기에 빠져있습니다. 점점 벌어지는 실력 차를 현장에서 확인하면서 대회 주최자로서도 많은 무력감을 느꼈고, 결국 2022년 춘천대회는 국내 대회로만 치렀습니다. 해외 유수 선수를 불러 경쟁을 통해 국내 선수의 경기력을 향상시키자는 국제대회의 목적이 무의미해졌기 때문이었습니다.

엘리트 마라톤의 침체라는 아쉬움을 뒤로하고 2023년 역자는 춘천마라톤을 떠났습니다. 선수들에게 경쟁의 장을 마련하고 사기를 진작한 것에는 나름 역할을 했습니다만 선수들의 기량 향상에는 아무런 기여를 하지 못했다는 반성과 후회가 남았습니다. 이후 지방 마라톤대회 컨설팅과 마라톤 콘텐츠 사이트를 운영하며 미력이나마 마라톤 발전에 기여를 고민하고 있던 차에 인간희극 이송준 대표로부터 잭 다니엘스 박사가 쓴 ≪다니엘스의 러닝 포뮬러≫의 국내 출판에 대한 제안을 받았습니다.

어쩌면 우리 마라톤의 침체가 제대로 된 마라톤 이론서가 없는 것도 원인일 수 있다는 생각에 흔쾌히 힘을 보태기로 마음먹었습니다. 그리고 일찍이 다니엘스와 이 책의 명성을 알고 있었고, 첫판이 나온 지 25년이 지나 한국에 소개되는 것에 만시지탄이 들기도 하여 결정에 많은 시간이 걸리지 않았습니다. 그리고 무엇보다 역자가 춘천마라톤 참가자를 위한 '마라톤 교실'에서 다니엘스의 이론을 인용하기도 하여 내용도 생소하지 않았습니다.

역자는 전문 번역가는 아닙니다만 스스로 원작을 깊이 이해하고 체험하고 제대로 느꼈다면 일반 독자에게도 이를 체험하고 느끼게 할 수 있겠다는 생각이 들어 용기를 냈습니다. 역자도 마라톤을 시작했을 때 다양한 외국의 이론서를 접하며 진지하게 기록향상을 꾀한 적이 있었고 이런 경험을 춘천마라톤 참가자들과 공유하기도 했습니다. 원서의 내용을 이해하고 체험했기에 번역에 큰 어려움이 없었는지도 모르겠습니다.

그럼 이 책을 먼저 접하고 번역을 하면서 느꼈던 몇 가지 점을 독자들과 공유하고자 합니다. 우선 저자는 올림픽 메달리스트 선수 출신이자 운동생리학을 전공한 학자이기도 합니다. 소위 문무를 겸비한 교습자로 이 책에는 실제 본인의 연구와 지도, 경험을 바탕으로 객관적인 통계와 정량적인 근거를 제시하고 있습니다. 자동차에 비유하면 다른 많은 이론서들이 단순한 사용 매뉴얼이라면 이 책은 보닛을 열어 내연기관까지 파헤쳐 놓은 구체적인 전문서입니다. 따라서 본서는 올림픽 수준의 엘리트 선수부터 아마추어 러너까지 망라하고 있어 달리기를 시작한 학생이 국가대표가 되어도 이 한 권으로 충분히 이론을 뒷받침할 수 있을 것입니다. 달리기를 본격적으로 해보고자 하는 러너에게는 최적의 교과서이자 나침반이라고 할 수 있습니다.

무엇보다 다니엘스가 이 책에서 강조하는 것은 명확성과 일관성입니다. 각 장(章)의 훈련에서 그는 너무나도 자주 "지금 이 훈련의 목적은 무엇인가?", "오늘 왜 이 훈련을 하나?"라는 질문을 러너와 코치에게 반복해서 던집니다. 각각의 훈련 타입에 신체가 어떻게 반응하는지 이해하는 사람이 의외로 적다고 지적하며, 훈련 목적을 정확히 파악하고 있어야 적은 노력으로 큰 효과를 거둘 수 있다고 강조합니다. 그는 "빠르게 달리는 훈련을 하는 게 아니라, 레이스에서 최적의 퍼포먼스를 낼 수 있는 똑똑한 훈련을 해야 한다"고 했습니다. 훈련에서 무조건 빨리 달린다고 대회에서 좋은 결과를 보증하지 않는다는 말입니다. 따라서 모든 훈련 메뉴도 그 생각에 근거하고 있습니다.

다음은 일관성입니다. 잭 다니엘스는 과정을 중시하는(process-driven) 코치로 잘 알려져 있습니다. 일관된 훈련을 실시하는 것만이 성공으로 향하는 가장 중요하고 유일한 길이라고 주장합니다. 이 일관성이라는 것은 과거에 집착하거나 먼 미래의 것을 몽상하는 게 아니라 눈앞의 과제에 집중하여 일관되게 훈련하면 그 앞에 최고의 목표가 보인다는 뜻입니다. 그는 트레이닝뿐 아니라 휴식, 영양 섭취에서도 이런 일관성을 중시하며 일관성은 트레이닝 프로그램에서 가장 큰 효과를 얻는 포인트라고 강조합니다.

이 책의 핵심은 과학적인 입증과 함께 너무나 유명해진 'VDOT 시스템', E, M, T, I, R로 대표되는 '훈련의 종류와 강도' 그리고 '다양하고 구체적인 훈련 프로그램'입니다. 이 책을 통해 이 세 가지만 제대로 이해하고 활용할 수 있다면 소기의 성과를 거두었다고 할 수 있으며, 더 나아가 이를 응용, 확대해갈 수 있을 것으로 생각합니다. 달리기 전문지인 《러너스월드》는 VDOT를 '매직 넘버'로 표현하고 있습니다. 지금 자신의 실력은 물론, 현재 10km의 기록으로 하프코스, 풀코스 기록을 예상할 수 있고, 풀코스 목표를 달성하기 위해 어떤 훈련을, 어떤 강도로 해야하는지 일목요연하게 나열해놓았기 때문입니다. VDOT 값의 범위는 30(초보)에서 85(정상급 엘리트)입니다. 얼마 전 자동차 사고로 사망한 세계기록 보유자 켈빈 킵툼은 목표한 대회를 앞두고 4개월에 걸쳐 빌드업을 해나간다고 자신의 훈련법을 공개한 적이 있습니다. 다니엘스는 시즌에 맞춰 훈련 프로그램을 만들 때 4가지 단계로 나눠 빌드업하는 과정을 상세히 설명하고 있습니다. 또한 여러 사정에 따라 단계별 소요 기간을 조정하는 등 매우 유연성 있게 훈련을 쌓아갈 수 있는 가이드라인을 제시하고 있습니다.

본서에는 선수뿐 아니라 일선의 육상 지도자들도 참고할 사항들이 많습니다. 세계적 선수를 길러낸 다니엘스의 훈련법 속에는 당연하게도 팀 훈련에서 어떻게 선수의 소질을 발굴하고 동기부여를 할 수 있는지 구체적인 예로 설명되어 있습니다. 즉, 지도자는 자신의 선수를 강점과 약점을 모두 지닌 한 사람의 인간이라고 생각하고 다루어야 하며, 각각의 러너가 좋은 것은 내면화하고 나쁜 것은 표면화시키는 낙천주의자가 되도록 가르치는 것을 목표로 해야 한다고 주장합니다. 그는 무작정 내달리려는 선수들의 목덜미를 잡고 현실적이고 달성 가능한 숫자로 훈련시킴으로써 호안 브누아 사무엘슨, 라이언 홀, 메리 슬레이니와 같은 세계적 달리기 선수들을 배출해냈습니다. 다니엘스는 선수가 실수를 하면, 아주 느리게 훈련시켰습니다. 그는 확실히 채찍을 휘두르는 권위주의자가 아닌 '덕장'이었습니다. 실제 다니엘스는 잘못된 교습자들의 지도 사례를 구체적으로 들고 있어 우리 교습자들에게도 좋은 지침이 될 것으로 생각합니다.

구색을 맞춘다는 점에서 하나 아쉬운 것은 부상 관련 정보가 부족한 점입니다만, 거꾸로 말하면 저자의 전문이 아닌 분야는 어설프게 다루지 않은 것 같습니다. 그 점은 제17장 울트라 마라톤에서도 볼 수 있습니다. 자신이 가르친 경험이 없는 울트라 거리는 제자 중 울트라 마라톤에서 활약하는 선수의 인터뷰로 다루었습니다. 반면 부상을 당한 후에 다시 복귀할 때의 훈련적응에 대해서는 매우 상세하게 다루고 있으므로 모든 종목과 훈련 수준에 걸쳐 적용해 볼 수 있을 겁니다.

또한 이 책은 무엇보다 도표가 중요합니다. 다소 복잡해 보이지만 이 표만으로도 초보자부터 올림픽 주자에 이르기까지 모든 수준의 선수들이 훈련의 종류와 강도를 정할 수 있고 더불어 자신의 목표를 설정할 수 있습니다. 본문 없이 표만으로도 이 책의 가치는 충분하다고 해도 과언이 아닙니다. 특히 이 책의 핵심 콘텐츠라고 할 수 있는 제5장 VDOT 시스템의 내용 중 80%는 표로 이뤄져 있습니다. 따라서 표 해독법을 숙지할 필요가 있습니다. 또 원문에 서술형으로 된 복잡한 훈련 포뮬러(공식)는 수학 기호를 사용하여 단순화했습니다. 우리에게 익숙한 초등학생 수준의 기호와 약어를 사용한 만큼 잘 이해하여 혼란이 없도록 주의해 주시기 바랍니다. 표를 잘 해석하면 본문을 읽지 않고 표만으로 내용을 이해할 수도 있을 겁니다.

한편, 마일을 km로 변환하면서 오는 복잡함에 대해서도 얘기하고자 합니다. 원서에는 거리(훈련량)가 마일 위주로 표시되어 이를 km로 변환하는 과정에서 소수점이 생겨 실제 훈련에서 번거로워질 수 있습니다. 하지만 실제 훈련에서는 소수점 이하의 거리까지 포함해서 훈련해야 훈련의 효과를 제대로 얻을 수 있습니다. 실제 원서의 제3판에서 VDOT 일람표의 소수점을 생략했다가 독자들이 불편함을 호소하여 제4판에서 다시 소수점을 표시했다고 합니다. 물론 이 소수점이 미터로의 환산에서 발생한 것은 아니지만 소수점 이하의 거리도 중요함을 말해주고 있습니다.

이 책의 핵심은 선수의 감각에 의지하고 있던 부분을 연구와 실험을 통해 수치화하여, 알기 쉬운 도표와 그래프로 구체화한 것입니다. 다니엘스가 수십 년에 걸쳐 연구한 운동생리학과 현장에서 체득한 훈련법은 첫판이 나온 후 4반세기에 걸쳐 전 세계의 독자들에게 '러닝 바이블'로 자리잡고 있지만, 다소 어렵고 복잡한 면도 분명 있습니다. 그러나 본서를 일독하면 전문적인 수준에서 달리기에 대한 이해를 크게 향상시켜 줄 것입니다. 아무쪼록 본서를 통해 한 단계 높은 수준에서 달리기를 이해하고 러닝에 대한 새로운 동기부여를 얻기 바랍니다.

1933년생인 잭 다니엘스는 ROTC 출신으로 6.25전쟁에 참전하여 우리와의 인연도 있습니다. 평생을 달리기와 함께한 사람이 내놓은 필생의 역작 ≪다니엘스의 러닝 포뮬러≫를 국내 독자에게 소개하게 된 것에 큰 보람을 느낍니다. 그리고 무엇보다 이 책이 우리나라 육상의 저변확대와 선수들의 기량향상에 조금이나마 보탬이 된다면, 그것만으로도 감사하게 생각합니다.

2024. 2. 29.

Contents

Part II 달리기 공식 적용하기

추천사 1

이봉주

— 1995 동아마라톤대회 우승
— 1996 제26회 애틀란타 올림픽 마라톤 은메달
— 1998 방콕 아시안게임 마라톤 금메달
— 2000 도쿄 국제마라톤대회 2위(한국 신기록: 2:07:20)
— 2001 제105회 보스턴 마라톤대회 우승
— 2002 부산 아시안게임 마라톤 금메달
— 2007 서울 국제마라톤 우승

해마다 각 지역에서 개최되는 마라톤 대회에 초청받아 팬사인회를 갖곤 합니다. 들뜬 표정으로 애지중지하는 모자에, 싱글렛에, 신발에 사인을 받고 함께 사진을 찍자고 요청하는 러너들로부터 저도 많은 에너지를 얻게 됩니다. 이렇게 러닝을 즐기는 사람들은 매년 늘어나고 있음을 실감하게 됩니다만 마라톤 2시간의 벽 붕괴를 목전에 둔 세계 무대에서 실력을 견줄 수 있는 엘리트 마라토너가 등장하지 않고 있는 점은 아쉽기만 합니다. 큰 나무가 자라려면 그에 걸맞는 토양이 필요합니다. 거창하게 말하면 인프라겠고, 단순하게 말하면 러닝을 배우고 가르치는 사람이 더 많아져야 합니다. 그런 점에서 《다니엘스의 러닝 포뮬러》 한국어판이 출판된다는 소식이 무척 반가웠습니다.

이 책의 저자 잭 다니엘스 코치는 최대 산소섭취량을 바탕으로 한 과학적이고 실용적인 VDOT 훈련 프로그램을 개발하여 엘리트 선수들에게도 익히 알려진 이름입니다. 특히 이 책은 어떤 수준의 러너도 쉽게 자신의 훈련 페이스를 설정할 수 있도록 구성되어 있기 때문에, 짧은 만남에서 어떻게 하면 좀 더 잘 뛸 수 있냐고 묻는 진지한 러너들에게 추천할 수 있어서 기쁘게 생각합니다.

전 세계적인 달리기 지침서로 널리 애용되어 온 이 책이 이제야 한국에 선보인 것이 다소 늦은 감이 있습니다만, 이렇게 우리말로 번역되어 쉽게 그의 이론을 접하게 된 것은 무척 다행스러운 일입니다. 개인적인 인연은 없지만 춘천마라톤을 기획하고 진행해와 오랫동안 마라톤 업무를 해온 전 조선일보 주용태 단장의 번역이라 더 믿음이 갑니다.

러닝은 테크닉도 중요하지만 심리적인 면도 굉장히 중요합니다. 그래서 믿고 의지할 만한 교본이 필요한데 《다니엘스의 러닝 포뮬러》는 현장의 육상 지도자들에게 매우 참고가 될 것으로 생각합니다. 그리고 과학적으로 입증된 프로그램으로 훈련을 했다는 자신감은 엘리트 선수들은 물론 아마추어 동호인들의 경기력 향상으로 이어질 것이 분명합니다.

뛴다는 것은 참으로 즐겁고 축복받은 일입니다. 화창한 날씨 속을 달리다 보면 세상이 온통 내 것이 됩니다. 그리고 점점 더 잘 뛰고 싶어집니다. 모처럼 매우 의미 있는 러닝의 교본이 출판된 만큼 일선의 선수나 코치뿐 아니라 육상 꿈나무 여러분에게도 좋은 길잡이가 되길 바랍니다. 언젠가 우리나라에도 2시간의 벽을 두드릴 선수가 등장하길 기대하면서 《다니엘스의 러닝 포뮬러》를 적극 추천합니다

2024. 2.

마라토너 이봉주

추천사 2

로버트 허드슨

— 2022 JTBC 마라톤 일반부 우승(2:26:16)
— 2023 서울 국제마라톤 일반부 우승(2:24:01)
— 2023 JTBC 마라톤 일반부 준우승(2:28:09)

저, 로버트 허드슨은 《다니엘스의 러닝 포뮬러》 한국어판에 추천사를 쓰게 되어 영광스럽게 생각합니다. 이 책을 자세히 살펴보기 전에 저의 달리기 경력을 간단히 소개하겠습니다. 저는 2015년 초에 달리기를 시작했는데 처음 몇 년 동안 러닝에 대한 지식이 거의 없었고, 효율적인 훈련법과 레이싱 전략에 대한 지식도 '전무'했습니다. 하지만 저는 젊은 시절 쭉 축구를 해왔기 때문에 기초 체력이 갖춰져 있었습니다. 제 러닝 철학은 간단했습니다. 저는 신발끈을 매고, 밖으로 나가 최대한 열심히 뛰었고, 피곤해져 달릴 수 없을 때까지 달렸습니다. 쉬운 단거리 러닝은 고려 대상이 아니었습니다. 워밍업을 하거나 스트레칭조차도 하지 않았습니다. 20~30km 장거리주를 할 때는 항상 급수와 보급, 휴식을 위해 편의점에 들러야 했습니다. 요약하자면 저는 순수한 아마추어였고 야외 활동을 좋아하기 때문에 그렇게 했습니다.

아무런 지식 없이 시작했지만 경험이 쌓일수록 위의 관행은 점점 개선되었습니다. 저는 가끔 동네 근처 대회에 참가했는데 훈련의 체계는 없었지만 하프 마라톤에서 1시 35분대에서 1시 20분대까지 기록이 향상되었습니다. 이렇게 잠깐 기록이 향상된 후 바로 답보 상태에 빠지는 경우가 많은데, 이 시점에서 많은 러너들이 달리기를 그만두게 됩니다.

도쿄 마라톤에 참가했던 2018년으로 돌아가 보겠습니다. 이때 2시간 43분에 완주하면서 러닝 실력이 크게 향상되었습니다. 하지만 빌드업이 스트레스였고 장경인대염과 무릎에 잦은 위화감 등 온갖 사소한 부상에 시달렸습니다. 무모하게 훈련을 늘린 것이 주된 이유였습니다. 그래서 러닝에 더 깊게 천착하기 시작했습니다. 그때부터 저는 열정적으로 다양한 엘리트 코치와 러너들의 자서전을 읽었습니다. ≪다니엘스의 러닝 포뮬러≫와 같은 책은 레이스를 앞두고 훈련 과정을 이해하는 데 매우 중요합니다.

≪다니엘스의 러닝 포뮬러≫는 주자들이 자신의 훈련과 경기력을 높이는 방법을 어떻게 설정해야 하는지에 대한 매우 간결하고 상세하며 심층적인 책입니다. 이 책의 저자는 주자들이 거쳐야 할 '단계'에 대해 명확하게 설명해 주고 있는데, 독자분들이 이 책을 본격적으로 읽기 전에 몇 가지 유념할 것을 소개하고자 합니다.

우선, 잭 다니엘스는 누구인가? 잭 다니엘스를 잘 모르시더라도, 이 책은 그가 왜 오늘날 우리가 주로 실시하는 많은 훈련 단계와 훈련법의 창시자인지에 대해 이해할 수 있게 해줄 것입니다. 다니엘스는 경기력을 향상시키는 과학적으로 입증된 훈련 방법으로 광범위한 경험을 쌓은 미국 출신의 유명한 러닝 코치입니다. 다니엘스는 ≪러너스 월드≫에 의해 "세계 최고의 러닝 코치"로 선정되었으며, 코틀랜드 대학 선수들이 8개의 NCAA Division III 전국 선수권 대회에서 31개의 개인 타이틀을 획득하도록 이끌었고 130명 이상의 선수를 전미(全美) 선수권에 출전시켰습니다. 또한 다니엘스는 7명의 미국 올림픽 대표 선수를 길러냈고 수십 명의 올림픽 대표 선수와 메달리스트에 조언했습니다. 그렇게 그는 자신의 독특한 훈련 철학을 설명하는 이 책 ≪다니엘스의 러닝 포뮬러≫의 초판을 1998년에 처음 발표하여 세계적으로 명성을 얻었습니다.

제가 아는 한, 러너들이 부상을 당하지 않으려면 천천히 그리고 체계적으로 근력을 키우는 것이 핵심이라고 생각합니다. 다니엘스 역시 스스로에게 "나는 오늘 왜 달리나?", "이 훈련의 목적은 무엇인가?"를 자문하는 것이 중요하다고 말합니다. 훈련이 항상 재미 있을 수는 없지만, 보람이 있어야 하며 달릴 때마다 신체의 어느 부위가 단련되고 있는지 알아야 합니다. 러너로서 자신의 몸을 알고 몸에 귀를 기울이는 것이 매우 중요합니다. 저는 소셜 미디어에서 다른 러너의 인상적인 훈련을 보고 몸이 준비되지 않은 상태에서 고강도 훈련을 하는 함정에 빠지기도 했습니다. 이렇게 하면 훈련에 큰 해가 될 수 있습니다. 다니엘스는 몸이 준비되어야만 최대한 힘을 발휘할 수 있으며, 그렇지 않으면 훈련에 집중력이나 목적이 결여된다고 지적합니다. 사실 저도 내부적으로 자신의 몸에 초점을 맞추지 않고 스트라바Strava 등 외부적인 동기 부여에 휩쓸리기 때문에 최근 훈련 목적으로 소셜 미디어를 이용하는 것을 줄이고 있습니다.

≪다니엘스의 러닝 포뮬러≫의 첫 장을 읽으면 그가 자신의 훈련 원칙을 고수하는 것을 알게 됩니다. 이것은 책의 전체 주제와 연결되어 있고, 이런 원칙이 여러분에게 장기적으로 더 나은 훈련을 하고 경기력을 향상시키는 방법을 가르쳐 줄 것으로 나는 믿고 있습니다. 이 책에는 단거리, 중거리 및 장거리 등 모든 종목의 주법에 대한 조언이 실려 있습니다. 대회를 앞두고 있다면 이에 맞춰 제공된 보통 12주에서 18주에 걸친 세부적인 프로그램 템플릿으로 훈련 계획을 수립할 수 있습니다.

다니엘스의 러닝 접근법 기초는 다음과 같은 원칙에 근거하고 있습니다.

주요 훈련 원칙

1. 몸이 훈련 스트레스에 어떻게 반응하는가?
2. 훈련의 구체성

3. 성취율과 개인적 한계
4. 유지의 용이성

저는 다니엘스로부터 신체 스트레스에 대한 두 가지 반응이 있다는 것을 배웠는데, 그것은 강한 스트레스에 대한 즉각적인 반응과 그에 동반되는 훈련 효과 반응입니다. 강한 스트레스는 즉각적인 반응으로 종종 힘들고 숨을 헐떡이게 만들지만 훈련 효과는 신체가 이 스트레스에 적응하여 이제 그 훈련을 여러 번 반복할 있게 만드는 것입니다. 예를 들어 동일한 시간과 회복으로 1,000m를 10회 반복하는 것이 가능해집니다.

다니엘스는 더 많은 마일리지(주행거리)를 주창하고 있는데, 그의 훈련의 구체성은 간단합니다. 달리고, 또 더 많이 달리라는 것입니다. 몸에 적절하게 스트레스를 가할 때 우리의 신체 시스템은 가장 큰 효과를 보게 됩니다. 여러분은 5K나 10K 대회에 나가나요? 아니면 하프나 풀코스 마라톤을 위해 훈련하나요? 그에 따라 훈련의 구체성을 설정하면 될 것입니다.

제3장에서 다니엘스는 "VDOT"의 활용을 강조합니다. 정확한 $\dot{V}O_2max$ 수치는 실험실에서나 측정이 가능하기 때문에 대부분의 아마추어 러너들은 자신의 수치를 잘 모릅니다. 하지만 다니엘스는 러닝 이코노미에 대한 표준값 사용을 주창하고 있는데, 그 값은 한 번 참가한 대회 종목의 기록으로 설정할 수 있습니다. 이 체력("VDOT") 수치는 훈련 및 대회 예상기록 산출 목적으로 적용할 수 있습니다. 이 부분을 읽고 직접 사용해 보시기를 추천합니다.

4~7장에서는 우리가 할 수 있는 다양한 종류의 훈련법과 부상 위험을 줄이면서 안전하게 주행거리를 늘리는 방법에 대해 중점적으로 설명합니다. 또 인터벌 훈련 등에서 반복 훈련 사이에 얼마나 휴식을 취하고 회복해야

하는가에 대한 설명도 매우 도움이 됩니다. 특히 제4장 훈련의 유형과 강도에서 중요한 핵심은 "역치 달리기"가 $\dot{V}O_2max$의 약 85~88% 또는 최대심박수의 약 88~92%, 그리고 주간 주행거리의 약 10%여야 한다는 것입니다. 다니엘스의 또 다른 귀중한 팁은 '이지 러닝'이라는 개념인데, 이지 러닝은 심박수에 기반을 두고 최대심박수의 59%에서 최대 74% 사이여야 합니다. 또 다른 팁은 마라톤 훈련을 할 때 장거리주의 기준은 주간 주행거리의 20%를 초과해서는 안 되며, 여러분의 능력이나 스피드에 상관없이 장거리주는 약 2.5시간이면 충분하다는 것입니다. 더불어 장거리주에 인터벌 훈련을 끼워넣으라고 추천하는데 제 자신이 이를 실시하고 있습니다. 제4장에서 중요한 마지막 팁은 인터벌 훈련이 몸에 너무 많은 스트레스를 주기 때문에 총 10km를 넘으면 안 된다는 것입니다. 이처럼 제4장에는 러너가 따라 할 수 있는 좋은 훈련 예시가 아주 많아 매우 읽을 가치가 있습니다.

제5장에서 소개하는 훈련의 VDOT 시스템은 매우 과학적이고 적절한 테스트로 구성되었기 때문에 제가 특별히 말을 덧붙이지 않아도 될 듯합니다. 이어 제6장에서는 환경에 따른 트레이닝과 고지대 트레이닝을 다루고 있습니다. 다니엘스는 날씨 상태에 따른 대비책과 대회 때와 비슷한 조건에서 훈련을 준비하는 요령, 어떤 복장을 해야 하는지를 설명하고 있습니다. 그리고 해발 1,200~2,500m 이상에서 실시하는 고지대 훈련의 장점을 강조합니다. 고지대에서 훈련할 때는 혈구가 해수면과 같은 양의 산소를 공급받지 못하기 때문에 몸은 스트레스를 받습니다. 저는 미국(콜로라도주 볼더, 애리조나주 플래그스태프)과 케냐(이텐)의 고지대에서 경험을 했습니다만 역치 페이스로 달리는 것이 거의 불가능했습니다. 하지만 다니엘스와 많은 코치들은 노력해서 달리라고 권하고 있습니다. 제7장은 트레드밀

훈련 요령으로, 가장 중요한 요소는 강도를 정확하게 조절할 수 있다는 것입니다.

제8장에서는 체력 향상 플랜을 세우고 다양한 유형의 러너를 여러 색깔별로 수준을 나누었습니다. 이어 제9장에서는 휴식의 필요성을 설명하고 있습니다. 최고의 레이스를 펼친 후, 자신의 몸이 회복을 위한 휴식을 요구할 때, 계획대로 휴식하는 것이 분명히 더 건강한 선택입니다. 하지만 때때로 러너들은 부상과 피로로 인해 휴식을 강요당하기도 합니다. 이 장에서 다니엘스는 부상 후 안전하고 지속적으로 체력을 회복해가는 방법을 설명합니다.

제10장에서 여러분은 다니엘스가 정의하는 아래의 네 단계를 이해할 수 있을 것입니다. 다니엘스는 이 단계들을 24주에 걸쳐 실행한다고 설명하는데, 저는 이 기간 동안 향상된 체력을 유지하는 데 어려움을 겪을 대부분의 러너들에게 응원을 보내고 싶습니다.

- 기초/부상방지
- 초기 단계
- 이행 단계
- 최종 단계

11~16장은 800m 레이스부터 울트라 마라톤까지 다양한 종목을 설명합니다. 각 장마다 다니엘스는 여러분이 준비하는 대회 종목에 따라 구체적인 조언과 훈련의 예를 제공하고 있습니다. 이것은 초보 주자들에게 언제, 또 얼마나 질 높은 훈련을 추가해야 하는가를 말해줍니다. 위에서 요약한 바와 같이 다니엘스는 스피드 훈련을 실시하기 전에 기초를 튼튼하게 만들

어야 할 필요성을 강조합니다. 그의 훈련 프로그램은 주당 평균 60km에서 최대 160km까지를 망라하고 있습니다.

결론적으로, 여러분이 최고의 러너가 되기 위해서는 많은 요소가 수반되어야 한다는 것을 이 책을 통해 알 수 있을 것입니다. 그것이 이 책의 가치입니다. 이 책은 여러분이 더 나은 러너가 될 수 있는 많은 요소들을 가르쳐 줄 것이며, 과학적인 도표와 그래프, 표를 통해 흥미로운 콘텐츠를 제공하고 있습니다. 아마추어 러너인 우리들은 모두 훈련에서 실수를 저지르기 쉽습니다. 이것은 아마 대부분의 러너들이 일상 생활양식과 방대한 업무로 인해 우리 몸이 필요로 하는 회복 시간을 갖지 못한다는 것을 의미할 것입니다. 그럼에도 잭 다니엘스가 24주간의 긴 훈련 프로그램을 강조하는 것을 충분히 이해할 수 있습니다. 왜냐하면 우리 몸은 우리의 능력을 최대한 발휘하여 대회에 도전하기 전에 많은 컨디션 조절과 자극이 필요하기 때문입니다. 다니엘스가 주창하는 대로 이 책을 따라 한다면, 다음 대회에서 큰 진척을 거둘 수 있을 것으로 확신합니다.

2024. 2.

마라토너 로버트 허드슨

* 1987년생인 로버트 허드슨은 영국 스코틀랜드 출신으로 2010년 한국에 왔으며 2015년부터 전북대학교에서 영어를 가르치고 있다. 2015년 달리기 서적 등을 참고로 혼자 달리기를 시작하고 실력을 쌓아 2022년부터 주요 메이저대회를 석권하고 있다.

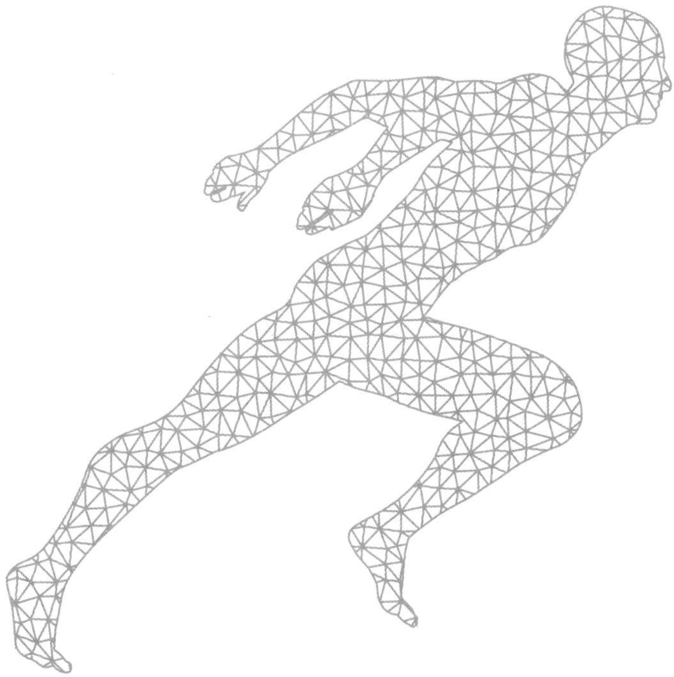

머리말

《다니엘스의 러닝 포뮬러》의 초판이 세상에 나온 것은 1998년이다. 그 이후도 러닝과 러너에 대해 나는 많은 것을 배웠다. 이미 오랜 세월을 연구와 지도에 전념해 왔는데 뭘 더 배울 게 있느냐고 의아해 하는 독자도 있을지 모르겠다. 그러나 훈련이든 레이스든 이전보다 새로운 방법, 실용적인 방법은 여전히 발견된다. 대개 점점 더 심플해지는 그런 발견들은 정말 아직 계속되고 있다. 고맙게도 '다니엘스의 트레이닝 이론' 덕택으로 큰 목표를 달성할 수 있었다고 연락하는 주자나 코치는 끊임없이 내게 격려가 되고 있다. 체력과 경기력이 향상되는 새로운 사고방식, 더 심플한 방법이 없을까에 대해 탐구를 계속해 온 것은 이러한 독자의 목소리 덕분이다. 제3판을 출판한 뒤에도 새로운 아이디어와 몇 가지 개선점이 발견되었다. 그것을 이 책에서 소개하고자 한다.

나는 수년에 걸쳐 많은 엘리트 선수와 일부 비 엘리트 선수와 함께 협업과 연구를 해오고 있는데 이것은 매우 흥미로운 여정이다. 사람들은 어떤 방법이 경기력 향상에 최고의 접근법이라는 말을 들으면 바로 성급하게 시도하려 한다. 그러나 가장 좋은 접근법은 훈련의 기본 원칙을 따르고 개인의 필요에 맞게 훈련을 조정하고, 효과적인 동시에 부상의 위험이 적은 훈련을 제공하는 것이다. 나 자신도 항상 훈련의 일관성이 중요하다는 것을 강조해 왔다. 그리고 또 하나 유념해 온 것은 최대 운동 효과를 최대 운동 스트레스가 아닌 최소 운동 스트레스로 끌어내는 것이다.

세상에는 특정 러너들이 다른 선수들보다 생리학적이나 생체역학적으로 유리하게 타고난다고 생각하는 경향이 있다. 그러나 생리학적, 생체역학적 차이와 심리적, 사회적 차이를 분리하여 생각하기는 어렵다. 예를 들어 개발도상국 선수가 레이스에서 승리하면 국내는 물론 세계로부터도 주목을 받게 된다. 그것은 같은 지역에 사는 젊은 러너에게 큰 동기부여이다. 같은 길을 밟아 자신도 세계에 자신의 이름을 알리고 싶고, 경제적인 혜택도 받고 싶어지는 것이다(즉, 경기력의 차이를 유전 탓으로 하는 것은 성급한 생각이다).

그럼 최고의 훈련법이란 무엇인가? 그에 대한 모든 대답을 가진 사람은 없다. 그리고 누구에게나 맞는 가장 좋은 방법이라는 것은 존재하지 않는다. 달리기에 관한 책을 쓸 때 내가 항상 추구하는 것은 선수나 코치가 이해하고 응용할 수 있는 형태로 과학적인 정보를 제공하는 것이다. 그러면 주자이든 코치이든 내가 소개하는 이론과 트레이닝과 레이싱 프로그램이 자신에게 좋은 효과를 가져다주는지 아닌지를 판단할 수 있을 것이다.

제4판에서 다시 담으려고 생각한 것은 내가 독자적으로 "러닝의 기본 원칙"이라고 부르는 룰이다. 이 "러닝의 기본 원칙"의 대부분은 러너 자신들도 레이스에 활용할 수 있고, 팀 동료의 퍼포먼스도 높여줄 것이다. 최근에는 내 지도의 범위도 넓혀져 트랙, 필드, 크로스컨트리로부터 트라이애슬론, 울트라 트레일까지 망라하게 되었다. 그러나 내가 가장 자신 있게 훈련법을 제공할 수 있는 종목은 중장거리라는 생각이 든다.

제4판은 각 장들을 모아 2부로 나누었다. Part I은 훈련 이론, 고려사항, 연습 샘플을 다룬다. 종목과 관계없이 모든 러너를 성공으로 이끄는 내용이다. Part II는 레이스에 참가하는 러너가 대상이다. 종목, 거리에 특화된 트레이닝을 위한 조언과 프로그램으로 실전에 도움이 되도록 구성하였다. 또한 이 책의 각 장들은 이전 장들을 기반으로 한다. 앞 장에서 배운 것을 어떻게 적용해서 목표 달성을 위한 포괄적인 프로그램을 만들 수 있을까에 대한 대답들을 담고 있는 것이다. 각 장의 주요 내용은 다음과 같다.

제1장에서는 성공에 필요하다고 내가 믿고 있는 요소들(선천적인 능력, 의욕, 기회, 지침)과 앞에서 설명한 “러닝의 기본 원칙”을 소개한다.

제2장에서는 트레이닝의 핵심 원리에 관해 설명한다. 성공한 선수들이 어떻게 성공을 거둘 수 있었는지 충분히 이해하지 않은 채 전국대회 우승자나 세계기록 보유자, 혹은 올림픽 선수의 훈련을 참고로 훈련 프로그램을 수립하는 지도자나 선수가 너무 많다. 정상권 선수는 운동 스트레스에 대해 신체가 어떻게 반응하는지, 또는 다양한 유형의 트레이닝에는 각각 어떤 효과가 있는지 등의 트레이닝의 중요한 원리에 충실히 따르고 있는데 이것을 모르는 사람이 많다.

제3장에서는 생리학적 프로필에 대해서 구체적으로 다룬다. “생리학적 프로필”이란 나의 독자적인 용어인데 구체적으로는 유산소 능력 프로필과 혈중 젖산 농도 프로필을 말한다. 이것을 알면 달리는 강도(속도)와 신체 시스템에 가해지는 스트레스의 변화가 어떤 관계에 있는지 이해하기 쉬워질 것이다.

제4장에서는 러너가 실시하는 다양한 트레이닝의 형태와 각각의 목적을 다룬다. 주자는 항상 “이 훈련의 목적은 무엇인가”라는 질문에 대답해야 한다. 리피티션(반복훈련), 인터벌, 역치훈련(LT), 장거리 훈련 등 다양한 타입의 트레이닝을 많은 러너가 실시하고 있지만, 각 타입의 트레이닝에 신체가 어떻게 반응하는지 이해하는 사람은 적다.

제5장은 VDOT의 상세한 내용을 살펴본다. VDOT 일람표가 각 트레이닝의 페이스 설정에 매우 편리한 것은 검증이 끝났지만, 이 장에서는 보다 상세하게 살펴본다. VDOT를 새롭게 파악하여 어느 연령대(6세부터 50세 혹은 그 이상)의 러너라도 다른 연령대와 비교하여 자신이 어느 레벨에 있는지, 또 어느 레벨에 상당하는지를 알 수 있다. 이런 지식은 최고의 퍼포먼스를 내기 위한 기반이 된다.

제6장에서는 고지대나 더위, 추위를 포함하여 평소와 다른 환경하에서 트레이닝이나 레이스를 실시할 때 고려하고 적응해야 할 것들을 모두 설명한다.

제7장은 트레드밀(러닝머신)에서 훈련하는 러너를 위한 장이다. 트레드밀 훈련에서 최대한의 효과를 얻으려면 무엇이 필요한지 설명한다.

제8장에서는 체력향상 트레이닝을 구체적으로 소개한다. 화이트 프로그램은 초보자용, 레드 프로그램과 블루 프로그램은 그보다 경험을 쌓은 중·고급 러너용, 골드 프로그램은 엘리트급 러너 전용의 프로그램이다. 물론 네 가지 모두 건강증진과 체력향상을 목적으로 달리는 모든 사람들에게 적용할 수 있는 프로그램이다. 레이스에 나가든, 나가지 않든 상관없다.

제9장에서는 트레이닝 복귀 시에 도움이 되는 지혜를 소개한다. 일정 기간 부상이나 질병으로 훈련을 멈춘 후나 계획적으로 휴식을 취한 후 훈련으로 복귀하기 위한 요령을 다룬다. 또 효과적인 운동과 짧은 달리기 등 보조 훈련(대체 훈련)에 관해서도 설명한다.

제10장은 Part II의 시작이다. 내용도 레이스에 특화한 것이다. 이 장에서

는 여러 가지 단계로 이루어지는 훈련의 시즌 계획 설정 방법과 각 단계에 포함되는 내용에 관해 설명한다.

제11장은 800m 레이스를 전문으로 하는 러너를 위한 장이다. 다양한 연습을 소개하고 각각 상세하게 해설했다. 800m 종목은 무산소 운동의 측면도 있으므로 트레이닝은 무산소 연습에 상당히 무게를 두고 있다.

제12장은 1,500m에서 3.2km(2마일)까지의 훈련과 대회에 초점을 맞춘 장이다. 이 거리 레이스에 주로 나가는 러너는 800m 전문 러너가 실시하는 유형의 훈련을 부분적으로 도입해야 한다. 동시에 1,500m보다 긴 거리의 러너가 강화나 레이스를 준비하며 실시하는 훈련도 필요하다.

제13장에서는 5km와 10km를 전문으로 하는 러너를 위한 트레이닝을 소개한다. 이 거리는 강도와 지구력의 양립이라는 의미에서는 매우 힘든 종목이며, 트레이닝이나 레이스에서도 특히 높은 집중력이 요구된다.

제14장에서는 크로스컨트리 트레이닝을 소개한다. 크로스컨트리 러너는 종종 트랙 시즌 동안 상대적으로 짧은 거리 종목을 전문으로 한다. 이 장의 트레이닝은 바로 그런 러너를 대상으로 구성되었다. 실제로 다음 트랙 시즌에서 전념할 거리를 결정하는 것은 크로스컨트리 시즌이다.

제15장은 하프 마라톤과 중간 거리 정도의 로드 레이스 종목을 목표로 하는 러너를 위한 트레이닝이다. 트랙 종목과 비교하면 거리가 대개 길기 때문에 그만큼 거리를 중시하고, 리피티션(스피드) 트레이닝을 줄여 지구력 양성 트레이닝에 중점을 둘 필요가 있다.

제16장에서는 마라톤을 위한 트레이닝에 대해 세세한 점까지 자세히 설명

한다. 경험이 없는 초보자와 기록이 아닌 단지 마라톤 완주를 목표로 하는 사람들을 위한 프로그램도 준비했다. 상급자용으로는 주행거리에 특히 강조점을 둔 프로그램, 질 높은 훈련(Q세션)이 다양하게 포함된 프로그램 등 다수의 프로그램을 소개한다. 이 장에서 설명하는 마라톤 훈련은 다른 프로그램들보다 훨씬 더 구체적이다.

제17장에서는 울트라 마라톤을 위한 트레이닝에 대해 특별히 막달레나 루이 불렛Magdalena Lewy-Boulet으로부터 도움을 받았다. 막달레나는 내가 그녀의 코치를 맡았을 때 마라톤으로 올림픽에 출전했지만, 그 후 울트라 마라톤에서 눈부신 활약을 펼친 러너다.

제18장에서는 트라이애슬론을 다룬다. 수년간 러닝에 전념한 뒤 트라이애슬론으로 전향하는 러너들이 많다. 근대 5종 선수였던 나 자신의 경험을 되살려, 트라이애슬론에 필요한 것은 무엇인가를 고찰한다.

내가 지도하는 러너 중에는 초보자에 가까운 사람들도 있다. 그들을 지도하고 성장해 나가는 것을 보는 기쁨은 팀의 엘리트 선수가 올림픽 대표가 되는 기쁨과 무엇 하나 다르지 않다. 여행은 그 과정에서 경험하는 것에 의미가 있다. 그것은 목적지에 도착했을 때 얻는 성취보다 훨씬 더 중요하다고 확신하고 있다. 이 새로운 ≪다니엘스의 러닝 포뮬러≫(제4판)에 의해 독자의 여행이 풍부한 결과를 내고, 경험하는 트레이닝과 레이스 하나하나가 조금이라도 즐겁고 목표를 이루는 계기가 되기를 기대한다.

Part I

트레이닝의 공식 이해하기

Chapter 1

성공적인 러닝을 결정하는 요소

자신이 가지고 있는 것을 최대한으로 살리자.

나는 얼마나 성공적인 러너가 될 수 있는지 결정하는 것은 다음 4가지라고 늘 말해 왔다. 중요도가 높은 쪽부터 열거하면 선천적인 능력, 의욕, 기회, 지침, 이렇게 4가지 요소다. 왜 선천적인 능력이 먼저 오는가? 그것은 태어나면서 결정되기 때문이다. 키가 얼마까지 자랄 것인가나 심혈관계의 기능은 자신이 제어할 수 없다. 그렇게 생각하면 세상에는 달리기 위해 태어난 것 같은 사람도 있다. 두 번째, 의욕은 경기에 쏟는 열정이다. 이 의욕이라는 요소가 없으면 아무리 재능이 있어도 자신의 힘을 최대한 발휘할 수 없다. 세 번째, 기회에는 다양한 요소가 얽혀 있지만, 살고 있는 장소나 주위 사람의 영향과 같은 단순한 것에 좌우되는 경우도 있다. 네 번째, 지침은 코치나 교사로부터 직접 받는 지도만 생각할 수 있지만, 책이나 잡지에서 읽은 것도 포함할 수 있다. 러닝에서 성공하기 위해서는 어떤 종목이라도 이 4가지 요소 하나하나가 중요하다. 지도자로서의 경험(현장 지도나 메일, 전화, 소셜 미디어를 통한 지도를 포함)을 쌓으면 쌓을수록 나는 그 중요성을 실감하게 된다.

선천적인 능력

챔피언이 될 사람은 누구인가? 그 결정 요인으로서 유전적인 요소(선천적인 능력)가 매우 중요하다는 것은 어떤 스포츠도 마찬가지다. 여기에서 잠시 다양한 선수의 모습을 떠올려 보자. 여자 체조 선수, 농구의 센터, 투포환 선수, 경마의 기수 등을 떠올리면 각각 몸집이 작은 여성, 키가 큰 사람, 우람한 체형, 체중이 가벼운 사람이라고 생각한다. 각각의 경기에서 톱 레벨이 되기 위해서는 이런 체격이 요구된다. 그리고 그 체격은 훈련에 의해 얻어지는 것이 아니라 타고나는 것이다.

그럼 이상적인 중장거리 러너를 생각해 보자. 떠오르는 이미지는 지금 가장 강한 선수, 최고 기록을 가지고 있는 선수에 따라 다소 변할 수도 있다. 그리고 당연히 우수한 러너 가운데는 키가 큰 사람도 있고, 작은 사람도 있고, 가녀린 사람도 있고 근육질인 사람도 있다. 신체의 구조는 분명 천차만별이다. 그러나 생리적, 생체역학적biomechanical으로 보면 심혈관의 기능성(심장의 크기나 심박출량에 의해 좌우됨)이나 관절로부터 근(筋)·건(腱)의 부착부까지의 길이 등 뛰어난 러너에게는 공통점이 있다.

우수한 러너를 우수하게 만드는 요소의 대부분은 외관으로 봐서는 모른다. 따라서 타고난 장거리 러너를 파악하는 것은 그리 간단하지 않다. 체조나 투포환 등의 경기에서 장래의 올림피안을 찾는 것과는 차이가 있다. 실제로 같은 팀에 속한, 같은 키, 같은 체중의 두 명의 러너에게 식사와 수면을 충분히 취하게 한 후 같은 훈련 메뉴를 부과했다 해도 1마일 레이스에서 30초의 차이가 날 수도 있다. 왜냐하면 눈에는 보이지 않는 생리적, 생체역학적 요소(나아가 심리학적 요소)가 얽혀 있기 때문이다. 예를 들어 1*l*의 혈액으로 운반할 수 있는 산소량은 경기력에 큰 영향을 주는 요인

중 하나이지만 활동근에 산소를 운반하는 물질인 헤모글로빈의 혈중 농도는 주자에 따라 크게 다를 수 있다. 실제로 나는 헤모글로빈 농도가 약간 다른 것만으로 5km 기록에 1분 이상의 차이가 나는 경우를 보았다.

특정 경기에서 성공하는 기회는 모든 체격의 사람에게 똑같이 주어지지 않는다. 그것은 올림픽을 보면 알 수 있고, 권투나 레슬링, 웨이트리프팅 등의 경기가 반드시 체중별로 되어 있다는 사실에서도 분명하다. 만약 자신이 신장 160cm, 체중 52kg의 복서였다고 하자. 대전 상대가 신장 200cm, 체중 120kg이라면 아무래도 제대로 싸울 수 없을 것이다. 그러나 타고난 것의 차이를 인정하지 않는다면 이런 싸움이 실제 상황이 될 수도 있다.

의욕(열정)

성공의 필수 요소 중 두 번째는 의욕, 즉 성공하고 싶다는 열정이다. 그러나 정상급 러너가 되고 싶다는 본인의 의욕과 그에게 기대하는 주위의 열의가 구별되어야 하는 것이 중요하다. 주위의 사람이 가진 기대나 열의는 긍정적일 수도 있지만 부정적일 수도 있다. 만약 그 주변 사람이 지도자라면 나는 긍정적인 열의가 되기를 간절히 희망할 것이다. 학교의 코치는 정말 달리기에 소질이 있는 학생이 전학해 오면 의욕이 넘칠 것이다. 하지만 그 학생이 미술이나 피아노 쪽으로 흥미를 가지고 있다면, 러너로서 기대했던 만큼의 성공을 거두지는 못할 것이다.

성공에 필요한 처음 두 가지 요소(선천적인 능력과 의욕)의 면에서 러너를 보면 다음 4가지 유형의 그룹으로 나뉜다.

1. 훌륭한 소질을 가지고 태어났고 그 소질을 살리려는 의욕이 강한 러너.
2. 러닝에 적합한 뛰어난 소질을 가졌지만 러닝을 경기로 추구할 의욕이 별로 없거나 전혀 없는 러너.
3. 러닝에 적성은 부족하지만, 러너로서 성공하려는 의욕이 강한 러너.
4. 러닝의 소질도 없고 흥미도 없는 러너.

네 번째 그룹은 가장 먼저 제외시킬 수 있다. 그들은 달리기에 흥미를 나타내지도 않으며 팀에도 참가하려고 하지 않는다. 나는 그들을 '노쇼' 팀원이라 부른다. 첫 번째 그룹은 챔피언이 되는 타입이다. 생체역학적, 생리학적 면에서 달리기에 적성을 가지고 있을 뿐 아니라 톱 선수를 따라잡으려는 욕심이나 동년대의 다른 누구에게도 지기 싫어하는 욕망이 의욕이라는 필수 요소로 연결되어 있기 때문이다.

두 번째 그룹은 바로 지도자의 골칫거리의 원천이라고 할 수 있다. 지도자는 선수의 재능을 발견했지만 본인은 의욕이 없을 때 "최선을 다해봐", "한 번 해보자"라든지, 아니면 터무니없는 말로 고함을 지르는 코치도 적지 않다. 이렇게 되면 선수는 러닝에 열중해지기는 커녕 점점 멀어져 버릴 것이다.

두 번째 그룹의 러너에 대해서는 느긋하게 대하는 것이 좋다. 의욕이 없다고 해서 꾸짖지 말아야 한다. 선수 전원의 능력이나 가능성이 꽃필 수 있는 환경을 만든다, 그것이 나의 신조다. 의욕을 없애는 것이 아니라 의지가 솟는 환경을 선수에게 제공하는 책임이 지도자에게 있다. 나는 러닝의 기본적인 원칙에 따르는 것으로 그런 환경 만들어 주고 있다. 그 기본 원칙에 대해서는 본 장의 마지막에 설명하겠지만, 경험상 말할 수 있는 것은 팀의 한 구성 요소가 아닌 개인으로서 존중해 주면 그 선수는 꾸준히 발전해 자신의 목표를 달성하는 것을 보아 왔다. 어떤 선수에 대해서도 발전이 있으면 반드시 그것을 인정해 주어야 한다. 항상 다른 선수와 비교하는 것보다 그 선수 자신의 성장에 주목하는 편이 훨씬 좋다고 생각한다.

나는 지난 몇 년 동안 캠프에서 만난 고등학생들에게 한 가지 질문을 던졌다. "왜 러닝이라는 운동을 선택했나?" 대답은 아래 4가지 중에서 선택하도록 했다.

1. 다른 경기를 위한 체력 만들고 싶어서.
2. 다른 경기에서 멤버로 받아주지 않아서.
3. 주위 사람이 강요하거나 권고받았기 때문에.
4. 러너가 되고 싶어서.

고등학교의 이른바 클럽 활동에서 러닝을 선택한 학생 중 4번이라고 대답한 학생은 약 12%에 불과했다. 이것은 우려해야 할 상황이다. 왜냐하면 대부분의 젊은이들에게 러닝은 하고 싶은 경기가 아니기 때문이다. 그뿐만 아니다. 이 나라의 트레이닝 시스템에서는 체육 수업이 너무 부족하여 달리기에 소질을 타고난 아이들도 달려 볼 기회조차 없거나 자신이 달리기에 재능이 있는지조차도 모르는 것이다. 하물며 달리기가 체벌의 방법으로 취급되기도 한다. 구기종목 지도자가 제대로 플레이를 하지 못하는 선수에게 "운동장 한 바퀴 돌고 와"라며 벌칙으로 달리기를 시키는 광경은 드물지 않다.

사려 깊게 지도하는 코치라면 러닝 이외의 것에 열중한 두 번째 그룹의 선수에게도 동기를 부여할 수 있다. 게다가 목표로 하는 장래의 모습이 무엇이든 그 목표를 향해 시간과 노력을 더 기울이도록 선수를 인도하는 것도 지도자의 역할이 아닐까 싶다. 소질은 있어도 동기를 보이지 않았던 선수가 정중한 지도 덕분에 러닝에 관심을 가지는 경우도 있다. 그 지도 방법은 몇 가지 생각할 수 있지만, 나의 경우 어쨌든 연습을 몸으로 느끼게 하여 같은 연습이 편해졌다고 본인이 생각할 때까지는 운동 스트레스를 늘리지 않는다. 체력을 높이기 위해 훈련 스트레스를 늘리는 데 집중하면 달리기는 너무 스트레스만 준다.

세 번째 그룹에는 고등학교 시절의 성적은 그다지 좋지 않다가 그 후 올림픽 선수가 된 몇 가지 예가 있다. 한때 내가 실시한 연구 대상자 가운데 1마일 베스트가 4분 34초인 고교생이 있었는데, 이 학생은 나중에 실내 중거리 대회에서 세계기록을 세우고 올림픽 1,500m 종목에서는 9위에 입상했다. 또 대학 3학년이 될 때까지 크로스컨트리 팀의 멤버가 될 수 없었던 어떤 선수가 이후 전미 학생 대회에서 7개의 타이틀을 확보하고, 졸업 다음 해에 펜·릴레이Penn Relays(펜실베니아 대학에서 열리는 전미 역전대회)의 10,000m에서 우승한 예도 있다.

선수 생활 중에 결과를 내는 타이밍은 사람마다 다르다. 섬세한 지도를 하면 러너로서 성장하고 있다는 확실한 사실을 선수에게 보여줄 수 있다. 선수 중에는 발전이 확실히 빠른 사람도 있지만, 발전이 느린 선수라고 기를 죽일 필요는 없다. 선수는 누구나 단기 목표와 함께 장기 목표도 가지고 있어야 한다.

세 번째 그룹의 러너(소질은 부족하지만 의욕이 있는 러너)는 언제든지 환영이다. 이 유형은 자신의 퍼포먼스에는 불만이 있을지 모르지만 팀에 있으면 즐겁고 동료에게는 의지가 된다. 게다가 지도자가 시키는 것을 모두 다 한다. 그러나 단점이 있다. 말한 것 뿐만 아니라 말한 것 이상을 하고 싫어 한다. 이런 선수의 경우 더 훈련을 부과하는 것보다 부상을 입지 않도록 멈추게 하는 것이 지도자의 일이다. 트레이닝은 항상 양과 강도를 4주일 정도 일정하게 유지하고 그 후 운동 스트레스가 높은 트레이닝으로 이행해야 한다. 이렇게 하면 오버트레이닝을 피할 수 있다. 운동 스트레스를 늘리기 위해 미리 몸을 일정한 운동 스트레스에 적응시켜야 한다.

지도자는 자신의 선수가 어느 그룹에 해당되는지 파악하고 다양한 강점과 약점을 지닌 한 사람의 인간이라고 생각하고 다루어야 한다. 각각의 러너가 좋은 것은 내면화하고 나쁜 것은 표면화시키는 낙천주의자가 되도록 가르치는 것을 목표로 해야 한다.

기회

기회란 거주지의 기후와 이용할 수 있는 트레이닝 시설, 함께 연습하는 동료나 경쟁자, 가정의 경제 상황 등 그야말로 다양하다. 예를 들어 스키 경기에 대한 열정과 소질이 있어도 눈이 내리지 않는 온난한 지역에 살면 성공할 가능성은 낮다. 수영의 경우도 재능 있는 선수가 챔피언으로 성장하려면 수영장이 필수적인데 수영장이 전국에 있다고는 할 수 없다. 심지어 강이나 호수조차 없는 곳도 있다.

그 점에 있어서 러너는 행운이다. 러닝이라는 경기는 누구라도 어떤 기후, 어떤 지형에서도 할 수 있다. 내가 오랫동안 이메일로 지도하고 있던 주자 중 한 명은 어느 주(州) 감옥에서 7년간 복역했지만, 마라톤을 목표로 교도소 안 운동장에서 매주 65km씩 달렸다. 그리고 석방되자마자 여동생과 함께 목표한 레이스에 참가했다.

종목에 따라 경제 상황도 하나의 기회가 된다. 승마는 말이 없으면 시작할 수 없다. 세일링은 배와 연습을 할 수 있는 바다가 필요하다. 골프는 코스를 사용하려면 고액의 회원권이 필요할지도 모른다. 테니스도 정기적으로 플레이하려면 돈이 있어야 한다. 그러나 달리기는 큰돈이 필요 없다. 러너 중에는 자기 혼자서 효과적인 트레이닝을 실시하여 무명에 가까운 존재이면서도 레이스에서 우승하여 다른 러너를 놀라게 하는 사람도 있다.

그렇다고는 해도 다른 사람보다 트레이닝 환경에서 혜택받은 러너도 있다. 이를테면 도저히 밖에서 뛸 수 없을 정도로 날씨가 추워지는 지역이지만 손쉽게 실내 트랙이나 트레드밀은 찾을 수 있는 환경 속에서 살고 있는 러너말이다. 이건 무더위에 시달리는 지역에서도 마찬가지다. 옥외보다 시원한 실내 트랙에서 달릴 수 있으면 신체를 위험에 노출하지 않고 훈련할 수 있다.

스웨덴에 살았던 무렵 나는 날씨가 황량한 겨울날에도 밖에서 훈련을 했다. 혼자서 달리기를 즐기면서 머리에 자주 떠오른 것은 다른 주자들이다. 대부분 더 기후가 좋은 곳에 살고 있는 그들은 과연 이런 열악한 기후 조건이라면 훈련을 할까? 또 그것을 견딜 수 있을까? 기회가 많지 않기 때문에 경기에 대해 더 열정적이 될 수도 있다.

미국이라는 나라는 온갖 기후, 지형이 풍부하며 어떤 훈련도 할 수 있다. 그런 나라가 왜 세계 러닝계에 군림할 수 없냐고 생각하는 사람도 있을 것이다. 나에게 물어보면 이유는 간단하다. 이 나라의 훈련 시스템에는 소질이 있는 러너가 발굴될 수 있는 체육 수업이 제대로 되어 있지 않기 때문이다. 게다가 다른 인기 종목과 같은 프로모션도 없다. 현재의 체육 훈련에서 달리기 소질은 다른 경기에서 달릴 때 발견되는 경우가 많다. 게다가 젊은 사람들 대부분은 텔레비전을 통해 스포츠를 접하는데 그 텔레비전 방송의 대부분을 차지하고 있는 것이 미식 축구, 아이스하키, 농구, 축구, 야구이다. 젊은 사람들은 그 종목들을 보면서 자신이 함께 플레이하는 것을 상상할 수 있다. 반면 러닝은 어떤가? 일류의 러너를 본 적도 없는 아이들이 어떻게 자신도 그렇게 되고 싶다는 생각을 할 수 있을까?

미국에서는 젊은 선수 대부분이 일반 클럽이 아닌 학교에 소속되어 있는데 이런 경향은 다른 많은 나라들도 마찬가지고 오히려 더 강하기도 한 것 같다. 학교의 팀원으로 참가하는 것에는 장점과 단점이 있다. 단점 중 하나는 수년간 학교에 다니는 동안 지도자가 자주 바뀐다는 것이다. 우선 중학교 코치에서 고등학교 코치로 바뀌고(동일 학년 내에서도 크로스컨트리와 트랙에 별도의 코치가 있을 수도 있음), 대학에서 또 새로운(경우에 따라 복수의) 코치가 붙는다.

사람에 따라서는 여러 코치와 함께 함으로써 성과가 나올 수도 있다. 그러나 대부분의 경우 훈련 방법은 물론 레이스 전개 방법까지도 코치에 따라 달라진다. 예를 들어 매우 과학적인 접근 방식을 취하는 코치에게 갈 수도 있고 그렇지 않은 코치에게 갈 수도 있다. 세세한 커뮤니케이션을 통해 선수를 잘 이해하고 있기 때문에 과학의 힘은 필요 없다고 말하며 그 도움을 거의 빌리지 않는 코치도 있다. 선수로서 할 수 있는 일은 훈련 프로그램에 생긴 격차를 새로운 코치가 조금이라도 채워주도록 희망할 뿐이다. 한편 코치는 다양한 트레이닝 이론의 영향을 받은 선수들을 지도해야 한다. 그렇다면 어떤 방법을 취해야 할까? 코치가 그런 러너를 지도하고 기술을 적용시킬 때 우선 필요한 것은 선수들이 지금까지 받아 온 지도법을 파악하는 것이다. 이런 이유들 때문에 여러 명의 코치와 함께 하면 확실하고 지속적인 프로그램으로 트레이닝하는 것은 어려워진다.

지침

지침은 코치, 혹은 지도자, 혹은 따라해야 할 훈련 계획을 모두 일컫는다. 이 지침은 성공을 결정하는 4요소 중 마지막 요소, 가장 중요성이 낮은 요소라고 나는 자리매김했다. 왜 가장 중요도가 낮은가? 그것은 다양한 상황이 있을 수 있기 때문이다. 즉, 아무 지침이 없는 경우, 부분적으로 지침을 받는 경우, 오히려 지침이 없는 게 더 나은 경우가 있을 수 있다. 예를 들어 누군가가 마라톤 지도를 부탁했다고 하자. 나는 곧 "최근 얼마나 달리고 있나?"라고 묻는다. 대답이 "전혀 달리고 있지 않다"면 다시 묻는다. "지금까지 러닝 경험은?" 또 그 대답이 "한 번도 없다"면, "스포츠 경험은 있나?"고 질문을 바꾼다. 거기서 "지금까지 스포츠를 한 적이 일절 없다"고 대답하는 상대에게 "그럼 오늘부터 주 241km(150마일)을 달려라"고 지시를 했다고 하면 분명히 잘못된 것이다. 이런 경우는 대답이나 지침이 없는 편이 더 낫다. 자신이 지도해 온 마라톤 러너가 주간 241km을 해내고 있다고 해서 같은 연습량을 초보자에게 부과해서는 안 된다.

지도의 방법은 선수의 관점에서 보면(코치의 관점에서도 마찬가지) 당연히 긍정적인 접근이 바람직하다. 실제로는 발전한 것처럼 보이지 않아도 전보다 나아졌다고 지도자가 격려해 주면 트레이닝에 대한 선수의 자세는 좋은 방향으로 바뀐다. 나는 장기적 발전을 중시하면서 많은 성공을 거두었다. 예를 들어 선수들에게 연간마다, 시즌마다 발전하는 것에 구애받지 말고 향후 2, 3년에 걸쳐 확실히 성장해 주었으면 한다고 말한다. 선수 중에는 발전이 빠른 사람과 그렇지 않은 사람이 있다. 선수를 이해하고 긍정적인 사고로 대하면 선수들에게 바람직한 환경이 조성될 수 있다.

정상급 선수 중에도 지도자와의 힘든 관계를 견디어 온 사람들이 있다. 몇 명을 떠올려 보면 그만큼 높은 수준에 잘 도달할 수 있었던 것이 감탄스러울 정도다. 물론 적절한 지침이 있었더라면 더 성공할 수 있었을 선수도 있어 안타까운 생각이 든다.

전문적이고 사려 깊은 코치는 젊은 러너들에게 영감을 주고, 가르침을 주고, 도전을 불러일으킨다. 그의 영향을 받은 선수는 장거리 러너로, 즐거움을 아는 러너로, 성공하는 러너로, 스포츠에 헌신하는 러너로 성장할 것이다.

지도자를 제대로 평가하는 것은 때로는 어렵다. 왜냐하면 지도자는 보통 선수의 성적에 의해 평가되기 때문이다. 더 나아가 미국 대학에서는 팀에 있는 동안 선수가 얼마나 성장했는지가 아니라, 선수를 스카우트하는 수완이 얼마나 있는가로 평가가 이뤄지기 쉽다. "코치"라는 말이 선수의 경기력을 향상시키고 연마하는 사람을 가리킨다면 그는 "이 훈련의 목적이 무엇인가?", "오늘 왜 이 연습을 하나?"라는 질문에 언제나 대답할 수 있는 사람이어야 한다. 좋은 코치는 그렇게 훈련에서 효과를 얻어내고 대회에서 좋은 결과를 낸다. 그리고 자신이 모집한 선수를 더 좋은 선수, 더 나은 인간으로 키운다. 그것이 좋은 지도자이다.

그러나 좋은 지도자라고는 말하기 어려운 사람이라도 선수가 재능, 의욕, 기회를 겸비하고 있어 좋은 성적을 내면 그의 무능은 가려진다. 반대로 생각하면, 재능과 동기 부여가 있는 선수를 지도할 기회가 없었기 때문에 정말 뛰어난 지도자가 주목받지 못할 수도 있다. 그러나 이런 사람도 언젠가는 세상에 알려지게 된다.

지도자는 항상 선수 근처에 있는 것도 중요하다. 그리고 선수를 러너이기 전에 한 사람으로 대할 필요가 있다. 나는 새로운 시즌이 시작될 때마다 대학생들에게 이렇게 이야기한다. "너희들은 선수이기 전에 학생이고, 학생이기 전에 한 명의 인간이다. 학교에 있는 동안 그 순서를 바꾸지 말라."

지도자들이 간과하기 쉬운 것은 팀의 한 사람 한 사람을 긍정적으로 보는 것의 중요성이다. 코치가 주는 격려나 걱정의 말은 그 무엇과도 바꿀 수 없다. 엘리트 러너를 키우려면, 지지가 되는 조직이 필수 불가결하다. 그리고 그 조직은 선수를 먼저 생각해야 한다.

다니엘스의 러닝 기본 원칙

내가 러닝의 성공을 결정하는 4요소와 함께 제창해 온 것이 '러닝의 기본 원칙'이다. 수준에 관계없이 러너가 각각 트레이닝으로 얻은 것을 최대한으로 살릴 수 있기를 바라는 마음에서 이 기본 원칙을 정리했다. 같은 지도, 같은 트레이닝 메뉴, 같은 환경에서도 러너에 따라 그 반응은 다양하게 다르다. 따라서 이 기본 원칙은 개별 훈련 상황을 평가하고 향상시키는데 도움을 줄 것이다.

1. 주자는 각각 고유한 능력이 있다

러너에게는 각각 고유의 강점과 약점이 있다. 그중에는 근섬유의 구성이 이상적인, 즉 지구력이 있는 지근섬유의 비율이 높은 사람이 있다. 그 경우는 유산소능력($\dot{V}O_2max$)도 높아진다. 한편 $\dot{V}O_2max$는 그다지 높지 않지만 이상적인 자세를 가지고 있기 때문에 러닝 이코노미가 매우 뛰어난 사람도 있다. 약점을 알고 있으면 그 개선에 많은 시간을 소비하는 것이 도리이지만 중요한 레이스가 다가오면, 가지고 있는 강점을 살리는 것에 중점을 두어야 한다. 예를 들어, 지구력은 있어도 스피드가 없는 것이 약점인 러너는 시즌 초반은 물론, 중반이라도 스피드 강화 훈련을 실시해야 한다. 그러나 시즌이 종반을 맞이하면 자신의 강점을 살릴 수 있도록 지구력 강화 쪽에 힘을 실어야 한다.

2. 주자의 초점은 항상 긍정적이어야 한다

어떤 연습이라도 나쁜 부분에 구애되지 말고 좋은 것을 찾아 보자. 연습 후 "좋은 느낌으로 달릴 수 없었다"고 한탄하는 선수에게 코치, 팀 동료나 훈련 파트너가 "확실히 오늘의 러닝은 좋지 않았어"라고 말하는 것은 현명하지 못하다. 그보다도, "아쉽게 오늘은 느낌이 좋지는 않았지만 팔 흔들기는 많이 좋아졌어!"라고 좋은 점을 지적해 주는 편이 좋다.

3. 컨디션의 기복을 예상하자; 좋은 날이 있으면 나쁜 날도 있다

세계기록 보유자나 올림픽 챔피언이라도 힘을 낼 수 없는 레이스는 흔히 있다. 컨디션이 나쁠 때는 레이스 거리가 길수록 손상도 커진다. 즉, 컨디션이 좋지 않는 경우에 마라톤을 뛰는 건 회복 시간을 일부러 늘리는 것과 같다. 상태가 좋지 않으면 레이스를 포기할 것을 추천한다. 완전히 회복하는 데 시간이 걸린다는 것을 알면서 무리하여 완주하는 것은 바람직하지 않다.

4. 예기치 않은 것에 대비하여 훈련에 유연해지자

날씨가 나빠졌을 땐 훈련일을 바꾸자. 예를 들어 훈련을 예정하고 있던 월요일에 차가운 비가 내리고 강풍이 분다면, 날씨가 호전될 것으로 예보된 화요일로 연습을 연기한다.

5. 중기 목표 설정

중기 목표는 장기 목표의 토대를 쌓는 것이다. 확실히 장기적인 목표를 가지는 것도 중요하지만 이를 달성하기 위해서는 시간이 걸린다. 따라서 그 과정에 장기 목표보다 쉬운 목표를 설정하는 것이 반드시 필요하다. 나는 선수들에게 거의 매회 레이스 목표를 설정하도록 하고 있다. 목표는 달성하기 쉬운 것으로 해야 절대적으로 좋다. '오늘 대회의 목표는 느린 페이스로 출발하고 도중에 몇 명을 추월할 수 있는지를 확인한다', 또는 '평소와는 다른 워밍업을 시도한다', 예를 들면 이런 것들이다. 성공에서 만큼이나 실패에서도 배울 것은 있다.

6. 눈앞의 과제에 집중한다

러너는 지금 자신이 하는 일에 집중하는 것을 배울 필요가 있다. 다른 것을 걱정하는 데 많은 시간을 낭비하지 말아야 한다. 만약 스스로 세운 계획을 최대한 실행한 뒤 누군가에게 졌다면 그날은 상대방이 더 좋았다는 사실을 그냥 받아들일 뿐이다. 지금 해야 할 일은 레이스를 반추하고, 만약 같은 레이스를 한 번 더 달릴 수 있다면 어디를 어떻게 바꿀 것인가를 자신의 머리로 잘 생각하는 것이다. 패배에서 배우는 기회는 승리에서 배우는 만큼(혹은 그 이상으로) 흔히 있다.

7. 레이스의 실수는 대개 초반에 일어난다

이것은 특히 젊은 주자의 레이스에서 두드러진다. 기록이 빠른 최고의 러너들도 스타트에서 지나치게 빨리 달려나가면 결국 상당히 느려진다. 이게 흔히 볼 수 있는 패턴이다. 단지, 이런 레이스에서는 같은 그룹에 있는 다른 러너도 오버페이스하는 선두 러너를 따라가기 마련이다. 그들에게 이 페이스는 선두 러너보다 훨씬 힘들기 때문에 결국 모두 선두 러너보다도 먼저 퍼지게 된다. 승리한 러너는 이것이 레이스에서 이기는 전략이었다고 생각할 수도 있지만 만약 그날 3번째, 4번째인 러너가 더 안정된 페이스로 달렸다면, 가장 빠른 러너도 고배를 마시게 되는 것이다.

8. 훈련에 보람을 느껴야 한다

훈련은 언제나 즐겁다고는 할 수 없지만, 항상 보람이 있어야 한다. 때로는 좋은 훈련을 하지 못했다고 생각하는 경우도 있을 수 있다. 그래도 연습의 목적을 매번 이해하면 자신의 성장은 분명히 보인다. 그게 보람인 것이다. 레이스나 훈련을 마치면 뭔가 유익한 것을 배울 수 있다.

9. 잘 먹고 잘 잔다

휴식과 영양을 섭취하는 것도 훈련의 일부이다. 훈련과 분리할 수 있는 것이 아니다. 내가 들은 어떤 주자의 이야기를 해보자. 어느 날 아내가 첫 아이를 출산했다. 그것이 아침 5시였기 때문에 그는 전날 밤부터 1시간밖에 잠을 잘 수 없었다. 그러나 그날 오후, 막 아버지가 된 남자는 세계기록을 경신했다. 내 생각으로는 그 주자는 올바른 수면 습관이 몸에 배어 있었을 것이다. 요컨대 이런 것이다. 평소부터 제대로 먹고 제대로 수면을 취하면 한 번 좋지 않은 식사를 하거나 하룻밤 정도 잘 잘 수 없었다고 해도 나쁜 영향을 받지 않는다. 반대로 평소 식사와 수면을 가볍게 하면 한 번 좋은 식사를 하거나 하루 저녁 잘 잔다고 해도 큰 효과를 기대할 수 없다.

10. 아프거나 부상일 때는 훈련하지 않는다

이 원칙을 따르지 않으면, 2, 3일 훈련을 쉬면 회복될 병이나 부상이 더 악화되어 트레이닝 중단 기간이 더욱 길어 진다.

11. 만성적으로 컨디션 난조가 이어지면 의사의 진찰을 받는다

가끔 컨디션이 좋지 않다면 큰 문제는 아니지만, 난조가 끈질기게 계속되는 경우는 대부분 치료가 필요한 사태와 관련이 있다.

12. 좋은 러닝과 레이스는 우연이 아니다

가끔 달리기를 망치는 것은 흔히 있는 일이지만, 훌륭한 레이스가 가능했을 때는 자신에게 그 힘이 있었기 때문이다.

이상의 기본 원칙들은 트레이닝이든 레이스이든 항상 염두에 두도록 한다. 항상 균형 잡힌 훈련을 하고 플러스적인 생각을 버리지 않고 합리적이고 현실적인 목표를 가지고 있으면 언젠가 반드시 성공으로 이어진다.

선수의 관점에 서면, 일관되게 훈련을 하는 것이야말로 성공으로 이어지는 가장 중요하고 유일한 길이다. 이 일관성이란 눈앞의 과제에 집중하는 것으로, 과거에 안주하는 것도 아니고, 너무 먼 앞을 생각하는 것도 아니다. 내 생각대로 할 수 있는 것은 현재이다. 그리고 이 현재에 집중하고 일관된 트레이닝을 하면 그 앞에 큰 성공이 보인다.

이 기본 원칙의 이점을 취하고자 한다면, 러너로서 이 원칙을 일상생활의 일부로 삼아야 한다. 그렇게 시간이 지나면 자신이 어떻게 대처할지 생각하지 않아도 저절로 대처할 수 있게 된다. 러닝의 기본 원칙이 생활의 일부가 되면 그 효과는 레이스의 결과로 나타난다. 반대로 이 기본원칙을 따르지 않으면 러닝의 퍼포먼스는커녕, 동료와의 관계까지도 잘 되지 않을 우려가 있다.

선수를 분명한 카테고리로 나누는 것은 불가능하다. 성공을 위한 4가지 필수 요소 중 무엇을 얼마나, 어떤 조합으로 가지고 있는지는 사람마다 다르다. 그리고 이 차이가 선수의 개성이다. 선수든 지도자든 가지고 있는 것에 만족하고 그 힘을 최대한으로 끌어내자. 트레이닝의 원리에 대해서는 제2장에서 다루겠지만, 때때로 방향을 바꾸어 보는 것을 두려워 하지 마라. 지금 하고 있는 방법으로 성공을 맛보았다 해도 말이다. 성공으로 이끄는 방법은 러너의 수만큼이나 많다. 그리고 각자에게 가장 적합한 것을 찾아내는 것이 러닝을 흥미롭고 즐겁게 한다. 이따금 러닝의 기본 원칙을 상기해 보면 트레이닝이나 레이스에서 무엇이 중요한가를 되새길 수 있다. 또 지나친 트레이닝(과훈련)이나 몸 돌보기를 게을리함으로써 생기는 트러블을 방지할 수도 있다.

Chapter 2

트레이닝의 원리와 요령

식사는 적절히, 휴식은 빈번히, 수분보급은 항상 충분하게.

'대부분의 러너는 어떤 훈련 프로그램을 따르고 있을까?' 아니면 이렇게 질문하는 게 더 좋을 수도 있겠다. '대부분의 러너는 어떻게 훈련하고 있을까?' 코치들은 자신이 코치받은 대로 코치하는 경우가 아주 흔하다. 대부분의 지도자가 한때 스스로도 러너였던 것을 생각하면 이것은 이상하지 않다. 러너나 지도자 중에는 심리학이나 생체역학biomechanics, 심지어 생리학을 배워 자신이 러너로서 실제 해온 것에 대해 과학적인 뒷받침을 할 수 있는 사람도 있다. 그럼에도 불구하고 톱 러너를 키운 지도법이나 트레이닝법을 그대로 따르는 일이 빈번하다. 즉, 타인을 카피하는 것은 극히 당연하다. 문제는 러너 자신이 지금 하고 있는 훈련의 이유를 항상 이해하고 있는지 여부이다.

물론 러너 중에는 혼자 힘으로 트레이닝을 하는 사람도 있고 지도자로부터 주어진 훈련만 하는 사람도 있다. 그 내용은 사람에 따라 다양하고 크게 다를 수도 있지만 각각 나름대로의 효과를 기대할 수 있다. 누구에게나 효과적인 정해진 훈련법은 존재하지 않는다. 그러나 신체 능력에 차이가 있어도 각각의 러너를 향상시키는 기본적인 원리는 분명히 존재한다. 팀에서 많은 러너를 지도하다 보면, 어떤 훈련법이든 좋은 결과는 나온다. 그것이 일부 러너에 국한된다고 해도 팀으로서는 문제가 없다. 그러나 이 경우에 내가 우려하는 것은 팀의 훈련 시스템에서 살아남지 못한 러너이다. 부상을 입거나 열의가 없다고 간주되어 제외되지 않았다면 나머지 러너보다 우수했을 러너가 있었을지도 모른다.

이 장에서는 트레이닝과 기술에 관한 주제를 다룬다. 앞으로 설명하는 것은 8가지 중요한 훈련 원리, 훈련 프로그램 작성법, 올바른 발 이동, 호흡 리듬의 중요성이다. 각 원리가 어떻게 결합되어 하나의 트레이닝 프로그램이 되고 체력이 만들어지는 것인가, 이것은 꼭 이해해 두어야 하는 중요한 사항이다.

극단적인 훈련방식

근대 5종 선수였던 내게 처음 러닝 지도를 해준 사람은 펜싱 전문가였다. 펜싱 지도자로서는 훌륭했지만, 러닝에 숙달한 사람은 아니었다. 그러나 러닝 초보자였던 나는 그의 지시대로 훈련했고 그것이 러너의 훈련법이라고 생각했다.

이 코치 아래서 실시한 처음 6주간의 트레이닝은 이런 방식이었다. 우선 워밍업으로 1,600m를 달렸다. 그리고 스파이크로 바꾸어 신고 석탄재 트랙cinder track에서 400m 인터벌을 10회 달렸다. 나는 그 400m를 전력으로 달렸고(경험이 있는 러너와 보조를 맞추려 했다), 그 중간에 400m 조깅으로 회복했다. 이 훈련을 일주일에 5일, 6주간 계속했다. 만약 이 훈련의 목적이 통증이나 부상을 일으키는 것이었다면 제대로 된 훈련법이었다. 사실 나는 끔찍한 신스프린트(종아리통증)가 생겨 제대로 서 있기조차 어려웠다.

매일 400m의 인터벌을 했기 때문에 그 밖에도 좋지 않은 일이 일어났다. 이런 나에게 아무도 4,000m의 레이스를 달리는 방법을 가르치려는 사람이 나타나지 않았다. 이렇게 전력으로 달리는 것밖에 몰랐던 나는 레이스에서도 역시 스타트부터 같은 방법으로 돌진했다. 당연히 800m 정도에서 사실상 레이스는 끝났고 나머지는 녹초가 되어 마쳤다. 어처구니없는 접근법approach이었다. 훌륭한 선수들이 하는 훈련 방법을 들으면 그게 좋은 방법이라고 생각하는 사람이 많다. 과연 그럴까? 여기서 어떤 17세 고등학교 2년생 러너가 봄에 했던 1주일의 트레이닝을 소개한다. 우선 일요일에는 16km를 64분에 달린다. 그날은 그것으로 끝이다. 다른 날은 아침에 6.4km를 달리고 오후에는 트랙에서 연습했다. 그 트랙 훈련의 내용은 다음과 같다.

월요일: 3,200m(9분 55초) + 1,600m(5분 15초)×2 + 800m(2분 28초)×3 + 400m(65초)×6, 웨이트트레이닝 + 마무리운동 6,400m

화요일: 400m(64초)×6 + 140m(18초)×10 + 200m(31초)×5

수요일: 400m(69초)×50 (3분 간격으로 실시)

목요일: 800m(2분 45초)×18 (왜 이것을 1km 3분 25초 페이스로 14.4km를 달리는 방식으로 하지 않는지 의문이다.)

금요일: 1,600m + 1,200m + 800m + 600m + 400m + 5km 조깅으로 쿨다운(마무리운동)

토요일: 레이스

확실히 중거리 러너의 지도라면 이렇게 해야 한다고 생각한다. 왜냐하면 이 러너는 세계기록을 여러 차례 수립하고 올림픽에도 3회 출전했기 때문이다. 어느 날 나는 그의 코치에게 팀의 다른 선수들도 400m×50 훈련을 하는지 물어 보았다. 그러자 그는 팀에서 24명이 이 연습을 했는데 단 한 명만 40회밖에 달리지 못했다는 대답이 돌아왔다. 그리고 그 코치는 "그가 잘 달릴 것이라고 원래 기대하지 않았다"고 했다.

또 1명의 미국 기록 보유자의 트레이닝을 소개한다. 그는 일주일에 106km의 장거리를 여러 번 뛰었고 주간 주행거리는 611km에 달했다. 또한 주간 주행거리의 6주간 평균이 515km, 연간 평균이 386km였다. 이런 훈련을 실행에 옮기고 완수해낼 수 있는 러너가 얼마나 있을지 의문이 들었다. 그럼 어떻게 해야 할까? 나는 따라야 할 몇 가지 훈련 원리가 있다고 생각한다. 그것을 여기에 소개하고자 한다.

트레이닝의 원리

러너로서 트레이닝이 신체에 어떻게 영향을 주는지, 또 트레이닝의 종류가 다르면 스트레스를 받는 신체 시스템도 다르다는 사실을 알아 둬야 한다. 신체는 특정 스트레스를 받을 때마다 다양한 부위에서 즉시 반응한다. 그리고 같은 스트레스를 받을 때마다 똑같이 반응하다가 시간이 지나면 같은 스트레스의 반복에 대해 다른 반응이 일어나게 된다. 이것은 신체가 강해졌다는 것을 말한다.

인간의 몸은 다양한 스트레스에 매우 잘 적응하지만 스트레스에 따라 완전히 적응하는 데 오랜 시간이 걸릴 수 있다(예: 근섬유가 일상적으로 실시하는 달리기 스트레스에 완전히 적응하는 데는 몇 달이 걸린다). 트레이닝의 양, 강도, 빈도가 신체에 과도한 스트레스가 되지 않도록 트레이닝의 각 원리를 이해하고 활용하는 것이 중요하다.

훈련 원리 1 : 스트레스에 대한 신체 반응

다양한 육체적 스트레스에 대해 신체가 어떻게 반응하는지는 자신이 하고 있는 주 종목에 관계없이 조금은 알고 있어야 한다. 신체의 반응은 누구에게나 반드시 일어난다. 동네를 조금 달리거나 트랙을 조금 돌아만 봐도 스트레스에 대해 어떤 반응이 일어나는지를 알 수 있다. 심장의 고동은 빨라지고 숨은 조금 거칠어진다. 다리의 근육이 약간 피곤할 수도 있다. 혈류가 한 부위보다 다른 부위에 우선적으로 배분되어 운동에 대응하고 있는 것은 물론, 혈압도 측정해 보면 다소 오르고 있을 것이다. 인간의 신체는 받은 스트레스에 너무 잘 적응하기 때문에 종종 적응하고 있다는 것을 인지하지 못한다.

훈련 원리 2 : 특이성

특이성의 원리는 스트레스에 반응하는 것은 스트레스를 받은 우리 몸의 조직이라는 단순한 원리이다. 심근을 자극하면 심근이 반응하고, 호흡근을 자극하면 호흡근이 반응하고, 각근(다리근육)을 자극하면 각근이 반응한다. 달리거나 걷는 경우에도 좌우 다리의 일부는 받은 스트레스에 따라 항상 반응한다.

스트레스에 대한 반응은 이렇게 비교적 즉각적인 것뿐만 아니라 다른 유형의 것도 있다. 스트레스를 받은 신체 부위는 건강한 상태라면 강해지고 새로운 스트레스를 받아들일 준비가 된다. 심근에 스트레스를 주면 심근은 강해진다. 호흡근, 각근도 마찬가지다. 이 '적응'이라고도 하는 반응은 근육, 건(힘줄), 뼈 등 스트레스를 받는 모든 조직에서 발생한다.

훈련 원리 3 : 오버 스트레스

스트레스가 늘면 그만큼 더 잘 적응하게 된다. 그러나 다른 원리가 작동할 수도 있다. 그것은 오버 스트레스의 원리이다. 한 부위에 과도한 스트레스가 가해지면 그 부위가 더 강해지지 않을 수도 있다. 오히려 약해지거나 완전히 망가질 수 있다. 여기에 중요한 방정식이 있다. 그렇다면 신체는 스트레스에 반응하고 있는데, 언제 강해진다는 것인가? 그것은 일련의 스트레스 사이의 회복기이다. 즉 휴식하고 있는 동안에 신체의 강화가 발생하는 것이다.

휴식과 회복은 트레이닝 프로그램에 빠뜨릴 수 없는 중요한 요소이다. 훈련을 회피하는 것이 아니다. 때와 경우에 따라서는 달리는 것보다 쉬는 것이 좋고, 힘든 연습보다 스트레스가 작은 연습을 하는 것이 더 도움이 되기도 한다. 연습 메뉴가 2개 있어 망설여질 경우는 스트레스가 작은 쪽을 선택해야 한다. 이 생각은 꼭 염두에 두도록 한다. 어느 쪽이 더 효과적인지 모르는 상황이라면 더 힘든 훈련을 피하는 것이 좋다. 예를 들어 때때로 강풍이 부는 등 기상 조건이 좋지 않은 날에 1,000m의 인터벌을 열심히 할 것인지 아니면 크게 힘들지 않은 파틀렉fartlek을 할 것인지 고민되는 경우를 생각해 보자. 1,000m 인터벌을 하면 바람의 영향으로 페이스는 목표보다 떨어질 것이다. 그렇게 되면 만족스러운 연습이 되지 않을지도 모른다. 파틀렉은 거리를 정하지만 인터벌과는 달리 시간은 설정하지 않는다. 게다가 같은 시간에 1,000m의 인터벌 트레이닝을 했을 때와 결과적으로 연습 효과는 변하지 않을 수도 있다.

러닝이라는 경기의 성공은 유연한 대응력에 달려 있다. 젊은 팀을 지도할 때는 더욱 더 그렇다. 만약 팀에 밥이라는 에이스가 있다고 하자. 코치는 러너를 모아 밥이 이전에 실시했던 어떤 훈련 메뉴를 부과한다. "오늘은 전원이 400m 인터벌을 달린다. 75초로 8회 실시하는데 회복은 400m 조깅이다. 밥처럼 빨라지고 싶으면, 밥과 같은 연습을 해야 한다." 그렇게 지시받은 러너들은 첫 번째 400m를 75초로 달린다. 그러나 잠시 후 75초를 계속 유지하는 밥의 곁에서 설정 페이스를 유지하지 못해, 78초, 80초로 뒤처지는 사람이 나온다. 따라갈 수 없는 선수는 사투를 벌이며 달리게 되고 회복 시간도 짧아져 간다. 그렇게 되면 테크닉은 무용해진다.

이 훈련은 무엇을 위해서 하는 것일까? 아마 스피드 양성과 러닝 이코노미의 향상이 목적일 것이다. 그러나 팀의 대부분이 어색한 주법으로 필사적으로 달리는 것처럼 보이고, 러닝 이코노미도 향상되지 않는다. 게다가 페이스가 계속 떨어지면 스피드도 양성되지 않는다. 그렇게 되면 누가 이 연습으로 효과를 얻는가? 밥뿐이다. 다른 러너에게는 자신에게 왜 힘이 붙지 않는지 실망감만 안겨줄 뿐이다.

연습에 참가하는 사람 전원이 각각 효과를 얻기 위해서는 지도자도 러너도 유연하게 대응하는 능력이 필요하다. 팀의 마지막 뒤꽁무니에 있던 러너가 선두에 서는 날이 언젠가는 올까? 그것은 아무도 모른다. 그러나 의욕이 사라지고 자신의 가능성을 인지하기 전에 달리기를 그만두거나 혹은 무리로 인한 부상으로 달릴 수 없게 되면 그런 날은 영원히 오지 않는다.

미국 육상계는 이전이나 앞으로도 올림픽에 최강의 선수단을 보낼 일이 없을 것이라고 자신 있게 말할 수 있다. 이렇게 단언할 수 있는 것은 대표팀을 뽑을 때 톱 선수 중 누군가가 부상을 입을 것이기 때문이다. 크로스컨트리 팀을 코치할 때 나는 조금 기량이 떨어져도 부상이 없는 7명으로 팀을 구성하고 싶다. 그쪽이 최고조인 3명과 부상으로 스타트조차 할 수 없는 4명을 뽑는 것보다는 좋다고 생각한다. 어쨌든 최종적으로 대성했을 수도 있는 다른 선수들의 싹을 자르면서 1명의 톱 러너 육성에 올인하는 것은 말이 되지 않는다. 팀 내 각 멤버의 랭킹과 무관하게 멤버 한 사람 한 사람이 각각의 베스트 퍼포먼스를 내야만 최고의 결과를 얻을 수 있다.

선수권대회에 참가할 때는 심리적인 면이든 신체적인 면이든 스트레스를 줄이는 것이 바람직하다. 지금까지 여러 번 책이나 강연회에서 반복한 이야기인데 내 친구 톰 폰 루덴Tom Von Ruden의 경우를 소개한다. 1968년 올림픽 대표 최종 선발전을 앞두고 캘리포니아주 사우스 타호 레이크에서 트레이닝을 하고 있던 그는 나에게 조언을 구해 왔다. 선발전을 몇 주 앞두고 기대했던 만큼 컨디션이 오르지 않는데 어떻게 하면 좋을지 물어온 것이다. 나의 제안이 최고의 조언이 되었는지는 알 수 없지만, 어쨌든 나는 타호의 합숙소를 나와 고도가 높은 콜로라도주 리드빌에 가라고 말했다. 그러면 선발전을 앞두고 2~3주를 혼자 보낼 수 있다. 이 제안에 따랐던 그는 예상을 웃도는 결과를 내며 올림픽 대표의 자리를 차지했다. 그리고 올림픽 1,500m 종목에서 9위에 올랐다. 그가 한 일은 심리적 스트레스를 줄이는 것에 지나지 않았을지도 모르지만 확실히 효과는 있었다.

훈련 원리 4 : 트레이닝에 대한 반응

그림 2.1은 신체가 새롭게 주어진 스트레스에 어떻게 반응하는지 보여준다. 이렇게 가정해 보자. 앞으로 몇몇 트레이닝 프로그램을 시작한다. 현

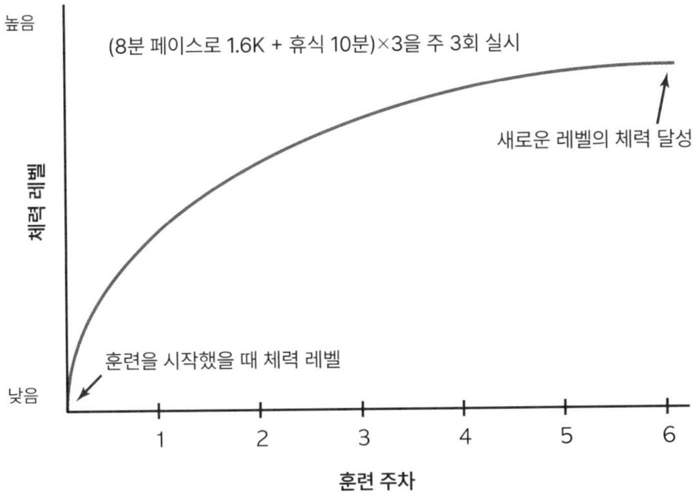

그림 2.1 새로운 수준의 훈련 스트레스에 대한 체력(fitness) 향상

재 신체는 최고조라고는 할 수 없지만 언제라도 30분 정도는 달릴 수 있고, 1,600m 반복주를 매회 무리없이 8분에 달릴 수 있다. 트레이닝 프로그램(그때까지의 트레이닝보다 더 스트레스가 많은 프로그램) 시작 지점의 체력 레벨은 그림 2.1과 같다. 이 상태에서 1,600m를 8분×3회, 휴식 10분의 훈련을 시작하기로 한다. 그리고 이것을 주 3일 실시한다. 이 새로운 트레이닝 프로그램은 지금까지 해온 것보다 스트레스가 가해지기 때문에 체력은 한 단계 더 향상된다.

그러나 이 새로운 훈련 스트레스에 의한 효과는 시간이 지나면서 줄어간다. 그리고 몇 주간 같은 훈련을 계속하는 것만으로는 체력 향상은 더 이상 나타나지 않는다. 훈련에서 효과를 얻고 새로운 체력 수준에 도달하는 데는 6~8주가 걸린다. 일부 사람들은 그해 후반이 될 때까지나 레이스 시즌이 다가올 때까지 훈련 스트레스를 늘리지 않고, 체력을 일정 레벨로 유지하는 편이 좋은 때도 있다. 그러나 체력을 새로운 수준으로 끌어올리고 싶다면 훈련 스트레스를 늘려가야 한다.

달리기의 경우 훈련 스트레스를 늘리는 몇 가지 방법이 있다. 방금 전의 예로 돌아가자. 1,600m 8분×3회, 휴식 10분의 훈련을 일주일에 3일 실시하는 트레이닝 프로그램에서 바꿀 수 있는 요소가 4개 있다.

- **훈련량:** 실시한 운동의 합계량. 이 예에서는 4,800m
- **훈련강도:** 1,600m 8분 스피드
- **회복:** 1,600m 달리기 후 10분간 휴식
- **빈도:** 이 예에서는 주 3회

이 4가지 가변요소 중 훈련량, 강도, 빈도, 이렇게 3개는 어떤 훈련에서도 반드시 존재한다. 회복의 요소는 지속주(저강도의 장거리주 등)에는 없다. 이 훈련은 중간중간에 끊지 않고 한 번에 끝내기 때문이다. 그림 2.1의 트레이닝 예시에서 스트레스 레벨을 늘리려고 할 때는 4개의 요소 모두를 사용할 수 있다.

- **양을 늘린다:** 달리기(1,600m주행) 횟수를 4회, 또는 그 이상으로 늘린다(다른 요소는 바꾸지 않는다).
- **강도를 올린다:** 마일당(1.6km당) 페이스를 8분에서 7분 40초로 올린다(합계 4,800m의 주행거리는 바꾸지 않는다).
- **회복을 짧게 한다:** 휴식을 10분에서 5분으로 줄인다(양과 강도는 바꾸지 않는다).
- **빈도를 늘린다:** 주 3회에서 주 4, 5회로 늘린다(양과 강도, 회복 시간은 그대로 둔다).

단, 4개의 요소 중 동시에 1개 이상의 요소를 바꾸는 것은 좋지 않다. 변화하는 요소와 그 내용의 대부분은 현재의 주행거리에 달려 있다. 즉, 특정 거리의 러닝 횟수를 늘리는 문제는 주간 주행거리로 결정된다는 것이다. 주간 주행거리가 일정하면 횟수는 대체로 바뀌지 않는다. 흔히 바꾸는 것은 페이스이다. 그리고 회복은 이전과 같은 정도를 유지한다. 일반적으로 이 4가지 요소 중 어느 것을 늘려도 체력은 새로운 레벨로 향상된다. 그리고 그것은 처음과 유사한 궤적을 따른다. 요컨대, 처음에는 비교적 빨리 향상하고, 몇 주가 지나면 줄어든다. 그림 2.2는 새로운 체력 레벨에 도달하는 (또는 도달하지 못하는) 궤적을 보여준다.

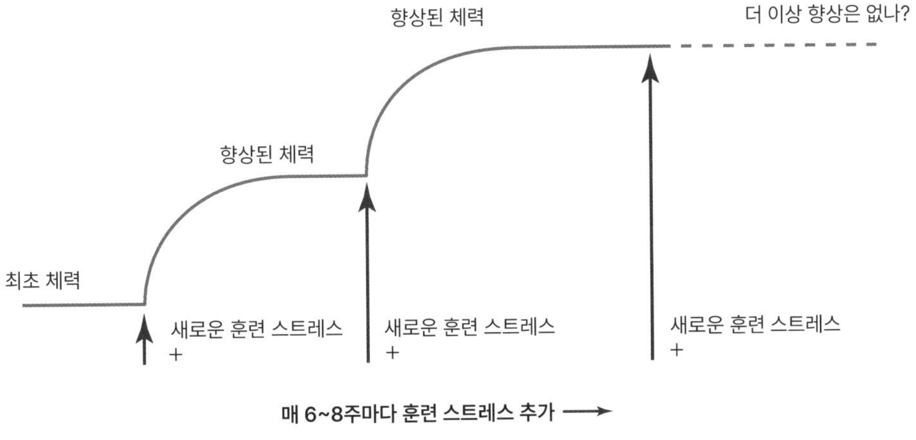

그림 2.2 이전 단계보다 훈련 스트레스를 점점 추가해 나갈 때 나타나는 체력 향상 곡선

훈련 원리 5 : 개인적 한계

체력은 트레이닝 스트레스를 늘린다고 반드시 향상되는 것은 아니다. 그림 2.2에서는 세 번째 이후 "더 이상 향상은 없나?"라며 물음표를 붙였는데, 이것은 세 번째 스트레스를 늘려도 체력이 향상되지 않을 가능성을 보여준다. 그렇다고 체력이 최대한까지 도달했다는 의미는 아니다. 또 다른 트레이닝 원리가 작동하는 것을 나타낸다. 즉, 개인에는 각각 한계가 있다는 원리가 작용하는 것이다. 이는 누구도 넘을 수 없는 절대적인 한계에 달했다는 것을 말하는 게 결코 아니고, 개인에게는 각각 그 시즌에 있어 한계가 있다는 의미다. 이 시즌 중 한계는 특정 기간 동안의 라이프 스타일에 의해 초래되는 한계이다.

개인적 한계의 원리가 가장 현저하게 작용하는 것은 수업 일정에 변동이 많은 대학생 시기이다. 예를 들면, 어느 학기는 매일 아침 8시부터 오후 2시까지 강의가 있고, 화요일과 목요일 오후 2시 15분부터 5시 15분까지는 실험 수업에 참여해야 하는 일정이 있을 수도 있다. 최악의 경우 화요일과 목요일은 훈련에 나오지 못하고 혼자 훈련을 해야 한다. 그러나 그 다음 학기가 되면 이번에는 매일 오전 10시까지 강의나 실험도 없고, 오후 2시에는 강의가 끝날지도 모른다. 당연히 이런 경우에는 오전 중에 제대로 달려 둘 수 있고, 오후에도 충분히 시간을 잡을 수 있기 때문에 트레이닝에 좋다.

대학생이 아닌 러너들에게도 시즌에 따라 일상 생활의 일정이 달라진다. 직장이나 가정 등에서 해야 할 임무는 일상에서 다양하게 바뀐다. 그것에 따라 트레이닝이 어려워지거나, 또 편해지거나 한다.

어쨌든 절대로 피해야 할 것은 오버 트레이닝이다. 러너와 지도자는 이 어려운 상황에서 벗어나기 위해 항상 소통하는 것이 최선의 방법이다. 트레이닝의 강도는 현시점에서의 체력으로 결정해야 하지만, 그 기준은 레이스에서의 성적이다. 이런 생각에서 나는 트레이닝의 페이스를 올리려고 하는 러너에게 "그것을 할 수 있는 실력이 된다는 것을 레이스로 증명해 보라"고 말한다. 물론 일정 강도로 트레이닝을 4~6주간 계속하는 가운데 스트레스 상승을 전혀 느끼지 않을 수도 있다. 이 경우 레이스를 달리지 않고 훈련 강도를 약간 올릴 수 있다.

다음 페이지의 표 2.1은 생활상의 문제를 쉽게 찾을 수 있도록 구성한 간단한 스트레스 평가표이다.

일상 생활을 다양한 각도에서 기록해 두면, 러너를 위해서도 지도자를 위해서도 도움이 된다. 평상시의 활동이나 생활상의 스트레스 중, 무엇이 퍼포먼스의 향상, 아니면 저하로 연결되는지, 또 무엇이 트레이닝이나 생활 전반에 영향을 주는지, 대개는 밝혀낼 수 있다.

각 항목에 점수를 붙일 때는 다음 사항을 생각해야 한다

- 전날 밤 수면의 질은 좋았나?
- 부상이 있거나, 질병에 걸리거나, 평소와 다른 통증이 있나?
- 전날의 트레이닝에서 어느 정도 회복했나?
- 신체의 유연성은 어떤가?
- 최근 24시간의 휴식, 활력, 영양 상태를 평가.
- 오늘 훈련의 신체적 스트레스를 평가.
- 평소 정신적, 정서적 상태에 비해 오늘은 얼마나 스트레스가 있었나?
- 그 외에 추가하고 싶은 평가 항목이 있나?

표 2.1
스트레스 평가표

8개의 항목 각각에 대해 매일 다음 중 하나의 점수를 할당하세요: 상태가 1 (뛰어남), 2 (좋음), 3 (보통), 4 (그저 그럼), 5 (심각함). 1과 2 항목은 일어난 지 2시간 이내에, 3에서 6은 이른 오후까지, 7과 8은 하루를 마무리할 때 체크하세요.

1주 차

	일	월	화	수	목	금	토
1. 지난밤 수면							
2. 통증 및 질병							
3. 오늘의 운동 및 회복							
4. 유연성							
5. 활력 및 영양상태							
6. 오늘의 신체적 스트레스							
7. 오늘의 정신적 스트레스							
8. 기타							
하루 합산							

2주 차

	일	월	화	수	목	금	토
1. 지난밤 수면							
2. 통증 및 질병							
3. 오늘의 운동 및 회복							
4. 유연성							
5. 활력 및 영양상태							
6. 오늘의 신체적 스트레스							
7. 오늘의 정신적 스트레스							
8. 기타							
하루 합산							

1주 차 개시일:______1주 차 합계:______
2주 차 개시일:______2주 차 합계:______
2주간 합계점:______ 아래에 여러분의 훈련에 대한 전반적인 감상을 남기세요.

____

____

____

훈련 원리 6 : 수확 체감

수확 체감의 원리와 가속적인 위험 상승의 원리는 서로 관련되어 있기 때문에 그림 2.3에는 두 가지를 함께 나타냈다.

우선 수확 체감의 원리부터 설명하자. 그림에서 알 수 있듯이 체력은 시간이 지남에 따라 향상된다. 시간이라고 해도 이 경우는 몇 주가 아니라 수년의 기간이다. 훈련을 시작했을 무렵에는 노력에 대한 효과가 매우 크다. 그러나 체력이 향상될수록 훈련을 강하게 해도 효과는 작아진다. 생각해보면 지극히 당연하다.

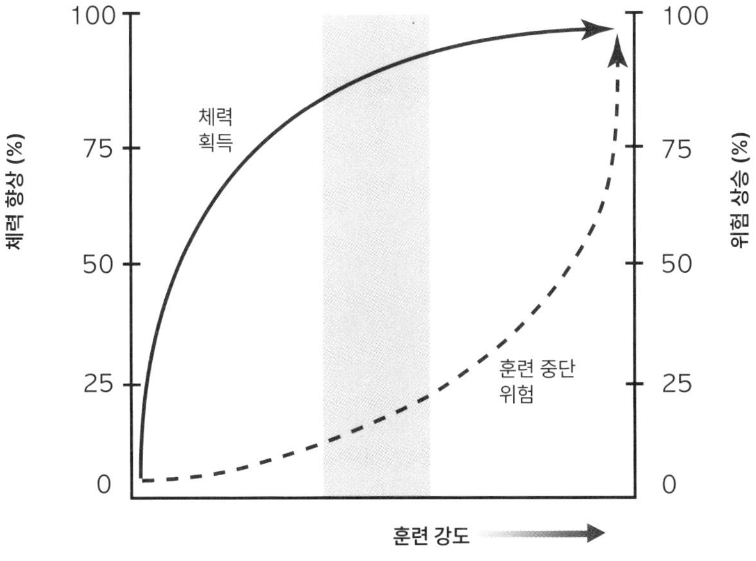

그림 2.3 훈련으로 인한 체력 증가와 훈련 스트레스 증가에 따른 위험 가능성 비교

예를 들면 1마일(약 1,600m)의 기록이다. 초보자라면 힘들게 훈련하지 않아도 6분 10초에서 5분 40초까지 향상할 수 있을지도 모른다. 그러나 같은 30초라도 5분 40에서 5분 10초로 올리는 것이라면 조금 어려워질 것이다. 또 4분 30초에서 4분까지가 되려면 6분 10초에서 30초 당겼을 때보다 훨씬 많은 노력이 필요하다.

만일 자신이 마라토너라고 해보자. 현재의 자기 베스트인 2시간 8분에서 1분 더 줄이기 위해서는 얼마나 힘든 훈련이 필요할까? 3시간에서 2시간 56분으로 4분 단축하는 것과는 비교가 되지 않는다. 반복된 이야기지만 체력이 향상될수록 보다 강도 높은 트레이닝을 해도 효과는 작아진다. 반대로 말하면(독자가 기뻐할 말을 하면) 체력 수준이 낮을수록 힘든 훈련이 아니라도 큰 효과를 얻을 수 있다는 것이다. 병이나 부상으로 체력이 떨어졌을 때라도 그렇게 생각하면 든든하다.

훈련 원리 7 : 가속화되는 훈련 중단 위험

수확 체감의 그래프를 보았는데 다음은 훈련 강도에 따른 위험 상승 그래프에 대해 살펴보자. 그림 2.3에서 점선으로 나타낸 곡선이다. 그다지 열심히 훈련하지 않을 때는 부상을 입거나 열의가 식어 훈련을 중단할 가능성은 낮지만, 강도 높은 훈련 과정에서 스트레스가 상승하면 위험이 갑자기 증가하기 시작한다.

이런 두 가지 트레이닝 원리를 고려하면 대부분의 트레이닝은 그림 2.3의 회색 영역 내에서 실시해야 한다. 이 이상적인 스트레스존 가운데 있으면 큰 효과를 기대할 수 있는 동시에 부상에 의한 전선 이탈의 위험도 비교적 낮아진다.

그러나 이 회색 영역이 나타내는 스트레스의 양에 구체적인 숫자를 적용할 수는 없다. 그것은 각자의 훈련 경험에 따라 다르기 때문이다. 예를 들어 어떤 주자의 경우 적정 주간 주행거리가 48km(30마일)일 수 있으며, 다른 주자의 경우 193km(120마일)일 수 있다. 적정한 훈련량이라고 해도 사람에 따라서 그 내용은 다르다. 연습에 걸리는 시간이나 경기에 대한 열의는 물론, 경기력이나 체격에 따라서도 크게 다르다.

훈련 원리 8 : 유지 원리

마지막은 유지 원리이다. 어느 수준의 체력을 새롭게 획득하는 것보다 그것을 유지하는 편이 쉽다는 원리다. 러너에 있어서 어느 레벨의 경기력에 처음 도달하는 것보다는 이후 그것을 반복하는 편이 보통 편하기 때문에 어떤 의미로 심리적인 문제라고도 할 수 있다.

예를 들어, 1마일의 레이스를 5분으로 달리기 위한 훈련을 계속해서 달성했다고 하자. 그러면 다시 5분으로 달리는 것은 처음 달성했던 때만큼 힘들지 않다. 생리학적으로 보면 이것은 체력 수준이 한 단계 올라갔다는 의미다. 심장은 강해지고 활동근에 산소를 운반하는 모세 혈관이 증가했다. 그리고 활동근 세포 자체도 연료를 보다 효율적으로 에너지로 바꿀 수 있도록 변화한 것이다.

체력을 쌓는 것보다 유지하는 편이 좋은 것은 레이스 전에 실시하는 테이퍼링taper을 봐도 알 수 있다. 테이퍼링을 실시하며 트레이닝 스트레스를 약간 떨어뜨리면 레이스에서 보다 좋은 결과로 이어진다. 훈련 스트레스를 줄이면서 체력을 유지할 수 있을 뿐 아니라 향상시켜 주기까지 한다. 이 사실은 유지 원리의 확실한 증거이다.

장기적인 훈련 프로그램을 만들 때 이 유지의 원리는 특히 큰 의미를 지닌다. 한 종류의 트레이닝에서 다른 타입으로 트레이닝의 종목이 바뀌어도 유지의 원리가 작용함으로써 이전에 얻은 효과를 유지할 수 있기 때문이다. 예를 들어 몇 주간 집중적으로 인터벌 트레이닝을 한 후, LT(역치) 트레이닝을 늘리고 인터벌 트레이닝을 줄였다고 하자. 이때도 유지의 원리가 작동한다. 인터벌 트레이닝으로 얻은 효과는, LT 트레이닝의 효과가 나오기 시작한 후에도 유지할 수 있다. 능력을 유지하기 위해 이전 메인이었던 트레이닝을 부분적으로 실시해도 상관없다. 단지 양은 줄여야 한다.

능력 유지의 원리는 학생 경기에도 적용된다. 학생들은 크로스컨트리 시즌이 끝나면 트랙 시즌 전에 휴식 기간을 가진다. 러닝을 하지 않는 이 기간에는 보조 훈련을 할 수도 있지만, 농구 등 다른 스포츠를 할 수도 있다. 그러면 달리기와는 다른 신체 부위에 운동 스트레스가 더해져 달리기에서 획득한 능력을 유지할 수 있는 것이다. 부상, 질병 또는 단순히 휴식을 위해 달리기를 하지 않는 주자도 능력을 유지할 수 있다는 점에서 특히 중요한 원리이다.

훈련 프로그램 개발

앞에서 중요한 훈련 원리들을 살펴보면서, 러너로서 성공하는 데 정석은 없다는 이야기도 했다. 같은 유형의 훈련에서도 잘 반응하는 러너와 그렇지 않은 러너, 반응이 빠른 러너와 느린 러너가 있다. 따라서 훈련 시즌 동안 모든 주자들에게 다양한 접근 방식을 접하게 하는 것이 좋다. 하나의 훈련 시즌을 통해 서로 다른 유형의 훈련들과 서로 다른 우선 순위 프로그램을 적극적으로 받아들여야 한다. 단지 어떤 경우라도 "이 훈련의 목적은 무엇인가"라는 질문에는 대답할 수 있어야 한다.

몇 년 전 고등학교에서 지도하고 있는 코치로부터, 레이스 시즌(매주 화요일과 토요일에 크로스컨트리 레이스가 있음)의 팀 훈련 일정짜기에 대해 질문을 받은 적이 있다. 그는 "매주, 화요일과 토요일 양일에 레이스에 나간다면 트레이닝은 언제 해야 하나?"라고 물어왔다. 나는 이 질문에 대해 두 가지 대답을 했다.

첫 번째는 레이스도 진지한 훈련의 한 부분이고, 레이스에서 육체적으로나 정신적으로도 확실한 효과를 얻을 수 있다는 것을 명심해야 한다. 게다가 일주일에 4,000~5,000m 종목으로 두 번 레이스에 나간다면 그 사이에 인터벌 트레이닝을 실시할 필요는 거의 없다. 요컨대 15~20분 걸리는 레이스를 달리면 인터벌 트레이닝에서 사용되는 신체 시스템에 최적의 생리적 스트레스가 가해지게 된다.

두 번째는 훈련을 실시한다면 수요일, 즉 화요일 레이스 다음날로 하는 방법이다. 나는 대학생을 지도할 때 이 방법을 취해 오랫동안 성과를 냈다. 화요일에 매주 레이스에 나갔던 것은 아니지만 화요일에는 대개 힘든 훈련을 소화하고 다음날 수요일에 다시 고강도 연습을 했다. 실은 힘든 연습에 의한 근육의 피로감은 연습 후 24시간이 아니라 48시간 후에 나타나는 경우가 많다. 따라서 수요일에 질 높은 연습을 해도 대체로 잘 달릴 수 있다. 오히려 목요일로 훈련을 미루는 것 보다 훨씬 좋다.

화요일과 수요일에 백투백(2일 연속 고강도 연습)을 하는 장점은 그 밖에도 몇 가지가 더 있다. 첫째로, 이지 데이(편안한 훈련일)를 이틀 동안, 토요일과 화요일 레이스(또는 고강도 연습)의 앞에 둘 수 있다. 둘째, 지도자의 지시보다 빨리 달리고 싶은 러너가 나오는 문제도 해결된다. 예를 들어, "오늘은 1,000m를 3분 20초에 6회, 회복은 3분으로 하라"고 지시한 뒤, "내일은 1마일을 5분 44초에 6회, 회복은 1분으로 하라"고 못박아 두면, 1,000m를 (지시보다 빠른) 3분 15초로 달리는 일은 없을 것이다. 다음날도 힘든 훈련이 기다리고 있다면, 첫날 지나치게 달리는 것을 자제할 수 있다. 세 번째 이점은 트랙 시즌에 대한 대비이다. 이틀 동안 개최되는 대회에 출전하면 연일 달려야 할 수도 있다. 그러나 백투백으로 훈련을 해두면 그 준비는 되어 있는 것이다.

트레이닝의 원리를 충분히 이해하면 오버 트레이닝의 위험을 최소화하면서 훈련에서 최대한의 효과를 끌어낼 수 있다. 가장 큰 효과는 가장 힘든 훈련이 아니라, 가장 적은 훈련으로 거둔다는 것을 잊지 않기를 바란다.

그리고 트레이닝 스트레스를 늘릴 때는 우선 6~8주간 트레이닝 스트레스를 일정하게 유지하도록 하고, 그 후에 변경하도록 한다. 1주일마다 혹은 1회마다 트레이닝의 질을 올리는 것은 잘못된 것이다. 지도하는 입장에서는 이전보다 조금이라도 빨리 달리려는 모습을 보이는 것보다 평소 연습이 상당히 편해졌다고 말해주는 편이 훨씬 기쁘다.

훈련은 즐거운 일만은 아니지만 보람이 없어서는 안 된다. 따라서 과잉은 금물이다. 지도자뿐 아니라 러너도 트레이닝 스트레스를 늘릴 때는 신중해야 한다. 나는 경기력 향상을 기대하고 무조건 훈련 스트레스를 늘리지는 않는다. 트레이닝 스트레스를 늘려야 할 타이밍은 레이스 결과가 알려준다.

다음 섹션에서는 달리기 중 다리를 움직이는 방법과 호흡 방법을 설명하고자 한다. 이 두 가지는 필수적인 훈련 원리라고는 할 수 없지만 매우 중요한 주제이기 때문에 훈련 원리와 함께 설명한다.

스트라이드 빈도

로스앤젤레스 올림픽이 개최된 것은 1984년이다. 이 대회 기간 동안 나와 아내는 러닝 종목이 있는 날은 모두 참관하여 러너의 스트라이드 빈도stride rate(피치, 혹은 케이던스)를 세어 보았다. 대부분 한 선수를 몇 번에 걸쳐 반복적으로 카운트했다. 같은 선수의 예선 레이스와 결승 레이스의 초반과 종반을 각각 관찰한 셈이다. 결국 피치를 세어 본 러너의 수는 800m에서 마라톤까지 남녀 50명 정도에 달했다.

측정한 모든 러너 중 피치가 1분간 180회에 못 미친 선수는 1명뿐이었다. 800m 참가자 전원과 1,500m의 일부는 200회를 넘었다. 그러나 이 스트라이드의 빈도(피치수)는 3,000m에서 마라톤에 이르기까지(로스앤젤레스 올림픽에는 여성부 종목에 3,000m가 있었다) 거의 변함이 없었다. 스트라이드의 길이(보폭)만이 레이스의 거리가 길어짐에 따라 짧아져 갔다.

나는 올림픽 마라톤에서 금메달을 획득한 러너를 대상으로 실제로 테스트한 적도 있다. 이 러너가 1km 4분 22초(1마일 7분) 페이스로 달렸을 때 케이던스는 1분간 184회였다. 페이스를 올렸을 때, 1km 3분 45초(1마일 6분)에서는 186회, 1km 3분 8초(1마일 5분)에서는 190회가 되었다. 페이스 상승률이 피치 상승률을 훨씬 웃돌았다. 주자에게 가장 쾌적하다고 생각되는 특정의 리듬이 존재했다. 그리고 다른 종목에서 스피드를 올리기 위해 보폭을 바꿈에 따라 그 리듬도 다소 바뀌었다.

1분간 180회 피치

피치는 1분간 180회 정도를 목표로 하도록 강하게 추천하고 있는데, 그 이유의 하나는 착지의 충격을 가능한 한 작게 하기 위해서다. 다리의 회전이 느려질수록 체공 시간이 길어진다. 그리고 체공 시간이 길어질수록 신체의 위치는 높아지며, 신체가 높게 올라갈수록 다음 착지 시의 충격은 커진다. 이것을 잊지 말아야 한다. 실제로 사소한 부상의 많은 경우는 착지 충격을 받을 때 일어난다.

그렇다면 어떻게 하면 착지의 충격을 줄일 수 있을까? 간단히 말하면 한 걸음 한 걸음 바운딩하지 말고(뛰어오르지 않고) 마치 지면을 구른다는(롤링) 생각으로 달려야 한다. 다리를 자신의 몸 앞에 두지 않는 것이다. 몸 앞으로 착지하면 대부분 브레이크를 거는 움직임이 되어 다음 단계에서 충격이 늘어난다. 그것보다 뒤쪽인 무게 중심 아래로 발이 착지하도록 하자. 그렇게 하면 몸은 양다리의 위쪽으로 떠오르듯 움직이게 된다(굴러가게 된다).

발착지

문제는 또 하나 있다. 그것은 발의 어느 부분이 먼저 땅과 접하는가(즉 어디로 착지하는가)의 문제이다. (무게 중심 위치와의 관계에서 보면) 어느 부분으로 착지하는지, 그리고 어떻게 착지하는가가 포인트이다.

착지는 사람에 따라서, 또 전문으로 하는 종목에 따라서도 다르다. 짧은 거리의 러너(스프린터는 물론 중거리 러너의 일부도)는 앞발로 착지하는 것이 일반적이다. 마치 발끝으로 달리고 있는 것 같다. 반대로 장거리 주자의 대부분(물론 마라토너를 포함)은 발뒤꿈치로 착지하는 경향이 있다. 또 중족부(미드풋)로 착지하는 러너도 있다. (역자 주: 최근 카본 러닝화의 출시 후 착지의 위치에 대해 이론이 있으나 본서에서는 카본화에 대해서는 다루고 있지 않다.)

나는 수년간 모든 수준의 주자를 많이 조사해 왔다. 결과적으로 일부 사람들은 특정 착지로 편하게 달릴 수 있다. 달리기를 시작한 지 얼마 되지 않은 사람은 몇 가지 다른 착지를 시도한 다음 하나로 선택하는 것이 좋다. 가장 쾌적하고 잘 피곤해지지 않으면서 달리려면, 1분에 180회 정도의 피치로 다리가 가볍고 빠르게 회전할 수 있는 착지를 선택하면 좋다.

현재 종아리calf나 정강이shin(혹은 허리)에 통증이 있는 사람은 특히 주의가 필요하다. 몇 주 동안 착지를 미드풋이나 리어풋(발뒤꿈치 착지)으로 제한하여 상황을 지켜보자. 180회의 피치에 집중하여 달리다 보면 결과적으로 자신에 맞는 최적의 착지로 귀결되는 경우도 매우 많이 나타난다.

착지에서는 또 다른 주의점이 있다. 그것은 발끝이 바깥쪽을 향하지 않도록 하는 것이다. 누군가에게 달리는 모습을 정면에서 보도록 하여 착지 시 발끝이 옆으로 치우치지 않고 똑바로 앞을 향하고 있는지 확인해 보도록 하자. 착지할 때 발끝이 바깥쪽을 향하면 정강이 통증이 잘 발생한다.

착지는 1분간 180회를 염두에 두고 되도록 힘을 사용하지 않고 지면을 구르는 감각으로 딛는다. 그러면 달리기는 지금보다 훨씬 즐거워지고 부상도 줄어들 것이다. 나는 종종 계란을 깔아놓고 하나도 깨뜨리지 않으며 그 위를 달리는 이미지를 떠올리라고 지도하고 있다. 요컨대 착지는 가볍고 부드럽게 한다는 것이다. 그리고 피치는 양발이 아니라 오른발(또는 왼발)만으로 카운트한다. 그리고 한 발당 90회를 목표로 한다(물론 왼쪽과 오른쪽이 같은 횟수로 착지한다).

달리기 중 호흡

우선 중요한 것은 당신의 평소 호흡과 달리기 중 호흡의 감각에 대해 이해하는 것이다. 천식이나 다른 호흡 관련 질병을 가지고 있는 사람은 호흡 관련 문제를 최대한 예방하기 위해 주치의와 상담하는 것이 좋다.

정상적인 대기 환경에서 격렬한 운동(특히 달리기)을 할 때 호흡이 어려워지면 그 원인은 폐의 산소(O_2) 부족이 아니다. 격렬하게 호흡하게 되는 이유는 폐에서 이산화탄소(CO_2)가 증가하기 때문이다. 일반 대기(건물 안, 또는 실외) 속 CO_2의 양은 매우 적다. 실제로 대기 중에서 이산화탄소가 차지하는 비율은 불과 0.04% 정도이다.

이산화탄소의 영향

폐에는 활동하고 있는 전신의 조직으로부터 혈액을 통해 CO_2가 끊임없이 운반되고 있다. 따라서 폐의 CO_2 비율은 흡입 공기에 비해 훨씬 높아진다. 실제로 언제든지(휴식 때 조차도) 폐 속 공기에서 CO_2가 차지하는 비율은 4.0% 또는 5.0%이다. 이 정도 비율이라면 굉장히 편안함을 느끼는 상태지만, 훈련을 시작하면 활동근이 생산하는 CO_2 양은 휴식 시에 비해 점점 늘어난다. 따라서 운동 시 노폐물인 CO_2의 비율이 높아진다.

CO_2의 비율이 정상(4-5%)을 초과하면 신체가 이를 감지하여 과도한 CO_2를 제거하기 위해 호흡이 거칠어진다. 거친 호흡을 촉발하는 것은 O_2의 감소가 아니라 CO_2의 증가이다. 사실 정상적인 공기를 들이쉬면 O_2의 양은 충분하다.

극단적인 예이지만 물속에서 숨을 참으며 얼마나 헤엄칠 수 있는지 시험해 보면, CO_2의 증가에 의해 호흡의 욕구가 강해지는 것을 알 수 있다. 신선한 공기를 마음껏 들이쉬고 싶어지는 것은 숨을 멈춘 결과 CO_2가 늘어났기 때문이지 O_2가 줄어들었기 때문이 아니다. 만약 정말 O_2가 부족한 상태가 되면 O_2가 뇌에 전달되지 않기 때문에 의식을 잃게 된다. 그러나 다행히 그전에 CO_2가 증가하고 호흡이 촉진되기 때문에 O_2 부족으로 기절하지 않고 생명이 유지되게 된다.

그러면 이 사실이 달릴 때 호흡과 어떻게 관련되어 있을까? 격렬하게 달릴수록 CO_2가 폐로 운반되는 속도도 빨라진다. CO_2의 운반 속도가 빨라지면 CO_2의 양이 증가하고, CO_2 양이 증가하면 신체는 폐의 CO_2 농도를 낮추기 위해 호흡을 거칠게 한다. 물론, 산소 농도가 운동에 필요한 수치 이상을 잘 유지하는 것도 이 작용 덕분이다.

호흡 리듬

1분 동안 호흡하는 공기의 총량은 매회 호흡량과 분당 호흡수에 의해 결정된다. 달리기 시작하면 1회 호흡량과 매분 호흡수(호흡 빈도) 양쪽 모두 증가하지만, 호흡 빈도는 대부분 스트라이드 빈도(피치)와 리듬이 맞춰진다.

그다지 힘들게 달리지 않을 때는, 3보 안에 들이쉬고, 3보 안에 내쉰다. 호흡을 거칠게 할 필요성을 느끼더라도 단지 호흡량을 늘리는 것만으로 이 리듬은 변하지 않는다. 그러나 강도가 조금 올라가 호흡 빈도를 늘려야 한다고 느껴지면 빠른 호흡 리듬으로 전환한다. 그리고 대부분의 경우 2보 안에 들이쉬고 2보 안에 내쉬는 리듬이 된다(이것을 2-2리듬이라고 한다).

대부분의 고수 러너는 2-2리듬으로 호흡한다. 특히 꽤 힘든 달리기에서는 그렇다. 왜냐하면 2-2리듬으로 달리면 쾌적할 뿐 아니라 대량의 공기가 폐로 출입할 수 있기 때문이다. 나는 훈련이나 레이스에서 2-2리듬으로 호흡하도록 강력히 권한다. 이 장의 끝에서 설명하겠지만 적어도 중거리 레이스의 처음 3분의 2는 이 2-2리듬이 좋다. 확실히 속도가 느려지면 느린 리듬으로 호흡하는 것도 가능하다. 그러나 역치 훈련(LT), 인터벌, 리피티션(반복훈련), 그리고 이지 러닝에서도 쾌적한 2-2리듬으로 달리는 편이 좋다. 그렇게 하면 그것이 자연스러워진다.

자신의 호흡 빈도에 대해 생각할 때 폐 안을 신선한 공기로 바꾸는 호흡(환기)의 중요한 일면을 이해해야 한다. 여기서 몇 가지 다른 상황을 생각해 보자. 4-4리듬으로 호흡하면 당연히 한 번의 호흡으로 상당한 양의 공기를 폐로 보낼 수 있다. 그러나 4-4리듬으로 호흡하게 되면 분당 22회밖에 호흡하지 않게 된다. 또한 1회의 호흡으로 4*l*의 공기가 출입한다고 가정하면 1분간의 합계는 90*l*가 된다. 그러나 이 양은 아주 격렬한 운동을 하는 경우에는 그다지 많지 않다.

그럼 3-3리듬에서는 어떨까. 1회의 호흡으로 보낼 수 있는 공기의 양은 3.5*l*로 줄어들지 모르지만, 매분 30회(180보÷6보=30회), 3.5*l*씩 공기가 출입하게 되기 때문에 1분의 합계는 105*l*(3.5*l*×30회=105*l*)가 되어 4-4리듬보다 16% 증가한다. 그럼 이번에는 2-2리듬으로 생각해 보자. 매분 호흡수는 45회(180보÷4보=45회)가 된다. 그리고 폐를 출입하는 공기의 양을 매회 약 3*l*씩으로 하면 1분간의 합계는 135*l*(3*l*×45회=135*l*)가 된다. 즉, 다른 리듬보다 폐의 환기가 잘 되어 폐의 공기에서 차지하는 CO_2의 축적량이 줄어들고 O_2의 양이 늘어나게 된다.

다음으로 한 걸음 더 나아가 1-1리듬(힘든 레이스의 마지막을 달리는 초보자에게 흔한 리듬)도 검토해 보자. 이 호흡수(180보÷2보=90회)라면 호흡 1회당 공기량은 대폭 감소하게 된다. 그렇게 되면 폐를 출입하는 공기의 총량은, 좀 더 느리지만 깊은 호흡의 공기량에 훨씬 미치지 못할 것이다. 또 하나 알아두어야 할 것이 있다. 그것은 입이나 코로 들어간 공기 속에는 폐에 도달하여 가스 교환에 사용되지 않는 분량(사강량)이 있다는 사실이다. 호흡이 빨라질수록 호흡 1회당, 1분당 사강량도 늘어난다.

당연히 호흡이 빨라지면 그만큼 호흡근의 에너지 비용도 약간 높아진다. 그러나 환기량과 에너지 비용의 양면에서 보면 2-2리듬(또는 2-1리듬)이 최고이다. 2-1리듬으로 3보 안에 1회 호흡하는 사이클로 하면, 분당 60회(180보÷3보=60회, 즉 1초간에 1회)의 호흡이 된다. 이 리듬으로 달리면 1분에 섭취할 수 있는 공기의 양은 아마 최대가 될 것이다. 그러나 5km 레이스나 10km 레이스의 피니시 전과 같이 격렬하게 스퍼트하는 상황이 아니면 이 리듬으로 달릴 필요는 거의 없다. 내가 테스트한 엘리트 러너 중 거의 86%는 최대 강도에 도달했을 때 2-1리듬과 1-2리듬이 되었지만 그전까지는 자동으로 2-2리듬으로 달렸다. 이것이 가장 효율적인 리듬이라고 몇 년에 걸쳐 깨달은 것인지, 아니면 누군가로부터 그렇게 배웠는지 모르지만 어쨌든 자연스럽게 할 수 있을 때까지 마냥 기다릴 필요는 없다. 커리어의 초반부터 이 리듬에 익숙해지는 것이 현명하다.

이런 호흡 리듬의 차이로 인한 영향을 러너에게 어떻게 가르쳐야 할까? 내가 하는 방법을 하나 소개한다. 우선 트랙을 5바퀴 돌도록 지시한다(적당한 강도로 달리게 하고, 경합시키지 않는다). 첫 번째는 4-4리듬, 두 번째는 3-3리듬, 세 번째는 2-2리듬, 네 번째는 1-1리듬, 그리고 다섯 번째는 다시 4-4리듬으로 달리도록 한다. 그 후 가장 힘들었던 한 바퀴와 가장 편안했던 한 바퀴를 주자에게 물어보는 것이다.

젊은 러너라면 이런 방식도 유효하다. 레이스의 처음 3분의 2(5km의 크로스컨트리라면 처음 3km)를 2-2리듬으로, 나머지 3분의 1을 2-1, 혹은 1-2리듬으로 달리게 한다. 2-2리듬으로 처음 3분의 2를 유지할 수 없으면, 시작하는 페이스가 너무 빠르다고 본인도 깨달을 것이다. 그러면 다음 레이스에서는 초반을 더 편한 페이스로 설정할 것이다.

1분 동안 폐를 출입하는 공기의 양에는 큰 개인차가 있다. 내가 한때 테스트한 두 명의 올림픽 선수는 신체의 크기도 성적도 거의 다르지 않았지만 최대 부하 테스트를 실시한 결과 각각 160l과 224l로 차이가 났다. 그리고 1회 환기량도 2.6l이상과 3.6l이상이라는 결과가 나왔다. 분당 환기량도 호흡 1회당 환기량도 당연히 사람에 따라 다양하게 변한다.

그러나 호흡을 가속화함으로써 약간 편해지는 상황도 있다. 고도가 높은 장소를 달릴 때이다. 고지대는 공기의 밀도가 낮고 공기가 출입하는 기도의 저항도 저하된다. 고지대를 고강도로 달릴 때 1-1리듬을 사용하는 엘리트 러너는 내가 아는 것만으로도 2명이 있었다.

호흡 리듬을 지식으로 익혀두면 자신이 지금 얼마의 강도로 달리고 있는지 판단할 수 있다. 예를 들어, 장거리주 중에 3-3리듬으로 편안하게 호흡을 할 수 있다면 강도가 그다지 높지 않다는 것이다. 반대로 공기를 많이

들이쉬기 위해 2-2리듬으로 바꿀 수밖에 없다고 한다면 그다지 편한 페이스가 아니라는 증거다. 그렇다고 하더라도 저강도의 장거리주에서 계속 3-3리듬으로 하라는 이야기가 아니다(오히려 2-2리듬 쪽이 좋지 않을까 생각한다). 장거리주 도중 2, 3분간만 3-3리듬으로 해보면 어떨까? 그렇게 하면 달리기의 강도를 알 수 있다. LT(역치) 페이스로 달릴 때 강도가 너무 높다는 것을 알게 되는 과정도 흡사하다(즉, 2-2리듬을 유지하지 못하고 2-1리듬 또는 1-2리듬으로 뛰게 된다). 끊임없이 자신의 호흡 리듬을 모니터링하라고 말하지는 않겠지만, 트레이닝 중이나 레이스 중에 호흡 리듬으로 운동강도를 판단하는 방법을 알고 있으면 편리하다.

Chapter 3

생리학적 능력의 프로필과 개별 트레이닝의 프로필

역경으로부터 배우자. 만족하지 못한 레이스가 성장의 양식이 된다.

체내의 다양한 시스템은 운동 스트레스가 증가하면 어떤 반응을 보이는가, 이 장에서는 그 특성(프로필)에 대해 알아보도록 한다. 다시 말하면, 보다 고강도 훈련을 하거나 더 빨리 달리면 심박수, 산소 섭취량, 혈중 젖산 농도, 주관적 운동 강도가 어떻게 변화하는지 그 상호 관계에 대한 것이다. 이런 생리학적 반응 중에는 달리기 속도와 같이 상승하기 때문에 비교적 예측하기 쉬운 것도 있는 반면, 그 반응이 직선적이지 않는 것도 있다. 예를 들어 산소 섭취량의 반응은 상당히 예측하기 쉽지만(평평한 노면에서 컨디션이 좋은 경우), 혈중 젖산 농도의 반응은 그다지 쉽게 예측할 수 없다. 그리고 선형적으로 상승하지도 않는다.

유산소적 능력의 특성

그림 3.1을 보자. 이 그림은 내가 실시한 한 엘리트 주자의 실험 결과이다. 달리기 속도를 같은 비율로 주기적으로 증가시켰을 때 유산소계가 어떤

반응을 나타내는지를 나타낸다. 주의할 점은 러닝 속도를 5분마다 같은 비율로 상승시킨다는 것이다. 5분씩 각각의 강도로 달렸을 때, 그 반응은 5분 동안 시종 안정되었다. 요컨대 2분이 지난 시점에서도, 3분이 지난 시점에서도 반응에 변화는 없었다. 바꾸어 말하면, 이 반응이 각 스피드에서의 산소 요구량이다.

그림 3.1을 살펴보면 $\dot{V}O_2$(분당 산소 섭취량)는 달리기 속도의 증가에 대해 매우 선형적으로 반응하는 것이 명백하게 나타난다. 이 $\dot{V}O_2$의 반응을 나타내는 직선을 이코노미 커브라고한다. 왜 이코노미라는 말을 쓰는가 하면 운동 강도의 상승과 산소 섭취량의 관계를 나타내고 있기 때문이다. 러너 중에는 러닝 이코노미가 다른 사람보다 뛰어나다고 평가되는 사람도 있는데, 그것은 같은 속도에서도 소비하는 산소량이 적다는 의미이다.

그림 3.2는 두 주자의 $\dot{V}O_2$ 프로필을 비교한 것이다. 이 그림을 보면 충분히 트레이닝을 쌓은 러너끼리라도 러닝 이코노미에는 차이가 나는 것을 분명히 알 수 있다. 이 2명은 팀 동료로 여러 레이스에서 언제나 비슷한 기록으로 달리고 있다. 러너 1이 러너 2보다 훨씬 높은 $\dot{V}O_2$max(15% 이상)를 가지고 있다는 사실에 근거하여 보면, 러너 1 쪽이 우수하다고 말할 수도 있다. 그러나 각각의 이코노미 커브도 포함해 생각하면, 러너 2가 러너 1과 나란히 경쟁할 수 있었던 이유를 잘 알 수 있다. 두 러너의 이코노미 커브를 보자. 이 선으로부터 단순히 각각의 $\dot{V}O_2$max를 추정하고, 그에 상당하는 스피드를 보면 2명 모두 325m/min이다. 즉, 각각의 $\dot{V}O_2$max에 있어서의 퍼포먼스라는 점에서는 능력이 같다. $\dot{V}O_2$max와 러닝 이코노미를 합친 능력에 상당하는 러닝 속도를 "velocity at $\dot{V}O_2$max", 줄여서 v$\dot{V}O_2$max(최고 유산소 속도: 최대 산소 섭취량의 속도)라고 한다. 이것은

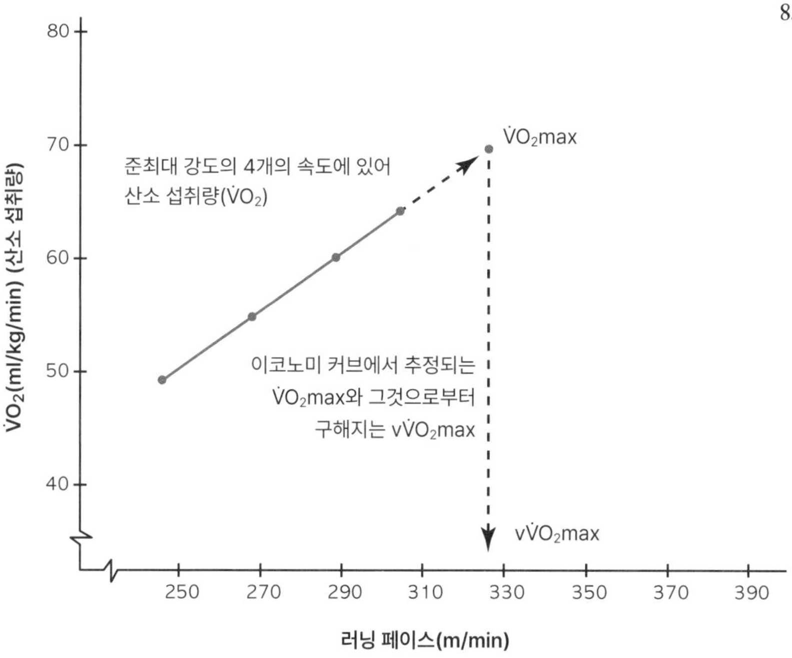

그림 3.1 전형적인 러닝 이코노미 커브

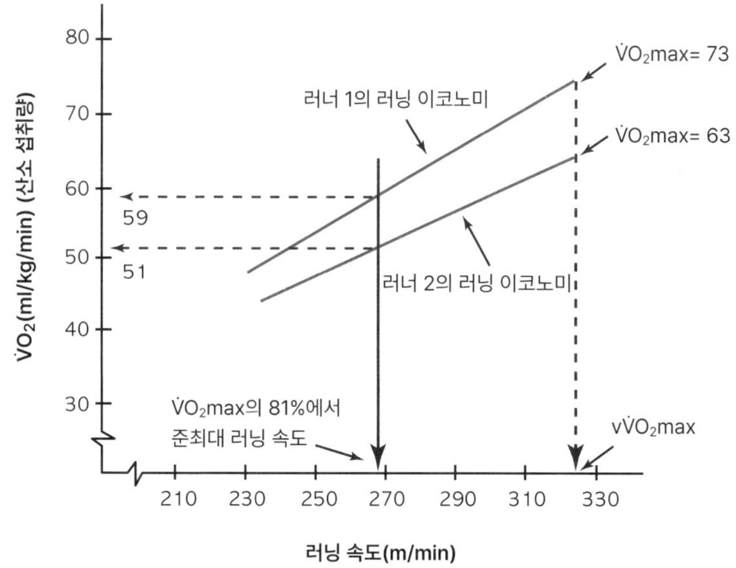

그림 3.2 $\dot{V}O_2max$와 이코노미는 현저하게 다르지만 $v\dot{V}O_2max$와 레이스 기록은 무척 유사한 두 러너

상당히 오래 전에 내가 명명·제창하여 육상계에 확산시킨 용어다. 잠재적인 퍼포먼스 능력을 비교하는 데 있어 러닝 이코노미만으로 하거나, $\dot{V}O_2$만으로 하는 것보다 $v\dot{V}O_2max$ 쪽이 우수한 것은 틀림없다.

다음으로 그림 3.3과 그림 3.4를 보자. 러닝 이코노미가 개인에 따라 그리고 상황이나 컨디션에 따라 얼마만큼 달라지는가를 알 수 있다. 그림 3.3은 내가 몇 년 전에 측정한 여성 엘리트 선수 3명의 테스트 결과이다. 이 그림에서 알 수 있듯이 각 선수의 $\dot{V}O_2max$와 러닝 이코노미는 크게 다르다. 그러나 3명의 $v\dot{V}O_2max$는 거의 차이가 없고, 3,000m도 거의 같은 기록이었다. 흥미롭게도 $\dot{V}O_2max$가 가장 낮은 선수는 10,000m 종목에서 미국 학생 챔피언이다. 덧붙여 가장 높은 선수도 국제 대회에서 우수한 성적을 거두었다.

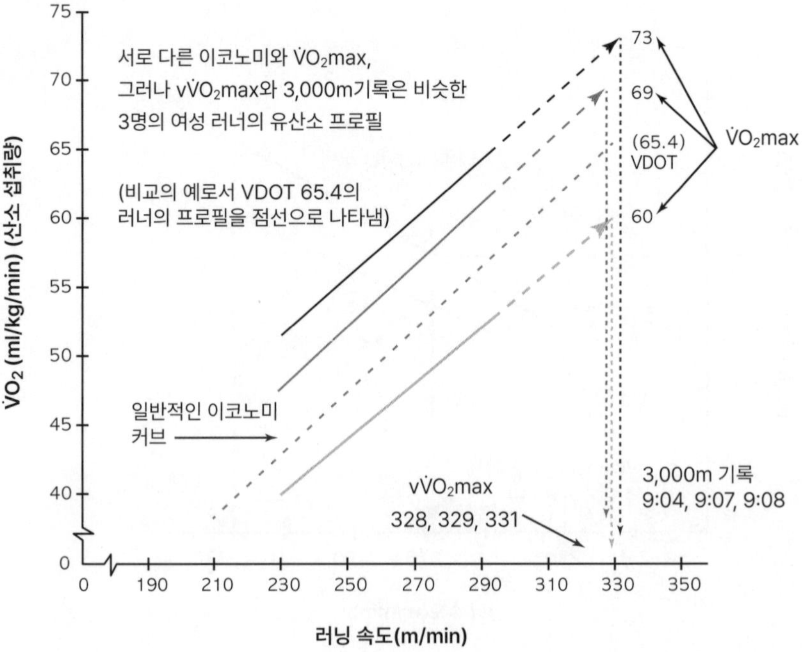

그림 3.3 러닝 이코노미와 $\dot{V}O2max$가 다른 3명의 여성 엘리트 선수의 3,000m 예상기록과 실제기록

그림 3.4는 한 남자 엘리트 선수의 $\dot{V}O_2$, 심박수, 혈중 젖산 농도의 프로필이 어떻게 변화하는지를 보여준다. 이 선수에 대해서는 2회 테스트할 수 있었다(트랙 시즌의 전반과 컨디션이 올라온 중반). 그림에서 알 수 있듯이 테스트 중 최고 심박수(HR)는 두 번 다 동일한 값(196박)이었지만 $\dot{V}O_2$max는 약 73ml/kg/min(分)에서 78ml/kg/min 근처까지 상승했다. 불과 2, 3개월 사이에 약 7%가 향상된 것이다. 또한 러닝 이코노미도 개선되었기 때문에 v$\dot{V}O_2$max는 358m/min에서 387m/min으로 8%상승했다.

이 선수의 경우 혈중 젖산 농도 프로필도 크게 개선되었다. 혈중 젖산 농도가 5mmol에 도달했을 때의 러닝 속도는 1회째가 330m/min, 2회째가 355m/min이었다. 이것 역시 7.5% 개선된 것이다. 그리고 혈중 젖산 농도가 4mmol에 도달했을 때의 강도는 2회의 테스트 모두 동일한 85~87% $\dot{V}O_2$max였다. 이것은 충분히 훈련을 받은 선수로서는 표준적인 값이다.

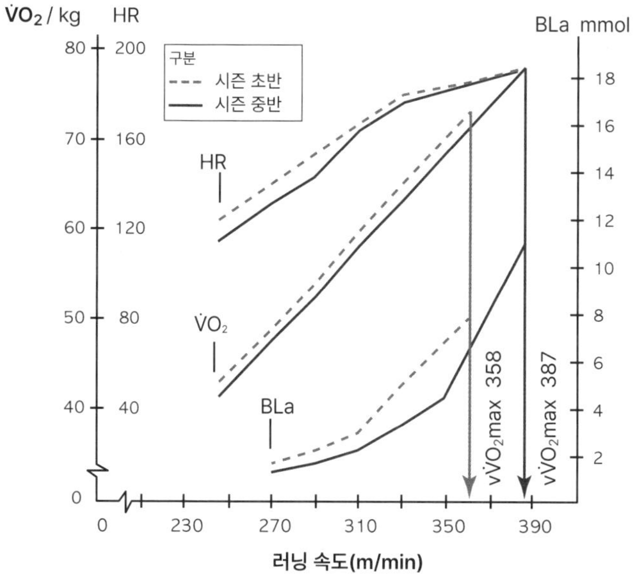

그림 3.4 러닝 시즌 초반과 중반 동안 엘리트 선수의 심박수(HR), 산소 소비량($\dot{V}O_2$), 그리고 혈중 젖산 농도(BLa) 비교

러닝 이코노미의 변화

러닝 이코노미는 달리는 위치에 따라 변화한다. 그림 3.5는 잘 훈련된 주자 그룹을 네 가지 조건에서 테스트한 결과이다. 4개의 조건은 저지대(해발 0m)의 트랙과 트레드밀, 고지대(해발 2,000m)의 트랙과 트레드밀이다. $\dot{V}O_2max$ 비교를 저지대와 고지대에서 실시하면 두 경우 모두 트랙과 트레드밀의 값은 동일하다. 고지대에서 $\dot{V}O_2max$의 값이 낮아지는 것은 분명하지만(트랙이나 트레드밀에서도), 러닝 시의 산소 요구량도 저지대에 비해 줄어든다는 사실을 염두에 두어야 한다. 즉, 고지대에서는 $\dot{V}O_2max$가 떨어지기 때문에 러닝 능력은 다소 떨어지지만, 공기 저항이 작아져 러닝 이코노미가 상승하기 때문에 떨어진 만큼을 보충하게 된다.

그림 3.5를 더욱 자세히 보면 고지대에 도착했을 때 $\dot{V}O_2max$는 약 13% 떨어졌지만 고지대의 공기밀도가 낮은 만큼 러닝 이코노미가 올라가기 때문에 $v\dot{V}O_2max$(그리고 경기력)의 저하는 불과 6%정도로 그친 것을 알 수 있다.

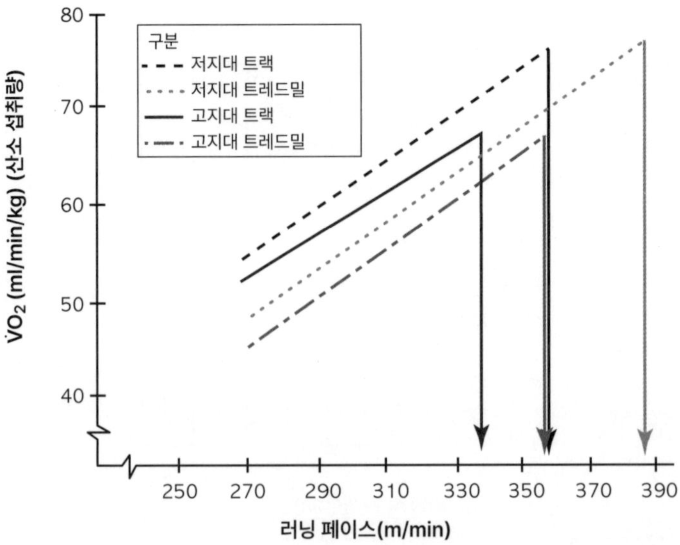

그림 3.5 트랙과 트레드밀에서 측정했을 때 저지대와 고지대에 따른 $\dot{V}O_2max$는 동일. 그러나 러닝 이코노미는 저지대와 고지대 모두에서 트랙보다 트레드밀이 훨씬 더 좋음.

$\dot{V}O_2max$와 러닝 이코노미에 있어 남녀 차이

남자 선수는 여자 선수에 비해 더 긴 거리를 더 빠르게 달릴 수 있다. 그 이유 중 하나는 남자 톱 선수의 $\dot{V}O_2max$가 여자 톱 선수의 $\dot{V}O_2max$보다 높기 때문이다. 남녀 모두 톱 선수들에게서 나타나는 수많은 차이점을 파악하기 위한 방편으로 나는 올림픽 대표 레벨의 남자 선수들($\dot{V}O_2max$: 68~86ml/kg/분)을 대상으로 테스트를 해왔다. 대부분의 경우 $\dot{V}O_2max$가 낮은 선수일수록 800m나 1,500m의 능력이 높다. 왜냐하면 이런 종목에서는 이른바 무산소 에너지가 요구되기 때문이다. 빠른 페이스에서의 러닝 이코노미도 800m/1,500m 종목의 선수 쪽이 장거리 전문 선수보다 더 좋다. 아마도 빨리 달리는 기술을 닦는 시간이 길기 때문일 것이다.

그럼 러닝 이코노미에는 남녀 차이가 있을까? 다행히 나는 남녀 엘리트 선수 다수를 테스트할 기회가 많았는데 남자의 러닝 이코노미가 여자보다 다소 높기는 하지만 그 차이는 결코 크지 않았다. 어떤 연구자는 여자는 남자보자 러닝 이코노미가 낮다고 단정짓기도 하는데, 그것은 똑같은 준최대submax 속도로 비교하기 때문이다. 분명히 같은 페이스로 남녀를 비교한 테스트 결과를 보면, 여자는 남자를 훨씬 웃도는 양의 산소(체중 1kg당·1분당)를 소비한다. 그러나 이것은 여자 선수에게 공평한 비교가 아니다. 왜냐하면 (남자보다 $\dot{V}O_2max$가 낮은) 여자가 남자와 같은 페이스로 달리면 % $\dot{V}O_2max$(상대적 강도)는 남자보다 높아지기 때문이다.

남녀의 비교는 같은 상대적 강도, 즉 각각의 $\dot{V}O_2max$에 대해 같은 비율(%$\dot{V}O_2max$)로 달릴 때 하는 것이 정확하다. 따라서 1km 달릴 때의 체중 1kg당 $\dot{V}O_2$(분당 산소 섭취량)로 환산하여 비교하는 것이 좋다. 구체적으로 예를 들어 설명하면 남자 선수와 여자 선수의 $\dot{V}O_2$를 같은 페이스

(300m/min)로 달릴 때 측정했다고 하자. 체중 1kg당 $\dot{V}O_2$가 남자 57ml, 여자 60ml 정도였다면 이 숫자가 나타내는 러닝 이코노미의 차이는 5%이다. 그러나 각각의 $\dot{V}O_2max$가 여자 67ml/kg, 남자 73ml/kg이었다면, 여자 선수는 89.5% $\dot{V}O_2max$, 남자 선수는 불과 78% $\dot{V}O_2max$로 달렸다. 러닝 이코노미는 페이스가 빨라질수록 떨어진다. 따라서 이 여자 선수의 측정은 남자 선수와 같은 78% $\dot{V}O_2max$가 되는 페이스로 달릴 때 해야 한다.

그럼 이 여자 선수가 78% $\dot{V}O_2max$로 달릴 때의 속도가 268m/min, 이 페이스에서의 $\dot{V}O_2$(체중 1kg당)가 50ml였다고 하자. 1km당 페이스는 3.73분(1000÷268=3.73)이므로 이것과 $\dot{V}O_2$와의 곱인 187ml(3.73×50=187)가 1km를 달렸을 때의 체중 1kg당 $\dot{V}O_2$가 된다.

한편, 남자 선수가 78% $\dot{V}O_2max$로 달렸을 때의 속도가 300m/min이었다면, 1km당의 페이스는 3.33분이 된다. $\dot{V}O_2$(체중 1kg당)가 56ml이면 1km를 달렸을 때의 체중 1kg당 $\dot{V}O_2$는 187ml(3.33×56=187)가 된다. 즉, 같은 상대적 강도로 달릴 때, 이 남녀 선수의 러닝 이코노미는 같아진다.

달리기 변수와 실력 향상

바꿀 수 있는 능력을 가능한 한 많이 개선하고 경기력을 올리는 것은 누구에게나 필요하다. 그리고 경기력 향상에는 유산소적 능력($\dot{V}O_2max$)과 러닝 이코노미를 향상시키는 트레이닝을 빼놓을 수 없다. 그것은 그림 3.1과 3.2를 보면 분명하다. 이 능력이 둘 다 또는 하나만이라도 높아지면 $v\dot{V}O_2max$라는 중요한 요소가 향상된다.

사람은 누구나 운동 시간의 길이에 따른 일정 %v$\dot{V}O_2$max로 달리게 된다. 예를 들면 어떤 종목의 레이스라도 주행 시간이 30분간이라면 93% v$\dot{V}O_2$max로 달릴 수 있다. 따라서 v$\dot{V}O_2$max가 향상되면 어떤 종목에서도 레이스 페이스가 빨라진다. 이 원리를 응용하여 작성한 것이 VDOT 일람표인데, 그 작성 프로세스에 대해서는 제5장에서 설명한다.

내가 러닝 스피드와 $\dot{V}O_2$를 비교했듯이, 러닝 스피드와 혈중 젖산 농도 사이의 연관성을 그래프로 그려 보며 훈련하는 러너들이 흔치 않게 보인다. 이런 혈중 젖산 농도의 프로필은 준최대submax 강도의 다양한 범위 내에서 속도를 바꾸어 달려보면 만들 수 있다.

그림 3.6은 내가 여러 번에 걸쳐 테스트한 전형적인 혈중 젖산 농도 프로필이다. 레이스 시즌 중 한 명의 러너를 두 번으로 나누어 테스트 한 결과이다. 이 그래프의 선은 지구력이 향상됨에 따라 오른쪽으로 이동하는 것이 바람직하다. 왜냐하면 선이 오른쪽으로 이동한다는 것은 이전의 테스트보다 페이스를 올려도 혈중 젖산 농도는 이전과 같은 정도에 머물고 있다는 뜻이다. 혈중 젖산 농도 프로필이 오른쪽으로 이동하는 이유는 생산된 젖산을 혈중에서 제거하는 능력이 향상되기 때문이다. 더불어 $\dot{V}O_2$max나 러닝 이코노미가 향상되면 일정 혈중 젖산 농도에 도달했을 때의 러닝 속도는 이전보다 빨라진다.

다양한 요소의 변화가 혈중 젖산 농도 프로필에 어떻게 영향을 미치는가, 그 구조를 이해할 수 있는 한 가지 방법은 정해진 혈중 젖산 농도가 86% $\dot{V}O_2$max로 달릴 때인 것을 염두에 두는 것이다. 특정 퍼센티지에 상당하는 혈중 젖산 농도가 정해져 있는 것은 $\dot{V}O_2$max가 향상되어 86% v$\dot{V}O_2$max가 이전보다 빨라지면, 같은 혈중 젖산 농도에서도 그것에 상당

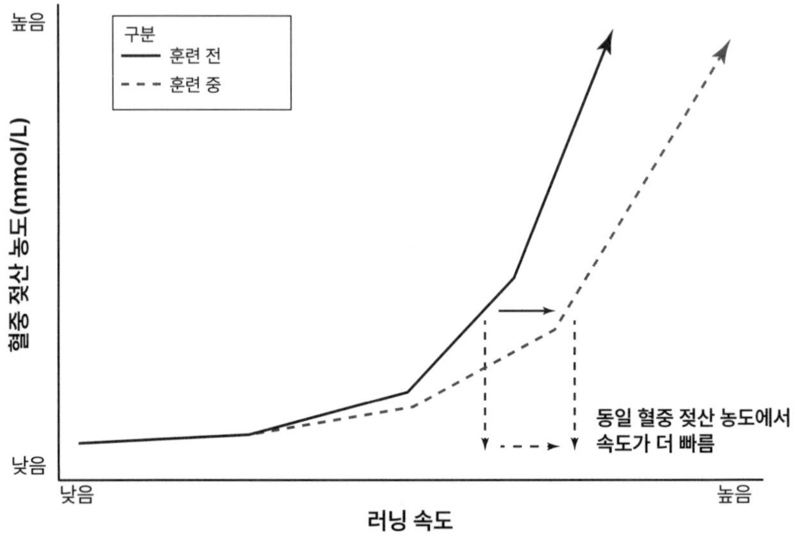

그림 3.6 수주간 훈련을 하기 전후에 동일 러너에게서 보이는 혈중 젖산 농도 곡선

하는 속도가 빨라진 것이다. 러닝 이코노미도 마찬가지이다. 러닝 이코노미가 개선되면 v$\dot{V}O_2$max 역시 빨라진다. 따라서 같은 %v$\dot{V}O_2$max의 혈중 젖산 농도에 상당하는 속도는 이전보다 빨라지게 된다.

심박수를 확인하면서 훈련하는 사람에게는 심박수에도 같은 방식을 적용할 수 있다. 심박수를 산소 섭취량($\dot{V}O_2$) 혹은 러닝 속도와 상관시켜 체크하면 심박수도 특정 값이 정해진 혈중 젖산 농도에 연관되어 있다는 것을 알 수 있기 때문이다.

혈중 젖산 농도가 4.0mmol일 때의 심박수가 164박/분, 88~90% HRmax라

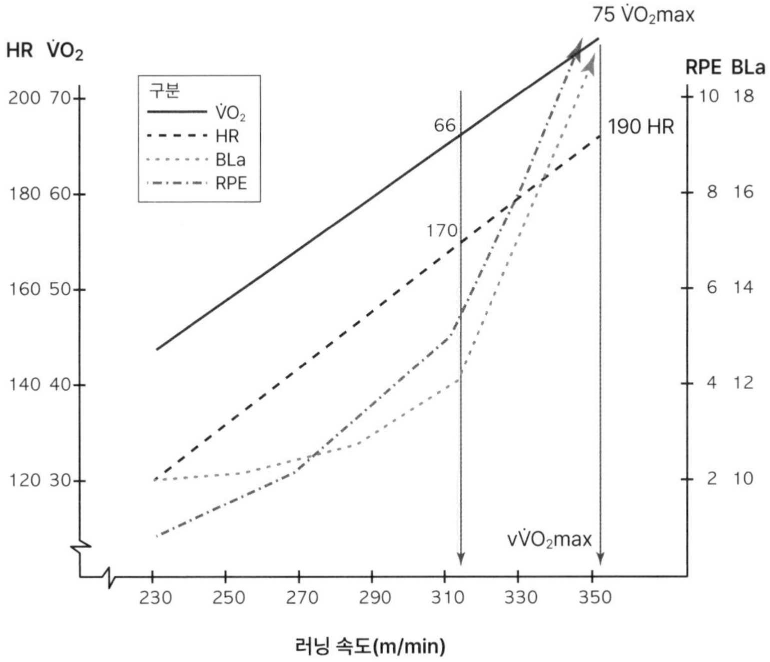

그림 3.7 러닝 속도에 따른 유산소 능력, 혈중 젖산 농도(BLa), 심박수(HR), 주관적 운동 강도(RPE)의 변화

고 해보자. 여기서 염두에 둘 것은 심박수는 그 시점의 운동량과 함께 특정 속도에서의 산소 섭취량에도 밀접하게 연결되어 있다는 점이다. 따라서 러닝 이코노미가 개선되어 $\dot{V}O_2max$에 상당하는 속도, 즉 $v\dot{V}O_2max$가 빨라져도 같은 $\%v\dot{V}O_2max$이면 그것에 상당하는 심박수는 이전의 느린 속도에 상당하는 것과 동일하게 유지된다.

여기에서 한 걸음 더 나아가 %HRmax·산소 섭취량·혈중 젖산 농도의 변화를 자신의 감각과 연결시킬 수도 있다. 그 방법 중 하나로서 '편하다', '힘들다'의 감각(주관적 운동 강도: Rating of Perceived Exertion: RPE)을 숫자로 표현하는 방법이 있다. 예를 들어, 편안한 달리기는 1에서 3, 약간 힘듦은 4에서 5, 그것보다 힘든 레벨은 6에서 8, 꽤 힘들 때는 9에서 10으로 나타낸다. 혹은 보다 간단하게, 1을 가장 편함, 5를 가장 힘듦으로 하여 5단계로 평가하는 방법도 있다. 그림 3.7는 심박수, 산소 섭취량, 혈중 젖산 농도, RPE 모두가 어떻게 러닝 속도와 연관되어 있는지를 보여주고 있다.

또 그림 3.7에서는 산소 섭취량 66ml/분/kg, 심박수 170박/분이 혈중 젖산 농도 4.0mmol에 상당하는 것도 알 수 있다. 그리고 그 값이 젖산역치(LT)라고 볼 수 있다.

훈련 중 심박수

다음으로 심박수를 사용한 트레이닝 강도의 설정에 대해 생각해 보자. 이제 다양한 장비가 있어 훈련 중에 심박수, 호흡 리듬, 스트라이드 빈도(피치)를 확인할 수 있다. 그것이 합리적인 과학에 의존한 데이터라면 편리한 장비라고 할 수 있다.

그러나 이해해야 할 것은 달리기 강도는 속도와 반드시 일치하지 않는다는 것이다. 예를 들어 온도가 높으면 달리는 속도가 같더라도 심장은 온도가 낮을 때보다 격렬하게 움직여야 한다. 피부를 식히기 위해서는 더 많은 혈액을 피부로 보내야 하기 때문이다. 피부에 분배하는 혈류량이 증가하고 활동근에 필요한 혈류량이 변하지 않으면 전체적인 혈류량과 심박수는 증가한다. 즉, 일정한 러닝 스피드를 모니터링하기 위해 심박수를 사용하고자 한다면 생각보다 속도가 떨어지게 된다.

맞바람, 업다운이 있는 코스, 험한 진흙 길 같은 경우도 마찬가지이다. 이런 조건에서 특정 심박수를 목표로 하면 달리기 속도는 자신의 생각보다 떨어진다. 그러나 악조건 때문에 속도가 설정보다 느려지더라도 강도는 설정대로 유지되는 경우가 많다. 속도가 변해도 강도는 변하지 않는다. 그렇다고 이게 잘못된 것은 아니다.

그러므로 "이 훈련의 목적은 무엇인가"라는 질문에 대답하는 것이 중요하다. 훈련의 목적이 일정 시간 동안 특정 "속도"를 유지하는 것에 있다면 심박수는 기준이 되지 않을 것이다. 그러나 "강도"가 우선사항이라면 심박수는 매우 유용하다. 분명히 심박수 모니터링은 러너에게 긍정적이다. 단지 그 전제로서 심박수가 컨디션에 따라 어떻게 변동하는지를 알아야 한다.

최대 심박수

심박수로 트레이닝 스트레스를 모니터링할 때 매우 중요한 것이 있다. 그것은 자신의 최대 심박수를 알아두는 것이다. 왜냐하면 훈련은 최대 심박수에 대한 백분율로 생각하는 것이 일반적이기 때문이다. 최대 심박수를 산출하는 방법은 여러 가지가 있다. 그중에서도 연령을 기반으로 한 방법이 주로 사용되는데, 연령으로 산출하는 계산식은 정확하지 않을 수도 있다. 그 예가 자주 사용되는 '220-연령'의 공식이다. 이 식으로 계산하면 50세의 최고 심박수는 170(220-50=170)이 된다.

이 계산식은 큰 그룹의 최대 심박수를 추정하기에는 좋을지도 모르지만, 개인의 경우에는 오산을 초래할 우려가 있다. 그 예로, 내가 지금까지 몇 번에 걸쳐 테스트 해 온 두 남자가 있다. 이 두 사람의 실제 최대 심박수는 위의 공식으로 구한 값과는 크게 다른 값이었다. 한 명은 30세 때 148, 55세 때 146이었다. 만약 그가 30세일 때 최대 심박수의 86%로 달리라고 했다면 어땠을까? 위의 계산식에 따르면 심박수 163을 유지해야 한다. 이것은 최고 심박수가 148인 사람에게는 불가능하다.

또 다른 사람은 25세 때의 최고 심박수는 186(220-연령으로 구한 추정치보다 낮음)이었지만, 50세 때는 192로 나왔다(220-연령으로 산출한 수치보다 훨씬 높음). 요컨대, 러닝의 상대적 강도의 척도로 심박수를 사용한다면 자신의 최대 심박수를 정확하게 알아야 한다.

러너가 혼자서 자신의 최대 심박수를 측정려면 2분간 힘든 언덕길 달리기를 몇 번에 걸쳐 반복하는 것이 가장 간단하다. 우선 첫 번째로 언덕 꼭대기에서 심박수를 측정한다. 두 번째도 마찬가지로 심박수를 측정하고, 첫 번째보다 높으면 세 번째를 달리고 심박수가 올라가는지 확인한다. 세 번째가 두 번째를 초과하지 않으면 그 값을 최고 심박수로 간주해도 좋다. 반대로 세 번째가 두 번째를 웃돌면 네 번째를 달린다. 어쨌든, 이전 1번의 측정치보다 심박수가 오르지 않을 때까지 반복한다. 만약 언덕길이 없으면 800m 달리기를 빠른 페이스로 몇 번 반복하는 것도 좋다. 그리고 언덕 달리기와 마찬가지로 반복해가면서 심박수를 비교한다.

휴식 시 심박수

심박수 모니터링으로서 도움이 되는 또 다른 방법은 아침에 깨어난 직후에 실시하는 휴식 시 심박수 체크이다. 잠을 깼을 때의 심박수는 체력이 어떻게 향상되고 있는지 알려준다. 왜냐하면 시간이 지나 심장이 강해져 박동 1회로 펌핑할 수 있는 혈액의 양(1회 박출량)이 늘어나면 대부분 안정 시 심박수는 낮아지기 때문이다. 심근이 강해지면 한 번의 박동으로 운반할 수 있는 혈액량이 늘어나기 때문에 이전만큼 높은 빈도로 박동하지 않아도 같은 양의 혈액을 신체의 여러 부위에 운반할 수 있게 된다. 더불어 깨어난 후의 심박수는 오버 트레이닝의 징후를 알 수 있다. 만약 아침 일어났을 때의 심박수가 평소보다 현저하게 높으면 휴식을 취하든지 검사를 받을 필요도 있다.

헤모글로빈 농도

심박수에 영향을 주는 요인은 그 밖에도 있다. 바로 혈액의 산소 운반 능력이다. 산소가 혈중 헤모글로빈(Hgb)에 의해 운반되기 때문에 충분한 헤모글로빈 농도를 유지하는 것이 특히 지구계 선수에게 중요하다.

헤모글로빈 농도가 정상 범위 아래로 떨어지면 컨디션이 떨어질 뿐만 아니라 좋은 경기력도 전혀 기대할 수 없다. 그러나 헤모글로빈 농도를 매우 높이려 하는 것도 좋지 않다. 혈액의 점도가 높아짐으로써 심장에 큰 부담이 되고, 실제로 혈액 순환이 나빠지는 일도 있기 때문이다.

헤모글로빈 농도를 정상적으로 유지하기 위해서는 영양을 양호하게 유지하고 철을 함유한 식품을 섭취해야 한다. 정상적인 헤모글로빈 농도는 혈액 1dl(데시리터, 0.1l)에 대해 12-18g이다(나이와 성별에 따라 다름). 이 헤모글로빈 농도가 13.5g/dl(남성의 경우) 또는 12g/dl(여성의 경우) 이하로 떨어지면 대개 빈혈로 간주된다. 러닝 퍼포먼스의 관점에서 말하면 헤모글로빈 농도에 있어서 12g/dl와 13g/dl의 차이는, 5km의 기록으로 보면 30~40초 정도의 차이가 난다. 그러나 반복해서 말하지만 헤모글로빈의 농도를 무리하게 끌어올리려는 것은 바람직하지 않다.

개인별 훈련과 레이스 프로필

훈련 프로그램을 짜기 위해서는 우선 정보 수집이 우선되어야 한다. 러너 본인 또는 지도자가 체력의 상태(과거와 현재), 트레이닝에 할애되는 시간 등에 대한 기본 데이터를 모을 필요가 있다. 나는 한 명도 빠짐없이 지도하는 선수들의 자세한 정보를 모았다(그림 3.8 참고). 이렇게 하면 각 러너에 딱 맞는 트레이닝 프로그램을 만들기 쉬워진다. 이런 기본 정보는 이메일을 통한 지도에 필수적이기도 하지만 고등학교, 대학교, 또는 클럽 지도자에게도 매우 중요하다.

예를 들어 최근의 주행거리나 연습 내용을 알면 트레이닝 양과 강도의 설정이 훨씬 편해져, 중요한 레이스를 앞두고 러너 한 사람 한 사람이 각각 베스트 트레이닝을 할 수 있다. 그러므로 몇 주 또는 몇 개월 앞으로 다가온 가장 중요한 레이스 유형도 반드시 알아야 할 요소이다.

기본 시설을 갖춘 학교의 코치라도 별도로 사용할 수 있는 시설에 대해서 미리 리스트를 만들어 두면 좋다. 그렇게 하면 어떤 기상조건이라도 그에 대응한 트레이닝을 짜기 쉬워진다. 한 시즌 훈련을 계획하는 것은 생각만큼 쉽지 않지만, 선수의 (또는 팀) 프로필이 있으면 최고의 훈련 계획을 세울 수 있다. 나 자신도 시즌마다 트레이닝 계획을 세울 때는 반드시 선수의 프로필을 읽어본다. 그렇게 작성된 계획표들은 이 책의 후반에 소개될 것이다.

그림 3.8
러너의 프로필

이름____________________날짜_____________전화번호__________________
주소__________________________________이메일______________________
나이:_________키:__________몸무게:__________성별:____________

1. 지난 6주 동안 달린 거리와 시간으로 주당 평균을 내보면?
   주당_____km , 주당_____분

2. 지난 6주 동안 한 번에 가장 오래 달린 거리와 시간은?
   _____km , _____분

3. 지난 몇 개월 안에 레이스에 참가한 적이 있나요?_____
   답이 "예"라면 거리와 시간을 기록하세요.________________________________

4. 하루 평균 러닝에 쓸 수 있는 시간은 얼마나 되나요?
   하루_____시간 _____분

5. 주당 며칠을 훈련할 수 있나요? 주당_____일

6. 훈련을 위해 이용할 수 있는 시설과 장소는 어디인가요?(예: 트랙, 잔디, 도로, 산길, 트레드밀, 실내 트랙)?______________________________________

7. 지난 6주 동안 실시한 훈련 내용을 자세히 기록하세요.____________________
   ____

8. 향후 4개월 이내에 참가를 계획(혹은, 참가를 희망)하는 레이스 목록을 기록하세요.____
   ____

9. 향후 6~12개월 내 출전예정인 가장 중요한 레이스는 무엇인가요?
   일자:_____ 거리:_____ 장소:_____

특이사항(예: 현재 건강상태 혹은 부상 문제):__________________________
____
____

Chapter 4

트레이닝의 종류와 강도

눈앞의 과제에 집중하자.

몇 번이나 반복된 이야기지만 "지금 하는 훈련의 목적이 무엇인가?"라고 물으면 언제라도 대답할 수 있어야 한다. 이 질문은 무엇보다 중요하다. 이것에 대답할 수 없으면 그 시간에 아무 훈련도 하지 않는 편이 낫다. 달리기 훈련에는 다양한 종류가 있다. 이 장에서는 각 유형의 훈련을 소개하고 러너가 효과를 얻는 과정을 설명한다.

이 책에서는 각 종류의 트레이닝을 **E, M, T, I, R** 등의 문자로 표현한다. 각 문자는 훈련의 강도를 나타내는 동시에 종류를 나타내는 단어의 머리글자이다(그림 4.1 참조). 훈련 프로그램의 대부분은 이러한 여러 종류의 훈련으로 구성된다. **E**(Easy)는 이지 러닝, **M**(Marathon)은 마라톤 페이스 러닝, **T**(Threshold)는 역치주, **I**(Interval)는 인터벌 트레이닝, **R**(Repetition)은 리피티션(반복) 트레이닝의 머리글자이다. 그림 4.1은 지속적으로 달리는 훈련과 반복해서 하는 훈련의 시간을 분 단위로 나타냈다. 그 외에 각 훈련의 목적과 효과, 주간 주행거리에 대한 연습량의 비율, 각종 훈련과 연관된 $\dot{V}O_2max$의 비율, 그리고 훈련과 휴식의 비율(단속적인 러닝의 경우)도 나타내고 있다.

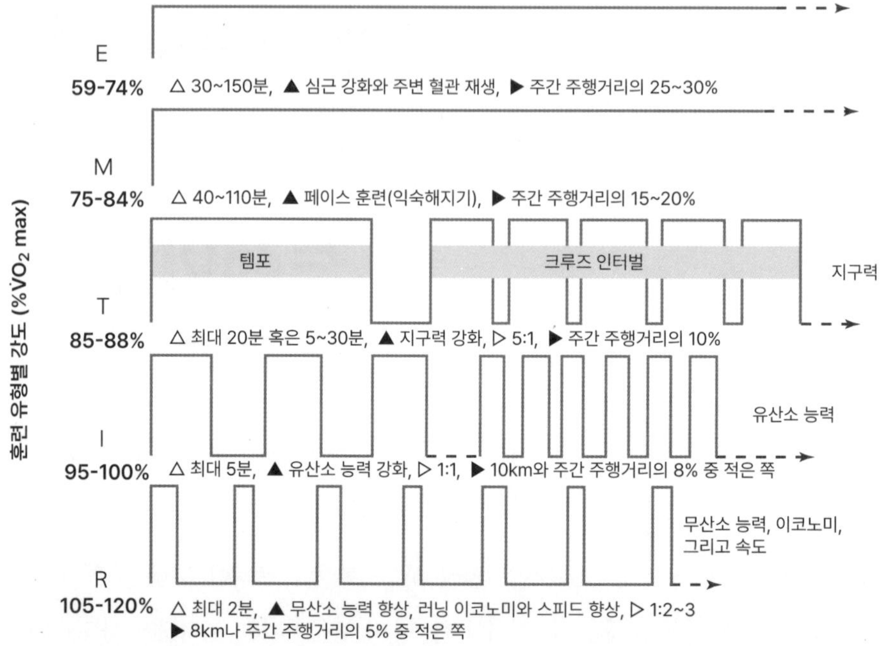

그림 4.1 각 훈련 유형별 %$\dot{V}O_2$max와 훈련 내용
(△ 훈련 1회당 소요시간, ▲ 목적과 효과, ▷ 질주와 휴식의 비율, ▶ 주간 주행거리 대비 훈련량 비율)

E 러닝(Easy Running)

E는 Easy의 머리글자이며 강도는 대체로 $\dot{V}O_2$max의 59~74%, HRmax의 65~79%이다. **E** 러닝의 목적은 무엇인가? **E** 러닝에는 여러 가지 효과가 있다. 우선 부상 예방이다. 훈련의 대부분을 편하게 함으로써 부상에 대한 견고한 내성을 기를 수 있다. 또한 **E** 러닝은 기초 만들기로서 특히 효과적이다. 트레이닝 프로그램의 극히 초기, 혹은 몇 주간·수개월간 휴식한(공백) 후 러닝으로 복귀할 때 알맞은 트레이닝이다. **E** 러닝은 편한 운동과 다르지 않다. 즉 심신에 무리가 없는 범위에서 좋아하는 스포츠를 즐길 때와 같은 효과가 있다.

E 러닝은 심근 강화에도 효과를 발휘한다. 왜냐하면 심장 박동의 힘은 약 60% HRmax일 때 최대에 도달하기 때문이다. 이보다 달리는 페이스가 올라가면 심박수와 박동 1회로 박출되는 혈액의 양(1회 박출량) 모두가 증가하는데, 1회 박출량은 증가한다고 해도 그 양이 극히 적다. 따라서 심근을 발달시키기 위해서는 상당히 이지 페이스로 달리는 것이 효과적이다. **E** 러닝이라면 특히 훈련을 힘들게 한다는 느낌이 없어도 심장은 활발히 작동하고 있다.

E 러닝의 효과는 그 밖에도 있다. 그것은 혈관신생(활동근에 영양과 산소를 공급하는 가는 혈관이 새롭게 만들어지는 것)이 촉진되어 러닝에 관련된 근육 자체가 러닝에 적합한 특징들로 강화된다. 심지어 **E** 러닝으로도 심장은 달리는 동안 다량의 혈액과 산소를 활동 근육으로 운반한다. 그리고 활동근은 그것에 대하여 근섬유의 변화라는 형태로 반응한다. 이렇게 하여 근육은 더 많은 산소를 받게 되어 일정 시간에 더 많은 연료를 에너지로 전환할 수 있게 된다. 이 과정에서 근섬유에 운동 스트레스를 주는 시간을 늘리면 그만큼 얻는 효과는 커진다. 그리고 그것을 확실하게 할 수 있는 것이 **E** 러닝이다. 왜냐하면 힘든 페이스보다 편하게 느끼는 페이스 쪽이 장시간 지속할 수 있기 때문이다.

훈련 조언

러닝을 30분간 지속하면 소비한 시간 대비 효과는 상당히 커진다. 따라서 **E** 러닝을 한다면 적어도 30분간 지속하는 것이 좋다. 나 자신도 "30분 정도를 할애하지 않으면 결국 뛰는 시간보다 샤워나 옷 갈아입는 시간이 더 길어진다"고 선수들에게 자주 말한다. 하지만 지속적인 러닝의 상한선은 (울트라 마라톤의 연습이 아닌 한) 150분(2시간 반)으로 하는 것이 좋다.

이것은 마라톤 트레이닝에서도 마찬가지다. 물론 워킹을 섞으면서 마라톤 훈련을 한다면 150분 이상이 되어도 괜찮지만, **L**(Long) 러닝은 어떤 형태라도 서서히 점차적으로 늘려가야 한다.

훈련 프로그램을 시작할 때 주간 주행거리는 매주 조금씩(예를 들면 10%씩) 늘려가야 한다는 이야기를 자주 듣는다. 즉, 처음 1주일에 16km를 달리고 (10% 증가한다고 하면) 2주차는 17.6km, 4주차가 끝난 뒤는 23.4km로 늘리게 된다. 그러나 내 생각은 다르다. 처음 4주간은 주 16km를 유지하고 그 거리에 익숙해진 후, 주당 8km 정도 늘리는 편이 좋다(주 16km부터 시작하므로 한 번에 8km 늘려도 스타트 때만큼의 스트레스는 없다). 달리기에 할애하는 시간(주당 시간)도 우선 최소 3, 4주간 일정하게 유지한 후 늘릴 것을 권하고 싶다. 날씨와 상황에 따라 훈련할 수 있는 시간은 늘어나거나 줄어든다는 점도 고려 대상이다. 일단 시즌의 상한(자신 또는 코치가 정한 상한)까지 달리는 시간을 늘리면, 그때그때 맞춰 훈련량을 가감한다. 전에도 말했지만, 훈련량이 조금 줄어들어도 유지의 원리가 잘 작동한다.

대다수의 러너는 훈련의 대부분을 **E** 페이스, 즉 어떤 때라도 편하게 달릴 수 있고 대화를 할 수 있는 페이스로 하고 있을 것이다. 내가 만든 훈련 프로그램 중에서 수준에 관계없이 편안한 달리기는 모두 **E** 러닝으로 표기하고 있다. 종종 **E** 데이라고 말하기도 하는데, 그것은 편하게 보내는 날이라는 의미이기 때문에 러닝을 전혀 하지 않을 수도 있다. **E** 페이스는 **L** 러닝을 할 때의 페이스이다. 또한 워밍업과 쿨링다운의 대부분, 그리고 강도가 높은 빠른 달리기를 반복할 때의 회복 조깅도 **E** 페이스이다.

E 데이는 목표 주행거리를 채우는 데 필요한 거리를 벌 수 있는 기회이기

도 하다. 예를 들어 1주일의 목표 주행거리가 64km라고 하자. 16km의 **L** 러닝을 1일, 13km(워밍업, 빠른 페이스의 러닝, 쿨링다운을 포함한 합계)의 날을 이틀 설정하면, 남는 22km를 나머지 4일 동안 달려야 한다. 이 경우 나머지 4일 동안 매일 4~8km씩 달리는 방법도 있고, 이틀은 8~10km씩, 하루는 5km 정도, 그리고 나머지 하루는 완전한 휴식일로 하는 방법도 있다. 1주일 단위로 스케줄을 짜는 경우에는 휴식일을 하루 설정해 두는 편이 계획대로 잘 진행해갈 수 있는 최선의 방법이다(날씨가 나쁘거나 예정 외의 용무가 생길 수 있기 때문). 게다가 원래 쉬는 시간은 연습을 할 수 없는 시간이 아니라 훈련의 일부로 생각해야 한다. **E** 데이는 질 높은 연습(Q트레이닝) 후 충분히 회복하기 위한 날이다. 따라서 **E** 데이를 설정하지 않고 Q트레이닝을 늘리는 것은 현명한 방법이 아니다.

E 러닝의 페이스

E 러닝은 통상 59~74% $\dot{V}O_2max$, 65~79% HRmax 정도의 강도로 실시하는 러닝인데, 때로는 이것보다 약간 빠르게(혹은 느리게) 달리는 편이 기분 좋게 느껴질지도 모른다. 중요한 것은 어쨌든 좋은 동작(자세)을 유지하는 것이다. 매우 느린 속도로 **E** 러닝을 할 때 특히 그렇다. 동작이 무너지면 부상을 일으킬 수 있다. 평소보다 피곤하거나 다리 움직임이 좋지 않은 날에는 특히 주의하도록 한다. 아마 그런 날은 무리하게 달려 부상을 당하는 것보다 달리지 않는 편이 몸을 위해서도 좋다.

E 페이스 속도의 범위에 대해서는 제5장의 VDOT 일람표에 게재해 놓았는데, 1마일(약 1.6km) 레이스 페이스보다 1마일당 2분~3분 정도 느린(1km당 약 1분 15초~1분 52초 느린) 페이스다. **E** 러닝이 무리가 없는 운동이라는 점을 잘 보여주는 지표라고 할 수 있다.

L 러닝(Long: 장거리주)과 주행거리를 늘리는 방법

L 러닝은 보통 **E** 페이스로 실시하고 연습 1회당 거리는 주간 주행거리의 30% 이하로 머무는 것이 나의 방식이다. 그런데 이것은 단지 주간 주행거리가 64km 미만인 사람의 경우이다. 64km 이상의 사람은 주간 주행거리의 25%나 150분간 주행 중 먼저 도달되는 기준을 상한으로 한다.

주간 주행거리는 우선 4주간 같은 거리를 유지하고 나서 늘리도록 하자. 즉 **L** 러닝의 거리도 몇 주간 바꾸지 않는다는 것이다. 오히려 상황에 따라 줄여도 좋다. 다른 주에 비해 컨디션이 좋지 않은 주, 컨디션 때문에 평소와 같은 **L** 러닝이 훨씬 힘들게 느껴질 때, 레이스에 대비해 연습을 조금 억제하고 싶을 때는 **L** 러닝 시간을 단축해도 전혀 문제없다.

마라톤을 천천히 즐기는 사람의 경우는 어떨까? 느린 러너를 위한 **L** 러닝에 대해서는 활발한 논의가 이루어지고 있으며, 나도 몇 번이나 논의의 장에 참가하고 있다. 마라톤 대회는 이제 인기가 높은 자선 이벤트이기도 하다. 5시간 혹은 그 이상의 오랜 시간을 들여 천천히 피니시하는 것을 목표로 하는 러너도 많다. 그 반면에 완주하기 위해서는 훈련에서 몇 번씩 32km를 달려 주어야 한다고 주장하는 지도자나 러너도 적지 않다.

그러나 마라톤 완주에 6시간이나 7시간이 걸리는 사람이 32km를 달리려고 하면 5시간이나 달려야 한다. 이것은 초보자에게 너무 부담이 크다. 엘리트 러너들 중에서도 5시간 이상(이 시간이면 엘리트 러너는 64~80km 정도 달리게 된다) 연습을 하는 사람은 그렇게 많지 않다. 초보자 쪽이 엘리트 러너보다 오랜 시간 훈련하게 된다는 것은 넌센스이다.

엘리트 러너가 32km 이상을 달린다고 할 때, 그들이 그 거리를 달리는 데

걸리는 시간은 2시간에서 2시간 반이라는 점을 알아채야만 한다. 같은 시간에 누군가는 24km밖에 달릴 수 없다 해도, 그 누군가에게 2시간 반은 충분히 긴 시간인 이유가 여기에 있다. 훈련 종류에 따라서는 거리가 아닌 시간으로 훈련량의 상한을 결정하는 습관을 들이도록 하자.

위의 사항을 정리하면 **E** 러닝의 효과는 부상에 대한 내성을 키우고, 심근을 강화하고, 혈액의 산소 운반 능력을 개선하며, 근섬유를 러닝에 유리한 성질로 바꾸어 간다는 것인데 효과는 그뿐만이 아니다. **E** 러닝의 지속시간을 늘리면 자신감도 생긴다(게다가 달리는 거리나 시간은 **E** 러닝 쪽이 훨씬 늘리기 쉽다). 달리고자 마음먹으면 장시간도 달릴 수 있다고 생각하게 되는 것이다. 훈련에서는 멘탈의 면도 무시해서는 안 된다.

M 페이스 러닝(마라톤 페이스 러닝)

마라톤(Marathon) 페이스 러닝은 그 이름에서 알 수 있듯이 마라톤 레이스를 위해 설정한 페이스로 달리는 훈련이다. 이것을 나는 **M** 페이스 러닝이라고 부른다. 하지만 마라톤 거리를 달린 적이 없는 러너는 무엇이 적정 페이스인지 모를 것이다. 이런 경우에 도움이 되는 것이 VDOT 일람표이다. VDOT 목록은 서로 다른 거리들 사이의 상대적인 경기력과 그에 상응하는 마라톤 시간을 보여 준다. 이 표에서 적절한 **M** 페이스를 예측할 때는 최근 달린 레이스 중에서 비교적 거리가 긴 레이스의 결과를 사용하는 것이 좋다(즉, 1마일 레이스보다 하프 마라톤 쪽이 마라톤 페이스 예측에 더 적합하다). 그 외 10km 레이스의 결과를 사용하는 경우도 있다. 최근 진지하게 10km 레이스를 달린 적이 있다면 그 레이스 기록에 3분 정도 더한 기록이 **M** 페이스로 10km를 달린 기록이라고 유추할 수 있다.

M 페이스 러닝에서는 그림 4.1에서 본 것과 같이 보통 75~84% $\dot{V}O_2max$, 80~89% HRmax 정도의 강도로 달린다. 달리는 시간과 거리에 관해서는 L 러닝과 마찬가지로 상한을 마련하는 것이 좋다. 지속적인 M 페이스 러닝의 경우는 110분간이나 29km 중 어느 쪽이든 먼저 달성되는 기준을 상한으로 하면 된다. 나는 M 페이스에 E 페이스와 T(역치) 페이스 둘 다를 믹스하는 것도 좋은 훈련이라고 생각한다. 이렇게 하면 M 페이스로 달리는 시간을 최대한으로 쌓아도 지속적인 M 페이스 러닝 1회의 시간보다 짧아진다. 믹스한 연습에도 상한은 설정한다. 연습 1회당 M 페이스 러닝의 합계는 주간 주행거리의 20%와 29km 중 어느 쪽이든 더 짧은 거리를 상한으로 하면 된다. 표 4.1은 M 페이스 러닝 연습의 예를 보여 준다.

여기서 다시 중요한 질문을 해보자. "이 연습의 목적은 무엇인가?" 마라톤 훈련을 하는 러너에게 있어서 M 페이스 러닝의 목적은 실제 레이스 페이스에 익숙해지는 것이다, 그리고 그 페이스로 급수를 하는 연습도 한다. 따라서 M 페이스 러닝의 주된 효과는 정신적인 것, 즉 설정 페이스로 달리는 자신감을 높이는 것이라고도 할 수 있다. 생리학적 효과는 E 러닝과 크게 다르지 않다. 그러나 마라톤 트레이닝을 하지 않았던 러너 중에는 M 페이스 러닝으로 자신감을 얻는 사람도 있을 것이다. 평소 E 페이스보다 약간 빠른 페이스로도 상당히 장시간을 달릴 수 있다고 생각하게 되는 것이다.

달리는 데 필요한 연료에 대해서는, 탄수화물 형태로 많은 연료를 쓰게 되면 축적된 근육 글리코겐을 보존하면서 지방 대사에 의존하는 비율을 약간 늘리도록 신체에 주입시킬 수 있다. 따라서 때로는 에너지 음료를 마시지 않고 훈련하는 것도 좋다. 그렇게 E 페이스로 오랫동안 계속 달리면 몸은 탄수화물을 절약하는 것을 터득하게 된다. 그럼에도 불구하고 연습 중에 물은 적절하게 보충해야 한다(실제 마라톤 레이스에서는 급수가 에너지 보급을 돕기 때문에 효과적으로 물을 마실 수 있는 방법을 연습해 두는 것이 좋다).

표 4.1 마라톤(Marathon) 페이스 훈련(약어: M)

훈련 내용	총시간
트레이닝 세션 A (E 페이스 합계: 25~70분, M 페이스 합계: 50분)	
A1: **E** 15분 + **M** 50분 + **E** 10분	75분
A2: **E** 35분 + **M** 50분 + **E** 10분	95분
A3: **E** 60분 + **M** 50분 + **E** 10분	120분
트레이닝 세션 B (E 페이스 합계: 30~70분, M 페이스 합계: 60분)	
B1: **E** 15분 + **M** 60분 + **E** 15분	90분
B2: **E** 35분 + **M** 60분 + **E** 15분	110분
B3: **E** 55분 + **M** 60분 + **E** 15분	130분
트레이닝 세션 C (E 페이스 합계: 30~60분, M 페이스 합계: 75분)	
C1: **E** 15분 + **M** 75분 + **E** 15분	105분
C2: **E** 35분 + **M** 75분 + **E** 15분	125분
C3: **E** 45분 + **M** 75분 + **E** 15분	135분
트레이닝 세션 D (E 페이스 합계: 25~40분, M 페이스 합계: 55~70분, T 페이스 합계: 10~15분)	
D1: **E** 15분 + **M** 30분 + **T** 5분 + **M** 30분 + **T** 5분 + **M** 5분 + **E** 10분	100분
D2: **E** 15분 + **T** 5분 + **M** 40분 + **T** 5분 + **M** 15분 + **T** 5분 + **M** 10분 + **E** 10분	105분
D3: **E** 15분 + **M** 50분 + **T** 5분 + **M** 20분 + **T** 5분 + **E** 30분	125분
트레이닝 세션 E (E 페이스 합계: 40~70분, M 페이스 합계: 30~80분)	
E1: **E** 60분 + **M** 30분 + **E** 10분	100분
E2: **E** 60분 + **M** 40분 + **E** 10분	110분
E3: **E** 60분 + **M** 50분 + **E** 10분	120분
E4: **E** 60분 + **M** 60분 + **E** 10분	130분
E5: **E** 30-40분 + **M** 80분 + **E** 10분	120-130분
E6: **E** 40-60분 + **M** 70분 + **E** 10분	120-140분

"총시간"은 실제 달린 시간의 총합을 가리킨다. 일부 T 페이스의 시간도 있다.

Table created by Jack Daniels' Running Calculator designed by the Run SMART Project.

T 러닝(Threshold Running: 역치주)

T(Threshold: 역치) 강도는 기분 좋게 힘든 상태를 의미한다. 비교적 빨리 달리지만 적당한 시간 동안 (훈련이라면 적어도 20~30분간) 유지할 수 있는 페이스다. 몸 상태를 최대한 끌어올리고peaked 잘 휴식한 뒤 참가한 레

이스라면 60분간 유지할 수 있다. 즉, 엘리트 러너에게 있어서는 20km, 혹은 하프 마라톤을 달리는 페이스가 정확히 **T** 페이스라고 할 수 있다. (역자 주: 운동강도를 천천히 올려가면 혈중 젖산 농도가 급히 상승하는 지점이 있다. 이 변환점이 "역치(Threshold)"이고 젖산의 임계치이기 때문에 Lactate Threshold(LT)라고 한다. 하지만 이 책의 원문에는 LT가 아니고 T라고 표현하고 있으므로, 그대로 따르되 때때로 필요한 경우만 "LT"나 "역치"로 표기하였다.)

T 러닝으로 느끼는 강도는 **M** 페이스 러닝이나 **E** 러닝과는 다르다. 트레이닝을 쌓아온 러너에게 있어 **M**이나 **E** 페이스는 바로 끝내고 싶어 하는 강도는 아니지만, **T** 러닝은 그와 반대로 끝내는 것이 기다려지는 강도이다. 그러나 한 번 러닝에서 20~30분은 지속할 수 있는 강도이기도 하다.

그리고 중요한 것은 훈련의 목적인데 **T** 러닝을 실시하는 목적은 혈중의 젖산을 제거하고 충분히 처리할 수 있는 농도 이내로 억제하는 능력을 기르기 위한 것이다. 지구력 향상이 목적이라고 할 수 있다. 즉, 약간 힘든 페이스로 장시간 유지하는 방법을 몸에 기억시키고, 특정 페이스를 유지하는 시간을 늘리는 것이다. **E** 러닝이나 **M** 페이스 러닝을 하면 숨이 끊기지 않고 편한 페이스로 계속 달리는 힘이 붙는다. 그와 마찬가지로 **T** 러닝은 향상된 스피드를 어느 정도의 시간 동안 유지하는 능력을 기르는 효과가 있다.

T 페이스의 강도를 생리적으로 표현하면 대략 85~88% $\dot{V}O_2max$(88~92% HRmax)이다. 이것은 충분히 훈련을 받은 러너의 경우이며, 그렇지 않은 러너라면 80~86% $\dot{V}O_2max$ 정도이다. 내 지도법에 익숙하지 않고 **T** 페이스 훈련이 처음인 러너에게 나는 이렇게 조언한다. "지금의 페이스를 30~40분간 유지하라고 하면 해낼 수 있는지 스스로에게 물어보며 달려라", 그 대답이 "아니오"라면 페이스를 조금 떨어뜨려야 한다. **T** 러닝의 적

정한 페이스는 '기분 좋은 빡빡함'이며, '힘들다'고 느끼는 것은 아니다. 힘든 페이스는 **I**(인터벌) 페이스이다.

그림 4.1에서 볼 수 있듯이 내가 권장하는 **T** 훈련에는 두 가지 유형이 있다. 하나는 템포런, 다른 하나는 크루즈 인터벌(내가 명명한 용어)이다. 이 두 가지의 차이는 지속적인지 단속적인지에 있다. 템포런은 **T** 러닝을 20분 정도 끊임없이 계속하지만 크루즈 인터벌은 짧은 휴식을 넣어 몇 회 반복한다. 두 가지 유형에는 각각 장점이 있다. 지속적인 템포런을 하면 웬만한 페이스로도 장시간 유지할 수 있다는 자신감이 붙는다. 그 점에서는 크루즈 인터벌보다 더 효과적이다. 그러나 적당한 강도로 운동하는 시간의 합계는 크루즈 인터벌 쪽이 템포런보다 길어진다.

크루즈 인터벌은 짧은 휴식을 취하는데, 그렇다고 해서 템포런보다 빨리 달릴 필요는 없다. 운동 스트레스가 부족하다고 생각하면 휴식을 조금 더 짧게 하면 된다. 템포런이나 크루즈 인터벌도 제5장의 VDOT 일람표에 설정되어 있는 동일한 페이스로 실시하면 된다.

T 러닝에서도 **L** 러닝이나 **M** 페이스 러닝과 마찬가지로 한 번의 연습량에 상한을 설정하는 것이 좋다. 연습 1회당 **T** 러닝 합계는 주간 주행거리의 10%를 초과하지 않는 것이 바람직하다. 그러나 20분 동안 지속적인 **T** 러닝을 할 수 있는 주자라면 크루즈 인터벌의 형태로 분할하는 경우에는 총 30분까지 늘려 달리는 것도 좋은 방법이다. 계속해서 20분간 달릴 수 있다면, 5분이나 10분 등 짧게 나누어 합계 30분 달리는 것은 그다지 어렵지 않을 것이다.

템포런과 관련하여 자주 문제가 되는 것은 그 지속 시간이다. '템포'라는 말의 해석이 다양하기 때문에 혼란을 초래하는 것이다. 일부 지도자나 러너는 60분간 템포런, 혹은 16km 템포런을 언급하기도 하는데, 엘리트 러너가 (테이퍼링을 하고 휴식한 뒤) 레이스에서 어떻게든 60분간 유지할 수 있는 것이 **T** 페이스이다. 그것을 보면 평상시의 연습에서 템포런을 1시간 하는 것은 상상하기 어려울 것이다.

그러면 일부 지도자나 러너가 템포런이라고 부르는 훈련이란 어떤 것일까? 사실 전체 거리가 16km이더라도 처음 8~10km는 **T** 페이스보다 느리게 달린 다음 천천히 페이스를 올려 나머지 6~8km에서 실제 **T** 페이스에 도달하는 훈련인 것이다. 따라서 이 훈련 전체를 템포런이라고 부르더라도 진짜 **T** 페이스로 달리는 것은 그 일부에 불과하다.

반복하지만 내가 말하는 템포런은 1회 러닝 전체를 **T** 페이스로 실시하는 것이다. 따라서 비교적 편한 페이스에서 진짜 **T** 페이스로 올린다고 하면 템포런이라고 할 수 있는 것은 **T** 페이스로 올린 부분뿐이다. 내 생각에는 약 20분간 끊임없이 **T** 페이스로 달리는 것이 진짜 템포런이다. 지속시간이 짧은 **T** 러닝 사이에 짧은 휴식을 추가하여 몇 차례 반복하는 연습은 크루즈 인터벌이라는 또 다른 이름으로 부른다. 예를 들어 **T** 페이스로 1.6km(1마일) 달릴 때마다 1분간 휴식을 취하며 그것을 5회 반복하거나 3.2km(2마일) 달릴 때마다 2분간 휴식을 넣어 그것을 3회 반복한다. 이런 연습이 크루즈 인터벌의 대표적인 예이다.

내가 지도하고 있던 러너 중에서도 실력이 뛰어난 선수는 한 번의 훈련에서 합계 24km의 거리를 **T** 페이스로 달리기도 했다. 대개 주간 240km(15마일) 정도 달리는 주자가 그 정도의 실력을 보인다. 그 전형적인 훈련은 **T** 러닝 8km(5마일) + 휴식 5분, **T**러닝 6.4km(4마일) + 휴식 4분, **T** 러닝 4.8km(3마일) + 휴식 3분, **T** 러닝 3.2km(2마일) + 휴식 2분, **T** 러닝 1.6km와 같은 순서로 진행한다.

그 밖에도 좋은 방법은 있다. 이것은 마라톤 트레이닝의 일환으로 하는 연습인데, **M** 페이스 러닝 가운데 **T** 러닝 1.6km를 2, 3회 포함하는 것이다. 예를 들어 **M** 12.8km(8마일) + **T** 1.6km(1마일) + **M** 6.4km(4마일) + **T** 1.6km(1마일) + **M** 1.6km(1마일), 이것을 논스톱으로 실시한다. 이런 종류의 훈련을 한 러너로부터 "**M** 페이스 러닝에서 **T** 러닝으로 페이스 업하는 것을 그다지 힘들지 않지만, 오히려 **T** 러닝에서 **M** 페이스 러닝으로 되돌리는 것이 그렇게 쉽지 않다"는 소리를 자주 듣는다. 그러나 이렇게 해서 마라톤 레이스 중에 바람과 업다운에 의해 페이스가 올라가거나 내려가도 대응할 수 있게 되는 것이다.

원칙적으로 나는 템포런의 상한을 약 20분으로 하고 있는데, 힘이 있으면 20분 한 번으로 끝내지 않아도 된다. 즉, 충분히 트레이닝을 쌓은 러너라면 한 번의 연습 중에 20분간의 **T** 러닝을 2회나 3회 실시해도 상관없다. 그러나 일반적으로 대부분의 주자는 한 번만으로 충분하다.

크루즈 인터벌의 경우 나는 보통 1.6km 또는 3.2km를 반복한다. 그리고 1.6km일 때는 한 번 달릴 때마다 1분간 휴식을 취한다. 일례로써 **T** 러닝 1.6km를 사이에 1분간 휴식을 취하며 5회 달리는 훈련을 생각할 수 있다 [표에서는 (**T** 1.6K + 휴식 1분)×5라고 표기한다]. **T** 러닝이 3.2km일 때는 휴식을 2분으로 한다. 그리고 이것을 3회 반복하는 연습은 (T 3.2K + 휴식 2분)×3으로 표기한다. 그림 4.1에서 언급했듯이 내가 권장하는 크루즈 인터벌의 질주와 휴식 시간의 비율은 대체로 5대 1이다.

표 4.2는 **T** 페이스 훈련을 몇 가지 예로 보여준다. 이것을 그대로 시행해도 되고, 혹은 필요에 따라서 조절해도 좋다.

표 4.2 역치(Threshold) 페이스 훈련(약어: T)

T 페이스 강도로 실시해야 한다. 워밍업은 10분간 E 페이스 런으로 하고, 훈련 후 30초간 스트라이즈 몇 차례와 쿨다운으로 마무리한다.

훈련 내용	총시간
트레이닝 세션 A: 주간 주행거리 64km까지의 러너	
A1: **T** 페이스로 20분간 지속주	20분
트레이닝 세션 B: 주간 주행거리 66-113km까지의 러너	
B1: (**T** 6분 + 휴식 1분)×5~6	30-36분
B2: (**T** 12분 + 휴식 2분)×2 + (**T** 5분 + 휴식 1분)×2	34분
B3: (**T** 12분 + 휴식 2분)×3	36분
B4: (**T** 15분 + 휴식 3분)×2	30분
B5: **T** 15분 + 휴식 3분 + **T** 10분 + 휴식 2분 + **T** 5분	30분
B6: **T** 20분 + 휴식 4분 + **T** 10분, 혹은 (**T** 5분 + 휴식 1분)×2	30분
트레이닝 세션 C: 주간 주행거리 114-137km까지의 러너	
C1: (**T** 5분 + 휴식 1분)×8	40분
C2: (**T** 8분 + 휴식 90초)×5	40분
C3: (**T** 10분 + 휴식 2분)×4	40분
C4: **T** 20분 + 휴식 3분 + (**T** 10분 + 휴식 2분)×2 + **T** 5분	45분
트레이닝 세션 D: 주간 주행거리 138-160km까지의 러너	
D1: (**T** 6분 + 휴식 1분)×8	48분
D2: (**T** 12분 + 휴식 2분)×4	48분
D3: (**T** 12분 + 휴식 3분)×2 + (**T** 8분 + 휴식 2분)×3	48분
D4: **T** 20분 + 휴식 3분 + (**T** 12분 + 휴식 2분)×2 + **T** 6분	50분
트레이닝 세션 E: 주간 주행거리 163-193km까지의 러너	
E1: (**T** 12분 + 휴식 2분)×5	60분
E2: (**T** 15분 + 휴식 3분)×4	60분
E3: (**T** 15분 + 휴식 3분)×2 + (**T** 12분 + 휴식 2분)×2 + **T** 6분	60분
E4: (**T** 20분 + 휴식 4분)×3	60분

"총시간"은 실제 달린 시간의 총합을 가리키며 휴식 시간은 포함하지 않는다. 어떤 훈련은 T 페이스로 달린 시간도 포함한다. Table created by Jack Daniels' Running Calculator designed by the Run SMART Project.

I 트레이닝(Interval)

트레이닝 강도가 한 단계 더 올라가면 **I**(Interval: 인터벌) 트레이닝이 된다. 모든 훈련 중에서 이만큼 해석의 폭이 넓은 훈련은 없을 것이다. 한때 한 과학 잡지에서 인터벌 훈련에 관한 기사 의뢰가 있었을 때 나는 우선 3명의 러너에게 **I** 트레이닝의 정의에 관해 물어 보았다.

첫 번째 러너는 **I** 트레이닝을 단속적인 휴식을 동반한 '빠른' 러닝이며 질주시간은 최장 2분간이라고 대답했다. 두 번째 러너는 힘든 달리기를 반복하는 훈련으로 질주시간은 최소 2분, 휴식은 다음 질주가 준비될 때까지라고 답했다. 세 번째 러너에게서는 이전 두 사람과는 또 다른 대답이 돌아왔다. 그래서 나는 이 3명을 지도하는 코치에게 물어 보았는데 그 코치의 대답은 러너들과 또 달랐다. 우선 4명의 대답에서 일치하는 것은 인터벌 트레이닝은 힘든 러닝, 그리고 회복으로 이루어지는 단속적인 훈련이라는 점뿐이었다.

나는 나름대로의 정의를 하기로 했다. 정의의 기준으로 한 것은 훈련하는 목적이다. 스웨덴 유학 중에, 그리고 대학원에서 실시한 연구의 결과로부터 생각하면, **I** 트레이닝의 가장 합리적인 목적은 유산소 능력($\dot{V}O_2max$)을 최대한으로 높이는 것이다. 하나의 신체 기능을 향상시키려면 그 기능에 스트레스를 주는 것이 최선이라는 확신도 있었다. 거기서 **I** 트레이닝의 강도는 $\dot{V}O_2max$(그리고 HRmax)와 같거나 매우 가까운 값, 그리고 운동과 휴식의 비율은 트레이닝의 목적을 최적화시킬 수 있어야 한다.

$\dot{V}O_2max$로 운동할 수 있는 시간은 VDOT 일람표 작성을 위해 실시한 지미 길버트Jimmy Gilbert와의 연구로 파악할 수 있었다. 이 시간은 약 11분이

다. 물론 질주 구간을 이렇게 길게 하는 것은 추천하지 않는다. 그러나 완전히 휴식한 상태에서 $\dot{V}O_2max$에 도달하는 데는 90~120초가 걸리기 때문에 **I** 페이스로 달리는 총 시간은 3~5분이 적당하다. 사실 질주시간이 3분 미만이어도 괜찮은 경우도 있는데 그 이유는 아래와 같다.

우선 질주시간이 5분을 넘으면 너무 힘들다. 5분이 넘는 질주를 3~5km의 레이스 페이스로 몇 번이나 달리는 것은 어렵다. 또 질주 후 휴식을 그다지 길게 가지지 않으면 다음 질주까지 $\dot{V}O_2$가 완전히 회복된 상태가 되지 않기 때문에 다음 질주에서는 단시간에 $\dot{V}O_2max$에 도달한다. 질주시간을 2분, 혹은 3분 미만으로 설정하는 이유는 이것이 크다.

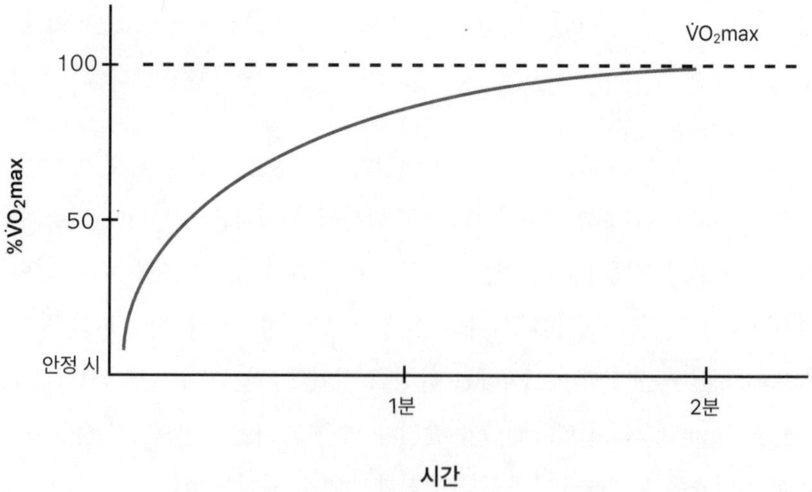

그림 4.2 $\dot{V}O_2max$에 도달하는 페이스로 달렸을 경우 $\dot{V}O_2max$에 이르기까지의 과정.

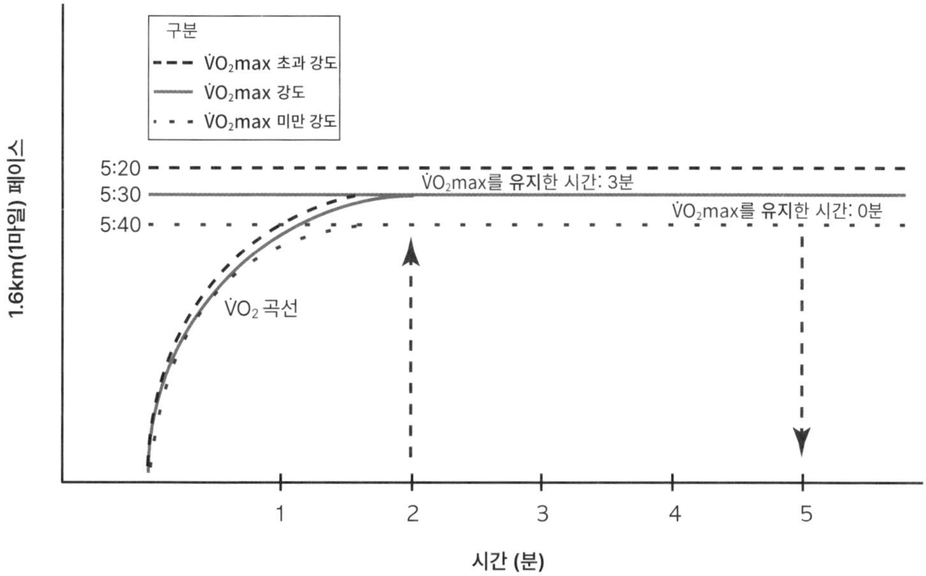

그림 4.3 $\dot{V}O_2max$에 도달하기까지의 시간, 유지한 시간의 비교(각각 $\dot{V}O_2max$ 초과 강도, $\dot{V}O_2max$ 강도, $\dot{V}O_2max$ 미만 강도). $\dot{V}O_2max$ 미만 강도에서는 $\dot{V}O_2max$에 도달하지 않는다.

$\dot{V}O_2max$에 도달

그림 4.2는 $\dot{V}O_2max$에 도달하는 페이스로 달렸을 때 $\dot{V}O_2max$에 이르기까지의 과정을 보여준다. 안정 시 $\dot{V}O_2$에서 운동을 시작하면 $\dot{V}O_2max$에 도달하는 데 약 2분이 걸린다. 실시하는 모든 훈련의 목적을 항상 인지하는 것에 더하여, 최대의 스트레스가 아니라 최소의 스트레스로 최대한의 효과를 거두는 현명한 어프로치 또한 필요하다.

그림 4.3은 최소한의 스트레스로 최대의 효과를 이끌어낸다는 말의 의미를 잘 보여준다. 만약 **I** 트레이닝의 적정 페이스가 1km 3분 25초(분당 292m, 혹은 400m 82.5초)의 러너가 있다고 하자. 이 러너가 400m를 82.5초보다 빨리 달린다 해도(예를 들어 5분간 러닝을 5회 하는 경우에 첫 질

주), 결과적으로 $\dot{V}O_2max$로 달린 전체 시간은 적정 페이스로 달린 경우보다 길어지지 않을 것이다. 요컨대 $\dot{V}O_2max$ 페이스($v\dot{V}O_2max$)보다 빨리 달려도 목적 이상의 효과는 얻어지지 않는다.

게다가 5분간×5회 달리는 훈련의 첫 번째 시도가 너무 빠르면, 두 번째를 82.5초로 정확히 달릴 수 있다고 해도 나머지 세 번은 모두 적정 페이스보다 늦어질지도 모른다. 1회째, 2회째를 너무 열심히(힘들게) 해서 피로해져 버릴 가능성이 있기 때문이다. 즉, 후반 3회는 아무리 고통스럽다고 해도 적정 페이스보다 늦어지면 (그 이유는 1~2회째의 오버워크로 인해 무산소 훈련이 증가했기 때문) $\dot{V}O_2max$로 달리는 것이 아니다.

결과는 어떻게 될까? $\dot{V}O_2max$로 달릴 수 있는 시간은 1회째와 2회째의 합계로 약 3분 확보할 수 있지만, 3회째부터 5회째 시도로 얻을 수 있는 훈련 효과는 전무하다. 이 훈련의 목적은 무엇인가? 괴로워하는 것이라면 목적은 달성했다고 할 수 있다. 그러나 15분 정도 $\dot{V}O_2max$의 스트레스를 몸에 가하려던 원래 훈련 목적은 전혀 달성할 수 없었다.

전에도 말했듯이 통상의 **I** 트레이닝에서는 3~5분간 달리기를 반복하는 것이 좋다. 그렇게 하면 $\dot{V}O_2max$에 도달하기까지 1~2분이 걸려도 $\dot{V}O_2max$ 강도로 운동하는 시간을 확실히 확보할 수 있기 때문이다. 그러나 이것보다 훨씬 짧은 시간의 달리기에서도 $\dot{V}O_2max$에서 운동하는 합계 시간을 상당히 길게 할 수 있다. 다만 이 경우 고강도 훈련 사이 휴식은 매우 짧게 할 필요가 있다.

그림 4.4는 **I** 페이스로 1분간 질주하는 훈련을 했을 때 $\dot{V}O_2max$로 달리는 시간의 합계가 길어지는 메커니즘을 보여준다. 첫 번째는 $\dot{V}O_2max$에 약간

도달하지 않았지만 휴식이 짧기 때문에(약 45초) 두 번째는 $\dot{V}O_2$가 이미 상승한 상태에서 스타트한다. 그리고 그 후의 **I** 러닝도 모두 짧은 휴식 후에 달리기 때문에 어느 것도 단시간에 $\dot{V}O_2max$에 도달한다. 두 번째부터 마지막까지는 바로 $\dot{V}O_2max$에 도달하기 때문에 그 결과로서 $\dot{V}O_2max$로 달린 시간의 합계는 상당히 길어 진다.

앞서 분명히 설명했듯이 유산소계에 스트레스를 줄 수 있는 시간에는 폭이 있는데, $\dot{V}O_2max$에 도달하는 데는 3~5분이 바람직하다. 단지, 휴식 시간을 짧게 (**I** 페이스로 달린 시간보다 짧게) 유지하면 질주 시간은 3~5분보다 짧게 해도 상관없다.

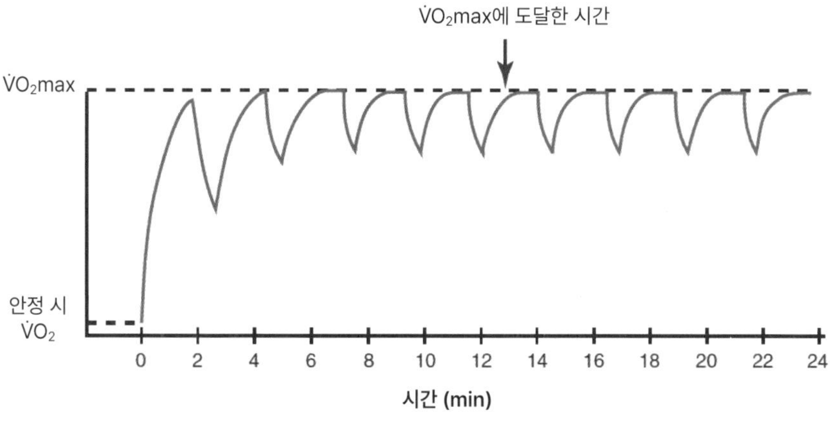

그림 4.4 짧은 인터벌 훈련의 효능을 얻기 위해서 휴식 시간을 더 짧게 함.

Adapted by permission from J. Karlsson et al., Energikraven Vid Lopning [Energy Requirements When Running] (Stockholm: Trygg, 1970), 39.

하드하게 달리기

I 트레이닝은 반드시 정해진 거리와 기록으로만 실시하는 것은 아니다. 하드한(고강도, hard) 러닝(**H** 러닝)을 반복하는 것만으로도 훈련이 된다. 예를 들면, 3분간의 **H** 러닝 사이에 2분간의 리커버리 조깅(jg)을 끼워 6회 달리는 훈련을 생각할 수 있다. 트레이닝 표에는 약어를 사용하여 (**H** 3분 + jg 2분)×6으로 표기할 것이다. 일정한 거리와 시간을 목표로 하지 않고 **H** 러닝을 지속시간으로 구분하여 반복하는 경우의 페이스는 자신의 감각으로 결정한다. 기록을 노리고 달린다면 10~12분간 유지할 수 있는 페이스이다.

I 페이스와 **H** 페이스의 달리기에도 추천하는 연습량의 상한이 있다. 연습 1회당 10km나 주간 주행거리의 8% 중 어느 쪽이든 더 짧은 거리로 한다. 즉, 1주일에 64km를 달린다면 5.1km(64km의 8%)이다. **H** 러닝의 경우, **H** 페이스로 5분간 달리기는 I 러닝의 1.6km에 해당한다고 생각하여 주행거리를 계산한다. 주간 주행거리가 120km를 넘는 사람의 I 페이스 상한은 앞에서 언급한 대로 10km(대략 30분간)이다.

페이스를 엄밀히 정한 I 러닝보다 **H** 러닝을 실시하는 것이 좋다고 생각되는 곳은 바로 고지대 트레이닝이다. 고지대에서는 $\dot{V}O_2max$에 상당하는 러닝 속도가 저지대에 비해 훨씬 느려지기 때문에 러너가 실망하기 쉽다. 하지만 실제 페이스를 신경쓰지 않고 어쨌든 힘들다고 느끼는 러닝을 실시하면 유산소계에 효과적으로 스트레스를 줄 수 있는 것이다. 게다가 페이스가 적정한지 신경쓰지 않고 자유롭게 달릴 수 있는 장점도 있다.

I 타입의 훈련에서 '스텝 카운트step-count'라는 나의 독자적인 훈련도 많은 러너에게 호평을 받고 있다. 표준적인 방법은 먼저 **H** 러닝으로 10보 달리

고(보수는 오른발이 착지할 때마다 카운트한다), 그 후에 10보 조깅한다. 다음으로 20보 **H** 러닝과 20보 조깅, 30보 **H** 러닝과 30보 조깅식으로 **H** 러닝과 조깅이 각각 100보가 될 때까지 10보씩 늘려 간다. 100보에 달한 뒤는 거꾸로 카운트다운하며 복귀한다. 즉, 100보 **H** 러닝과 100보 조깅, 90보 **H** 러닝과 90보 조깅... 이렇게 각각 10보가 될 때까지 10보씩 줄여 간다.

이 스텝 카운트의 훈련 길이는 시간으로 하면 약 24~25분간, 거리로 하면 대략 5~6.5km가 된다. 물론 주파할 수 있는 거리에는 차이가 난다. 느린 러너는 거리가 짧을 것이고, 실력이 있는 러너는 거리가 좀 더 길 것이다. 그러나 **H** 러닝과 조깅에 걸린 시간의 길이는 누구나 동일하다. 이와 같이 능력이 다른 러너가 동등한 훈련을 하기 위해서는 같은 타입의 훈련을 시간 베이스로 실시하는 것이 베스트이다.

H 페이스를 사용한 **I** 트레이닝에서는 **H** 페이스로 달리는 시간을 다양하게 설정할 수 있다. 예를 들어 총 20분간 **H** 러닝을 실시한다고 하면, 다음의 예시가 모두 훈련 옵션이 될 수 있다.

- (**H** 4분 + jg 3분)×2 + (**H** 3분 + jg 2분)×4
- (**H** 4분 + jg 3분)×1 + (**H** 3분 + jg 2분)×2 + (**H** 2분 + jg 1분)×3 + (**H** 1분 + jg 30초)×4

나는 회복 조깅의 시간을 **H** 러닝보다 약간 짧게 하기는 하지만 동일하게 해도 상관없다. 단지 **H** 러닝보다 길게는 하지 않도록 한다.

효과적인 훈련 방법을 또 하나 소개한다. 그것은 바람이 강해 1,000m의 인터벌을 설정한 만큼 소화할 수 없을 때 사용할 수 있는, 200m×20을 1

분 사이클로 달리는 훈련이다. 즉, **I** 페이스가 200m당 40초인 경우에는 다음 200m 시작까지 20초밖에 휴식할 수 없다. 느린 러너라면 휴식 시간을 일정하게 (대개 **H** 러닝의 절반 시간) 정해도 좋다. **I** 페이스와 **H** 페이스의 훈련 예는 표 4.3에서 볼 수 있다.

표 4.3 인터벌(Interval) 페이스, 그리고 고강도(Hard) 페이스 훈련(약어: I와 H)

훈련 내용	총시간
트레이닝 세션 A: 주간 주행거리 48km까지의 러너	
A1: (**H** 2분 + jg 1분)×5~6 <파틀렉 훈련>*	15-18분
A2: (**H** 3분 + jg 2분)×4 <파틀렉 훈련>	20분
A3: (**H** 4분 + jg 3분)×3 <파틀렉 훈련>	21분
A4: (**I** 페이스로 800m + jg 2분)×4~5	20-25분
트레이닝 세션 B: 주간 주행거리 48-64km까지의 러너	
B1: (**H** 2분 + jg 1분)×7~8 <파틀렉 훈련>	21-24분
B2: (**H** 3분 + jg 2분)×5 <파틀렉 훈련>	25분
B3: (**H** 4분 + jg 3분)×4 <파틀렉 훈련>	28분
B4: (**I** 페이스로 800m + jg 2분)×5~6	25-30분
B5: (**I** 페이스로 1,000m + jg 3분)×4~5	26-33분
트레이닝 세션 C: 주간 주행거리 64-72km까지의 러너	
C1: (**I** 페이스로 800m + jg 2분)×6	27분
C2: (**H** 3분 + jg 2분)×6 <파틀렉 훈련>	30분
C3: (**I** 페이스로 1,000m + jg 3분)×5	33분
C4: (**I** 페이스로 1,200m + jg 3분)×4~5	28-35분
C5: (**H** 5분 + jg 4분)×3~4 [**I** 페이스의 1.6km 기록이 5분 미만의 경우는 1.6km 반복 뛰기로 변경 가능]	27-36분

* 파틀렉이란 지형을 이용하여 질주와 회복을 자유롭게 설정하여 달리는 훈련(본서 p.50 참고).

훈련 내용	총시간
트레이닝 세션 D: 주간 주행거리 74-88 km까지의 러너	
D1: (**I** 페이스로 1,000m + jg 3분)×5~6	33-39분
D2: (**I** 페이스로 1,200m + jg 3분)×4~5 (or 파틀렉으로 **H** 4분×5, 회복조깅 시간은 동일)	28-35분
D3: (**I** 페이스로 1,600m + jg 4분)×4 (or 파틀렉으로 **H** 5분×4, 회복조깅 시간은 동일)	36분
D4: (**H** 4분 + jg 3분)×5 <파틀렉 훈련>	35분
D5: (**H** 3분 + jg 2분)×7 <파틀렉 훈련>	35분
D6: (**H** 2분 + jg 1분)×10 <파틀렉 훈련>	30분
트레이닝 세션 E: 주간 주행거리 90-113km까지의 러너	
E1: (**I** 페이스로 1,000m + jg 3분)×6~8	39-52분
E2: (**I** 페이스로 1,200m + jg 3분)×5~6	35-42분
E3: (**H** 5분 + jg 4분)×5 <파틀렉 훈련>	45분
E4: (**H** 3분 + jg 2분)×4 <파틀렉 훈련> + (**H** 2분 + jg 1분)×4 <파틀렉 훈련>	32분
E5: (**H** 3분 + jg 2분)×3 <파틀렉 훈련> + (**H** 2분 + jg 1분)×4 + (**H** 1분 + jg 30초)×5	35분
트레이닝 세션 F: 주간 주행거리 113km 이상의 러너	
F1: (**I** 페이스로 1,000m + jg 3분)×7~10	45-65분
F2: (**H** 5분 + jg 4분)×3 (빨리 달린다면 **I** 1.6km로도 가능) + (**I** 페이스로 1,000m + jg 3분)×4	54분
F3: (**H** 4분 + jg 3분)×6~8 (빨리 달린다면 **I** 페이스로 1,200m도 가능)	42-56분
F4: (**H** 5분 + jg 4분)×5~6 (빨리 달린다면 **I** 페이스로 1.6km도 가능)	45-54분
F5: (**H** 5분 + jg 4분)×2 + (**H** 3분 + jg 3분)×3 + (**H** 2분 + jg 1분)×4	48분
F6: (**H** 2분 + jg 1분)×5 + (**H** 1분 + jg 30초)×8 + (**H** 30초 + jg 30초)×12	39분
트레이닝 세션 G: 모든 러너를 위한 트레드밀 경사도 인터벌 세션	
G1: (8~9.7 kph/20% 경사에서 30초 + 휴식 30초)×20	20분
G2: (8~9.7 kph/20% 경사에서 1분 + 휴식 1분)×5 + (8~9.7 kph/20% 경사에서 30초 + 휴식 30초)×10	20분
G3: (9.7 kph/20% 경사에서 1분 + 휴식 1분)×10	20분
G4: (11.3 kph/20% 경사에서 30초 + 휴식 30초)×20	20분
G5: (11.3 kph/20% 경사에서 1분 + 휴식 1분)×5 + (11.3 kph/20% 경사에서 30초 + 휴식 30초)×10	20분
G6: (11.3 kph/20% 경사에서 1분 + 휴식 1분)×10 [G4~G6은 12~12.9 kph로도 가능]	20분

이 책의 표에서 “jg”는 각 러닝 사이의 회복조깅을 뜻한다. kph는 시간당 km를 뜻한다.

Table created by Jack Daniels' Running Calculator designed by the Run SMART Project.

R 트레이닝(Repetition)

R(리피티션, 반복) 트레이닝의 주된 목적은 무산소성 능력, 스피드, 러닝 이코노미를 높이는 것이다. **R** 트레이닝에서는 (다른 훈련과 마찬가지로) 자신의 목적을 항상 염두에 두자. 스피드를 연마하고 싶다면 빨리 달리는 훈련이 필요한 것은 당연하지만, 특히 중요한 것은 충분히 몸을 회복시켜 올바른 자세로 달리는 것이다. 달리는 내내 고통을 감수하면서까지 빨라지려 하지 마라. 그렇지 않으면 좋은 자세마저 무너뜨리게 될 것이다.

예를 들어 400m 70초 + 회복 3분을 10회 반복하는 것이 좋은 훈련이라면 휴식을 짧게 하여 400m 70초 + 회복 2분으로 10회 반복하는 편이 더 좋은 훈련이 된다고 생각하는 선수도 있고, 심지어 지도자 중에서도 그렇게 생각하는 사람이 있다. 그러나 나는 후자 쪽이 나쁜 훈련이라고 생각한다. 훈련의 목적을 잘 생각해 보길 바란다. 이 훈련 목적은 스피드를 연마하고 좋은 자세를 유지하면서 빠르게 달리는 것이다. 그런데 회복 시간을 짧게 하면 충분히 회복하지 못해, 400m 70초를 안 좋은 자세로 달릴 수밖에 없게 될 수 있다. 괴롭게 달리는 것은 목적을 달성하는 게 아니다.

R 러닝은 그룹이 함께 달리는 훈련으로는 그다지 적합하지 않다. 빨리 달릴 수 있는 러너는 달린 후 다른 러너보다 일찍 다음 훈련 준비가 가능하다. 느린 러너는 빠른 러너와 매번 함께 시작하기 때문에 뒤처지지 않으려고 필사적으로 달린다. 그리고 결국 따라갈 수 없게 된다. 그렇다면 이 훈련의 결과는? 빠른 러너는 수확이 있으나 느린 러너는 괴로운 가운데 훈련의 목적을 달성하지 못하고 끝나게 된다.

나는 팀의 장거리 주자가 하루에 6마일을 달린 날, 단거리 선수가 2마일만 달렸다고 해서 단거리 선수를 폄하하지 말라고 다독인다. 단거리 선수들은 빨리 달리고 속도를 연마하기 위해 회복에 많은 시간이 필요하다. 그리고 추운 날이라면 다음 질주를 기다리는 사이에 추위에 떨지 않도록 상의를 껴입을 필요도 있다. 신체를 식히지 않아야 하는 것은 장거리 러너도 마찬가지다. 기온이 낮은 날에는 질주와 질주 사이에 감기에 걸리지 않도록 겉옷을 입는 게 좋다.

R 트레이닝의 휴식은 **R** 러닝의 2~3배(거리가 아니라 시간)를 권하고 싶다. 이 외에도 이지 조깅을 **R** 러닝과 같은 거리만큼 실시하는 방법도 있다. 예를 들어 **R** 러닝이 400m라면 회복 조깅도 400m로 한다. 그러나 이 경우 마지막 10~20m는 다음 **R** 러닝 시작에 대비하여 걷기도 한다.

R 페이스 달리기의 상한(훈련 1회당)은 8km나 주간 주행거리의 5%중 어느 쪽이든 더 짧은 거리로 설정한다. 만약 주 48km 달리고 있다면 **R** 러닝 2.4km(예: 80m×30)가 **R** 트레이닝 1회의 최대량이 된다. 그러나 주간 주행거리가 160km를 넘는 주자라도 **R** 페이스 연습은 총 8km에 머무르는 것이 좋고, 주간 주행거리 190km의 사람도 9.5km까지는 다다르지 않아야 한다. 또 하나 내가 기준으로 하는 것은 질주(**R** 페이스로 달리는 부분)를 매회 대체로 2분 이내로 한다는 룰이다. 이 규칙에 따르면 엄격한 의미에서의 **R** 트레이닝은 200m, 300m, 400m, 500m, 600m의 반복이 대부분이다. **R** 페이스가 400m 60초 정도면 800m로 진행해도 문제는 없다. 그러나 그것은 1마일의 레이스에서 4분, 혹은 그 이내로 달릴 수 있는 수준의 이야기다.

훈련은 달린 거리가 아니라 다양한 훈련 강도에 소요된 시간으로 생각하는 것이 좋다. 그렇게 하지 않으면 같은 팀에서 연습하더라도 느린 러너는 빠른 러너보다 훨씬 오랜 시간이 걸린다. 예를 들어 **R** 페이스가 400m 90초 정도로 팀원 중에서 느린 부류의 러너가 **R** 러닝 400m를 8회 달리면, 65초로 8회 달리는 빠른 부류의 러너보다 3분 이상 시간이 더 걸린다(당연히 착지 횟수와 착지 시의 충격도 증가한다). 이런 이유로 늦은 쪽의 러너는 6회로 끝내는 편이 좋을 것이다. 그렇게 하면 몸에 가해지는 스트레스의 시간은 8회 달리는 러너와 비슷해진다.

표 4.4는 **M**, **T**, **I**와 같이 **R** 트레이닝의 훈련 예를 보여주고 있다.

표 4.4 리피티션(Repetition)페이스 훈련(약어: R)

훈련 내용	총시간
트레이닝 세션 A: 주간 주행거리 48km까지의 러너	
A1: (**R** 200m + jg 200m)×8	16분
A2: **R** 200m + jg 200m + **R** 200m + jg 400m + **R** 400m + jg 200m **[2세트]**	16분
A3: (**R** 200m + jg 200m)×2 + (**R** 400m + jg 400m)×2 + (**R** 200m + jg 200m)×2	16분
A4: (**R** 300m + jg 300m)×4 + (**R** 400m)×1	13분
A5: (**R** 400m + jg 400m)×4	16분
트레이닝 세션 B: 주간 주행거리 50-64km까지의 러너	
B1: (**R** 200m + jg 200m)×6 **[2세트]** (각 세트 사이에는 400m 조깅)	27분
B2: **R** 200m + jg 200m + **R** 200m + jg 400m + **R** 400m + jg 200m **[3세트]**	24분
B3: (**R** 200m + jg 200m)×4 + (**R** 400m + jg 400m)×2 + (**R** 200m + jg 200m)×4	24분
B4: (**R** 400m + jg 400m)×6	24분
B5: (**R** 200m + jg 200m)×2 + (**R** 600m + jg 600m)×2 + (**R** 400m + jg 400m)×2	24분
트레이닝 세션 C: 주간 주행거리 66-80km까지의 러너	
C1: (**R** 200m + jg 200m)×8 **[2세트]** (각 세트 사이에는 800m 조깅)	37분
C2: **R** 200m + jg 200m + **R** 200m + jg 400m + **R** 400m + jg 200m **[4세트]**	32분
C3: (**R** 200m + jg 200m)×4 + (**R** 400m + jg 400m)×4 + (**R** 200m + jg 200m)×4	32분
C4: (**R** 400m + jg 400m)×4 + (**R** 200m + jg 200m)×8	32분
C5: (**R** 400m + jg 400m)×8	32분
C6: (**R** 200m + jg 200m)×2 + (**R** 600m + jg 600m)×2 + (**R** 400m + jg 400m)×4	32분

트레이닝 세션 D: 주간 주행거리 82-96km까지의 러너	
D1: (**R** 200m + jg 200m)×10 **[2세트]** (각 세트 사이에는 800m 조깅)	45분
D2: **R** 200m + jg 200m + **R** 200m + jg 400m + **R** 400m + jg 200m **[5세트]**	40분
D3: (**R** 200m + jg 200m)×6 + (**R** 400m + jg 400m)×6 + (**R** 200m + jg 200m)×2	40분
D4: (**R** 400m + jg 400m)×6 + (**R** 200m + jg 200m)×8	40분
D5: (**R** 200m + jg 200m)×2 + (**R** 400m + jg 400m)×8 + (**R** 200m + jg 200m)×2	40분
D6: (**R** 400m + jg 400m)×10	40분
D7: (**R** 200m + jg 200m)×2 + (**R** 600m + jg 600m)×4 + (**R** 400m + jg 400m)×3	40분
D8: (**R** 200m + jg 200m)×3 + (**R** 600m + jg 600m)×5 + (**R** 200m + jg 200m)×2	40분
D9: (**R** 200m + jg 400m)×2 + **[3세트]** (**R** 800m + jg 400m)×1 + (**R** 200m + jg 400m)×2	40분
D10: (**R** 200m + jg 200m)×2 + (**R** 800m + jg 800m)×2 + (**R** 600m + jg 600m)×2 +(**R** 400m + jg 400m)×2	42분
D11: (**R** 200m + jg 400m)×2 + (**R** 800m + jg 800m)×3 + (**R** 400m + jg 400m)×3	43분
D12: (**R** 800m + jg 800m)×5	40분
트레이닝 세션 E: 주간 주행거리 98-120km까지의 러너	
E1: (**R** 200m + jg 200m)×8 **[3세트]** (각 세트 사이에 400~800m 조깅)	49분
E2: **R** 200m + jg 200m + **R** 200m + jg 400m + **R** 400m + jg 200m **[6세트]**	48분
E3: (**R** 200m + jg 200m)×4 + (**R** 400m + jg 400m)×8 + (**R** 200m + jg 200m)×4	48분
E4: (**R** 400m + jg 400m)×8 + (**R** 200m + jg 200m)×8	48분
E5: (**R** 600m + jg 600m)×4 + (**R** 400m + jg 400m)×4 + (**R** 200m + jg 200m)×4	52분
E6: (**R** 600m + jg 600m)×3 + (**R** 800m + jg 800m)×3 + (**R** 200m + jg 200m)×3	51분
E7: (**R** 800m + jg 800m)×2 + (**R** 600m + jg 600m)×3 + (**R** 400m + jg 400m)×2 + (**R** 200m + jg 200m)×3	51분
E8: (**R** 200m + jg 200m)×4 + (**R** 800m + jg 800m)×5	48분
E9: (**R** 800m + jg 800m)×2 + (**R** 400m + jg 400m)×4 + (**R** 200m + jg 200m)×8	48분
트레이닝 세션 F: 주간 주행거리 122-129km까지의 러너	
F1: (**R** 200m + jg 200m)×4 + (**R** 400m + jg 400m)×4 + (**R** 800m + jg 800m)×4 + (**R** 200m + jg 200m)×4	62분
F2: (**R** 200m + jg 200m)×2 + (**R** 800m + jg 800m)×2 + (**R** 200m + jg 200m)×2 + (**R** 400m + jg 400m)×4 + (**R** 200m + jg 200m)×2 + (**R** 800m + jg 800m)×2 + (**R** 200m + jg 200m)×2	64분
F3: (**R** 200m + jg 200m)×2 + (**R** 800m + jg 800m)×3 + (**R** 600m + jg 600m)×4 + (**R** 400m + jg 400m)×2	64분
F4: (**R** 800m + jg 800m)×2 + (**R** 600m + jg 600m)×3 + (**R** 400m + jg 400m)×4 + (**R** 200m + jg 200m)×5	63분
F5: (**R** 400m + jg 400m)×4 **[4세트]** (각 세트 사이에 800m 조깅)	79분
F6: (**R** 200m + jg 200m)×8 **[4세트]** (각 세트 사이에 400m 조깅)	74분

(뒤 페이지 계속)

트레이닝 세션 G: 주간 주행거리 129km 이상의 러너	
G1: (**R** 200m + jg 200m)×8 **[5세트]** (각 세트 사이에 400m 조깅)	90분
G2: (**R** 400m + jg 400m)×20	80분
G3: (**R** 400m + jg 400m)×16 + (**R** 200m + jg 200m)×8	80분
G4: (**R** 200m + jg 200m)×4 + (**R** 800m + jg 800m)×4 + (**R** 400m + jg 400m)×6 + (**R** 800m + jg 800m)×1 + (**R** 200m + jg 200m)×4	80분
G5: (**R** 200m + jg 200m)×5 + (**R** 400m + jg 400m)×2 + (**R** 800m + jg 800m)×1 **[3세트]** (각 세트 사이에 5분 간격)	88분

이 책의 표에서 "jg"는 각 러닝 사이의 회복조깅을 뜻한다.

Table created by Jack Daniels' Running Calculator designed by the Run SMART Project.

훈련의 강도 기록

장거리 러너라면 대개 1주일에 달린 거리를 꼼꼼하게 기록하고 있을 것이다. 주간 주행거리 정보는 실제로 유용하다. 오버트레이닝을 방지할 수도 있고, 트레이닝이 어떤 결과로 어떻게 이어졌는지 되돌아볼 수도 있다. 그러나 기록해 두면 좋은 것은 거리뿐만 아니다. 앞에서 훈련의 스트레스를 올리기 전에 몇 주간 일정하게 유지하는 것이 좋다고 언급했는데, 트레이닝 전체에 있어 트레이닝 종류별 스트레스 정도를 기록해 두는 것도 좋다.

그럼 트레이닝 종류별 스트레스량을 어떻게 산출할까? 내가 첫 번째 단계로 진행한 다른 지도자와 베테랑 러너에게, 한 강도와 다른 강도와의 상관 관계를 생각하게 만든 것이다. 예를 들어 **I** 강도와 **T** 강도로 각각 얼마나 달리면 훈련 스트레스의 총량이 같아지는가 하는 문제에 대해서 고려해 보도록 했다. 그 결과 나는 몇몇 계수를 도출할 수 있었다. 이 계수를 사용하면 다른 강도(속도)의 훈련량을 총 스트레스량으로 비교할 수 있다. 그림 4.5는 계수를 통한 트레이닝 양을 기록하는 용지이다. 이 그림에는 훈련 중에 자신의 심박수를 확인하는 사람을 위한 공란(HR)도 마련했다. 각 강도의 표준 심박수를 여기에 기록하면 된다. 이런 심박수 데이터가 있으면 더 정확하게 훈련 강도를 모니터링할 수 있다.

그림 4.5
훈련 포인트

E 페이스 (웜업, 쿨다운, 회복런 시간 포함)	0.2포인트/분_____	HR_____
M 페이스	0.4포인트/분_____	HR_____
T 페이스	0.6포인트/분_____	HR_____
10K 강도 트레이닝	0.8포인트/분_____	HR_____
I 페이스 (회복런 1분당 0.2포인트 추가)	1포인트/분_______	HR_____
R 페이스 런 (회복런 1분당 0.2포인트 추가)	1.5포인트/분_____	HR_____
FR 런 (회복런 1분당 0.2포인트 추가)	2포인트/분_______	HR_____

일간 포인트 합계

E___ + M___ + T___ + 10K___ + I___ + R___ + FR___ =1일 포인트 합계___

E___ + M___ + T___ + 10K___ + I___ + R___ + FR___ =1일 포인트 합계___

E___ + M___ + T___ + 10K___ + I___ + R___ + FR___ =1일 포인트 합계___

E___ + M___ + T___ + 10K___ + I___ + R___ + FR___ =1일 포인트 합계___

E___ + M___ + T___ + 10K___ + I___ + R___ + FR___ =1일 포인트 합계___

E___ + M___ + T___ + 10K___ + I___ + R___ + FR___ =1일 포인트 합계___

E___ + M___ + T___ + 10K___ + I___ + R___ + FR___ =1일 포인트 합계___

주간 포인트 합계

E___ + M___ + T___ + 10K___ + I___ + R___ + FR___ =1주 포인트 합계___

R과 FR은 전형적으로 최대값이 된다. 유용하다면 HR을 기록할 수 있다.

- **E존(이지 러닝): E** 러닝의 페이스 폭은 넓은데 그 평균을 주행시간 1분당 0.2 포인트로 한다. 이것은 각 주자의 VDOT의 66%에 해당하는 스피드이다. **E**존은 여러분의 VDOT값의 59~74%의 범위라고 생각할 수 있다.

- **M존(마라톤 페이스 러닝): M** 페이스 러닝은 통상 VDOT의 75~84%로 실시한다. 계산을 단순화하기 위해 **M** 페이스 러닝은 주행시간 1분당 0.4 포인트로 한다.

- **T존(역치 러닝): M**존의 한 단계 위에 있는 존이 **T** 러닝이다. **T** 러닝의 강도는 VDOT의 80%대 중반에서 후반까지이다. **T** 러닝은 젖산 제거 능력 향상에 매우 적합한 훈련이다. 간단히 말하면 지구력 향상에 최적이다. 이것도 계산을 간단하게 하기 위해 주행시간 1분당 0.6포인트로 한다.

- **10K존:** 이 **10K** 존에서 훈련하는 것을 좋아하는 러너도 있다. 내 이론에서 **10K** 영역의 강도는 **T**와 **I**의 중간에 해당한다. 따라서 주행시간 1분당 0.8포인트로 한다.

- **I 존(인터벌): I** 존의 트레이닝은 유산소 능력의 향상에 최적의 강도이며, 신체를 $\dot{V}O_2max$ 정도의 강도로 기능할 수 있도록 하는 트레이닝이다. 대개의 경우는 주행시간 1분당 대략 1.0 포인트로 볼 수 있으며, **I** 존에 해당하는 주요 종목은 3km에서 8km이다.

- **R존(리피티션)과 FR존(패스트 리피티션):** 이 정도의 속도로 달리면 2분 이상 페이스를 유지했을 때에 반드시 최고 심박수에 도달한다. **R**

과 **FR**은 그런 강도이다. 스피드, 무산소성 능력, 러닝 이코노미를 높이는 트레이닝이 이뤄지는 곳은 **R**존이다. 따라서 **R**강도는 주행시간 1분당 1.5포인트, **FR**강도는 2포인트에 상당한다고 생각할 수 있다. VDOT의 105~110% 강도(**R**강도)로 연습이나 레이스를 할 때, 그 속도는 4분 40초~7분 걸리는 종목의 레이스 페이스에 상당한다. 많은 러너에게 있어서 4분 40초~7분은 1,500m나 1마일의 레이스 기록에 가까운 수치이다. 강도가 VDOT의 115~120%(**FR**강도)가 되면 속도는 800m의 레이스 페이스에 가까워진다.

각 존의 주행시간에 걸리는 각각의 계수는 강도의 상관 관계로 보아 100% 정확하다고는 할 수 없다. 그렇다고 해도 역시 트레이닝의 기록에는 편리하다. 예를 들어 이번 시즌 훈련의 합계가 100포인트였기 때문에 다음 시즌은 110포인트를 목표로 하는 어프로치도 가능하다.

또한 시즌마다 주간 주행거리를 늘리는 것과 마찬가지로 1주일의 합계 포인트(각 존의 포인트의 합산)를 기준으로 다음 시즌에 그 주간 합계 포인트를 몇 퍼센트씩 늘려가는 접근법도 가능하다. 예를 들어 고교 신입생의 트레이닝 개시 시점의 합계 포인트는 주간 50 포인트 정도이다. 그리고 1년 후나 2년 후에 100포인트를 목표로 할 수 있다.

대학생의 경우 주간 포인트는 150포인트 정도, 그리고 졸업 후 200포인트 이상이 될 수도 있다. 물론 이것은 사람에 따라 다르다. 전체 주간 주행거리와 마찬가지로 부상을 입지 않으면서도 다른 사람보다 더 많은 포인트를 쌓는 사람도 있다.

Chapter 5

VDOT 트레이닝 시스템

대회에서는 매번 현실적인 목표를 세워보자.

35년 전에 내가 작성한 간단하고 편리한 VDOT 일람표는 지금까지 많은 러너·지도자들이 사용해오고 있고 좋은 반응을 얻고 있다. 이 VDOT 시스템에 대해 한 장(章)을 할애하여 자세히 설명하고자 한다.

VDOT라는 말은 원래 $\dot{V}O_2max$의 약어로 사용되었다. $\dot{V}O_2$는(max이든 submax이든) 정확하게 발음하면 "브이 닷 오투"이다. 왜냐하면 양(volume)을 나타내는 V자 위에 점(dot)이 붙어 있기 때문이다. 이 점은 '분당(per minute)'이라는 뜻이다.

V 위에 점이 없으면 1분 미만, 혹은 1분을 넘는 시간에 측정된 양이라고 할 수도 있다. 그래서 다른 양을 비교할 수 있도록 1분 단위로 환산하는 것이다. 예를 들어 러너 A의 호기(내쉬는 호흡량)를 트레드밀 또는 트랙 주행 중에 30초 동안 채취했더니 65l, 그리고 같은 시간 동안 산소 섭취량이 2,000ml(2l)라고 가정하자. 이 경우 A의 30초간 VE^volum of expired air^는 65l, VO_2는 2,000ml라고 표기할 수 있다.

여기서 또 다른 러너 B의 호기를 40초간 채취했더니 VE가 75l이고 VO_2가 2,500ml였다고 하자. 그러나 채취 시간이 다르기 때문에 A보다 B쪽이 더 많은 공기를 호흡하고 더 많은 산소를 소비한다고 말할 수 없다.

따라서 양자의 수치를 1분당의 양(VDOT O_2)으로 환산하여 보다 정확한 비교를 할 수 있도록 하는 것이다. 이 예에서 VDOT E는 A가 130l, B가 112.5l, VDOT O_2의 비교값을 보면 A가 4,000ml, B가 3,750ml이다.

요컨대 다른 수치를 정확하게 비교하려면, 피실험자가 다르거나 (대상이 동일하고) 조건이 다른 경우에도 분당 수치로 환산해야 한다. 그리고 산소 섭취량의 경우 분당 수치를 나타내는 적절한 용어는 VDOT O_2이다.

VDOT 일람표는 내가 스스로 모은 데이터를 사용하여 지미 길버트Jimmy Gilbert와 함께 작성한 것인데, 일람표를 처음 만들었을 때 우리는 계산에서 나온 (가상의) $\dot{V}O_2max$ 값을 당시 쓰던 컴퓨터 프로그램상에서 VDOT라고 표기했다. 바로 이것이 VDOT라는 용어의 유래이다. 나는 그 프로그램을 짜낸 사람이 지미 길버트라는 것을 덧붙혀 말하고 싶다. 대학에서 내가 가르쳤던 친구인 그는 대학 졸업 후 휴스턴에 있는 NASA의 프로그래머가 되었다. 그의 평생 달리기 주행거리가 100,000마일(대략 160,900km)이 넘는데 이는 50년간 매주 62km 가까이 달린 셈이다(물론 그 모든 것은 상세하게 기록되어 있다). VDOT 일람표는 그의 치밀한 작업 덕분에 완성된 것이다.

VDOT를 이용한 훈련 강도 결정

VDOT 일람표 작성에 사용한 데이터는 수년간 다양한 능력의 러너를 테스트하여 얻은 것이다. 데이터의 변수 중에서 가장 중요한 것은 다음 세 가지이다. $\dot{V}O_2max$(즉, VDOT O_2max), 준최대(submax) 강도 속도에서의 러닝 이코노미(4단계 이상의 속도로 측정), 그리고 레이스에서의 거리별(정확하게는 지속 시간별) $\dot{V}O_2max$이다.

그림 5.1은 표준 러닝 이코노미 커브이다. 이것은 우리가 준최대 강도로 실시한 모든 테스트를 집계한 결과 도출된 것이다. 그림 5.2의 곡선은 레이스 지속 시간과 %$\dot{V}O_2max$ 사이의 관계를 보여준다.

예를 들어 그림 5.1의 이코노미 커브를 나타내는 수식을 사용하면, 1km 3분 30초 페이스(285m/min)로 달릴 때의 표준 산소 섭취량은 약 51.7ml/kg/분으로 구해진다. 따라서 러너가 5마일(약 8km)의 레이스를 28분(동일하게 1km 3분 30초 페이스)으로 달렸다고 하면 그림 5.2의 커브를 나타내는 수식에서는 28분간의 레이스중 %VODT O_2max는 93.7%로 나타난다. 따라서 레이스의 산소 섭취량이 51.7ml이고 강도가 93.7% $\dot{V}O_2max$라면 이 러너의 VDOT(계산상의 $\dot{V}O_2max$)는 51.7÷93.6% = 55.2가 된다.

나에게 연락해 온 러너 가운데는 자신의 VDOT는 일람표상에서는 56.5이지만, 최근 받은 테스트의 $\dot{V}O_2max$는 61.6이었다고 하는 사람도 있다. 그렇다고 해도 아무런 문제는 없다. 이전에도 언급했지만 우리가 계산한 VDOT는 특정(표준) 러닝 이코노미를 기반으로 한다. 따라서 VDOT보다 실제로 측정한 $\dot{V}O_2max$ 쪽이 높다고 하는 사람은 우리 공식에 의한 평가보다 러닝 이코노미가 낮을 뿐이다. 반대로 $\dot{V}O_2max$의 실측치가 VDOT보

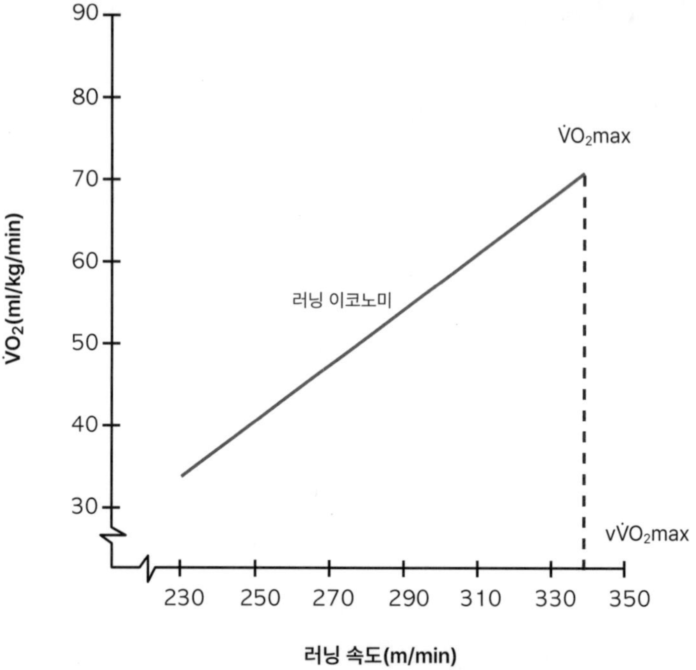

그림 5.1 평균적인 러닝 이코노미, 그리고 $\dot{V}O_2$ max와 v$\dot{V}O_2$ max

Adapted from J. Daniels, R. Fitts, and G. Sheehan, Conditioning for Distance Running: The Scientific Aspects (New York: John Wiley and Sons, 1978), 31, by permission of J. Daniels.

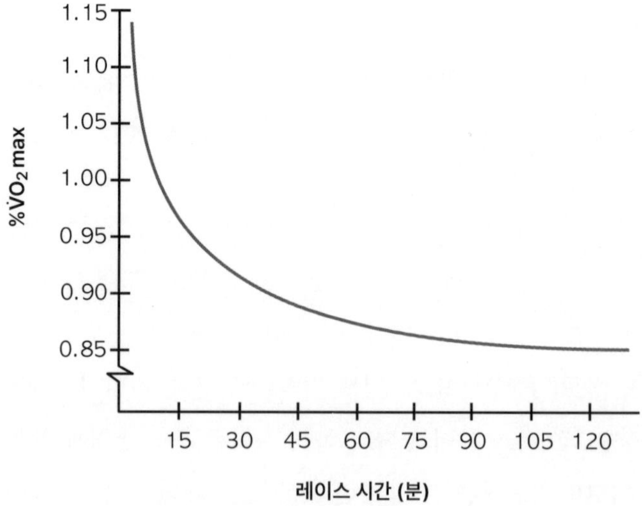

그림 5.2 레이스 지속시간과 %$\dot{V}O_2$ max와의 관계

Adapted from J. Daniels, R. Fitts, and G. Sheehan, Conditioning for Distance Running: The Scientific Aspects (New York: John Wiley and Sons, 1978), 31, by permission of J. Daniels.

다 낮으면 우리 공식이 산출해 낸 평가보다 러닝 이코노미가 높은 것이다. 그래서 문제는 없다. 왜냐하면 우리는 이 VDOT 데이터, 그리고 훨씬 복잡한 수식에 실제 경기력을 가미하여 적절한 훈련 강도를 계산하고 다양한 거리의 레이스 기록을 예상하기 때문이다.

훈련 강도와 서로 다른 종목의 경기력을 예상하려면 실험실 테스트 결과보다 실제 레이스 기록을 사용하는 것이 훨씬 정확하다. 레이스에는 $\dot{V}O_2max$, 러닝 이코노미, **LT** 외에 레이스에 대한 정신적 접근도 반영된다. 레이스 기록은 이들 모두가 하나로 집약된 것이다.

당연한 이야기지만, 완벽한 컨디션에서 달린 레이스에서의 기록으로 나쁜 조건에서의 레이스 기록을 예상하는 것은 정확하다고 말할 수 없다. 또한 마라톤의 예상 시간을 산출할 때 1km 기록을 사용하면 하프 마라톤의 기록을 사용했을 때보다 그 정확성이 떨어질 수밖에 없다. VDOT는 생리적 능력을 정확하게 추정하는 자료라고 생각해 주기 바란다. 그러면 지금 자신이 훈련하고 있는 종목의 기록 예상에 충분히 도움이 될 것이다.

우리가 VDOT 일람표를 만들었을 때 세계기록 속에는 VDOT의 예측치만큼 빠르지 않은 종목도 있었다. 예를 들어 당시 여자 1,500m, 3,000m의 세계기록은 VDOT 71 이상이었지만, 여자 마라톤의 세계기록에 해당하는 VDOT는 70보다 상당히 낮았다. 그래서 우리는 "상대적인 VDOT값에 근거해서 생각하면 여자 마라톤의 세계기록은 2시간 20분을 끊어도 이상하지 않다"고 말했다. 물론 그것은 현실로 나타났다.

우리의 예측은 상당히 맞았다. 현재 남자와 여자 모두 전종목에서 세계기록은 VDOT 값과 거의 비슷하게 상응한다. 그리고 남자 쪽 VDOT값이 여자보다 11% 강하다. 그러나 VDOT 70의 여성 선수는 VDOT 60 중반대의 남자 선수보다 더 좋은 성적을 내는 것도 사실이다. VDOT는 연령이나 성별에 관계없이 값이 높을수록 러너로서의 능력도 높다. 이유는 간단하다. VDOT는 원래 경기력을 나타내는 것이기 때문이다.

사실 퍼포먼스 수치는 이미 실용적인 기준으로 활용되고 있다. 마라톤 대회 출발 구역에서 러너들은 기록순으로 블록을 배정받는데, 느린 러너는 훨씬 후방의 출발 그룹에 배치된다. 레이스에서 이런 블록 분할은 VDOT를 사용해 실시해도 되지 않을까 한다. 달린 적이 없는 거리라도 다른 종목(보통 더 짧은 거리)의 기록으로 출발 그룹을 설정할 수 있다.

1979년에 출판한 길버트와의 공저 『산소의 힘(Oxygen Power)』에서는 81페이지에 걸쳐 VDOT 일람표가 실려있다. 다양한 단위(미터, 야드, 킬로미터, 마일)로 나타낸 40개 이상 종목의 기록에 상당하는 VDOT 외에 1시간 주행거리에 상당하는 VDOT도 게재했다. 그러나 이 책(표 5.1)에서는 대중적인 종목으로 좁혀 VDOT를 게재했다.

VDOT는 하나의 기록을 판단하는 데 국한되지 않고 다양한 레이스 기록에 적용해 볼 수 있다. 그 경우 가장 높은 VDOT를 각 훈련의 페이스 설정에 사용해도 특별히 문제가 되지 않는다. 표 5.1에서 최고 VDOT(최근의 최고기록에 상당하는 VDOT)를 특정하면 그 VDOT를 표 5.2에서 찾는다. 그렇게 하면 현재 실시하는 각 훈련의 적정 페이스를 정할 수 있다.

예를 들어 당신의 현재 1마일 베스트 기록이 5분 44초라고 하자. 표 5.1을 보면 이 시간은 VDOT 51에 해당한다는 것을 알 수 있다. 다음에 표5.2에서 VDOT 51의 트레이닝 페이스를 확인하면, **E** 러닝과 **L** 러닝(**E** 페이스)은

표 5.1 종목별 VDOT 일람표

VDOT	1.5K	1마일	3K	2마일	5K	10K	15K	하프 마라톤	마라톤	VDOT
30	8:30	9:11	17:56	19:19	30:40	63:46	98:14	2:21:04	4:49:17	30
31	8:15	8:55	17:27	18:48	29:51	62:03	95:36	2:17:21	4:41:57	31
32	8:02	8:41	16:59	18:18	29:05	60:26	93:07	2:13:49	4:34:59	32
33	7:49	8:27	16:33	17:50	28:21	58:54	90:45	2:10:27	4:28:22	33
34	7:37	8:14	16:09	17:24	27:39	57:26	88:30	2:07:16	4:22:03	34
35	7:25	8:01	15:45	16:58	27:00	56:03	86:22	2:04:13	4:16:03	35
36	7:14	7:49	15:23	16:34	26:22	54:44	84:20	2:01:19	4:10:19	36
37	7:04	7:38	15:01	16:11	25:46	53:29	82:24	1:58:34	4:04:50	37
38	6:54	7:27	14:41	15:49	25:12	52:17	80:33	1:55:55	3:59:35	38
39	6:44	7:17	14:21	15:29	24:39	51:09	78:47	1:53:24	3:54:34	39
40	6:35	7:07	14:03	15:08	24:08	50:03	77:06	1:50:59	3:49:45	40
41	6:27	6:58	13:45	14:49	23:38	49:01	75:29	1:48:40	3:45:09	41
42	6:19	6:49	13:28	14:31	23:09	48:01	73:56	1:46:27	3:40:43	42
43	6:11	6:41	13:11	14:13	22:41	47:04	72:27	1:44:20	3:36:28	43
44	6:03	6:32	12:55	13:56	22:15	46:09	71:02	1:42:17	3:32:23	44
45	5:56	6:25	12:40	13:40	21:50	45:16	69:40	1:40:20	3:28:26	45
46	5:49	6:17	12:26	13:25	21:25	44:25	68:22	1:38:27	3:24:39	46
47	5:42	6:10	12:12	13:10	21:02	43:36	67:06	1:36:38	3:21:00	47
48	5:36	6:03	11:58	12:55	20:39	42:50	65:53	1:34:53	3:17:29	48
49	5:30	5:56	11:45	12:41	20:18	42:04	64:44	1:33:12	3:14:06	49
50	5:24	5:50	11:33	12:28	19:57	41:21	63:36	1:31:35	3:10:49	50
51	5:18	5:44	11:21	12:15	19:36	40:39	62:31	1:30:02	3:07:39	51
52	5:13	5:38	11:09	12:02	19:17	39:59	61:29	1:28:31	3:04:36	52
53	5:07	5:32	10:58	11:50	18:58	39:20	60:28	1:27:04	3:01:39	53
54	5:02	5:27	10:47	11:39	18:40	38:42	59:30	1:25:40	2:58:47	54
55	4:57	5:21	10:37	11:28	18:22	38:06	58:33	1:24:18	2:56:01	55
56	4:53	5:16	10:27	11:17	18:05	37:31	57:39	1:23:00	2:53:20	56
57	4:48	5:11	10:17	11:06	17:49	36:57	56:46	1:21:43	2:50:45	57
58	4:44	5:06	10:08	10:56	17:33	36:24	55:55	1:20:30	2:48:14	58
59	4:39	5:02	9:58	10:46	17:17	35:52	55:06	1:19:18	2:45:47	59
60	4:35	4:57	9:50	10:37	17:03	35:22	54:18	1:18:09	2:43:25	60
61	4:31	4:53	9:41	10:27	16:48	34:52	53:32	1:17:02	2:41:08	61
62	4:27	4:49	9:33	10:18	16:34	34:23	52:47	1:15:57	2:38:54	62
63	4:24	4:45	9:25	10:10	16:20	33:55	52:03	1:14:54	2:36:44	63
64	4:20	4:41	9:17	10:01	16:07	33:28	51:21	1:13:53	2:34:38	64
65	4:16	4:37	9:09	9:53	15:54	33:01	50:40	1:12:53	2:32:35	65

(뒤 페이지 계속)

VDOT	1.5K	1마일	3K	2마일	5K	10K	15K	하프 마라톤	마라톤	VDOT
66	4:13	4:33	9:02	9:45	15:42	32:35	50:00	1:11:56	2:30:36	66
67	4:10	4:30	8:55	9:37	15:29	32:11	49:22	1:11:00	2:28:40	67
68	4:06	4:26	8:48	9:30	15:18	31:46	48:44	1:10:05	2:26:47	68
69	4:03	4:23	8:41	9:23	15:06	31:23	48:08	1:09:12	2:24:57	69
70	4:00	4:19	8:34	9:16	14:55	31:00	47:32	1:08:21	2:23:10	70
71	3:57	4:16	8:28	9:09	14:44	30:38	46:58	1:07:31	2:21:26	71
72	3:54	4:13	8:22	9:02	14:33	30:16	46:24	1:06:42	2:19:44	72
73	3:52	4:10	8:16	8:55	14:23	29:55	45:51	1:05:54	2:18:05	73
74	3:49	4:07	8:10	8:49	14:13	29:34	45:19	1:05:08	2:16:29	74
75	3:46	4:04	8:04	8:43	14:03	29:14	44:48	1:04:23	2:14:55	75
76	3:44	4:02	7:58	8:37	13:54	28:55	44:18	1:03:39	2:13:23	76
77	3:41+	3:58+	7:53	8:31	13:44	28:36	43:49	1:02:56	2:11:54	77
78	3:38.8	3:56.2	7:48	8:25	13:35	28:17	43:20	1:02:15	2:10:27	78
79	3:36.5	3:53.7	7:43	8:20	13:26	27:59	42:52	1:01:34	2:09:02	79
80	3:34.2	3:51.2	7:37.5	8:14.2	13:17.8	27:41	42:25	1:00:54	2:07:38	80
81	3:31.9	3:48.7	7:32.5	8:08.9	13:09.3	27:24	41:58	1:00:15	2:06:17	81
82	3:29.7	3:46.4	7:27.7	8:03.7	13:01.1	27:07	41:32	59:38	2:04:57	82
83	3:27.6	3:44.0	7:23.0	7:58.6	12:53.0	26:51	41:06	59:01	2:03:40	83
84	3:25.5	3:41.8	7:18.5	7:53.6	12:45.2	26:34	40:42	58:25	2:02:24	84
85	3:23.5	3:39.6	7:14.0	7:48.8	12:37.4	26:19	40:17	57:50	2:01:10	85

Table created by Jack Daniels' Running Calculator designed by the Run SMART Project.

1km 4분 52초부터 5분 29초의 사이에서 실시하는 것이 적정하다고 되어 있다. 이 페이스는 VDOT 51의 러너에게 있어서는 매우 편하고, 대화하면서 달릴 수 있는 페이스이다.

E(**L**) 페이스의 오른쪽에는 마라톤 트레이닝의 적정 페이스(**M** 페이스)가 2열로 나뉘어(1km당, 1마일당) 기재되어 있다. VDOT 51이라면 1km당 4분 27초 페이스, 1마일당 7분 9초이다. 그 오른쪽의 역치 트레이닝(**T** 페이스)란은 3열로 이루어져, 400m, 1,000m, 1마일당의 시간이 표시되어 있다. VDOT 51의 경우 **T** 트레이닝 속도는 각각 1분 40초(400m), 4분 11초(1,000m), 6분 44초(1마일)이다.

인터벌(I) 트레이닝에 관해서는 질주 구간이 5분을 넘지 않는 편이 좋다고 전에 기술한 바 있다. 따라서 5분이 넘는 거리에는 페이스를 명시하지 않았다. VDOT 51의 경우 92초(400m), 3분 4초(800m), 3분 51초(1,000m), 4분 36초(1,200m)가 적정 페이스이지만, 1마일은 적정 페이스로 달리면 5분 이상 걸리기 때문에, **I** 트레이닝에는 적합하지 않다. 표 5.2를 보면 알 수 있듯이 1마일에서 트레이닝 할 수 있는 것은 VDOT 66 이상이다.

리피티션(**R**) 페이스의 트레이닝(가장 오른쪽인 제5열)도 비슷하게 적용된다. VDOT 51의 경우 **R** 트레이닝의 적정 페이스는 43초(200m), 64초(300m), 86초(400m)이다. **R** 트레이닝의 질주가 2분을 넘는 것은 바람직하지 않다. VDOT 51의 러너에게 있어 600m와 800m의 리피티션은 조금 지나치다. VDOT 56이라면 600m의 리피티션을 실시해도 좋다. 그러나 800m로 넘어가려면 최소한 VDOT 77정도는 필요하다.

솔직히, 가끔 추천범위를 넘어도 전혀 상관없다. VDOT 70의 러너가 **R** 트레이닝으로 800m를 2분 10초에 달렸다고 해도, 2분 이내의 범위를 크게 넘지 않으므로 큰 문제는 되지 않는다.

다니엘스의 6초 법칙

R 트레이닝의 페이스를 결정할 때 특히 신경이 쓰일 수 있는 이유는 1,500m 또는 1마일의 레이스 기록과 **R** 페이스가 얼마나 가까운지, 그리고 **I** 페이스, **T** 페이스, **R** 페이스가 각각 어떤 관계에 있는가를 고려해야 하기 때문이다. VDOT 60의 러너를 예로 들어보자. 아마도 최근 1마일 레이스는 5분 정도로 달렸을 것이다(표 5.1에서는 4분 57초). 그 페이스는 400m로 하면 75초이고 표 5.2를 보면, 400m 75초는 VDOT 60의 적정한 **R** 페이스로 표시되어 있다.

표 5.2 현재 VDOT값에 기초한 훈련 페이스

	E(easy) / L(long)		M (마라톤 페이스)		T (역치 페이스)		
VDOT	Km	Mile	Km	Mile	400m	Km	Mile
30	7:27-8:14	12:00-13:16	7:03	11:21	2:33	6:24	10:18
31	7:16-8:02	11:41-12:57	6:52	11:02	2:30	6:14	10:02
32	7:05-7:52	11:24-12:39	6:40	10:44	2:26	6:05	9:47
33	6:55-7:41	11:07-12:21	6:30	10:27	2:23	5:56	9:33
34	6:45-7:31	10:52-12:05	6:20	10:11	2:19	5:48	9:20
35	6:36-7:21	10:37-11:49	6:10	9:56	2:16	5:40	9:07
36	6:27-7:11	10:23-11:34	6:01	9:41	2:13	5:33	8:55
37	6:19-7:02	10:09-11:20	5:53	9:28	2:10	5:26	8:44
38	6:11-6:54	9:56-11:06	5:45	9:15	2:07	5:19	8:33
39	6:03-6:46	9:44-10:53	5:37	9:02	2:05	5:12	8:22
40	5:56-6:38	9:32-10:41	5:29	8:50	2:02	5:06	8:12
41	5:49-6:31	9:21-10:28	5:22	8:39	2:00	5:00	8:02
42	5:42-6:23	9:10-10:17	5:16	8:28	1:57	4:54	7:52
43	5:35-6:16	9:00-10:05	5:09	8:17	1:55	4:49	7:42
44	5:29-6:10	8:50-9:55	5:03	8:07	1:53	4:43	7:33
45	5:23-6:03	8:40-9:44	4:57	7:58	1:51	4:38	7:25
46	5:17-5:57	8:31-9:34	4:51	7:49	1:49	4:33	7:17
47	5:12-5:51	8:22-9:25	4:46	7:40	1:47	4:29	7:09
48	5:07-5:45	8:13-9:15	4:41	7:32	1:45	4:24	7:02
49	5:01-5:40	8:05-9:06	4:36	7:24	1:43	4:20	6:56
50	4:56-5:34	7:57-8:58	4:31	7:17	1:41	4:15	6:50
51	4:52-5:29	7:49-8:49	4:27	7:09	1:40	4:11	6:44
52	4:47-5:24	7:42-8:41	4:22	7:02	98	4:07	6:38
53	4:43-5:19	7:35-8:33	4:18	6:56	97	4:04	6:32
54	4:38-5:14	7:28-8:26	4:14	6:49	95	4:00	6:26
55	4:34-5:10	7:21-8:18	4:10	6:43	94	3:56	6:20
56	4:30-5:05	7:15-8:11	4:06	6:37	93	3:53	6:15
57	4:26-5:01	7:08-8:04	4:03	6:31	91	3:50	6:09
58	4:22-4:57	7:02-7:58	3:59	6:25	90	3:46	6:04
59	4:19-4:53	6:56-7:51	3:56	6:19	89	3:43	5:59
60	4:15-4:49	6:50-7:45	3:52	6:14	88	3:40	5:54
61	4:11-4:45	6:45-7:39	3:49	6:09	86	3:37	5:50
62	4:08-4:41	6:39-7:33	3:46	6:04	85	3:34	5:45

I (인터벌 페이스)				R (리피티션 페이스)					
400m	Km	1,200m	Mile	200m	300m	400m	600m	800m	VDOT
2:22	—	—	—	67	1:41	—	—	—	30
2:18	—	—	—	65	98	—	—	—	31
2:14	—	—	—	63	95	—	—	—	32
2:11	—	—	—	61	92	—	—	—	33
2:08	—	—	—	60	90	2:00	—	—	34
2:05	—	—	—	58	87	1:57	—	—	35
2:02	—	—	—	57	85	1:54	—	—	36
1:59	5:00	—	—	55	83	1:51	—	—	37
1:56	4:54	—	—	54	81	1:48	—	—	38
1:54	4:48	—	—	53	80	1:46	—	—	39
1:52	4:42	—	—	52	78	1:44	—	—	40
1:50	4:36	—	—	51	77	1:42	—	—	41
1:48	4:31	—	—	50	75	1:40	—	—	42
1:46	4:26	—	—	49	74	98	—	—	43
1:44	4:21	—	—	48	72	96	—	—	44
1:42	4:16	—	—	47	71	94	—	—	45
1:40	4:12	5:00	—	46	69	92	—	—	46
98	4:07	4:54	—	45	68	90	—	—	47
96	4:03	4:49	—	44	67	89	—	—	48
95	3:59	4:45	—	44	66	88	—	—	49
93	3:55	4:40	—	43	65	87	—	—	50
92	3:51	4:36	—	43	64	86	—	—	51
91	3:48	4:32	—	42	64	85	—	—	52
90	3:44	4:29	—	42	63	84	—	—	53
88	3:41	4:25	—	41	62	82	—	—	54
87	3:37	4:21	—	40	61	81	—	—	55
86	3:34	4:18	—	40	60	80	2:00	—	56
85	3:31	4:14	—	39	59	79	1:57	—	57
83	3:28	4:10	—	38	58	77	1:55	—	58
82	3:25	4:07	—	38	57	76	1:54	—	59
81	3:23	4:03	—	37	56	75	1:52	—	60
80	3:20	4:00	—	37	55	74	1:51	—	61
79	3:17	3:57	—	36	54	73	1:49	—	62

(뒤 페이지 계속)

VDOT	E(easy) / L(long)		M (마라톤 페이스)		T (역치 페이스)		
	Km	Mile	Km	Mile	400m	Km	Mile
63	4:05-4:38	6:34-7:27	3:43	5:59	84	3:32	5:41
64	4:02-4:34	6:29-7:21	3:40	5:54	83	3:29	5:36
65	3:59-4:31	6:24-7:16	3:37	5:49	82	3:26	5:32
66	3:56-4:28	6:19-7:10	3:34	5:45	81	3:24	5:28
67	3:53-4:24	6:15-7:05	3:31	5:40	80	3:21	5:24
68	3:50-4:21	6:10-7:00	3:29	5:36	79	3:19	5:20
69	3:47-4:18	6:06-6:55	3:26	5:32	78	3:16	5:16
70	3:44-4:15	6:01-6:50	3:24	5:28	77	3:14	5:13
71	3:42-4:12	5:57-6:46	3:21	5:24	76	3:12	5:09
72	3:40-4:10	5:53-6:41	3:19	5:20	76	3:10	5:05
73	3:37-4:07	5:49-6:37	3:16	5:16	75	3:08	5:02
74	3:34-4:04	5:45-6:32	3:14	5:12	74	3:06	4:59
75	3:32-4:01	5:41-6:28	3:12	5:09	74	3:04	4:56
76	3:30-3:58	5:38-6:24	3:10	5:05	73	3:02	4:52
77	3:28-3:56	5:34-6:20	3:08	5:02	72	3:00	4:49
78	3:25-3:53	5:30-6:16	3:06	4:58	71	2:58	4:46
79	3:23-3:51	5:27-6:12	3:03	4:55	70	2:56	4:43
80	3:21-3:49	5:24-6:08	3:01	4:52	70	2:54	4:41
81	3:19-3:46	5:20-6:04	3:00	4:49	69	2:53	4:38
82	3:17-3:44	5:17-6:01	2:58	4:46	68	2:51	4:35
83	3:15-3:42	5:14-5:57	2:56	4:43	68	2:49	4:32
84	3:13-3:40	5:11-5:54	2:54	4:40	67	2:48	4:30
85	3:11-3:38	5:08-5:50	2:52	4:37	66	2:46	4:27

다음에는 표 5.2에서 VDOT 60의 러너의 **I** 트레이닝 페이스, **T** 트레이닝 페이스를 찾아 본다. 그러면 **I** 페이스는 400m당 81초(**R** 페이스보다 6초 느림), **T** 페이스는 **I** 페이스보다 7초 더 느린 88초라는 것을 알 수 있다. 이번에는 눈을 아래로 내려 VDOT 60 이상을 보면 **T** 페이스는 대개 **I** 페이스보다 6초 늦고, **I** 페이스는 **R** 페이스보다 6초 느린 것을 알 수 있다. 이것을 나는 6초 법칙이라고 부른다. 이 규칙이 정확하게 적용되는 것은 레벨이 높은 러너지만 VDOT가 40대나 50대인 러너에도 7~8초 법칙으로 적용할 수 있다.

I (인터벌 페이스)				R (리피티션 페이스)					
400m	Km	1,200m	Mile	200m	300m	400m	600m	800m	VDOT
78	3:15	3:54	—	36	53	72	1:48	—	63
77	3:12	3:51	—	35	52	71	1:46	—	64
76	3:10	3:48	—	35	52	70	1:45	—	65
75	3:08	3:45	5:00	34	51	69	1:43	—	66
74	3:05	3:42	4:57	34	51	68	1:42	—	67
73	3:03	3:39	4:53	33	50	67	1:40	—	68
72	3:01	3:36	4:50	33	49	66	99	—	69
71	2:59	3:34	4:46	32	48	65	97	—	70
70	2:57	3:31	4:43	32	48	64	96	—	71
69	2:55	3:29	4:40	31	47	63	94	—	72
69	2:53	3:27	4:37	31	47	63	93	—	73
68	2:51	3:25	4:34	31	46	62	92	—	74
67	2:49	3:22	4:31	30	46	61	91	—	75
66	2:48	3:20	4:28	30	45	60	90	—	76
65	2:46	3:18	4:25	29	45	59	89	2:00	77
65	2:44	3:16	4:23	29	44	59	88	1:59	78
64	2:42	3:14	4:20	29	44	58	87	1:58	79
64	2:41	3:12	4:17	29	43	58	87	1:56	80
63	2:39	3:10	4:15	28	43	57	86	1:55	81
62	2:38	3:08	4:12	28	42	56	85	1:54	82
62	2:36	3:07	4:10	28	42	56	84	1:53	83
61	2:35	3:05	4:08	27	41	55	83	1:52	84
61	2:33	3:03	4:05	27	41	55	82	1:51	85

Table created by Jack Daniels' Running Calculator designed by the Run SMART Project.

이와 같이 각 트레이닝 페이스의 상관관계를 알고 있으면 편리하다. 1,500m 또는 1마일의 레이스 기록만 알고 있으면 적정 페이스를 확실히 설정할 수 있기 때문이다. **R** 페이스에는 1,500m 또는 1마일 레이스 페이스의 400m당 시간을 사용한다. 거기에서 **I** 페이스나 **T** 페이스는 간단하게 산출할 수 있으므로, VDOT 일람표가 수중에 없어도 문제가 없다. 트레이닝 타입 중에는 800m를 전문으로 하는 러너를 위한 더 빠른 **R** 페이스도 있다(나는 이것을 '패스트 렙fast rep'이라고 부른다). 하지만 이것에 대해서는 제11장에서 다루도록 한다.

초보자와 VDOT가 낮은 러너의 훈련 페이스

하프 마라톤이나 풀 마라톤의 인기는 멈출 줄 모르고 치솟고 있고 대회에 참가하기 위해 트레이닝을 시작하는 사람도 늘어나는 듯하다. 그래서 이 책에서는 러닝 경험이 거의 없는 사람들을 포함하여 폭넓은 능력과 체력을 가진 각각의 러너를 위한 마라톤 트레이닝 프로그램을 소개하고 있다(제16장 참조). 단지, VDOT가 매우 낮기 때문에 트레이닝 페이스를 찾을 수 없는 초보자도 많다. 따라서 이 장에는 초보자 전용 훈련 페이스 표가 추가되었다(표 5.3).

표 5.3에는 1마일, 5km의 레이스 기록과 그에 상응하는 VDOT가 나열되어 있으며, 그 옆에는 각 트레이닝 종류별 권장 페이스를 표시했다. 가장 오른쪽의 **M**열은 마라톤 트레이닝 추천 페이스(**M** 페이스)이고, 그중 '풀코스(시:분)'열은 VDOT값으로 연산하여 합한 마라톤 완주 예상기록이다. 예를 들어 VDOT 28 러너가 마라톤 훈련을 하려고 할 때 **M** 페이스는 1km 7분 27초(1마일 12분 2초)이다. 그리고 이 페이스를 평균 페이스로 달렸을 때 마라톤 완주기록은 5시간 15분이 된다.

VDOT 및 연령대를 기준으로 한 경기력 수준

나는 지금까지 많은 지도자, 그리고 젊은 러너로부터(그다지 젊지 않은 러너들도 포함) VDOT가 점점 올라가는 것이 즐겁다는 말을 들었다. "우리 크로스컨트리 팀의 톱 5는 전원 VDOT 50을 넘었다(즉, 전원 5km 레이스에서 20분을 끊었다)"는 이야기를 듣는 일은 아주 흔했다. "우리 팀의 톱 5는 모두 VDOT 60이상이다(5km를 17분 3초로 끊었다)"는 말도 들었다.

표 5.3 초보자 및 VDOT가 낮은 러너의 훈련 페이스

완주 시간			R 페이스		I 페이스		T 페이스			M 페이스		
1.6K (1마일)	5K	VDOT	200 m	300 m	200 m	400 m	400 m	1 Km	1 Mile	풀코스 (시:분)	1km 페이스	1마일 페이스
9:10	30:40	30	1:08	1:42	1:11	2:24	2:33	6:24	10:18	4:57	7:03	11:21
9:27	31:32	29	1:10	1:45	1:14	2:28	2:37	6:34	10:34	5:06	7:15	11:41
9:44	32:27	28	1:13	1:49	1:17	2:34	2:42	6:45	10:52	5:15	7:27	12:02
10:02	33:25	27	1:15	1:53	1:19	2:38	2:46	6:56	11:10	5:25	7:41	12:24
10:22	34:27	26	1:18	1:57	1:22	2:44	2:51	7:09	11:30	5:35	7:56	12:47
10:43	35:33	25	1:21	2:02	1:24	2:48	2:56	7:21	11:51	5:45	8:10	13:11
11:06	36:44	24	1:24	—	1:27	2:55	3:02	7:35	12:13	5:56	8:26	13:36
11:30	38:01	23	1:27	—	1:30	3:01	3:08	7:50	12:36	6:08	8:43	14:02
11:56	39:22	22	1:30	—	1:33	3:07	3:14	8:06	13:02	6:19	8:59	14:29
12:24	40:49	21	1:33	—	1:36	3:13	3:21	8:23	13:29	6:31	9:16	14:57
12:55	42:24	20	1:37	—	1:40	3:21	3:28	8:41	13:58	6:44	9:34	15:26

Table created by Jack Daniels' Running Calculator designed by the Run SMART Project.

나는 젊은 러너에게 더 많은 관심을 갖기 위해 남자 선수와 여자 선수의 VDOT를 비교해 보았다. 서로 동등한 레벨의 경기력이라고 생각되는 VDOT를 계산해, 대체로 5포인트 단위로 나눠 보았다. 표 5.4는 각 경기력 레벨(10단계)에서 남녀의 기록을 종목별로 나타낸 것이다. 이 표를 사용하면 "우리는 레벨 6의 여자가 7명 있다" 또는 "우리는 레벨 7의 남자가 8명 있다"는 말을 할 수 있다. 물론 레벨 7이나 레벨 8의 선수가 많이 있으면 대단한 성과이다. 한 팀에 레벨 9의 선수는 많지 않을 것이고 레벨 10의 선수는 거의 눈에 띄지 않는다.

다음에 소개하는 것은 경기력을 폭넓은 연령에서 비교한 최신의 계산표이다(표 5.5와 5.6). 젊은 연령의 러너에서부터 70대 러너까지 리서치하여 작성했다. 표에는 실제 측정하지 않은 70대 이상의 수치도 게재되어 있는데 이 수치는 경기력의 저하율이 모든 연령에 걸쳐 일정하다는 것으로 가정

표 5.4 VDOT와 완주 시간에 기초한 남녀별 경기력 등급

등급	1	2	3	4	5	6	7	8	9	10
여 VDOT	31.4	35.8	40.2	44.6	49.0	53.4	57.8	62.2	66.6	71.0
남 VDOT	35.0	40.0	45.0	50.0	55.0	60.0	65.0	70.0	75.0	80.0
800m										
여	3:59	3:33	3:12	2:55	2:41	2:29	2:19	2:10	2:02	1:56
남	3:37	3:13	2:54	2:38	2:26	2:14	2:05	1:57	1:50	1:44.4
1,500m										
여	8:10	7:17	6:34	5:59	5:30	5:05	4:44	4:26	4:11	3:57.2
남	7:25	6:35	5:56	5:24	4:57	4:35	4:16	4:00	3:46	3:34.0
1,610m (1마일)										
여	8:49	7:52	7:05	6:28	5:56	5:30	5:07	4:48	4:31	4:16.2
남	8:01	7:07	6:25	5:50	5:21	4:57	4:37	4:19	4:04	3:51.1
2,414m (1.5마일)										
여	13:41	12:14	11:03	10:05	9:17	8:36	8:00	7:30	7:03	6:40.1
남	12:28	11:06	10:01	9:07	8:22	7:45	7:13	6:45	6:21	6:00.4
3K										
여	17:15	15:27	13:59	12:46	11:45	10:54	10:10	9:31	8:58	8:28.0
남	15:45	14:02	12:40	11:33	10:37	9:50	9:09	8:34	8:04	7:37.6
3,000m 장애물 경주 (혹은 2마일)										
여	18:36	16:39	15:04	13:46	12:41	11:46	10:58	10:17	9:41	9:08.8
남	16:58	15:08	13:40	12:28	11:28	10:37	9:53	9:16	8:43	8:14.4
4K										
여	23:22	20:57	18:59	17:22	16:01	14:54	13:52	13:00	12:15	11:35
남	21:21	19:04	17:14	15:44	14:29	13:25	12:31	11:44	11:03	10:27
5K										
여	29:32	26:29	24:01	21:59	20:17	18:50	17:36	16:31	15:34	14:44
남	26:59	24:07	21:49	19:56	18:22	17:02	15:54	14:55	14:03	13:18
6K										
여	35:46	32:04	29:05	26:38	24:35	22:50	21:20	20:02	18:54	17:53
남	32:41	29:13	26:26	24:10	22:16	20:40	19:18	18:06	17:04	16:09
6.4K (4마일)										
여	38:31	34:32	31:19	28:41	26:28	24:35	22:59	21:35	20:21	19:16
남	35:11	31:27	28:28	26:01	23:59	22:15	20:47	19:30	18:23	17:25

등급	1	2	3	4	5	6	7	8	9	10
여 VDOT	31.4	35.8	40.2	44.6	49.0	53.4	57.8	62.2	66.6	71.0
남 VDOT	35.0	40.0	45.0	50.0	55.0	60.0	65.0	70.0	75.0	80.0
8K										
여	48:27	43:25	39:22	36:02	33:15	30:54	28:52	27:07	25:35	24:14
남	44:15	39:32	35:46	32:41	30:07	27:58	26:07	24:31	23:08	21:54
10K										
여	1:01:24	55:00	49:51	45:37	42:04	39:05	36:31	34:17	32:20	30:37
남	56:03	50:03	45:16	41:21	38:06	35:21	33:01	31:00	29:14	27:41
15K										
여	1:34:35	1:24:44	1:16:46	1:10:13	1:04:44	1:00:05	56:06	52:38	49:37	46:58
남	1:26:22	1:17:06	1:09:41	1:03:36	58:34	54:18	50:40	47:32	44:48	42:25
16K (10마일)										
여	1:41:57	1:31:21	1:22:46	1:15:42	1:09:47	1:04:46	1:00:28	56:44	53:28	50:36
남	1:33:07	1:23:07	1:15:07	1:08:34	1:03:07	58:32	54:36	51:13	48:17	45:41
20K										
여	2:08:26	1:55:10	1:44.24	1:35:30	1:28:02	1:21:42	1:16:15	1:11:32	1:07:25	1:03:46
남	1:57:22	1:44:50	1:34:46	1:26:30	1:19:38	1:13:49	1:08:51	1:04:34	1:00:49	57:33
하프 마라톤										
여	2:15:55	2:01:54	1:50:31	1:41:06	1:33:13	1:26:30	1:20:45	1:15:45	1:11:22	1:07:31
남	2:04:13	1:50:59	1:40:19	1:31:36	1:24:19	1:18:09	1:12:54	1:08:21	1:04:23	1:00:55
25K										
여	2:42:30	2:25:53	2:12:21	2:01:09	1:51:44	1:43:43	1:36:49	1:30:49	1:25:35	1:20:57
남	2:28:39	2:12:55	2:00:14	1:49:48	1:41:05	1:33:43	1:27:24	1:21:57	1:17:11	1:13:00
30K										
여	3:16:33	2:56:40	2:40:27	2:26:59	2:15:38	2:05:57	1:57:37	1:50:22	1:44:00	1:38:22
남	2:59:59	2:41:07	2:25:52	2:13:18	2:02:47	1:53:52	1:46:13	1:39:36	1:33:48	1:28:43
마라톤										
여	4:39:07	4:11:26	3:48:49	3:30:00	3:14:05	3:00:29	2:48:43	2:38:27	2:29:26	2:21:25
남	4:16:02	3:49:45	3:28:26	3:10:49	2:56:01	2:43:25	2:32:35	2:23:10	2:14:55	2:07:39

Table created by Jack Daniels' Running Calculator designed by the Run SMART Project.

하여 데이터가 존재하는 연령대에서 추정한 것이다. 이 표를 보면 연령대가 위(혹은 아래)에 속한 러너라도 다른 연령대와 경기력을 비교할 수 있다. 현재 연령에서의 경기력이 한창 왕성하게 달리는 피크 연령대인 18세부터 38세에서는 어느 정도에 상당하는가를 알 수 있는 것이다.

표 5.5(150페이지부터)는 상대적으로 젊은 층의 남녀 러너들을 VDOT나 1,600m의 기록면에서 10개의 경기력 수준으로 나눠 어떻게 비교되는지를 보여주고 있다. 물론 1,600m 이외의 거리의 VDOT에 대해서는 표 5.1에서 확인할 수 있으므로 참조하기 바란다. 또한 소수점으로 표현된 VDOT값에 대응하는 자신의 레이스 기록은 대략 유추하여 적용해 보면 된다. 저연령층의 러너에 관해서는 VDOT를 싣지 않은 레벨도 많다. 13세부터 6세까지는 저연령이 될수록 VDOT의 표시도 적어진다. 어린 러너에게 너무 힘든 훈련을 권하는 것은 피하고 싶기 때문이다.

표 5.5에 의하면 1,600m 기록이 7분 18초인 10세 여자는 레벨 6에 상당하고, 5분 26초의 18세 여자, 혹은 4분 55초의 18세 남자와 같은 경기력 레벨에 속한다.

표 5.6(152페이지부터)은 18세에서 80세까지의 경기력 수준별 VDOT(그리고 1,600m 레이스 기록)이다. 18세부터 38세의 러너는 1개의 연령대로 정리했지만, 39세 이상은 1살씩 나누어 각각 조정했다. 대략적으로 VDOT 3.5는 단지 누워 있는 수준이고, VDOT 10은 편안한 걷기 정도에 상당한다. 표 5.6에 따르면 1,600m를 7분에 달리는 58세 여자는 같은 거리를 5분 4초에 달리는 연하(18~38세)의 여자와 같은 수준이다. 나 자신은 현재 레벨 7이며, 15년 전이나 40년 전에도 정확히 같은 레벨 7이었다. 아무래도 레벨 8 수준까지는 안 되는 것 같다.

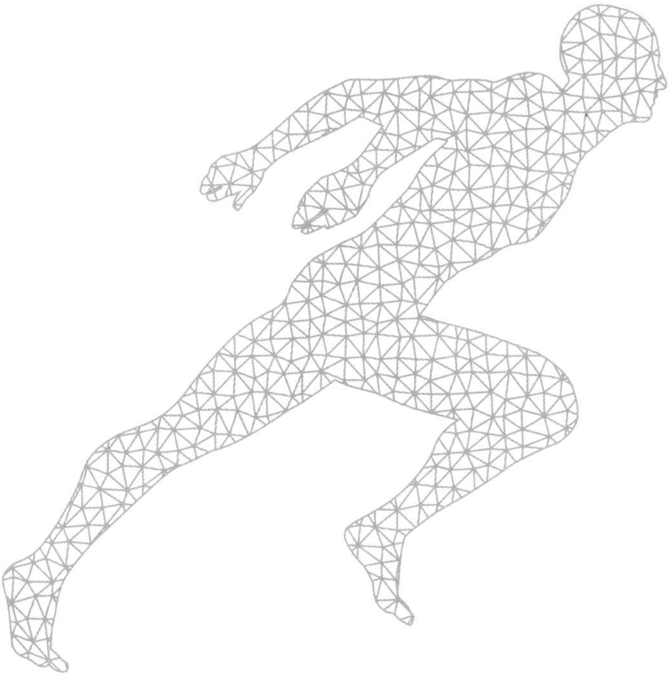

표 5.5 6~18세 남녀 경기력 등급별 VDOT값(상단)과 1,600미터 기록(하단)

	초급				중급					
등급	1		2		3		4		5	
나이	남	여	남	여	남	여	남	여	남	여
18	35.0	31.4	40.3	35.8	45.0	40.2	50.0	44.7	55.0	49.1
	7:58	8:46	7:03	7:49	6:22	7:03	5:47	6:24	5:19	5:53
17	33.5	30.2	38.4	34.6	43.3	38.9	48.2	43.2	53.1	47.5
	8:17	9:04	7:20	8:03	6:35	7:15	5:59	6:36	5:29	6:04
16	32.0	29.0	36.8	33.3	41.5	37.5	46.2	41.7	50.9	45.9
	8:37	9:23	7:37	8:19	6:51	7:30	6:13	6:49	5:42	6:15
15	30.5	27.8	35.1	31.9	39.7	36.0	44.3	40.1	48.9	44.2
	8:59	9:44	7:57	8:39	7:07	7:46	6:27	7:04	5:55	6:28
14	28.9	26.5	33.3	30.5	37.7	34.5	42.1	38.5	46.5	42.5
	9:25	10:08	8:19	8:59	7:28	8:04	6:46	7:19	6:11	6:42
13	27.3	25.2	31.5	29.1	35.7	33.0	39.9	36.9	44.1	40.8
	9:53	10:35	8:44	9:22	7:50	8:23	7:05	7:36	6:29	6:57
12	25.7	23.9	29.8	27.7	33.8	31.5	37.8	35.3	41.8	39.0
	10:24	11:03	9:10	9:46	8:13	8:44	7:26	7:54	6:48	7:14
11	24.1	22.6	28.0	26.2	31.8	29.8	35.6	33.4	39.4	37.0
	10:59	11:34	9:40	10:14	8:40	9:10	7:51	8:18	7:10	7:35
10	22.5	21.3	26.2	24.8	29.8	28.3	33.4	31.8	37.0	35.2
	11:37	12:09	10:14	10:43	9:10	9:35	8:18	8:40	7:35	7:56
9	20.9	20.0	24.3	23.3	27.7	26.6	31.1	29.9	34.5	33.2
	12:20	12:46	10:54	11:17	9:46	10:06	8:50	9:09	8:04	8:21
8	19.3	18.7	22.5	21.8	25.7	24.9	28.9	28.0	—	—
	13:08	13:28	11:36	11:55	10:24	10:41	9:25	9:40	—	—
7	17.7	17.4	20.7	20.3	23.6	23.2	—	—	—	—
	14:03	14:14	12:26	12:37	11:10	11:20	—	—	—	—
6	16.1	16.1	18.8	18.8	—	—	—	—	—	—
	15:06	15:06	13:25	13:25	—	—	—	—	—	—

상급						엘리트 선수급				
6		7		8		9		10		등급
남	여	남	여	남	여	남	여	남	여	나이
60.0	53.6	65.0	58.1	70.0	62.5	75.0	67.0	80.0	71.4	18
4:55	5:26	4:35	5:04	4:17	4:44	4:02	4:28	3:49	4:13	
58.0	51.8	62.9	56.1	67.7	60.4	72.5	64.7	77.3	69.0	17
5:04	5:37	4:43	5:13	4:25	4:53	4:10	4:36	3:56	4:21	
55.6	50.1	60.3	54.3	65.0	58.5	69.7	62.7	74.4	66.9	16
5:16	5:47	4:54	5:23	4:35	5:01	4:18	4:44	4:04	4:28	
53.4	48.3	57.9	52.4	62.4	56.5	66.9	60.6	71.4	64.7	15
5:28	5:58	5:05	5:33	4:45	5:11	4:28	4:53	4:13	4:36	
50.9	46.5	55.3	50.5	59.7	54.5	64.0	58.5	68.3	62.4	14
5:42	6:11	5:17	5:44	4:56	5:22	4:39	5:02	4:23	4:45	
48.3	44.7	52.5	48.6	56.7	52.4	60.9	56.2	—	—	13
5:58	6:24	5:33	5:56	5:10	5:33	4:51	5:13	—	—	
45.8	42.7	49.8	46.4	53.8	50.1	—	—	—	—	12
6:16	6:40	5:49	6:12	5:25	5:47	—	—	—	—	
43.2	40.6	47.0	44.2	—	—	—	—	—	—	11
6:36	6:59	6:07	6:28	—	—	—	—	—	—	
40.6	38.6	—	—	—	—	—	—	—	—	10
6:59	7:18	—	—	—	—	—	—	—	—	
—	—	—	—	—	—	—	—	—	—	9
—	—	—	—	—	—	—	—	—	—	
—	—	—	—	—	—	—	—	—	—	8
—	—	—	—	—	—	—	—	—	—	
—	—	—	—	—	—	—	—	—	—	7
—	—	—	—	—	—	—	—	—	—	
—	—	—	—	—	—	—	—	—	—	6
—	—	—	—	—	—	—	—	—	—	

— 만 표기된 곳은 너무 고강도이기 때문에 기록기재를 생략했다는 뜻이다.

Table created by Jack Daniels' Running Calculator designed by the Run SMART Project.

표 5.6 18~80세 남녀 경기력 등급별 VDOT값(상단)과 1,600미터 기록(하단)

	초급				중급					
등급	1		2		3		4		5	
나이	남	여	남	여	남	여	남	여	남	여
18-38*	35.0	31.4	40.3	35.8	45.0	40.2	50.0	44.7	55.0	49.1
	7:58	8:46	7:03	7:49	6:22	7:03	5:47	6:24	5:19	5:53
39	34.1	30.4	39.1	34.8	44.1	39.3	49.1	43.8	54.1	48.2
	8:09	9:01	7:13	8:01	6:29	7:11	5:53	6:32	5:24	5:59
40	33.2	29.5	38.2	33.9	43.2	38.4	48.2	42.9	53.2	47.3
	8:21	9:15	7:22	8:12	6:36	7:20	5:59	6:39	5:29	6:05
41	32.4	28.7	37.4	33.1	42.4	37.6	47.4	42.1	52.4	46.5
	8:32	9:28	7:31	8:22	6:43	7:29	6:05	6:46	5:33	6:11
42	31.5	27.8	36.5	32.2	41.5	36.7	46.5	41.2	51.5	45.6
	8:44	9:44	7:41	8:34	6:51	7:38	6:11	6:54	5:39	6:18
43	30.6	26.9	35.6	31.3	40.6	35.8	45.6	40.3	50.6	44.7
	8:58	10:01	7:51	8:47	6:59	7:49	6:18	7:02	5:44	6:24
44	29.7	26.0	34.7	30.4	39.7	34.9	44.7	39.4	49.7	43.8
	9:12	10:18	8:02	9:01	7:08	7:59	6:24	7:10	5:50	6:32
45	28.8	25.1	33.8	29.5	38.8	34.0	43.8	38.5	48.8	42.9
	9:27	10:37	8:13	9:15	7:16	8:10	6:32	7:19	5:55	6:39
46	28.0	24.3	33.0	28.7	38.0	33.2	43.0	37.7	48.0	42.1
	9:40	10:54	8:24	9:28	7:25	8:21	6:38	7:28	6:01	6:46
47	27.1	23.4	32.1	27.8	37.1	32.3	42.1	36.8	47.1	41.2
	9:57	11:15	8:36	9:44	7:34	8:33	6:46	7:37	6:07	6:54
48	26.2	22.5	31.2	26.9	36.2	31.4	41.2	35.9	46.2	40.3
	10:14	11:37	8:48	10:01	7:44	8:46	6:54	7:48	6:13	7:02
49	25.3	21.6	30.3	26.0	35.3	30.5	40.3	35.0	45.3	39.4
	10:33	12:01	9:02	10:18	7:55	8:59	7:02	7:58	6:20	7:10
50	24.4	20.7	29.4	25.1	34.4	29.6	39.4	34.1	44.4	38.5
	10:52	12:26	9:17	10:37	8:05	9:13	7:10	8:09	6:27	7:19
51	23.6	19.9	28.6	24.3	33.6	28.8	38.6	33.3	43.6	37.7
	11:10	12:49	9:30	10:54	8:16	9:27	7:18	8:20	6:33	7:28

상급						엘리트 선수급				
6		7		8		9		10		등급
남	여	남	여	남	여	남	여	남	여	나이
60.0 4:55	53.6 5:26	65.0 4:35	58.1 5:04	70.0 4:17	62.5 4:44	75.0 4:02	67.0 4:28	80.0 3:49	71.4 4:13	18-38
59.1 4:59	52.7 5:32	64.1 4:39	57.2 5:08	69.1 4:21	61.6 4:49	74.1 4:05	66.1 4:31	79.1 3:52	70.5 4:16	39
58.2 5:03	51.8 5:37	63.2 4:42	56.3 5:13	68.2 4:24	60.7 4:52	73.2 4:08	65.2 4:34	78.2 3:54	69.6 4:19	40
57.4 5:07	51.0 5:42	62.4 4:45	55.5 5:17	67.4 4:26	59.9 4:56	72.4 4:10	64.4 4:37	77.4 3:56	68.8 4:22	41
56.5 5:12	50.1 5:47	61.5 4:49	54.6 5:21	66.5 4:30	59.0 5:00	71.5 4:13	63.5 4:41	76.5 3:59	67.9 4:25	42
55.6 5:16	49.2 5:53	60.6 4:53	53.7 5:26	65.6 4:33	58.1 5:04	70.6 4:16	62.6 4:44	75.6 4:01	67.0 4:28	43
54.7 5:21	48.3 5:59	59.7 4:57	52.8 5:31	64.7 4:36	57.2 5:08	69.7 4:19	61.7 4:48	74.7 4:04	66.1 4:31	44
53.8 5:26	47.4 6:05	58.8 5:01	51.9 5:36	63.8 4:40	56.3 5:13	68.8 4:22	60.8 4:52	73.8 4:06	65.2 4:34	45
53.0 5:30	46.6 6:10	58.0 5:04	51.1 5:41	63.0 4:43	55.5 5:17	68.0 4:24	60.0 4:55	73.0 4:08	64.4 4:37	46
52.1 5:35	45.7 6:17	57.1 5:09	50.2 5:46	62.1 4:46	54.6 5:21	67.1 4:27	59.1 4:59	72.1 4:11	63.5 4:41	47
51.2 5:40	44.8 6:24	56.2 5:13	49.3 5:52	61.2 4:50	53.7 5:26	66.2 4:31	58.2 5:03	71.2 4:14	62.6 4:44	48
50.3 5:46	43.9 6:31	55.3 5:18	48.4 5:58	60.3 4:54	52.8 5:31	65.3 4:34	57.3 5:08	70.3 4:17	61.7 4:48	49
49.4 5:51	43.0 6:38	54.4 5:22	47.5 6:04	59.4 4:58	51.9 5:36	64.4 4:37	56.4 5:12	69.4 4:20	60.8 4:52	50
48.6 5:57	42.2 6:45	53.6 5:27	46.6 6:10	58.6 5:02	51.0 5:40	63.6 4:40	55.5 5:17	68.6 4:22	59.9 4:56	51

(뒤 페이지 계속)

	초급				중급					
등급	1		2		3		4		5	
나이	남	여	남	여	남	여	남	여	남	여
52	22.7	19.0	27.7	23.4	32.7	27.9	37.7	32.4	42.7	36.8
	11:32	13:18	9:46	11:15	8:28	9:42	7:28	8:32	6:41	7:37
53	21.8	18.1	26.8	22.5	31.8	27.0	36.8	31.5	41.8	35.9
	11:55	13:49	10:03	11:37	8:40	9:59	7:37	8:44	6:48	7:48
54	20.9	17.2	25.9	21.6	30.9	26.1	35.9	30.6	40.9	35.0
	12:20	14:22	10:20	12:01	8:53	10:16	7:48	8:58	6:56	7:58
55	20.0	16.3	25.0	20.7	30.0	25.2	35.0	29.7	40.0	34.1
	12:46	14:57	10:39	12:26	9:07	10:35	7:58	9:12	7:05	8:09
56	19.2	15.5	24.2	19.9	29.2	24.4	34.2	28.8	39.2	33.3
	13:11	15:31	10:56	12:49	9:20	10:52	8:08	9:27	7:12	8:20
57	18.3	14.6	23.3	19.0	28.3	23.5	33.3	27.9	38.3	32.4
	13:42	16:13	11:17	13:18	9:35	11:13	8:20	9:42	7:21	8:32
58	17.4	13.7	22.4	18.1	27.4	22.6	32.4	27.0	37.4	31.5
	14:14	16:58	11:40	13:49	9:51	11:34	8:32	9:59	7:31	8:44
59	16.5	12.8	21.5	17.2	26.5	21.7	31.5	26.6	36.5	30.6
	14:49	17:48	12:03	14:22	10:08	11:58	8:44	10:06	7:41	8:58
60	15.6	11.9	20.6	16.3	25.6	20.8	30.6	25.7	35.6	29.7
	15:20	18:42	12:29	14:57	10:26	12:23	8:58	10:24	7:51	9:12
61	14.7	11.0	19.7	15.4	24.8	20.0	29.8	24.8	34.8	28.9
	16:08	19:42	12:56	13:36	10:43	12:46	9:10	10:43	8:01	9:25
62	13.8	10.1	18.9	14.6	23.9	19.1	28.9	23.9	33.9	28.0
	16:53	—	13:21	16:13	11:03	13:15	9:25	11:03	8:12	9:41
63	13.0	9.3	18.0	13.7	23.0	18.2	28.0	23.0	33.0	27.1
	17:36	—	13.52	16:58	11:25	13:45	9:41	11:25	8:24	9:57
64	12.1	8.4	17.1	12.8	22.1	17.3	27.1	22.2	32.1	26.2
	18:30	—	14:26	17:48	11:47	14:18	9:57	11:45	8:36	10:14
65	11.2	7.5	16.2	11.9	21.2	16.4	26.2	21.3	31.2	25.3
	19:28	—	15:01	18:42	12:12	14:53	10:14	12:09	8:49	10:33
66	10.3	6.6	15.3	11.0	20.4	15.6	25.4	20.4	30.4	24.5
	—	—	15:40	19:42	12:34	15:27	10:30	12:34	9:01	10:50

상급						엘리트 선수급				
6		7		8		9		10		등급
남	여	남	여	남	여	남	여	남	여	나이
47.7	41.3	52.7	45.8	57.7	50.2	62.7	54.7	67.7	59.1	**52**
6:03	6:53	5:32	6:16	5:06	5:46	4:44	5:21	4:25	4:59	
46.8	40.4	51.8	44.9	56.8	49.3	61.8	53.8	66.8	58.2	**53**
6:09	7:01	5:37	6:23	5:10	5:52	4:48	5:26	4:29	5:03	
45.9	39.5	50.9	44.0	55.9	48.4	60.9	52.9	65.9	57.3	**54**
6:15	7:09	5:42	6:30	5:15	5:58	4:51	5:30	4:32	5:08	
45.0	38.6	50.0	43.1	55.0	47.5	60.0	52.0	65.0	56.4	**55**
6:22	7:18	5:48	6:37	5:19	6:04	4:55	5:36	4:35	5:12	
44.2	37.8	49.2	42.2	54.2	46.6	59.2	51.1	64.2	55.5	**56**
6:28	7:27	5:53	6:45	5:23	6:10	4:59	5:41	4:38	5:17	
43.3	36.9	48.3	41.4	53.3	45.8	58.3	50.3	63.3	54.7	**57**
6:36	7:36	5:59	6:52	5:28	6:16	5:03	5:46	4:42	5:21	
42.4	36.0	47.4	40.5	52.4	44.9	57.4	49.4	62.4	53.8	**58**
6:43	7:46	6:05	7:00	5:33	6:23	5:07	5:51	4:45	5:26	
41.5	35.1	46.5	39.6	51.4	44.0	56.5	48.5	61.5	52.9	**59**
6:51	7:57	6:11	7:08	5:39	6:30	5:12	5:57	4:49	5:30	
40.6	34.2	45.6	38.7	50.7	43.1	55.6	47.6	60.6	52.0	**60**
6:59	8:08	6:18	7:17	5:43	6:37	5:16	6:03	4:53	5:36	
39.8	33.4	44.8	37.9	49.8	42.2	54.8	46.7	59.8	51.1	**61**
7:07	8:18	6:24	7:26	5:49	6:45	5:20	6:10	4:56	5:41	
38.9	32.5	43.9	37.0	48.9	41.4	53.9	45.9	58.9	50.3	**62**
7:15	8:30	6:31	7:35	5:55	6:52	5:25	6:15	5:00	5:46	
38.0	31.6	43.0	36.1	48.0	40.5	53.0	45.0	58.0	49.4	**63**
7:25	8:43	6:38	7:45	6:01	7:00	5:30	6:22	5:04	5:51	
37.1	30.7	42.1	35.2	47.1	39.6	52.1	44.1	57.1	48.5	**64**
7:34	8:56	6:46	7:56	6:07	7:09	5:35	6:29	5:09	5:57	
36.2	29.8	41.2	34.3	46.3	38.7	51.2	43.2	56.2	47.6	**65**
7:44	9:10	6:54	8:07	6:13	7:17	5:40	6:36	5:13	6:03	
35.4	29.0	40.4	33.5	45.4	37.8	50.4	42.3	55.4	46.7	**66**
7:53	9:23	7:01	8:17	6:19	7:27	5:45	6:44	5:17	6:10	

(뒤 페이지 계속)

	초급				중급					
등급	1		2		3		4		5	
나이	남	여	남	여	남	여	남	여	남	여
67	9.4	5.7	14.5	10.2	19.5	14.7	24.5	19.5	29.5	23.6
	—	—	16:18	—	13:02	16:08	10:50	13:02	9:15	11:10
68	8.6	4.9	13.6	9.3	18.6	13.8	23.6	18.6	28.6	22.7
	—	—	17:04	—	13:31	16:53	11:10	13:31	9:30	11:32
69	7.7	4.0	12.7	8.4	17.7	12.9	22.7	17.8	27.7	21.8
	—	—	17:54	—	14:03	17:42	11:32	13:59	9:46	11:55
70	6.8	3.5	11.8	7.5	16.8	12.0	21.8	16.9	26.8	20.9
	—	—	18:49	—	14:37	18:36	11:55	14:33	10:03	12:20
71	5.9	3.5	10.9	6.6	16.0	11.2	21.0	16.0	26.0	20.1
	—	—	19:49	—	15:10	19:28	12:17	15:10	10:18	12:43
72	5.0	3.5	10.1	5.8	15.1	10.3	20.1	15.1	25.1	19.2
	—	—	—	—	15:50	—	12:43	15:50	10:37	13:11
73	4.2	3.5	9.2	4.9	14.2	9.4	19.2	14.2	24.2	18.3
	—	—	—	—	16:33	—	13:11	16:33	10:56	13:42
74	3.5	3.5	8.3	4.0	13.3	8.5	18.3	13.4	23.3	17.4
	—	—	—	—	17:20	—	13:42	17:14	11:17	14:14
75	3.5	3.5	7.4	3.5	12.4	7.6	17.4	12.5	22.4	16.5
	—	—	—	—	18:11	—	14:14	18:05	11:40	14:49
76	3.5	3.5	6.5	3.5	11.6	6.8	16.6	11.6	21.6	15.7
	—	—	—	—	19:02	—	14:45	19:02	12:01	15:23
77	3.5	3.5	5.7	3.5	10.7	5.9	15.7	10.7	20.7	14.8
	—	—	—	—	—	—	15:23	—	12:26	16:04
78	3.5	3.5	4.8	3.5	9.8	5.0	14.8	9.8	19.8	13.9
	—	—	—	—	—	—	16:04	—	12:53	16:48
79	3.5	3.5	3.9	3.5	8.9	4.1	13.9	9.0	18.9	13.0
	—	—	—	—	—	—	16:48	—	13:21	17:36
80	3.5	3.5	3.5	3.5	8.0	3.5	13.0	8.1	18.0	12.1
	—	—	—	—	—	—	17:36	—	13:53	18:30

상급						엘리트 선수급				
6		7		8		9		10		등급
남	여	남	여	남	여	남	여	남	여	나이
34.5	28.1	39.5	32.6	44.5	37.0	49.5	41.5	54.5	45.9	67
8:04	9:39	7:09	8:29	6:26	7:35	5:51	6:51	5:22	6:15	
33.9	27.2	38.6	31.7	43.6	36.1	48.6	40.6	53.6	45.0	68
8:12	9:55	7:18	8:42	6:33	7:45	5:57	6:59	5:27	6:22	
33.1	26.3	37.7	30.8	42.7	35.2	47.7	39.7	52.7	44.1	69
8:22	10:12	7:28	8:55	6:41	7:56	6:03	7:08	5:32	6:29	
32.2	25.4	36.8	29.9	41.9	34.3	46.8	38.8	51.8	43.2	70
8:34	10:30	7:37	9:09	6:47	8:07	6:09	7:16	5:37	6:36	
31.3	24.6	36.0	29.1	41.0	33.4	46.0	37.9	51.0	42.3	71
8:47	10:48	7:46	9:22	6:55	8:18	6:15	7:26	5:40	6:44	
30.4	23.7	35.1	28.2	40.1	32.6	45.1	37.1	50.1	41.5	72
9:01	11:08	7:57	9:37	7:04	8:29	6:21	7:34	5:47	6:51	
29.5	22.8	34.2	27.3	39.2	31.7	44.2	36.2	49.2	40.6	73
9:15	11:30	8:08	9:53	7:12	8:42	6:28	7:44	5:53	6:59	
28.7	21.9	33.3	26.4	38.3	30.8	43.3	35.3	48.3	39.7	74
9:28	11:53	8:20	10:10	7:21	8:55	6:36	7:55	5:59	7:08	
27.8	21.0	32.4	25.5	37.5	29.9	42.4	34.4	47.4	38.8	75
9:44	12:17	8:32	10:28	7:30	9:09	6:43	8:06	6:07	7:16	
26.9	20.2	31.6	24.7	36.6	29.0	41.6	33.5	46.6	37.9	76
10:01	12:40	8:43	10:45	7:40	9:23	6:50	8:17	6:10	7:26	
26.0	19.3	30.7	23.8	35.7	28.2	40.7	32.7	45.7	37.1	77
10:18	13:08	8:56	11:06	7:50	9:37	6:58	8:28	6:17	7:34	
25.1	18.4	29.8	22.9	34.8	27.3	39.8	31.8	44.8	36.2	78
10:37	13:38	9:10	11:27	8:01	9:53	7:07	8:40	6:24	7:44	
24.3	17.5	28.9	22.0	33.9	26.4	38.9	30.9	43.9	35.3	79
10:54	14:10	9:25	11:50	8:12	10:10	7:15	8:53	6:31	7:55	
23.5	16.6	28.0	21.1	33.1	25.5	38.0	30.0	43.0	34.4	80
11:13	14:45	9:41	12:14	8:22	10:28	7:25	9:07	6:38	8:06	

*18~38세는 동등한 러닝 능력을 지녔다고 간주한다.

— 만 표기된 곳은 너무 고강도이기 때문에 기록 기재를 생략했다는 뜻이다.

Table created by Jack Daniels' Running Calculator designed by the Run SMART Project.

Chapter 6

환경과 고지대에 특화된 트레이닝

참가한 모든 대회에 웃는 얼굴로 달리자.

미국 내에서는 캘리포니아, 몬태나, 콜로라도, 위스콘신, 뉴햄프셔, 뉴욕, 미시간, 조지아, 노스 캐롤라이나, 하와이, 텍사스, 오클라호마, 애리조나(기후가 혹독하기로 유명한 피닉스와 고지대인 플래그스태프) 등에서 살았고, 해외에서는 스웨덴, 캐나다, 그리고 페루에도 거주한 경험이 있는 나는 기후 차이와 고도 차이가 달리기에 어떻게 영향을 미치는지 잘 알고 있다. 서로 다른 러너들은 기온과 고도에 대한 경험도 서로 달리한다. 따라서 본 장에서는 다양한 환경 속에서 최대한의 경기력(레이스나 트레이닝 모두에서)을 발휘할 수 있도록 덥고, 춥고, 높은 곳에서의 러닝에 대해 설명한다.

기온에 대한 고려사항들

먼저 다양한 환경 속 레이스에 대해 생각해 보자. 우선 머리에 떠오르는 것은 나쁜 환경에 대한 대응이다. 불리한 조건하에서 열리는 중요한 레이스를 대비할 때는 미리 같은 조건에서 트레이닝을 해보는 것이 좋다. 거주

지나 트레이닝 장소가 눈이 내릴 만큼 춥지도 않고, 1시간 달린 것만으로 땀을 한 바가지 흘릴 정도로 덥지도 않은 이상적인 장소라면 훈련과 대회 결과는 대개 꽤 정확하게 예측할 수 있다. 그러나 훈련 장소와 중요한 레이스 개최지의 기후가 서로 다르다면 그에 대비할 필요가 있다. 그리고 그 최선의 대비책은 트레이닝의 일부를 레이스와 같은 기후 조건에서 실시하는 것이다.

거주 지역이 상당히 서늘한데 레이스가 더운 지역에서 열릴 경우에는 때때로 기온이 높은 시간에 트레이닝을 하거나 긴 팔 셔츠를 입고 몸이 데워진 상태로 훈련하면 좋다. 하지만 나쁜 환경 속에서 과도하게 트레이닝을 쌓으려고 해서는 안 된다. 왜냐하면 평소처럼 강도 높은 훈련을 할 수 없기 때문이다. 요컨대 항상 나쁜 환경에서만 트레이닝을 하여 체력이 떨어뜨리지 않도록 하는 것이다. 그보다 실내에서 트레드밀로 달리면 몸을 식혀주는 바람이 없기 때문에 평소보다 더운 환경에 몸을 적응시킬 수 있다.

장시간 달리기를 할 때는 매번 그 전후에 알몸 체중을 달아 기록해 두자. 그리고 달린 시간, 달렸을 때의 기온, 달린 시간에 대한 체중의 감소량, 기상 조건(흐린 하늘, 바람 있음 등), 달리기 중의 감각도 기록하여 차트로 만들어 둔다. 내가 실시한 어떤 연구에서는 32명의 러너에게 25km의 레이스를 달리도록 하고, 레이스 전후의 체중과 레이스 중에 섭취한 수분량을 기록했다. 기온은 27℃ 전후, 습도는 상당히 낮은 조건이었다. 32명 중 눈길을 끈 것은 2명의 러너가 보여준 결과이다. 이 두 사람은 1분 이내의 차이로 완주했고, 레이스 중에는 2명 모두 1리터의 수분을 섭취했다. 레이스 전 체중차는 0.45kg 이내였다. 그런데 레이스 후 한 명은 1.6kg 감소, 다른 한 명은 3.6kg 감소하여 체중에 현저한 차이가 나타났다. 내가 레이스 전후의 체중을 매번 기록하도록 권유하는 이유는 여기에 있다. 스스로 기록을 계속하면 환경의 차이가 수분 소실량이나 주행의 감각에 어떻게 영향을 미치는지 정확한 예측을 할 수 있게 된다. 러닝 중의 감각은 환경의 영향을 여실히 반영해 준다. 경기력의 베이스가 되는 자신만의 데이터가 있으면, 환경에 따라 얼마나 페이스를 낮춰야 하는지에 대해 일반적인 법칙에 구애받을 필요가 없다.

더위가 심상치 않은 경우에 레이스 전의 워밍업은 적당히 하고 젖은 수건으로 어깨 주위를 식히자. 그리고 그늘에서 휴식을 취해 햇빛에 노출되는 시간을 적게 한다. 힘든 운동을 할 때는 신체가 내보내는 목소리에 귀를 기울이도록 한다. 워밍업은 달리기에 사용하는 근육을 데워주는 것이다. 그러나 피부를 식히는 것은 달리는 근육을 식히는 것이 아니다. 따라서 피부 표면을 식혀도 워밍업 효과는 사라지지 않는다. 또 다른 방법은 선글라스를 쓰는 것이다. 선글라스를 착용하면 안면의 근육을 풀어주는 효과가 있다. 긴장을 풀 수 있는 곳을 모두 풀어주면 퍼포먼스에 도움이 된다.

위의 상황과 반대의 경우, 즉 거주 지역이 춥지 않은데 레이스가 한랭지에서 열리는 경우는 긴 팔 웨어와 장갑이 필요할 정도로 추워도 시즌 베스트 성적을 기대할 수도 있다. 실제로 레이스에서는 장갑을 끼고 상의는 여러 겹 입고 스타트한다. 그리고 몸이 데워지면 도중에 벗어 길가에 던져두면 된다. 나도 마라톤의 퍼스널 베스트(PB)가 나온 것은 기온 4℃의 날이었다. 그날 장갑은 8km 부근에서 벗어 버렸다. 구름 하나 없이 맑고, 바람이 불지 않았기 때문에 꽤 덥게 느꼈기 때문이다. 레이스 중에는 수분을 섭취하지 않았기에 체중은 2.7kg 줄었다. 전체 체중의 3%가 빠진 것이지만 42.195km의 거리를 감안하면 그다지 큰 수치는 아니었다. 그러나 혹한으로 눈도 많이 내리는 지역에 거주하는 러너라면 옷을 겹쳐 입고 겉옷outer까지 챙겨 입은 채 트레이닝을 하여 차가운 환경에 맞추려면 무엇을 어떻게 입어야 할지 차차 깨달아가야 한다. 눈에 대해서는 내 경험상, 2.5~5cm 정도의 적설이라면 눈 위를 달려도 발밑은 안전하다. 눈을 치운 길 쪽이 자칫하면 더 미끄러울 수 있다.

기온이 상당히 높아지거나 낮아지는 지역에 사는 러너는 야외 달리기를 할 수 없을 정도의 극한의 날씨에 대비해서 실내 트랙이나 트레드밀에서도 달려봐야 한다. 내가 지도한 엘리트 러너 중에는 실내 훈련으로 성과를 올린 사람도 있다. 그는 개인용 트레드밀에서 주 1회, 그리고 12주간 연속 32km(20마일)을 달린 후 뉴욕 시티 마라톤에서 2시간 9분을 마크해 2위에 입상했다. 트레드밀에서 2시간을 달려보면 도로에서 2시간은 분명히 아주 이상적인 환경으로 보일 것이다.

고지 : 고지대는 최고의 트레이닝 장소인가?

어떤 장소에서든, 훈련하는 러너에게 가장 필요한 것은 무엇일까? 일반적으로 중요한 것은 날씨, 트레이닝 시설, 잠자는 장소, 식사, 의료 지원, 그리고 우호적인 사회적 환경이다. 이 모든 것을 고지대에서 얻을 수 있다면 같은 조건에서 저지대에 있는 것보다 더 좋을까? 또 이 모든 것을 갖춘 상태에서 저지대에 있는 것과 거의 아무것도 없는 상태에서 고지대에 있는 것 중 어느 쪽이 더 좋을까? 고지대는 비록 거기가 훈련에 적합하지 않은 곳이라도 머무를 가치가 있는 것일까?

고지대 트레이닝은 장거리 러너와 지도자 간의 대화에 당연히 나오는 주제이다. 고지대 트레이닝을 할 수 없으면 장거리 러너로서 성공을 바라는 것 자체가 무리라는 이야기도 한다. 나는 지도자나 주자로부터 이런 말을 들을 때마다 실망한다. 무엇보다 사실에 근거하고 있지 않기 때문에 젊은 러너에게 들려주기에는 매우 조잡한 의견이라고까지 생각한다.

세계의 톱 러너를 배출하는 것이 고지대라고 하면, 고지대가 거의 일상 생활의 한 부분인 남미 국가에서 톱 러너가 다수 배출되지 않는 것은 무엇 때문인가? 또 록키 산맥 출신인 미국의 젊은 선수가 러닝에서 두각을 나타내지 못한다고 비난받아야 할까? 그들은 다 고지대에서 자라 어릴 때부터 고지대에서 훈련했을 것이다.

뛰어난 주자에게 공통된 것은 무엇인가? 우리는 성공적인 주자를 더 천천히 관찰하고 배워야 한다. 사회적 측면, 유전적 특성에 대해 고찰하는 것도 좋은 생각이다. 특별한 장소에서 태어나지 않으면 톱이 될 기회가 없다는 생각은 버려야 할지도 모른다.

고지대 트레이닝이 경기력에 미치는 영향

어떤 스포츠이든 트레이닝 유형의 차이가 경기력에 어떤 영향을 미치나를 분석할 때, 달리기가 우리 몸에 요하는 체력 요소를 이해하는 것이 중요하다. 목표로 하는 종목에 있어서 가장 중요한 것은 스피드인가, 아니면 근력이나 파워, 혹은 지구력인가? 고지대에 있으면 신체가 다양한 영향을 받는 것은 틀림없다. 그럼 다음의 사실에 대해 잘 생각해 보자.

1. 속도가 느린 지구계 종목(예: 2분 이상 걸리는 달리기 종목)의 고지대에서의 경기력은 저지대보다 떨어진다. 상대적으로 말하면 중장거리 러닝에서는 공기저항에 대한 움직임이 느리기 때문에 공기밀도가 낮은 고지대를 달리는 장점은 적다. 따라서 활동근에 운반되는 산소량이 줄어들어 유산소 능력이 저하된다는 고지대의 단점을 보충할 수 없다.

2. 스프린트와 같은 러닝 속도가 빠른 종목에서는 지속시간에 관계없이, 고지대의 공기 밀도 저하가 플러스로 작용한다. 다시 말해 공기저항의 저하가 산소분압 저하의 단점을 보완하고도 남는다.

3. 고지적응(2주 이상)을 하면 고지대에서 지구계 종목의 경기력은 개선된다. 내가 지도한 러너 중에는 3주 이상 적응 기간을 가진 결과, 1마일 레이스의 기록이 고지대 도착 직후보다 10초 빨라진 사람도 있었다. 단지, 기록 향상의 요인으로 고지대 환경 속 레이스 테크닉을 터득한 것도 고려해야 한다.

4. 고지대에서는, 속도가 느린 지구계 종목이 해수면 레벨에서 거둔 경기력에 결코 도달하지 못한다. 이것은 고지대 적응 기간과 관계없다.

5. 또 하나. 고지대 훈련을 거치면 저지대에서의 성적은 반드시 향상된다(혹은 그 가능성이 있다)고 보고하는 연구자들도 있다. 그럼 다음에 소개하는 상황에서는 어떨까? 대학의 봄학기를 막 끝낸 선수들을 고지대 훈련에 데려가는 상황은 나뿐만 아니라 다른 연구자도 반드시 경험할 것으로 생각한다. 고지대 트레이닝에 갈 때까지 기온 32.2℃, 습도 80%의 환경 속에서 학년말 시험을 앞두고 공부에만 열중한 생활을 보냈던 그들을 시험 종료 후 고지대에 데려 간다. 그리고 이번에는 기온 26.7℃, 습도 10%의 장소에서 식사, 수면, 트레이닝에 집중시킨다. 그 후 그들은 저지대로 돌아가자마자 5km 레이스에서 자기 베스트를 기록한

다. 그렇다면 이것은 정말로 고지대 덕분일까? 이 기간에 바뀐 것은 고도인가 아니면 다른 요소들일까?

고지대에서의 레이스 관해 언급한다면, 고지대 훈련에 의해 발생하는 두 가지 유형의 적응에 대해 알아야 한다. (위의 3번에서도 언급했지만) 첫 번째는 생리학적 적응(순화)이고, 다른 하나는 레이스 테크닉의 적응이다. 이 두 가지 적응에는 큰 차이가 있다. 생리적 적응(환기량 증가와 함께 적응)은 저지대로 돌아가면 잠시 후에 사라져 버리는 반면, 레이스 테크닉의 적응은 저지대로 돌아간 지 몇 주, 몇 달이 지나도 없어지지 않는다.

즉, 일단 고지대에서 레이스하는 방법을 익히면 반영구적으로 그것은 잃지 않는다. 고지대에서는 어떻게 하면 잘 달릴 수 있을까를 대개는 기억해 낼 수 있다. 여러분이 새로운 종목의 대회에 나가는 것도 유사하다. 1마일의 선수에게 5km는 거의 다른 세계이지만, 몇 번 참가하다 보면 5km 거리의 레이스에 대응할 수 있게 된다.

이 고지대 훈련과 레이스 논의에서 명백히 해두고 싶은 것은 내가 고지대라고 말할 때 그것은 적당한 높이를 뜻한다는 점이다. 보통으로 생각하면 표고 1,200m에서 2,500m 정도다. 내 경우에는 대부분의 연구와 트레이닝이 2,130m에서 2,255m의 고도에서 이루어졌다. 2,130m(7,000피트)의 높이가 신체에 주는 스트레스는 1,524m(5,000피트)의 거의 2배가 된다. 왜냐하면 표고 914m(3,000피트)까지는 고지대에 의한 문제가 일어나지 않기 때문이다. 따라서 고도 0m에서 1,524m(0피트에서 5,000피트)까지 상승하는 것과 고도 1,524m에서 2,130m(5,000피트에서 7,000피트)까지의 상승은 거의 같다고 볼 수 있다.

고지대에 도착 직후에 유산소 능력($\dot{V}O_2max$)은 12~16% 저하한다. 그러나 경기력은 불과 6~8% 정도 영향을 받을 뿐이다. 왜냐하면 고지대에서는 공기밀도가 낮기 때문에 러닝의 "비용"(산소 요구량)이 저지대에 비해 낮아지기 때문이다. 요컨대 유산소 능력이 다소 떨어져도 러닝 이코노미가 상승하는 만큼 경기력의 얼마 만큼은 되찾을 수 있게 된다.

그림 6.1은 평균적인 장거리 러너가 저지대와 고지대에서 나타내는 러닝 이코노미, $\dot{V}O_2max$ 및 $v\dot{V}O_2max$를 보여준다. 이 그림을 보면 고지대로 가도 경기력이나 $v\dot{V}O_2max$의 저하가 $\dot{V}O_2max$의 저하의 절반에 그치는 이유를 알 수 있다.

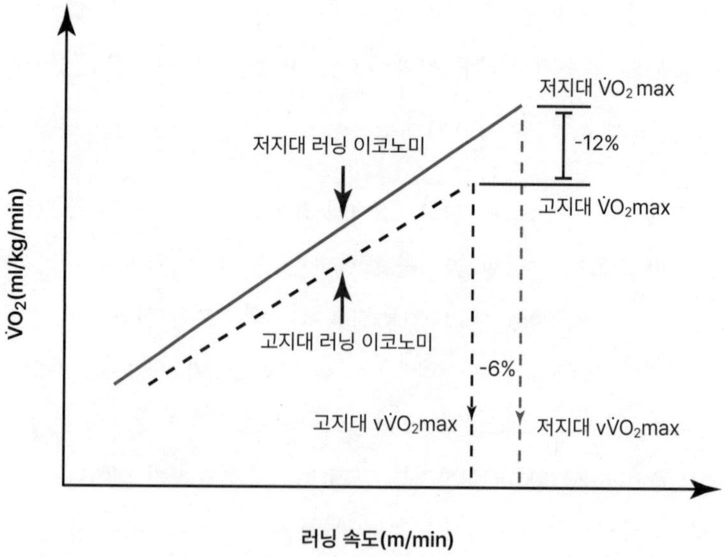

그림 6.1 $\dot{V}O_2$ max, 러닝 이코노미, $v\dot{V}O_2$ max 면에서 본 고지대와 저지대 러닝 사이의 차이

고지대에서의 훈련과 대회에 관한 주의사항

고지대에서 훈련하려고 할 때 언제나 러너가 갖는 의문은 트레이닝의 루틴을 어떻게 바꿔야 하는가이다. 우선 훈련의 양에 관해서는 저지대에서 실시한 평상시의 양을 바꿀 필요는 없다. 이것은 확실하게 말할 수 있다. 예를 들어 저지대에서 1주일에 129km(80마일)를 달렸다면 고지대에 도착한 직후부터 같은 양을 할 수 있을 것이다. 게다가 **T** 러닝, **I** 러닝, **R** 러닝에 걸리는 시간도 바꾸지 않고 그대로 유지한다.

왜 시간을 줄일 필요가 없을까? 이것은 여러 종류의 트레이닝에서 스피드가 유산소 능력의 감소와 함께 각각 약간 느려지기 때문이다. 유산소 능력이 떨어지면 어느 종류의 훈련도 저지대에서 달릴 때보다 떨어진 $\dot{V}O_2max$에 따른 스피드가 되는 것이다.

그러나 스피드를 조정해서는 안 되는 훈련이 하나 있다. **R** 러닝이다. **R** 트레이닝은 고지대에서도 저지대와 같은 스피드로 할 수 있다. **R** 러닝 사이의 회복 시간은 늘릴 필요가 있을지 모르지만 훈련 효과가 손상되지는 않는다. 왜냐하면 **R** 트레이닝을 실시하는 목적이 스피드와 러닝 이코노미의 향상에 있기 때문이다. 따라서 그 훈련을 평소처럼 할 수 있도록 회복 시간을 조정하자.

고지대 훈련의 도입

나는 지금까지 다양한 입장에서 고지대를(저지대도 마찬가지) 경험해 왔다. 선수로서 트레이닝이나 레이스를 했고, 연구도 진행했으며, 코치로서 장거리 러너를 지도했다. 다음은 그 경험을 통해 배운 고지대 트레이닝의 포인트이다.

1. 나는 고지대 훈련을 좋아하는데 중간에 며칠간 저지대로 내려가 지내다가 다시 더 높은 고지대로 올라가는 식의 훈련을 즐겨 한다. 고지대의 공기는 깨끗하고, 건조하고, 시원하다. 이상적인 기후이므로 단지 **E** 러닝을 하는 것만으로 저지대보다 즐길 수 있는 것이 많다. 언제나 덥고 습한 지역에 어느 날 한랭 전선이 통과한 느낌이라고 할 수 있겠다. 여름에 고지대에 가는 것은, 일반적인 저지대에 사는 러너로서는 고온 다습한 환경으로부터 벗어나 시원하고 건조한 조건에서 트레이닝을 할 수 있는 것이다. 고지대에서 **E** 러닝를 할 때, 달리기 강도는 호흡의 리듬으로 결정한다. 저지대만큼 스트레스를 받지 않는 주관적인 강도로 호흡 할 수 있을지를 생각하면서 달리면 좋다.

2. 저지대에 살고 있는 보통의 러너라면, 고지대에 도착한 직후로부터 거리를 억제할 필요는 없다. 그러나 시간이 있다는 것만으로 급격히 거리를 늘려서는 안 된다. 요컨대, 평소와 같은 양의 트레이닝을 실시하고, 저지대와 같은 요령으로 거리를 늘리는 것이다.

3. **R** 트레이닝은 저지대와 같은 페이스로 달린다. 단지 회복주는 저지대보다 약간 길게 하는 것이 좋을지도 모른다. **I** 트레이닝에서는 저지대와 동등한 트레이닝을 실시하려면 400m당 3~4초 늦게 하고(질주 구간이 긴 경우), 회복 시간은 평상시대로 한다. **T** 트레이닝도 1km당 8~10초 페이스를 늦춘다. **E** 러닝과 **L** 러닝에서는 주관적 강도에 따라 평소대로 호흡 리듬으로 달린다.

4. 고지대의 레이스에서 최고의 결과를 내기 위해서는 사전에 고지대에서 연습 레이스를 달려 테크닉을 적응시켜야 한다. 목표한 레이스까지 몇 개월 정도 공백이 있어도 훈련 레이스를 해둔다.

5. 우리가 실시하는 트레이닝 스트레스에는 몇 가지 타입이 있는데 고지

대 트레이닝도 그 중 하나라고 생각한다. 실제로 고지대 훈련에서는 많은 러너가 저지대보다 힘들게 느끼지만 그것을 경험함으로써 몰아붙이는 것을 알게 되고 그 고통에 잘 대처할 수 있게 된다.

6. 고지대 트레이닝 후에는 저지대 환경에 몸을 적응시키기 위해 적응기간을 두는 것이 좋다. 레이스에서 베스트 퍼포먼스를 내기 위해서는 저지대로 돌아간 직후에 달려야 한다는 이야기를 선수들로부터 자주 듣지만, 그렇지는 않다. 고지대 트레이닝 사이에 저지대로 돌아온 횟수가 적은 경우에는 특히 틀린 말이다.

7. 퍼포먼스에서 나타나는 고지대 트레이닝의 효과를 일시적인 것으로 생각하는 것은 착각이다. 실제로 많은 선수들이 고지대 트레이닝에 의해 체력 레벨을 한 단계 올리고 저지대로 돌아가 몇 달이 지나도 퍼포먼스를 그대로 유지하고 있다. 그 열쇠는 새로운 수준의 스트레스에 있다. 즉, 트레이닝 프로그램 전체의 스트레스를 레벨 업시켜 획득한 능력을 유지하는 것이다. 고지대 트레이닝에 의해 퍼포먼스가 좋아졌다는 것은 체력이 향상되었다는 것이다. 그 체력에 (각 트레이닝의 페이스를 올리는 것으로) 새로운 트레이닝 스트레스가 가해지는 한, 향상된 능력이 손실되지 않는다. 주간 주행거리를 늘려 체력이 향상되는 것도 마찬가지다. 그러나 어떤 방식이든 체력을 향상시키려고 하면 향상된 수준에 따른 운동 스트레스를 계속 줄 필요가 있다.

8. 고지대 트레이닝을 한다고 결정하면 믿고 실시하도록 한다. 그러나 효과가 없다고 판단되면 망설이지 않고 방침을 바꾸자.

9. 장거리 러너가 고지대에서 트레이닝을 하면 보통 첫날이 2, 3일 후보다 컨디션이 좋다. 고지대로 이동한 첫 며칠 동안 나름의 탈수가 발생하는 현상은 드물지 않다. 수분을 많이 섭취하고 혈액량을 유지하기 위해

노력하는 것이 중요하다. 또한 정기적으로 휴식을 취하는 것도 중요하다.

10. 고지대 스트레스에 대한 적응은 고지대 환경에 지속적으로 노출되는 동안 발생하는 것으로 보인다. 그리고 그 적응은 간헐적으로 저지대에 노출되면 가속화될 것으로 보인다. 24시간 소변검사를 통해 소변 중의 아드레날린 수치와 노르아드레날린 수치를 측정한 연구에서는 며칠간 저지대로 돌아간 후 고지대로 돌아오면 그 직후의 하루당 스트레스 레벨이 떨어지는 것으로 나타났다.

11. 평소 살고 있던 저지대에서 고지대로 이동하여 트레이닝을 하고, 그대로 고지대의 레이스에 나가는 경우는 이동 직후에 타임 트라이얼time trial을 실시하거나 (훈련) 레이스에 나가면 된다. 이것은 일반적인 어드바이스와는 반대이지만, 타임 트라이얼로 재빨리 현실을 직시하면, 고지대에서 좋은 레이스를 하기 위해 바꾸어야 할 점을 적극적으로 받아들이게 된다. 게다가 2주 후 두 번째 테스트런을 실시하면 경기력이 확실히 향상될 것이다. 이것은 발전했다는 증거이기 때문에 심리적으로도 강한 뒷받침이 된다.

12. 고지대 트레이닝은 저지대와 같은 훈련량, 같은 상대적 강도로 실시해도 상관없다. 단지, 처음에는 저지대의 훈련보다 힘들지 않게 한다. 저지대와 다르지 않은 속도로 **R** 트레이닝을 하려는 경우에는 회복 시간을 늘려야 할 수도 있다. 연습의 목적이 스피드와 러닝 이코노미의 향상에 있다면 그 목적을 달성하는 달리기여야 하는 것이다.

13. 지구계 선수가 고지대 트레이닝을 실시하면 고지대에 적응될 뿐만이 아니라, 체력의 레벨 업도 기대할 수 있다. 그렇다면 고지대뿐만 아니라 저지대의 경기력이 향상되어도 이상하지 않다.

고지대에서 스피드 유지

여러 번 말하지만, "이 훈련의 목적은 무엇인가?"라는 질문에는 언제든지 대답할 수 있어야 한다. 어디에서 실시해도 훈련의 강도는 5종류다. 즉, **E**(이지), **M**(마라톤 페이스. 마라톤을 전문으로 하는 선수가 주로 사용), **T**(역치 페이스), **I**(인터벌 페이스), **R**(리피티션 페이스)이다. 각각의 트레이닝에 고지대 환경이 어떻게 영향을 미치는 살펴보자.

일반적으로 편한 페이스로 장시간 계속해 달리면 눈부신 효과가 있다고 생각한다. 그러나 훈련은 그것만이 아니다. 더 빠른 달리기도 실시한다. 이전과 다른 훈련을 하는 것은 인간의 신체를 구성하는 생리학적 요소, 바이오메카닉적 요소 각각에 운동 스트레스를 주기 위해서다. 레지스턴스 훈련resistance training(역자 주: 스쿼트, 팔굽혀펴기, 덤벨 제조 등 표적으로 하는 근육에 저항을 가하는 동작을 반복하는 운동을 말함)도 훈련의 일부이다. 이것은 바운딩 드릴bounding drill이나 언덕 달리기 등의 형태로 실시하는데, 그 목적은 다리 파워의 향상에 있다. 또한, 비교적 짧은 시간에 실시하는 빠른 러닝은 속도와 파워를 향상시키고 빠른 레이스에서 경제적으로 달리는 기술을 습득하기 위해 실시한다. 그리고 **T** 러닝과 **I** 러닝은 지구력을 향상시키고 유산소 시스템에 최대한의 스트레스를 주는 것이 각각의 목적이다.

문제는 다리 파워나 스피드의 측면에 있어 러너가 자신의 상태를 오인하게 만드는 트레이닝은 어떤 타입의 트레이닝일까 하는 것이다. 주간 주행거리의 약 85%를 차지하는, 편안한 페이스로 달리는 저강도 달리기가 아닌 것은 확실하다. **E** 러닝은 $\dot{V}O_2max$의 59~74% 강도로 실시한다. 그리고 고지대에서 $\dot{V}O_2max$가 저하해도 통상 $\dot{V}O_2max$의 60% 정도를 68%로 실시하면 속도는 변하지 않는다. 게다가 $\dot{V}O_2max$의 70% 러닝이 다리의 파워나 스피드에 밀접하게 관련된다고는 생각되지 않는다. 따라서 **E** 러닝의 속도는 고지대에서도 바꾸지 않는 것이다.

이제 빠른 **R** 트레이닝에 대해 생각해 보자. 고지대에서는 단시간이면 저지대보다 빨리 달릴 수 있다는 것은 잘 알려져 있다. **R** 트레이닝은 통상 30~90초 정도의 러닝을 반복한다. 이 정도의 시간이라면 충분히 회복 시간을 취하기만 하면 고지대는 마이너스가 되지 않는다. 빠른 러닝을 반복하는 목적 중 하나는 기술을 개선하고 속도를 향상시키는 것이다. 이 목적을 달성하기 위해서는 적절한 휴식을 취해야 한다.

그렇게 되면 나머지는 **R** 트레이닝보다 긴 **I** 트레이닝과 **T** 트레이닝뿐이다. 일반적으로 이 두 가지 훈련은 저지대보다 스피드를 느리게 실시한다. 그러나 그 연습량에는 주의가 필요하다. 비록 **I** 트레이닝과 **T** 트레이닝에 중점을 둔 단계라도, 이런 질 높은 연습이 주간 주행거리의 10%를 넘는 일은 좀처럼 없다. 또 하나 잊어서는 안되는 것은 **T** 트레이닝의 가장 큰 목적이다. **T** 트레이닝의 주 목적은 젖산을 신속하게 제거하도록 신체에 기억시키는 것이다. 이것이 고지대의 약간 느린 페이스에서도 가능하다면 연습의 목적을 달성할 수 있게 된다.

또 고지대에서 약간 느리게 실시하는 **I** 트레이닝은 유산소계에 최대의 운동 스트레스를 주는 것이 목적이며, 실제로 관련된 주요 기관(폐, 심장, 활동근에 혈액을 운반하는 혈관)은 고지대에서도 저지대와 마찬가지로 격렬하게 기능한다. 유산소 대사 때문에 세포가 받는 산소량은 저지대만큼 많지는 않지만, 그 적은 양으로 가능한 한 격렬하게 기능하고 있는 것이다.

이처럼 $\dot{V}O_2max$를 향상시키는 **I** 트레이닝의 페이스는 느려지지만, 그로 인해 스피드나 다리의 파워가 떨어지는 불안이 있다면 저지대와 같은 스피드로 달릴 수 있는 완만한 내리막을 찾아 달리면 된다. 또는 I 트레이닝 단계를 고지대 훈련 이외의 시즌에 설정하는 방법도 있다. 하지만 나 자신은 고지대에서 실시하는 I 트레이닝에는 자신을 밀어붙이는 측면도 있기 때문에 다소 페이스가 느려져도 그것을 보완하고도 남는 효과가 있다고 생각한다.

고지대에서의 강도 저하에 대해서는, 또 하나 지적해 두고 싶은 포인트가 있다. 그것은 오버 트레이닝이나 부상에 관한 것이다. 고지대에서는 T 트레이닝이나 I 트레이닝의 강도를 떨어뜨릴 수밖에 없지만, 역으로 그것이 좋은 결과로 이어진 몇몇 장거리 러너의 예를 보았다. 그 이유는 2가지다.

- 러너의 대부분은 효과를 얻는 데 필요한 속도보다 빠른 스피드로 훈련을 한다. 따라서 고지대에서 느려진 페이스가 사실 딱 좋은 페이스이다.
- 가벼운 부상을 몇 개 안고 있어도, 고지대에서는 부분적으로 스피드를 떨어뜨릴 수밖에 없기 때문에, 2주일 정도 고지대 트레이닝을 하면, 대부분의 부상은 완전히 치유된다.

이렇듯 자신의 트레이닝에 부정적인 영향을 미칠 것 같이 생각되어도 실제 플러스가 될 수도 있다.

고지대에서의 레이스

고지대 체류 중에 레이스가 있는 경우는 레이스 운영을 조정해야 한다. 무엇보다 중요한 것은 초반에 너무 빠르게 달리지 않도록 하는 것이다. 이 "빠르다"는 것은 저지대에서 행해지는 동일한 거리의 레이스에서의 스타트보다 더 빠르게 달리려고 한다는 의미이다.

표 6.1은 고지대 레이스에서 조정할 시간을 지속 시간별, 고도별로 나타낸 것이다. 이것을 보면 고지대의 레이스가 처음이라도 페이스를 얼마나 조정해야 하는지 알 수 있다. 다만 각각의 조정 시간은 어느 정도의 기간을 고지대에서 보낸 러너에게 적용되도록 상정한 것이다. 따라서 대회 전에 고지대 적응할 시간이 없는 경우에는 이 표보다 상당히 느려야 한다. 고지대에서의 레이스 중 약간 페이스를 올려가는 타이밍은(페이스가 지나치게 빠르다고 느껴지지 않는 것이 조건이지만) 적어도 중반 이후이다.

그러나 고지대에서도 전력으로 달려야 할 때가 있다. 선수권 대회와 같은 큰 대회는 자주 있지 않으니 말할 것도 없고, 소규모 레이스에서도 그런 순간은 드물지 않게 찾아온다. 그래서 가장 신경써야 하는 것은 다음과 같다.

1. 고지대 레이스에서는 얼마나 기록이 느려지는가?
2. 고지대 레이스에서 최고의 접근법은 무엇인가?

첫 번째는 질문에 대해서는 표 6.1을 참조하면 표고와 레이스의 지속 시간에 따라 각각 얼마나 느려지는지를 알 수 있다.

두 번째에 질문에 관해서는 중요한 요인이 2개 있다. 그것은 레이스의 지속 시간과 레이스에 접근하는 방법이다. 짧은 거리 대회가 고도의 영향을 받지 않는다는 것은 잘 알려져 있다. 짧은 거리란 800m 이하의 레이스를 말한다. 평소보다 약간 고통스러울지도 모르지만, 레이스라는 진지한 승부의 장이라면 800m를 저지대와 같은 시간으로 달릴 수 있을 것이다. 실제로 1968년 멕시코 올림픽 800m에서 우승한 선수(저지대 거주자)는 결승 레이스를 올림픽 타이 기록으로 달렸다.

표 6.1 해발고도에 따른 레이스 시간 조정

해발고도	1,000 m (3,281 ft)	1,500 m (4,921 ft)	2,000 m (6,562 ft)	2,250 m (7,382 ft)
지속시간 (분)	추가되는 시간 (초)			
5	1.5	3.75	6.0	7.75
10	4.25	12.5	21.0	25.5
20	9.75	30.0	51.0	61.0
30	15.25	47.5	81.0	96.5

Table created by Jack Daniels' Running Calculator designed by the Run SMART Project.

레이스에 대한 접근법은 어떨까? 고지대 레이스에서는 전략이 특히 중요한 역할을 하기는 하지만, 전략을 별개로 하고 고지대의 장거리 레이스에 있어 최고의 접근법은 처음 몇 분 동안 조금 지나칠 정도로 신중하게 달리는 것이다. 저지대와 같은 페이스로 달리기 시작하면 무산소성 에너지의 필요량은 확실히 증가한다. 그렇게 되면 레이스 후반에 반드시 페이스가 떨어진다.

고지대 훈련과 저지대 훈련을 번갈아 실시하기

2, 3주간 고지대에서 트레이닝을 하면 장거리 러너의 고지대 퍼포먼스는 대폭 향상되지만, 정기적으로 저지대로 돌아가 연습이나 레이스를 실시하면 힘이 더 붙는다. 이렇게 때때로 저지대로 돌아가면, 고지대에 장기 체류하고 있어도 저지대에서의 본래의 능력은 떨어지지 않는다는 것을 실감할 수 있는 것이다.

어느 정도의 기간 동안 고지대에 체류할 수 있다면 고지대와 저지대를 여러 번 왔다갔다 하면 좋다. 매일 왕복할 필요는 없다. 2, 3주간 고지대에 체류한 뒤 1주일 정도 저지대에서 지내다가 다시 고지대로 돌아가는 방식으로 하면 큰 효과가 있다. 고지대 훈련을 몇 번 실시해 보면 체력이 떨어지지 않는다는 것을 깨닫게 되는데, 이런 (왕복하는) 접근법의 가장 큰 이점은 심리적으로도 자신감을 갖게 되는 것이다. 사실 며칠 저지대로 돌아간 사이에 지난 저지대 체류 때보다 퍼포먼스가 향상되는 것은 드물지 않다.

나는 이 이점을 "고지대에서 몰아부칠 수 있게 되었다"는 말로 표현하고 있다. 실제로 '몰아부치기' 레벨에 상당하는 페이스는 지난번 저지대 체류 시에 비해 약간 빨라진 것이다. 고지대 훈련이 가져오는 큰 효과 중 하나는 이렇게 자신을 조금 더 몰아부치는 방법을 배우게 되는 것이다.

그런데 이런 왕복의 방식을 적용한다고 하면, 저지대로 돌아갔을 때 곧바로 체력이 떨어지지 않을까 하는 반론에 접한다. 저지대로 돌아가서 2, 3일이 지나면 고지대에서 무언가를 얻었다고 해도 잃어버린다는 이야기도 자주 들을 것이다. 나는 이런 목소리를 들을 때마다 그런 일은 절대 없다고 생각한다.

이렇게 생각하면 어떨까? 고지대에 있는 동안 체력이 향상되었다는 것은 문자 그대로 이전에 비해 체력이 붙었다는 것이고, 그건 일시적인 개선이 아니다. 이것은 주행거리를 늘리는 것과 같다. 몇 주간 장거리를 달리면 (뭔가의 체력 요소가 개선된 결과), 레이스 경기력이 향상된다. 그 후에도 달리기에 관련된 신체 시스템에 계속 스트레스를 준다면, 주행거리가 다소 줄어들어도 체력 저하에 대해 걱정할 필요는 없다.

사실, 저지대로 돌아가서 2, 3주가 지나면 고지대에서 얻은 퍼포먼스 능력도 없어진다고 생각하는 것은 그런 케이스가 적지 않기 때문이다. 그렇지만 그것은 왜일까? 큰 대회를 앞두고 고지대에서 연습하는 러너는 많이 있다. 그들은 고지대 훈련 후 저지대로 내려가 대회를 달리고, 대다수는 거기서 시즌을 끝낸다. 이 경우 체력이 떨어진 것은 저지대로 돌아갔기 때문인가, 아니면 훈련을 거기서 그만두었기 때문인가?

나는 한때 선수들에게 한 달 동안 고지대 훈련을 하게 한 뒤 유럽 원정에 데려간 적이 있다. 선수들은 그 후 고지대로 돌아와 레이스에 참가했는데 원정 전보다 더 빨리 달릴 수 있었다. 또 어떤 러너는 고지대에 6주간 체류한 뒤 집으로 돌아와 5km에서 자기 베스트를 수립했다. 그 후에도 10개월간 저지대 체류 중에 차례차례로 자기 베스트를 경신하더니 미국 선수권, 팬아메리칸 경기도 제패했다. 즉, 그는 한 번도 고지대로 돌아가지 않고 저지대 체류 쪽이 길었음에도 불구하고 이런 기록을 세운 것이다. 지구계 선수가 저지대의 가혹한 환경(더위, 습기, 공부나 일, 개인적인 스트레스)을 피해 고지대에서 일정기간 트레이닝을 한 뒤 저지대로 돌아가면 퍼포먼스는 대폭 향상된다. 이런 일은 전혀 낯설지 않다. 나는 오랫동안 그렇게 주장해 왔다.

고지대 훈련 후 저지대 레이스에 대해

고지대에서의 퍼포먼스 향상을 실감하기 위해서는 통상 2주일 정도 고지대에 있을 필요가 있다. 그러나 저지대에서 열리는 레이스에 나가는 타이밍에 관해서는 사람에 따라 상당히 차이가 있는 것 같다. 저지대로 돌아간 뒤 얼마가 지나면 베스트 퍼포먼스를 낼 수 있을까? 그 결정자 중 하나는 기후이다. 고지대는 대개 시원하고 습도도 낮다. 저지대로 돌아온 뒤에 기다리는 것이 고온·고습도 레이스인 경우, 레이스와 비슷한 환경에 1주일 이상 신체를 적응시키는 것이 좋을지도 모른다. 반대로 저온·저습도인 경우는 고지대에서 돌아온 직후라도 좋은 레이스를 할 준비가 되어 있다고 할 수 있다.

고지대 훈련 후 저지대로 돌아가는 타이밍은 레이스 종목에 따라서도 다르다. 기본적으로 레이스 거리가 길수록 저지대 환경에 적응하는 시간도 길게 잡는다. 이것이 최고의 성적을 노리는 데 필요하다고 생각한다.

나의 고지대 연구에 협력해 준 피험자 중에 짐 라이언Jim Ryun이 있다. 그는 비범한 주자이며 나의 가장 친한 친구이기도 하다. 그가 1마일 세계기록(3분 51초 1)을 세운 것은 3주간의 고지대 트레이닝에서 돌아온 날의 밤이다(1967년 6월 23일). 2주 후 그는 1,500m에서도 세계기록(3분 33초 1)을 수립했다. 이것은 저지대로 돌아온 날의 다음날이다. 그런데 이 경우는 둘 다 짧은 거리의 대회임을 유의해야 한다. 우리는 고지대에 체류한 뒤, 저지대로 돌아왔을 때에 잘 일어나는 현상인 '과환기(과호흡)'에 대해서도 알아둬야 한다. 과환기란 필요 이상으로 호흡을 하는 것이다. 고지대에서는 호흡량이 늘어나지만 저지대로 돌아간 후 그만큼 호흡할 필요가 없다는 것을 알기까지는 며칠이 걸린다. 그래서 이런 현상이 발생한다. 그러나 1,500m 및 1마일과 같은 비교적 짧은 대회에서는 자신이 얼마나 거친 호흡을 하고 있는지 깨닫는 무렵, 레이스는 거의 끝난다.

짐 라이언의 경우와 대극에 있는 것이 마라톤이다. 마라톤의 환경은 고지대보다 저지대가 더 압박이 될 수 있다. 기온과 습도 면에서 특히 그렇다. 고지대는 저지대에 비해 건조하고 시원한 경우가 대부분이다. 마라톤을 위해 저지대로 돌아간 뒤 기온이나 습도가 높아지면 10~14일간은 신체가 잘 반응하지 않을 것이다. 그러나 적응 기간을 두면 며칠에 걸쳐 호흡이 안정되어 전반적으로 컨디션이 훨씬 좋아진다.

이처럼 레이스 거리가 1마일을 넘는 종목에 대해서는 대회 시간에 딱 맞춰 저지대로 돌아가는 것보다 1주일 또는 그 이상의 기간을 두는 편이 좋다. 기상 조건이 고지대와 다른 경우는 더욱 그렇다. 고지대 트레이닝 중에 몇 차례 저지대로 돌아갔던 선수는 오랫동안 거의 돌아오지 않았던 선수보다 저지대 레이스에 대비하는 방법을 더 잘 알게 된다.

고지대 훈련 중에 몇 차례(1회당 1주일 정도) 저지대로 내려가기를 추천하는 이유는 정신적으로나 신체적으로 이점이 있기 때문이다. 표 6.2는 기온이 마라톤 기록에 미치는 영향의 두 가지 예(2시간 7분 러너와 2시간 25분 러너의 경우)를 보여 준다.

표 6.2 기온이 마라톤 기록에 미치는 영향

마라톤 기록: 2:25					
기온		추가되는 시간		대략적인 수분 손실 (ml)	
°C	°F	레이스 전체 합계	5K당	1분당	2시간 25분 합계
12.8	55	0:00	0초	13.0 ml	1885 ml
15.6	60	1:07	8초	14.5 ml	2105 ml
18.3	65	2:14	16초	15.7 ml	2275 ml
21.1	70	3:21	24초	16.9 ml	2450 ml
23.9	75	4:28	32초	18.1 ml	2625 ml
26.7	80	5:35	40초	19.4 ml	2815 ml
29.4	85	6:42	48초	20.7 ml	3000 ml
32.2	90	7:49	56초	22.1 ml	3200 ml
마라톤 기록: 2:07					
기온		추가되는 시간		대략적인 수분 손실 (ml)	
°C	°F	레이스 전체 합계	5K당	1분당	2시간 7분 합계
12.8	55	0:00	0초	16.5 ml	2145 ml
15.6	60	0:59	7초	18.1 ml	2350 ml
18.3	65	1:58	14초	19.6 ml	2550 ml
21.1	70	2:57	21초	21.2 ml	2755 ml
23.9	75	3:56	28초	22.8 ml	2965 ml
26.7	80	4:55	35초	24.4 ml	3170 ml
29.4	85	5:54	42초	25.9 ml	3370 ml
32.2	90	6:53	49초	27.5 ml	3575 ml

Table created by Jack Daniels' Running Calculator designed by the Run SMART Project.

Chapter 7

트레드밀(러닝머신) 트레이닝

효과적인 결과를 내기 위해서 훈련이 반드시 힘들 필요는 없다.

달리기를 하는 우리들 대부분은 다른 스포츠를 즐기는 사람들보다 한 가지 큰 어드밴티지를 가지고 있다고 생각한다. 간단히 말하면, 러닝은 심플하고 제약이 없기 때문에 다른 지구계 경기보다 더 즐기기 좋다는 것이다. 확실히 달리기는 어디서나 할 수 있고, 돈도 들지 않는다. 그렇다면 사람들은 왜 트레드밀에서 훈련할까?

걸프 전쟁 무렵의 이야기다. 나는 한 해병대원을 지도하고 있었는데 그의 신장은 193cm, 체중은 84kg이었다. 나의 지도를 받고 있던 1년간 그는 거의 계속 주간 129km(80마일)의 훈련량을 유지했다. 마라톤을 목표로 하는 러너로서는 타당한 연습량이라고 할 수 있다. 그러나 항공모함의 갑판 위에서만 그 연습량을 소화했던 것을 생각하면 트레드밀 위의 달리기도 그렇게 거북한 것이라고는 생각되지 않는다.

한 주(州) 교도소에서 복역 중인 수감자들을 지도한 적도 있다. 그 교도소에서는 매년 마라톤 대회가 열렸다. 담의 안쪽을 따라 1.6km의 코스를 순환하는 것이었는데 1바퀴 도는 사이에 풀밭, 아스팔트, 흙, 콘크리트 등 다양한 노면을 달리게 된다. 그래도 매주 64km(40마일)을 달리는 수강자가 있었다. 또 몇 년 전 내가 코치했던 또 다른 러너는 뉴욕에서 매일 왕복 달리기로 출퇴근을 했다. 그는 강풍이 불고 추위가 심한 날은 차로 귀가하기도 했지만 집에 도착하여 거실에서 한 시간 반 정도 트레드밀을 달려 목표한 주행거리를 채웠다.

그리고 또 한 사람이 있다. 그는 내가 예전에 매일 보던 러너로 대학원에서 공부하던 당시, 내 연구실 옆의 400m 트랙을 달리던 법학부 학생이었다. 거의 매일 모습을 드러내는 그는 항상 영원히 달리는 것처럼 보였다. 어느 날 나는 마침내 밖으로 나가서 그와 몇 킬로미터를 나란히 달리며 말을 걸었다. 그렇게 알게 된 것은 그가 주에 6일, 하루에 400m 트랙을 80바퀴 달린다는 것이었다. 빡빡머리인 그는 발목까지 오는 농구화에 두꺼운 면 양말을 신고 빨간 면으로 된 반바지를 입고 있었다. 소문에 따르면 정말 추운 날에도 티셔츠만 입고 있었다고 하는데 나 자신은 그 모습을 본 적이 없다. 이것은 3월 미시간의 이야기이다. 애리조나 같은 따뜻한 남부 이야기가 아니다. 나는 하루에 트랙 80바퀴를 도는 그 청년에게 "가끔은 바퀴수를 줄이고 페이스를 올려 보라"고 말해 보았다. 그러자 그는 "나는 몸을 단련하고 있는 게 아니라 공부를 잊고 잠시 혼자 되고 싶어 달린다"는 말이 돌아왔다. 이 말을 듣고 문득 트레드밀 달리기가 세상에서 가장 단조로운 달리기 경험이 아닐까 라는 생각이 들었다.

그래도 트레드밀에서 달리는 것도 나쁘지 않다고 생각하게 하는 상황이 있다. 상상해 보라. 7월 피닉스, 2월 미네소타(또는 코트랜드와 뉴욕), 8월의 아틀랜타, 밖에서 달릴 수 있을까?

게다가 세계의 톱 러너들이 큰 체육관에 모여 트레드밀 위에서 서로 얼굴을 맞대고 달리는 미디어 이벤트를 상상해 보라. 실내는 항상 기온 15℃, 습도 30%로 설정되어 있고 출발 총성이 울리면 주행거리가 가장 빨리 42.195m에 도달한 러너가 우승자다. 트레드밀의 속도는 언제든지 원하는 만큼 바꿀 수 있다. 음료도 자유, 화장실도 근처에 있다. 체중계로 옮겨 타 수분 소실을 모니터하면서 체중을 체크할 수도 있다.

결국 핵심은 트레드밀은 어떤 러너에게도 편리한 기구라는 점이다. 악천후일 때뿐만 아니라 날씨가 좋은 날이라도 달리기를 정밀하게 컨트롤하는 경우나 부상에서 재활할 경우에는 트레드밀이 편리하다. 트레드밀에서 할 수 있는 것은 얼마든지 있고, 질리지 않도록 하는 것도 가능하다.

트레드밀의 가장 큰 장점은 운동 강도를 정확하게 제어할 수 있다는 것이다. 기상 조건이 좋은 날, 도로 위를 달릴 때 훈련 강도를 제어하는 방법은 오직 속도를 변경하는 것뿐이다. 그러나 트레드밀에서는 속도와 경사의 조합을 거의 무한하게 조정할 수 있기 때문에 손쉽게 원하는 강도로 운동할 수 있다. 러닝 속도를 상당히 느리게 해도 경사를 나름대로 설정하면 에너지 수요는 어떤 러닝 속도와도 동등해진다.

한편 가장 큰 단점은 연습 파트너나 그룹과 함께 달릴 수 없다는 것이다. 그러나 1대의 트레드밀을 둘이서 번갈아 사용하면 좋은 연습이 된다. 예를 들어 경사를 힘들게 설정하고 1분간의 달리기와 1분간의 휴식(트레드밀에서 내려 휴식)을 반복하는 메뉴로 하면, 교대로 트레드밀을 타고 내리는 것만으로도 좋은 훈련이 된다. 나는 수년간 이런 식으로 대학생들에게 연습을 시켜 큰 성과를 올려 왔다.

반대로 사람에 따라서는 (나도 그렇지만), 혼자서 달리고 싶을 때도 있다. 그런 환경을 만들어주는 것이 트레드밀이다. 옛날 이야기이지만 연구실에 근무하며 트레드밀를 사용한 실험만 하고 있었을 무렵 나는 일찍 출근해 동료가 오기 전에 1시간을 달렸다. 트레드밀에서는 호흡, 팔 흔들기, 다리의 움직임이 어떻든 자신이 달리고 있는 속도는 정해져 있고, 주행거리도 제대로 알 수 있다. 이렇게 간단하고 긴장을 풀 수 있는 방법이 달리 있을까?

그렇다고는 해도 졸릴 정도로 강도가 낮은 지속주로 달릴 필요는 전혀 없다. 나는 트레드밀에서 달릴 때 손목시계를 차지 않았고 초침이 긴 큰 벽걸이 시계를 계속 사용했다. 게다가 그게 걸려 있던 곳도 트레드밀의 정면이 아니라 옆쪽 벽이었다. 정면에 있으면 아무래도 1분마다 응시하게 되지만, 측면에 있으면 목을 옆으로 돌리지 않는 한 시간을 확인할 수 없다. 이런 시계라도 훈련시간과 휴식시간은 계측할 수 있고, 심박수가 신경이 쓰이면 초침으로 확인할 수도 있다. 밖에서 달리는 자유를 포기하고 트레드밀에서 답답함을 참고 달리면 적어도 불필요한 물건은 몸에 지니지 않고 달릴 수 있다. 자택의 트레드밀에서라면 티셔츠나 바지를 입을 필요조차 없다.

지속적인 러닝과 단속적인 러닝

러너가 실시하는 트레이닝에는 2종류밖에 없다. 하나는 지속적인 러닝이고 다른 하나는 단속적인(斷續的, 훈련과 휴식을 반복하는) 러닝이다. 지속적인 달리기는 일정한 강도로 계속 달리는 논스톱 달리기를 의미한다. 강도가 아주 낮을 때(워밍업의 처음이나 쿨링다운, 회복주 등)도 있고, 중간 정도의 러닝(**M** 페이스나 **T** 페이스)도 있다.

강도가 T 페이스를 넘으면 보통은 I 트레이닝이나 R 트레이닝과 같은 단속적인 러닝이 된다. I 트레이닝과 R 트레이닝의 목적은 유산소계에 최대의 스트레스를 부여하거나, 자세, 스피드, 러닝 이코노미를 향상시키는 것이다. 단속적인 러닝이란 간단하게 말하면 힘든 러닝과 휴식을 번갈아가며 하는 연습이다. 회복에는 가벼운 운동을 하는 경우와 하지 않는 경우가 있고 일반적으로 하드 러닝의 강도가 셀수록 휴식 시간이 길어진다. 그 점에서 트레드밀은 컨트롤이 간단하다. 또 1회 훈련 내에서 강도, 시간, 회복을 다양하게 바꿀 때도 있다. 이를 파틀렉fartlek 훈련이라고 한다.

언덕 훈련(경사를 사용한 훈련)

트레드밀이 도로 달리기보다 훨씬 큰 어드밴티지를 발휘하는 것은 경사를 사용한 트레이닝을 할 때이다. 옥외 러닝에는 아무래도 오르막과 내리막 양쪽 모두가 나온다. 그것을 원한다면 문제는 없지만, 오르막 연습 효과를 원한다면 보통은 다음 오르막을 달리기 위해 먼저 내리막을 내려와야 하는 단점은 피하고 싶을 것이다. 트레드밀에서는 그것을 쉽게 할 수 있다. 잠시 오르막을 달린 후 트레드밀에서 내려 휴식을 취하고 다시 오르막을 달리면 된다. 이 오르막만 달리는 훈련이 적당한 때는 부상의 치유를 위해서다. 내리막을 달리면 착지의 충격으로 부상이 악화되지만, 충격이 적은 오르막에서는 그럴 걱정이 없다. 따라서 부상을 입고 있을 때 트레드밀 러닝은 최적의 훈련이 된다. 상당히 느린 페이스라도 충분한 경사가 있으면 힘든 훈련이 된다.

그러나 보스턴 마라톤 대회 코스와 같이 오르막뿐만 아니라 내리막도 많은 레이스를 앞두고 대책을 세우고 싶은 사람도 있을 것이다. 트레드밀에서도 오르막과 내리막 연습을 할 수 있다. 일반적인 트레드밀로 내리막 상황을 재현하려면 뒷부분에 튼튼한 목재 블록을 괴어 들어 올리면 좋다(나는 기찻길 침목을 사용하고 있다). 예를 들어 기울기 20%까지 올려지는 트레드밀를 가지고 있는 경우, 뒷부분을 들어 올려 눈금이 5%가 되었을 때 벨트가 수평이 되면(목수가 쓰는 수평계로 측정한다), 눈금이 0%일 때는 경사가 -5%가 되는 것이다. 즉 -5%에서 +15%까지 기울기를 설정할 수 있게 된다. 이때 중요한 것은 흔들리거나 갑자기 누군가가 걷어차도 블록이 빠지지 않도록 트레드밀을 단단히 고정하는 것이다.

내리막에서 하나 주의해야 할 것은 착지할 때의 충격이다. 착지의 충격은 업힐에서 감소하는만큼 다운힐에서 커진다. 따라서 내리막 횟수는 서서히 늘려가는 것이 현명하다. 4주일 정도는 같은 설정(강도)으로 트레이닝을 한 뒤 경사나 속도를 올려 힘든 설정으로 레벨 업한다. 속도가 너무 빠르거나 기울기가 2%, 3%를 초과하면 대퇴사두근의 근육통 악화에 직결될 수 있다. 따라서 레이스 2~3주 전에는 내리막 훈련 스트레스를 늘리지 말아야 한다. 또한 중요한 레이스 전 4~6주의 단계가 되면 새롭게 내리막 트레이닝은 시작하지 않도록 한다.

새로운 것을 시도하는 것은 어떤 종류의 훈련이라도 오프 시즌이나 장기 프로그램의 초기에 하도록 한다. 대부분의 사람들은 트레드밀에서 수평 또는 경사를 부드럽게 올린 상태로 훈련하는 것이 일반적이다. 내리막 훈련은 다운힐이 있는 대회에 참가할 계획이 없다면 일반 러너, 그리고 엘리트 러너조차도 생각할 필요가 없다.

트레드밀 훈련 강도

가능한 한 질리지 않고 트레드밀 트레이닝을 하기 위해 더 다변화하고 싶은 생각이라면 트레드밀 훈련의 강도표를 만들면 좋다. 이 표에서 속도와 기울기의 조합을 확인하면 신체에 최적의 스트레스를 가할 수 있다. 항상 빠른 스피드로 달리지 않아도 목표 훈련 스트레스에 도달할 수 있는 것이 이 강도표의 큰 이점 중 하나이다. 머신에 따라서는 충분한 속도에 도달하지 못하고, 이상적인 인터벌 트레이닝을 할 수 없는 경우도 있을 것이다. 그러나 거기에 기울기를 더하면 원하는 훈련 효과를 얻을 수 있다.

표 7.1은 그 강도표이다. 상단에 표시된 트레드밀 속도와 각각의 경사도를 조합하면 왼쪽에서 2번째, 3번째 열에 나타낸 달리기 속도(1km 페이스·1마일 페이스)와 같은 강도가 된다. 예를 들어 1km 3분 50초 페이스의 달리기와 같은 강도는 기울기 10.2%와 9.7kph(6mph), 기울기 7%와 11.3kph(7mph), 기울기 2.3%와 15.3kph(9.5mph) 등의 조합으로 실현할 수 있다(역자 주: kph는 시간당 km, mph는 시간당 마일).

마찬가지로 1km 2분 37초(400m 63초)의 강도는 21.2%와 9.7kph(6mph)의 조합 외에도 같은 행(맨 오른쪽이 4.3%인 행)의 어느 조합에서도 실현 가능하다. 러닝 속도(1km 페이스·1마일 페이스)는 맨 왼쪽 열의 $\dot{V}O_2$(5ml 마다 표시) 값에서 표준적인 예로 설정됐다.

더 느린 속도와 가파른 경사의 조합으로 훈련 강도를 동등하게 맞출 수도 있지만, **R** 트레이닝에 가까운 훈련을 한다면 빠른 속도로 하는 것이 좋다. 트레드밀에 가장 적합한 것은 **I** 트레이닝, **T** 트레이닝, 그리고 지속주이다. **I** 트레이닝의 경우는 힘든 경사와 느린 속도로 하면 매우 좋은 연습이 된

표 7.1 트레드밀 속도와 경사도 조합에 의해 생기는 강도와 그에 상응하는 훈련 속도

			트레드밀 속도 (kph / mph)												
VO_2	1km 페이스	1마일 페이스	9.7/ 6.0	10.5/ 6.5	11.3/ 7.0	12/ 7.5	12.9/ 8.0	13.7/ 8.5	14.5/ 9.0	15.3/ 9.5	16.1/ 10.0	16.9/ 10.5	17.7/ 11.0	18.5/ 11.5	19/ 12.0
			트레드밀 경사도 (%)												
30	5:47	9:19	2.9	1.9	—	—	—	—	—	—	—	—	—	—	—
35	5:07	8:15	4.8	3.5	2.5	—	—	—	—	—	—	—	—	—	—
40	4:35	7:24	6.6	5.2	4.0	3.0	—	—	—	—	—	—	—	—	—
45	4:11	6:44	8.4	6.8	5.5	4.4	3.5	2.6	—	—	—	—	—	—	—
50	3:50	6:11	10.2	8.5	7.0	5.8	4.7	3.8	3.0	2.3	—	—	—	—	—
55	3:33	5:43	12.1	10.1	8.5	7.2	6.0	5.0	4.1	3.3	2.6	2.0	—	—	—
60	3:18	5:19	13.9	11.8	10.0	8.5	7.3	6.2	5.2	4.3	3.6	2.9	2.3	—	—
65	3:05	4:59	15.7	13.4	11.5	9.9	8.5	7.3	6.3	5.4	4.6	3.8	3.2	2.6	—
70	2:55	4:42	17.5	15.1	13.0	11.3	9.8	8.5	7.4	6.4	5.5	4.7	4.0	3.4	2.8
75	2:45	4:27	19.4	16.8	14.5	12.7	11.1	9.7	8.5	7.4	6.5	5.6	4.9	4.3	3.6
80	2:37	4:13	21.2	18.4	16.0	14.1	12.4	10.9	9.6	8.5	7.5	6.6	5.7	5.0	4.3
85	2:29	4:01	23.0	20.0	17.5	15.4	13.6	12.1	10.7	9.5	8.5	7.5	6.6	5.8	5.1
90	2:33	3:51	24.8	21.7	19.0	16.8	14.9	13.2	11.8	10.5	9.4	8.4	7.5	6.6	5.9

Table created by Jack Daniels' Running Calculator designed by the Run SMART Project.

다고 생각한다. 30초의 달리기 사이에 30초의 휴식을 넣고 20회 반복하면 좋다. 이게 그렇게 힘들지 않으면 1분 달리기와 1분 휴식으로 10회 반복한다. 만약 같은 강도로 훈련하고 싶은 러너가 2명 있으면 1개의 트레드밀을 공유할 수 있다는 장점이 있다. 즉 1명이 달리고 있을 때, 다른 1명은 휴식하면 되는데, 예를 들어 30초마다, 아니면 1분마다처럼 메뉴에 따라 규칙적으로 교대하는 것이다. 또한 경사를 1% 올리면 러닝 속도를 1km당 약 6~9초(1마일당 10~15초) 올린 것과 동등해진다.

트레드밀 이용자는 자신만의 독자적인 강도표를 만들 수도 있다. 트레드밀에서 연습할 때마다 다른 속도와 기울기의 조합을 시험해 보고, 각각 얼마

나 힘든 느낌인지 기록해 두자. 나는 2.5%와 9.7kph(6mph)부터 시작하는 것이 좋다. 그 다음에 5%와 9.7kph(6mph), 그리고 7.5%와 9.7kph(6mph)와 같이 기울기를 10%, 12.5%, 15%, 17.5%, 그리고 20%까지 올려간다. 또 다른 연습에서는 11.3kph(7mph)를 다양한 기울기와 조합해 시험한 후, 속도를 12.9kph(8mph), 14.5kph(9mph), 16.1kph(10mph)로 변경하면서 각각 주행 가능한 기울기와 조합한다. 어떠한 조합이라도 5~6분 계속해서 달리고 마지막 1분간 완성도를 평가하고, 평가는 다음 5단계로 기록한다.

1 = 꽤 편하다
2 = 약간 힘들다
3 = 기분 좋게 힘들다
4 = 힘들다
5 = 상당히 힘들다, 최대 강도

1은 **L** 러닝을 쉽게 할 수 있는 강도, 2는 **M** 페이스, 3은 **T** 페이스, 4는 5km 레이스 페이스, 5는 5~6분 유지할 수 있는 페이스라고 생각하자. 그러나 너무 많은 조합을 1회의 연습으로 시험하려고 해서는 안 된다. 그리고 가능한 범위에서 시도한 후에는 다른 연습을 할 때 최적의 조합을 선택할 수 있도록 표를 작성해 둔다. 자신의 오리지널 테이블을 채우려면 몇 주가 걸리는데, 완성되면 주에 2, 3회 연습하도록 하자. 처음엔 힘들게 느꼈다고 해도 시간이 지남에 따라 편해질 수도 있다. 다른 강도로 연습을 할 때는 의식적으로 다양한 조합을 사용해 보자.

이런 '미니 실험'을 해 보면 트레드밀 트레이닝에도 보람이 생겨 훈련 시간도 짧게 느껴진다. 아무래도 훈련을 얼마나 하느냐보다 5단계 중 어떤 등급일까 하는 느낌에 집중하게 되므로 시간이 훌쩍 지난 것처럼 느끼는 것이다. 심박수를 매번 측정하여 기록해 두는 것도 좋다. 그렇게 하면 연습을 선택할 때 또 다른 자료가 된다. 심박수를 5단계로 나누면 다음과 같다.

1 = ~ 80% HRmax,

2 = 81~85% HRmax,

3 = 86~90% HRmax,

4 = 91~99% HRmax,

5 = HRmax 또는 현재 자신의 1마일 레이스 페이스와 동일한 강도

트레드밀 측정

나도 그렇지만 꼼꼼한 사람이라면 자신이 달리는 속도를 정확하게 파악해 두고 싶을 것이다. 특히 **I** 러닝, **T** 러닝, 또는 다른 질 높은 훈련이라면 더욱 더 그럴 것이다. 정확한 러닝 속도를 알기 위해서는 트레드밀의 캘리브레이션calibration(측정)이 필요하다. 방법은 다음과 같다.

1. 트레드밀의 전원을 끄고 러닝 벨트의 가장자리에 얇은 화이트 테이프 조각으로 기준점을 표시한다. 줄자의 끝을 이 기준점에 두고 천천히 벨트를 돌려 길이를 측정한다. 줄자의 길이에 따라 여러 번 나누어 측정해야 하므로 필요에 따라 연필로 작게 표시하고 거기에 다시 줄자의 끝을 대어 계속 측정 길이를 더해 나간다. 이와 같이 스타트 위치로 돌아올 때까지 더해진 값이 벨트의 전체 길이가 된다. 예를 들어 러닝벨트의 길이가 542.9cm였다고 하자.

2. 센티미터 길이를 100으로 나눠 미터 길이로 변환한다.

예: 542.9/100 = 5.429m

3. 벨트 길이에 10을 곱해 10회전할 때의 거리(D, 미터 단위)를 구한다.

예: D=5.429×10=54.29m

4. 측정을 시작했던 러닝 벨트의 가장자리에 이번에는 덕트 테이프와 같은 것으로 눈에 더 잘 띄는 표시를 붙인다. 이렇게 하면 고속으로 돌고 있어도 알 수 있다.

5. 러닝 벨트가 10회전하는 시간을 측정하여 트레드밀의 속도를 구한다. 측정 절차는 다음과 같다.

a. 자신이 달리고 싶은 속도로 트레드밀를 작동시키면서 덕트 테이프 표시가 어디에 오면 측정을 시작할지 결정한다.

b. 그 측정 시작점에 표시가 오면 스톱워치를 누른다. 나는 보통 표식이 트레드밀의 끝까지 가서 보이지 않게 되는 지점을 시작점·종료점으로 측정하는데, 직접 달리면서는 하기 어렵다. 그래도 트레드밀의 속도는 누군가가 타고 있는 상태에서 측정하는 것이 이상적이다. 왜냐하면 사람이 타고 있으면 속도가 느려질 수도 있기 때문이다. 이 문제는 달리지 않는 옆사람에게 측정을 부탁하면 간단히 해결된다.

c. 표식이 온 횟수를 헤아린다. 스톱워치를 처음 누르면 카운트는 0이다. 그리고 표식이 측정 시작점에 올 때마다 목소리를 내며 카운트하고, 10일 때 스톱워치를 멈춘다. 이것을 2회 이상 반복하여 같은 기록이 되는지 확인한다. 오차가 0.2~0.3초가 될 때까지 반복하는 편이 좋다.

d. 10회전 했을 때 스톱워치의 기록이 예를 들어 13.03초였다고 하자. 10회전했을 때의 시간을 T, 거리를 D로 하면(3번에서 구한 값 54.29m), 벨트의 속도 V(m/min)는 (D×60)÷T=V의 식으로 구할 수 있다. 이 예에서는 (54.29×60)÷13.03= 250m/min이 된다.

e. 만약 자신이 정한 특정 속도(V)로 달리기 위해 10회전 시간(T)을 알고 싶다면 (D×60)÷V=T의 식으로 구할 수 있다. 예를 들어 속도를 268m/min으로 하려면 T값은 (52.69×60)÷268=12.15초가 된다.

이 예에서 보면 268m/min(1km 3분 45초, 1마일 6분)의 속도로 달리고 싶다면 10회전이 12.15초가 될 때까지 트레드밀을 조정하면 된다. 시속(kph), 1km당 페이스, 분속(m/min)의 관계를 이해해 두면 편리하다. 또한 러닝 벨트가 어느 시속으로 세팅되어 있는지 미리 확인해 두면 좋다. 속도와 기록에 대한 더 자세한 비교를 원한다면 이 책의 끝에 수록된 "부록: 시간·페이스 변환표"를 참고하기 바란다(역자 주: 표 7.2와 7.3은 각각 시속(mph), 1마일 페이스, 분속(m/min)에 대한 변환 공식, 그리고 대응표이므로 국내에서 사용하는 단위와 맞지 않지만 영미권 국가에서 개최되는 대회에 참가할 때 참고가 될 수도 있으므로 그대로 남겨 둔다. 대신 본 한국어판에서는 시속(kph), 1km 페이스, 분속(m/min)의 대응표 7.4를 추가하였다).

표 7.2 1시간당 마일, 1마일 페이스, 1분당 미터 간 변환 공식

1시간당 마일 거리를 1마일 페이스로	
공식	**예시: 9.0 mph**
60 ÷ mph = 1마일 페이스	60 ÷ 9.0 = 6.6667분/마일
소수점 이하 분×60 = 초	.6667×60 = 40초, 그러므로 6:40 마일 페이스
1마일 페이스를 1시간당 마일 거리로	
공식	**예시: 6:40 마일 페이스**
초 ÷ 60 = 소수점 이하 분	40 ÷ 60 = .6667 (더하기 6분 = 6.6667분)
60 ÷ 1마일당 분 = mph	60 ÷ 6.6667 = 9.0 mph
1분당 미터 거리를 1시간당 마일 거리로	
공식	**예시: 241.4 m/min**
m/min×60 = m/hr	241.4×60 = 14,484 m/hr
m/hr ÷ 1609.344 m* = mph	14484 ÷ 1609.344 = 9.0 mph
1시간당 마일 거리를 1분당 미터 거리로	
공식	**예시: 9.0 mph**
mph×1609.344* = m/hr	9.0×1609.344 = 14,484 m/hr
m/hr ÷ 60 = m/min	14484 ÷ 60 =241.4 m/min
1분당 미터 거리를 1마일 페이스로	
공식	**예시: 241.4 m/min**
1609.344* ÷ (m/min) = min/mile	1609.344 ÷ 241.4 = 6.6667 min/mile
소수점 이하 분×60 =초	.6667×60 = 40초, 그러므로 6:40 마일 페이스
1마일 페이스를 1분당 미터 거리로	
공식	**예시: 6:40 마일 페이스**
초 ÷ 60 = 소수점 이하 분	40 ÷ 60 = .6667분
분 + 소수점 이하 시간 = min/mile	6 + .6667 = 6.6667min/mile
1609.344* ÷ (min/mile) = m/min	1609.344 ÷ 6.6667 = 241.4 m/min

*1마일=1,609.344미터

Table created by Jack Daniels' Running Calculator designed by the Run SMART Project.

표 7.3 시속, 1mile 페이스, 분속 대응표(mile)

시속 (mph)	1마일 페이스	분속 (m/min)	시속 (mph)	1마일 페이스	분속 (m/min)	시속 (mph)	1마일 페이스	분속 (m/min)
6.0	10:00	161	8.1	7:24	217	10.1	5:56	271
6.1	9:50	164	8.2	7:19	220	10.2	5:53	274
6.2	9:41	166	8.3	7:14	223	10.3	5:49	276
6.3	9:31	169	8.4	7:09	225	10.4	5:46	279
6.4	9:22	172	8.5	7:04	228	10.5	5:43	282
6.5	9:14	174	8.6	6:59	231	10.6	5:40	284
6.6	9:05	177	8.7	6:54	233	10.7	5:36	287
6.7	8:57	180	8.8	6:49	236	10.8	5:33	290
6.8	8:49	182	8.9	6:44	239	10.9	5:30	292
6.9	8:42	185	9.0	6:40	241	11.0	5:27	295
7.0	8:34	188	9.1	6:36	244	11.1	5:24	298
7.1	8:27	190	9.2	6:31	247	11.2	5:21	300
7.2	8:20	193	9.3	6:27	249	11.3	5:19	303
7.3	8:13	196	9.4	6:23	252	11.4	5:16	306
7.4	8:06	198	9.5	6:19	255	11.5	5:13	308
7.5	8:00	201	9.6	6:15	257	11.6	5:10	311
7.6	7:54	204	9.7	6:11	260	11.7	5:08	314
7.7	7:48	207	9.8	6:07	263	11.8	5:05	317
7.8	7:42	209	9.9	6:04	266	11.9	5:02	319
7.9	7:36	212	10.0	6:00	268	12.0	5:00	322
8.0	7:30	215	—	—	—	—	—	—

Table created by Jack Daniels' Running Calculator designed by the Run SMART Project.

표 7.4 시속, 1km 페이스, 분속 대응표(km)

시속 (kph)	1km 페이스	분속 (m/min)	시속 (kph)	1km 페이스	분속 (m/min)	시속 (kph)	1km 페이스	분속 (m/min)
9.7	6:12	161	13.0	4:35	217	16.3	3:41	271
9.8	6:06	164	13.2	4:32	220	16.4	3:39	274
10.0	6:01	166	13.4	4:29	223	16.6	3:36	276
10.1	5:54	169	13.5	4:26	225	16.7	3:34	279
10.3	5:49	172	13.7	4:23	228	16.9	3:33	282
10.4	5:44	174	13.9	4:20	231	17.0	3:31	284
10.6	5:38	177	14.0	4:17	233	17.2	3:28	287
10.8	5:33	180	14.2	4:14	236	17.4	3:26	290
10.9	5:28	182	14.3	4:11	239	17.5	3:25	292
11.1	5:24	185	14.5	4:08	241	17.7	3:23	295
11.2	5:19	188	14.6	4:06	244	17.9	3:21	298
11.4	5:15	190	14.8	4:03	247	18.0	3:19	300
11.6	5:10	193	14.9	4:00	249	18.2	3:18	303
11.8	5:06	196	15.1	3:57	252	18.4	3:16	306
11.9	5:01	198	15.3	3:55	255	18.5	3:14	308
12.1	4:58	201	15.4	3:53	257	18.7	3:12	311
12.2	4:54	204	15.6	3:50	260	18.8	3:11	314
12.4	4:50	207	15.8	3:48	263	19.0	3:09	317
12.5	4:47	209	16.0	3:46	266	19.1	3:07	319
12.7	4:43	212	16.1	3:43	268	19.3	3:06	322
12.9	4:39	215	—	—	—	—	—	—

Chapter 8

체력향상 트레이닝

러닝은 평생 즐거움을 가져다 준다.

내가 고등학교 시절에 받은 훌륭한 체육 교육에 대해서 나는 지금까지 기회가 있을 때마다 말해 왔다. 그중에서도 특히 잊을 수 없는 것은 "컬러 시스템"이다. 학생들은 매년 가을과 봄에 체력 테스트를 받는다. 그리고 그 결과에 따라 레벨로 나뉘어 각각 화이트, 레드, 블루, 퍼플, 골드 색의 짧은 반바지를 나눠주었다. 나는 이 시스템을 참고하여 레벨별로 구성한 4개의 트레이닝 프로그램을 화이트, 레드, 블루, 골드의 4색으로 표현하기로 했다. 각 프로그램의 대상은 화이트가 초보자나 공백 후에 다시 러닝을 시작하는 사람, 레드는 다소 달리고는 있지만 어느 수준을 넘지 못하는 사람, 블루는 러닝에 힘을 쏟고 있는 진지한 러너, 그리고 골드는 레이스 지향이 강하고 체계적인 트레이닝 프로그램을 실행하고 있는 사람이나 트레이닝에 진지하게 임할 시간적 여유가 있는 사람이다.

사실 골드 프로그램은 경쟁적인 레이스를 준비하기에 충분할 정도이다. 그것은 블루 프로그램 역시 마찬가지다. 블루 프로그램이나 골드 프로그램의 경험이 있다면 이 책의 Part II에서 종목별로 소개하는 보다 체계적인 프로그램도 어려움 없이 이행할 수 있다.

초보자의 경우 프로그램을 시작하기 전에 먼저 건강 진단을 받고 자신의 신체가 운동 스트레스를 견딜 수 있는지 확인해야 한다. 운동 스트레스에 관해서는 이미 전반에 언급한 바 있다. 새로운 운동 스트레스에 대한 신체의 반응과 적응에 대해서는 다시 해당 부분(제2장)을 읽어 주기 바란다. 신발이나 웨어에 많은 비용을 들이기 전에 자격을 가진 지도자, 혹은 지식이나 경험이 풍부한 러너로부터 조언을 받도록 하자.

러닝은 시작할 때의 체력 레벨이 낮을수록 스트레스가 작은 프로그램으로 큰 효과가 나타난다. 경기력 향상을 위한 힘든 연습이 필요한 것은 체력이 높은 수준에 이르고 나서이다. 따라서 프로그램에 충실히 따르고, 지나치게 덤벼들지 않아야 한다. 초보자라면 더욱 그렇다. 그 외, 초보자부터 체력 수준이 높은 베테랑에 이르기까지 모든 러너에게 공통되는 주의사항을 아래에 정리했다.

- 휴식를 취해야 한다(휴식은 게으름 피우는것이 아님). 휴식은 훈련에 필수적인 요소이다.
- 휴식, 영양 섭취, 트레이닝에 관해서는 일관성을 중시한다. 일관성은 트레이닝 프로그램에서 가장 큰 효과를 얻는 핵심이다.
- 부상이나 질병에 걸렸을 때는 절대 트레이닝을 하지 말아야 한다.

화이트 스타트 프로그램

프로그램을 한번 훑어보면 알수 있을 것으로 생각되는데 이 프로그램은 매일 러닝을 하라고 되어 있지 않다. 그렇다고는 해도 매일 달리는 것에 문제가 있는 것은 아니기 때문에 시간적 여유가 있는 사람은 프로그램보다 달리는 빈도를 늘려도 좋다. 단지 앞에서도 언급했듯이 훈련 개시 시점의 체력 레벨이 그다지 높지 않으면 큰 효과를 얻기 위해 고강도 연습을 하거나 연습 빈도를 늘릴 필요는 없다.

지금까지 달리는 습관이 없었던 사람이라면 일주일에 3~4일 달리기로 확실한 효과를 올릴 수 있다. 단지 주 3일 달리는 경우, 3일 연속으로 달린 후 4일 연속으로 쉬는 것보다는 최소 5일간의 기간을 잡고 중간중간 휴식일을 넣고 달리는 것이 바람직하다. 아무래도 3일 연속 달리게 되면 그 후 4일은 달리지 않게 되는 것이다. 물론 이렇게 해도, 전혀 달리지 않는 것보다는 좋다. 표에서 굵은 글씨로 나타낸 부분은 추천할 수 있는, 최소한 실시해야 할 훈련이다.

화이트 프로그램은 16주간의 프로그램이다. 처음 설정된 훈련 시간은 30분이지만 어느 날이든 하루 훈련 시간은 최장 45분이다. 화이트 프로그램 후반이 되면 스트라이즈strides(가볍고 빠른 움직임의 짧은 러닝을 반복하는 연습. 중간 휴식 후 다시 뛰기 전에 완전히 회복되었는지 체크하는 것이 포인트)도 곳곳에 설정되어 있다. 스트라이즈는 러닝 이코노미를 높이는 것 외에 체력의 향상에 따라 실시하게 될 빠른 러닝의 준비도 된다. 또한 때때로 **E** 러닝에 스트라이즈를 섞으면 기분 전환도 할 수 있으므로 **E** 러닝을 할 때는 스트라이즈를 실시하기 쉬운 평평하고 부드러운 노면에서 달리는 것이 좋다.

화이트 프로그램을 시작한 사람 중에는 부족하게 느끼는 사람도 있을지 모른다. 어떤 다른 운동 습관이 있으면 그럴 수 있다. 본인도 그렇다고 생각하면 화이트 프로그램의 단계 I을 우선 2, 3주간 계속해 보자. 그래서 정말 운동 스트레스가 적으면 같은 화이트 프로그램의 다음 단계로 옮겨가도록 한다. 단계 IV에서도 전혀 힘들지 않다면 아마도 한 단계 위인 레드 프로그램을 소화해 낼 능력이 있다는 것이다.

일단 16주간 프로그램을 한 번 끝내면 그때까지 몸에 익힌 체력과 좋아진 컨디션을 충분히 실감할 수 있을 것이다. 그렇다면 단계 IV의 프로그램을 그대로 한 번 더 반복하여 같은 수준의 연습을 얼마나 편하게 할 수 있는지 확인해 보는 것은 어떨까? 혹은 (화이트 프로그램의 전체 단계 중에서) 1개나 2개 정도 특히 마음에 든 연습이 있으면, 그것을 평상시의 러닝과 아울러 해 봐도 좋다.

화이트 프로그램이 완료되면 몇몇 레이스에 참가할 수도 있다. 단지 처음으로 나가는 로드 레이스는 너무 길지 않도록 한다(40분 이내에 달릴 수 있는 거리가 바람직). 스타트한 뒤 지금의 자신에게는 조금 힘들다고 느끼면 조금 걸어도 문제없다. 또 어떤 레이스라도 출발은 보수적으로 하는 것이 포인트이다. 끝까지 이어가고 싶은 페이스보다 약간 느린 페이스로 스타트하도록 하자. 나중에 좀 더 천천히 시작했으면 좋았을 거라고 후회하는 것보다 좀 더 빨리 달릴 수 있었을지도 모른다고 생각하는 편이 좋다. 이것은 어떤 경우에도 마찬가지다.

표 8.1은 화이트 프로그램의 트레이닝 내용을 보여준다. **W**는 워킹(역자 주: 본 한국어판에서는 W 대신 직관적으로 그냥 "걷기"라고 표기하였다), **E**는 쉬운 러닝, **ST**는 스트라이즈의 약자이다. **ST**는 15~20초간의 가볍고 빠른 움직임의 달리기를 하는 사이 사이에 45~60초간의 휴식을 넣어 반복하는 연습이다(질주가 아님).

표 8.1 화이트 플랜 단계 I : 1~4주 차

일자	훈련 내용	달린 시간(분)	합계(분)
1	**걷기 5분 + (E 1분 + 걷기 1분)×10 + 걷기 5분**	**10**	**30**
2	휴식하지 않을 경우 1번 내용 반복	10	30
3	**걷기 5분 + (E 2분 + 걷기 1분)×7 + 걷기 4분**	**14**	**30**
4	휴식하지 않을 경우 3번 내용 반복	14	30
5	**걷기 5분 + (E 1분 + 걷기 30초)×6 + (E 30초 + 걷기 1분)×8 + 걷기 4분**	**10**	**30**
6	휴식하지 않을 경우 5번 내용 반복	10	30
7	휴식하지 않을 경우 1번 내용 반복	10	30

화이트 플랜 단계 II : 5~8주 차

일자	훈련 내용	달린 시간(분)	합계(분)
1	**E 3분 + 걷기 3분 + (E 2분 + 걷기 1분)×10 + 걷기 4분**	**23**	**40**
2	휴식하지 않을 경우 1번 내용 반복	23	40
3	**E 3분 + 걷기 3분 + (E 3분 + 걷기 2분)×6 + 걷기 4분**	**21**	**40**
4	휴식하지 않을 경우 3번 내용 반복	21	40
5	**E 3분 + 걷기 3분 + (E 1분 + 걷기 30초)×20 + 걷기 4분**	**23**	**40**
6	휴식하지 않을 경우 5번 내용 반복	23	40
7	휴식하지 않을 경우 1번 내용 반복	23	40

화이트 플랜 단계 III : 9~12주 차

일자	훈련 내용	달린 시간(분)	합계(분)
1	**E 10분 + 걷기 3분 + E 10분 + 걷기 3분 + E 10분 + 걷기 4분**	**30**	**40**
2	휴식하지 않을 경우 1번 내용 반복	30	40
3	**걷기 2분 + (E 8분 + 걷기 1분)×4 + 걷기 2분**	**32**	**40**
4	휴식하지 않을 경우 3번 내용 반복	32	40
5	**걷기 5분 + E 20분 + 걷기 5분 + E 10분 + 걷기 5분**	**30**	**45**
6	5일째 훈련 내용은 5, 6일째 중 하루만, 혹은 양일 모두 실시 가능	0/30	0/45
7	휴식하지 않을 경우 걷기 30분 실시	0	30

(뒤 페이지 계속)

화이트 플랜 단계 IV : 13~16주 차

일자	훈련 내용	달린 시간(분)	합계(분)
1	**E 30분 + ST 6회 + E 6분**	**~38**	**~44**
2	휴식하지 않을 경우 1번 내용 반복	~38	~44
3	**E 10분 + ST 5회 + E 10분 + ST 5회 + E 10분**	**~33**	**~43**
4	휴식하지 않을 경우 3번 내용 반복	~33	~43
5	**1번 내용 반복**	**~38**	**~44**
6	5일째 훈련 내용은 5, 6일째 중 하루만, 혹은 양일 모두 실시 가능	0/~38	0/~44
7	휴식하지 않을 경우 걷기 30분 실시	0	30

레드 중급 프로그램

레드 프로그램의 대상은 화이트 프로그램의 4단계를 종료한 러너, 또는 벌써 달리는 습관이 붙어 있어 화이트 프로그램보다 조금 힘들어도 해낼 수 있는 자신이 있는 러너이다. 기분 전환으로 참가하는 트랙 레이스나 로드 레이스의 연습에 딱 좋고, 1시간 혹은 좀 더 걸리는 레이스라도 충분히 준비할 수 있다.

여러분 중에는 그다지 힘들지 않은 화이트 프로그램은 건너뛰고 레드 프로그램부터 시작하려고 하는 사람도 있을 것이다. 그러나 그런 사람이라도 화이트 프로그램을 스킵하지 말고 주욱 훑으며 대략적인 내용만이라도 파악해 두도록 하자. 또 레드보다 힘든 블루 프로그램도 미리 한번 훑어 봐 두면 좋다. 그렇게 하면 자신이 그 레벨에 이르고 있는지 판단이 설 수 있고, 적어도 프로그램의 개요는 알 수 있다. 레드 프로그램을 마치고 조금 힘든 트레이닝으로 업그레이드하려는 러너에게 어떤 훈련이 기다리고 있는지 말이다.

레드 프로그램을 마치면 짧은 레이스를 달릴 준비는 되지만, 갑자기 마라톤에 도전하려고 하지 말고 좀 더 트레이닝을 쌓는 것이 좋다. 마라톤 훈련에 대해서는 하나의 장 전체를 할애하여 설명했다. 마라톤을 목표로 훈련을 시작한 사람은 제16장을 읽어 두기 바란다.

레드 프로그램에서는 매주 최소 4일 훈련일이 설정되어 있다. 바로 표 8.2에서 굵게 표시된 내용들이다. 또 4일 이상 연습하려고 하는 러너를 위해 그 밖의 날에도 연습 내용을 표시했다. 어느 요일에 어떤 훈련을 할지는 자유롭다. 시간에 여유가 있는 날에는 더 활용하고 싶을 것이고, 악천후로 중지하고 싶은 날도 있을 것이다. 사정에 맞게 바꿔도 전혀 상관없다.

정말 딱 주 4일만 트레이닝을 하는 경우에는 연속 3일 이상 트레이닝하는 것은 가능한 한 삼가하자. 훈련일이 주 5일이라면 휴식일 이틀을 중간중간에 할애하는 것이 기본이다. 그렇다고는 해도 이틀 연속으로 쉬는 방법도 반드시 나쁜 방법이라고 할 수는 없다.

훈련 프로그램 시행 전에 내가 설명하는 다양한 훈련법을 보는 요령에 대해서 익숙해져야 한다. 각각의 훈련이 어떻게 표기되어 있는지 확인해 두어야 한다는 말이다. 만약 훈련 프로그램 시행 도중에 레이스에 나가게 된다면 우선 레이스 기록에 기초하여 VDOT를 특정하고 그에 상응하는 훈련 페이스를 채택한다(제5장의 VDOT 일람표 참조).

레드 프로그램을 한 번 끝내면 **E** 페이스, **T** 페이스, **I** 페이스의 강도는 감각적으로 익숙해진다. 그리고 **L** 러닝으로 달리고 있을 때의 느낌도 잘 알 수 있다. 다음은 더 힘든 프로그램(순서대로 간다면 블루 프로그램, 골드 프로그램이다)을 실시해도 좋고, 본서의 후반부에서 소개하는 종목에 특화된 트레이닝으로 옮겨도 좋다.

또 다른 선택지도 있다. 체계적인 트레이닝에서 일시적으로 벗어나 그냥 **E** 페이스로 다양한 시간대를 달려도 좋고, 잠시 달리기를 완전히 멈춰도 좋다. 단지 몇 주간 완전히 쉰다면 재개할 때는 우선 2~3주간 **E** 러닝만을 실시한다. 질 높은 훈련은 그 후에 플러스해 나가면 된다.

표 8.2는 레드 훈련 프로그램의 구체적인 구조를 설명하고 있다.

E: 쉬운 러닝.

L: 지속적으로 실시하는 편한 장거리주.

ST: 스트라이즈. 가볍고 빠른 움직임으로 15~20초간 달리기를 하는 사이사이에 45~60초의 휴식을 취하며 몇 번 반복한다(질주가 아니다).

I: 인터벌 훈련. 힘든 달리기의 반복. 레이스라면 10~15분간 달릴 수 있는 정도의 페이스로 실시한다.

T: 역치 페이스. 기분 좋은 빡빡함(고됨)으로 40분간 달릴 수 있는 페이스.

jg: 조깅. **E** 페이스로 실시한다.

K: 킬로미터를 나타낸다

표 8.2 레드 플랜 단계 I : 1~4주 차

일자	훈련 내용	달린 시간(분)	합계(분)
1	**E 30분 + ST 6회**	**~32**	**~38**
2	휴식하지 않을 경우 1번 내용 반복	~32	~38
3	**E 10분 + (T 1.6K + 휴식 1분)×3 + E 10분**	**~40**	**~45**
4	휴식하지 않을 경우 1번 내용 반복	~32	~38
5	**E 10분 + (T 1K + 휴식 1분)×6 + E 10분**	**~50**	**~55**
6	휴식하지 않을 경우 1번 내용 반복	~32	~38
7	**E 런 40분, 혹은 9.7K(6마일) 이하**	**~40**	**~40**

레드 플랜 단계 II : 5~8주 차

일자	훈련 내용	달린 시간(분)	합계(분)
1	**E 30분 + ST 6회**	**~32**	**~38**
2	휴식하지 않을 경우 1번 내용 반복	~32	~38
3	**E 10분 + T 3.2K + 휴식 2분 + T 1.6K + E 10분**	**~40**	**~42**
4	휴식하지 않을 경우 1번 내용 반복	~32	~38
5	**E 10분 + (T 1.6K + 휴식 1분)×2 + (T 1K + 휴식 1분)×2 + E 10분**	**~42**	**~45**
6	휴식하지 않을 경우 1번 내용 반복	~32	~38
7	**지속적인 E 페이스로 L 런 40-50분**	**40-50**	**40-50**

레드 플랜 단계III : 9~12주 차

일자	훈련 내용	달린 시간(분)	합계(분)
1	**E 30분 + ST 6회**	**~32**	**~38**
2	휴식하지 않을 경우 1번 내용 반복	~32	~38
3	**E 10분 + ST 6회 + (H 3분 + jg 2분)×5 + E 10분**	**~47**	**~50**
4	휴식하지 않을 경우 1번 내용 반복	~32	~38
5	**E 10분 + 지속적인 T 페이스로 4.8K(3마일), 혹은 20분 이하 + E 10분**	**~40**	**~40**
6	휴식하지 않을 경우 1번 내용 반복	~32	~38
7	**지속적인 E 페이스로 L 런 40-50분**	**40-50**	**40-50**

레드 플랜 단계 IV : 13~16주 차

일자	훈련 내용	달린 시간(분)	합계(분)
1	**E 30분 + ST 8회**	**~33**	**~41**
2	휴식하지 않을 경우 1번 내용 반복	~33	~41
3	**E 10분 + ST 4회 + (I 5분 + jg 4분 + I 3분 + jg 2분)×2 + E 10분**	**~50**	**~53**
4	휴식하지 않을 경우 1번 내용 반복	~33	~41
5	**E 10분 + ST 6회 + T 3.2K + 휴식 2분 + T 3.2K + E 10분**	**~50**	**~55**
6	휴식하지 않을 경우 1번 내용 반복	~33	~41
7	**지속적인 E 페이스로 L 런 40-50분 + ST 4회**	**~41-51**	**~45-55**

블루 상급 프로그램

블루 프로그램의 대상은 최근 레드 프로그램을 종료한 러너, 혹은 상당한 러닝 경력이 있고 레이스도 몇 번이나 경험한 러너이다. 블루 프로그램에서는 일주일에 5~7일의 훈련이 부과된다. 또 목표로 하는 주간 주행거리에 도달하기 위해서는 하루에 2회의 연습이 필요할 수도 있다. 표 8.3의 굵은 부분은 내가 추천하는 질 높은 연습을 하는 날이다.

블루 프로그램의 연습량은 거리로 하면 주 64~84km(페이스에 따라 다르지만, 시간으로 하면 대략 주 4시간 반~7시간) 정도이다. 만약 레이스를 포함하면 그 전에 **E** 데이(**E** 러닝 또는 휴일)가 최소 이틀 들어가도록 스케줄을 조정해야 한다. 그렇게 되면 트레이닝하는 날을 하루 줄일 가능성도 있다. 그러나 레이스도 훈련의 중요한 요소이며 체력 향상에 큰 역할을 한다는 것을 잘 생각하기 바란다.

만약 블루 프로그램 도중에 부하가 조금 과하다고 느끼면 레드 프로그램으로 돌아오는 것도 검토해 보자. 또는 2~3주 동안 체계적인 훈련에서 벗어나 휴식을 취할 수 있다. 잠시 쉬기로 결정한 경우에는 다음 장을 참조하기 바란다. 운동을 줄인 기간, 또는 완전히 쉰 기간 후에 어떻게 훈련에 복귀하는지 제9장에서 확인할 수 있을 것이다.

블루 프로그램을 마치면 각 트레이닝별 훈련 강도의 차이에 대해 잘 알게 될 것이다. 연습 중, 연습 후의 감각도 파악하고 있을 것이다. 강도, 양 모두 폭넓게 트레이닝을 쌓았다고 해도 아직 마라톤에 임하기에는 빠를지도 모른다. 단지, 마라톤을 생각해도 좋은 수준의 체력은 붙어 있다. 마라톤을 목표로 하고 있다면 제16장의 마라톤 트레이닝 프로그램을 읽어 보기 바란다. 이 책의 후반부에는 마라톤뿐만 아니라 다른 종목에 대해서도 전문적인 트레이닝을 할 수 있도록 다양한 프로그램을 제공하고 있다.

블루 프로그램에 자극되어 더 힘든 훈련을 하고 싶어진 사람은 다음 골드 프로그램도 읽어보자. 분명 많은 사람들은 스텝업할 자신이 있다고 생각한다. 그런 사람은 제11장 이후의 장에서 소개하고 있는 전문적인 프로그램을 확인해 두면 좋다.

표 8.3은 블루 프로그램의 훈련 내용을 보여준다.

E: 쉬운 러닝. / **L:** 지속적으로 실시하는 편한 장거리주. / **ST:** 스트라이즈. 가볍고 빠른 움직임으로 15~20초간 달리기를 하는 사이사이에 45~60초의 휴식을 취하며 몇 번 반복한다(질주가 아니다). / **R:** 리피티션 훈련. 레이스에서 5분간 지속할 수 있는 페이스로 달린다. / **Hard:** 인터벌 훈련과 같다. 레이스라면 10~15분간 달릴 수 있는 정도의 페이스로 실시한다. / **T:** 역치 페이스. 기분 좋은 빡빡함(고됨)으로 40분간 달릴 수 있는 페이스. / **jg:** 조깅. **E** 페이스로 실시한다./ **K:** 킬로미터를 나타낸다

표 8.3 블루 플랜 단계 I : 1~4주 차

일자	훈련 내용	달린 시간(분)	합계(분)
1	**E 런 60분 (총 60분에 이르기까지 한두 차례로 나눠 실시 가능)**	**60**	**60**
2	**E 10분 + (R 400m + jg 400m)×8 + E 10분**	**~50**	**~50**
3	휴식하지 않을 경우 1번 내용 반복	60	60
4	**E 30-45분 + ST 8회**	**~33-48**	**~40-56**
5	**E 15분 + (H 4분 + jg 3분)×4 + E 15분**	**~60**	**~60**
6	휴식하지 않을 경우 4번 내용 반복	~33-48	~40-56
7	**L 런 60-90분**	**60-90**	**60-90**

(뒤 페이지 계속)

블루 플랜 단계 II : 5~8주 차

일자	훈련 내용	달린 시간(분)	합계(분)
1	**E 런 60분 (총 60분에 이르기까지 한두 차례로 나눠 실시 가능)**	**60**	**60**
2	**E 15분 + (R 200m + jg 200m + R 200m + jg 200m + R 400m + jg 400m)×4 + E 15분**	**~60**	**~60**
3	휴식하지 않을 경우 1번 내용 반복	60	60
4	**E 30-45분 + ST 8회**	**~33-48**	**~40-56**
5	**E 15분 + T 20분 + ST 4회 + E 15분**	**~55**	**~55**
6	휴식하지 않을 경우 4번 내용 반복	~33-48	~40-56
7	**L 런 60-90분**	**60-90**	**60-90**

블루 플랜 단계III : 9~12주 차

일자	훈련 내용	달린 시간(분)	합계(분)
1	**E 60분**	**60**	**60**
2	**E 15분 + ST 6회 + (R 400m + jg 400m + 200m R + jg 200m)×6 + E 15분**	**~65**	**~65**
3	휴식하지 않을 경우, **E** 30분 + ST 6회	~35	~35
4	**E 30-45분 + ST 8회**	**~33-48**	**~40-56**
5	**E 15분 + (H 4분 + jg 3분)×4 + E 15분**	**~60**	**~60**
6	휴식하지 않을 경우 4번 내용 반복	~33-48	~40-56
7	**L 런 60-90분**	**60-90**	**60-90**

블루 플랜 단계 IV : 13~16주 차

일자	훈련 내용	달린 시간(분)	합계(분)
1	**E 런 60분**	**60**	**60**
2	**E 15분 + (T 1K + 휴식 1분)×3 + (H 3분 + jg 2분)×3 + E 15분**	**~60**	**~65**
3	휴식하지 않을 경우, **E** 30분 + ST 4회	~32	~35
4	**E 30-45분 + ST 6회**	**~32-47**	**~38-53**
5	**E 20분 + (R 200m + jg 200m)×2 + (T 1K + 휴식 1분)×3 + (R 200m + jg 200m)×2 + E 5분**	**~50**	**~55**
6	휴식하지 않을 경우 4번 내용 반복	~32-47	~38-53
7	**L 런 60-90분**	**60-90**	**60-90**

골드 엘리트 프로그램

골드 프로그램의 대상은 블루 프로그램의 단계 IV를 종료한 러너이다. 또, 이미 상당한 트레이닝 경력이 있고 현재도 트레이닝에 상당한 시간을 투자해 다양한 종목의 레이스에 자신을 가지고 임하고 있는 러너에게도 적합하다. 골드 프로그램을 실시하는 러너에게는 주 6~7일, 경우에 따라서는 하루에 2회 달리는 마음가짐이 필요하다. 표준 훈련량은 주 97km 이상이 된다. 그렇다고는 해도 이것은 날씨, 또는 러닝 이외의 생활에 따라 변동하는 일도 있을 것이다. 골드 프로그램은 마라톤 프로그램으로도 사용할 수 있지만, 마라톤을 준비한다면 16장에서 소개하는 마라톤 전용 프로그램을 참고하기 바란다.

골드 프로그램에서는 주 6회의 훈련이 설정되어 있다(프로그램의 굵은 부분). 표 8.4에는 각 주 모두 4일째를 휴식으로 표시하고 있는데, 휴식일을 무슨 요일로 설정할지는 자유다. 컨디션이나 달리기 이외의 사정에 따라 결정해도 된다. 제1일째를 언제로 할 것인가도 마찬가지다. 내 경우에는 대부분 일요일을 주 1일째로 설정하고 있는데, 이것도 본인이 편리한 날로 설정할 수 있다.

표 8.4에는 각각의 훈련 시간이 할당되어 있는데 그 이외의 준비에 필요한 시간이 추가될 수 있다. 즉 스트레칭, 보조 훈련, 샤워, 환복, 트레이닝 장소까지의 이동 시간 등도 감안해야 한다. 따라서 표에 적혀 있는 딱 그 시간만 확보하면 충분하다고 생각해서는 곤란하다.

이 프로그램을 따라하면서 도중에 레이스에 출전하는 경우는 그 전후에 **E** 데이를 설정한다. 레이스 전은 이틀이나 사흘, 레이스 후에는 레이스의 거리 3,000m당 하루를 쉰다(즉, 10km 레이스의 경우는 레이스 후에 3일, 15km의 경우는 5일의 **E** 데이를 둔다). 레이스 전 마지막 질 높은 훈련으로서 추천하고 싶은 것은 (**T** 페이스 1.6km + 휴식 2분)×3회이다.

표 8.4는 골드 프로그램의 내용을 보여준다. 이 프로그램을 따라 훈련을 하면 거의 모든 종목에 대응할 수 있게 된다. 그러나 중요한 레이스라면 보다 종목에 특화된 프로그램(제11장 이후)을 참고하기 바란다.

골드 프로그램을 마치면 누구에게나 모든 훈련 프로그램을 소화해 내는 내공이 쌓여있을 것이다. 도중에 너무 지나치다고 생각하면 곧장 편한 프로그램으로 돌아가도 좋고, 지금까지 소개한 프로그램 중에서 몇 가지 훈련을 골라서 시간이 허락하는 대로 해봐도 좋다. 능력의 한계에 도달하는 길은 여러 가지가 있다고 생각한다. 게다가 한 사람에게 효과적인 연습이 반드시 다른 사람에게도 효과적이라고는 할 수 없다. 그렇기 때문에 나는 다양한 훈련법과 유형별 훈련 예시를 할 수 있는 한 제공하고자 했다. 여러분이 자신에게 가장 잘 맞고 효과가 있다고 생각하는 것을 발견하기 바란다.

표 8.4 골드 플랜 단계 I : 1~4주 차

일자	훈련 내용	달린 시간(분)	합계(분)
1	**E 런 75분 (한두 차례로 나눠서 실시할 수 있음)**	**75**	**75**
2	**E 20분 + (R 400m + jg 400m)×10 + E 10분**	**~60**	**~60**
3	**E 60분 (한두 차례로 나눠서 실시할 수 있음) + ST 6회**	**~62**	**~65**
4	휴식하지 않을 경우 3번 내용 반복	~62	~65
5	**E 20분 + ST 6회 + T 20분 + ST 6회 + E 10분**	**~54**	**~66**
6	**E 런 60분**	**60**	**60**
7	**L 런 120분**	**120**	**120**

골드 플랜 단계 II : 5~8주 차

일자	훈련 내용	달린 시간(분)	합계(분)
1	**E 런 75분**	**75**	**75**
2	**E 20분 + (H 3분 + jg 2분)×5 + E 20분**	**~65**	**~65**
3	**E 런 30-40분 한두 차례 + ST 6회**	**~32-82**	**~38-88**
4	휴식하지 않을 경우 3번 내용 반복	~32-82	~38-88
5	**E 20분 + ST 6회 + (R 200m + jg 200m)×8 + E 5분 + (R 200m + jg 200m)×8 + E 5분**	**~55**	**~55**
6	**E 런 60분 (한두 차례로 나눠서 실시할 수 있음)**	**60**	**60**
7	**L 런 120분**	**120**	**120**

골드 플랜 단계 III : 9~12주 차

일자	훈련 내용	달린 시간(분)	합계(분)
1	**E 런 75분 (한두 차례로 나눠서 실시할 수 있음)**	**75**	**75**
2	**E 20분 + ST 6회 + (H 4분 + jg 3분)×5 + E 20분**	**~80**	**~80**
3	**E 런 75분 (한두 차례로 나눠서 실시할 수 있음)**	**75**	**75**
4	휴식하지 않을 경우 3번 내용 반복	75	75
5	**E 20분 + (T 1.6K + 휴식 1분)×5 + ST 6회 + E 10분**	**~70**	**~75**
6	**E 런 60분 (한두 차례로 나눠서 실시할 수 있음)**	**60**	**60**
7	**L 런 120분**	**120**	**120**

골드 플랜 단계 IV : 13~16주 차

일자	훈련 내용	달린 시간(분)	합계(분)
1	**E 런 75분 (두 차례로 나눠서 실시하는 걸 추천함)**	**75**	**75**
2	**E 20분 + (H 3분 + jg 2분)×3 + (R 200m + jg 200m)×8 + E 10분**	**~60**	**~60**
3	**E 런 75분 (한두 차례로 나눠서 실시할 수 있음)**	**75**	**75**
4	휴식하지 않을 경우 3번 내용 반복	75	75
5	**E 20분 + (T 1K + 휴식 1분)×6 + ST 6회 + E 20분**	**~70**	**~75**
6	**E 런 60분 (한두 차례로 나눠서 실시할 수 있음)**	**60**	**60**
7	**L 런 120분**	**120**	**120**

Chapter 9

휴식과 보조 트레이닝

자신의 신체에 플러스가 되도록 신중한 결정을!

휴식은 트레이닝의 일부이며 훈련을 게을리하는 게 아니라는 것을 내 지론으로 강조해 왔다. 훈련으로부터 완전한 휴식이 플러스로 작용할 때도 있다는 것을 덧붙이고 싶다. 이 완전한 휴식이란 장기간(수일간부터 2~3주간, 또는 1~2개월간) 동안 전혀 달리지 않는 것을 의미한다.

완전한 휴식 기간은 때로는 다른 사람들보다 매우 길어질 수 있다. 예를 들어 수술이 필요한 큰 부상을 당하면 즉시 훈련을 장기간 멈춰야 한다. 또 트레이닝이 잘 진행되지 않는 좌절이 이어질 때도 길게 쉬는 일이 있다.

휴식은 어떤 의미에서는 두 종류로 나뉜다. 계획한 휴식과 계획에 없는 휴식이다. 계획에 없는 휴식에는 전혀 달릴 수 없는 경우도 있다. 뿐만 아니라 부상이나 질병으로 대체 훈련조차 할 수 없을 가능성도 있다. 한편 계획된 휴식에서는 러닝도 다른 타입의 트레이닝과 마찬가지로, 트레이닝 중 선택사항의 하나인 것은 변함이 없다. 그것이 이 두 휴식의 큰 차이다.

휴식의 이유가 무엇이든 통상의 트레이닝으로부터 멀어지면 훈련 복귀 시

트레이닝량을 갑자기 되돌리지 않는 편이 좋다. 체력이 다소 떨어져 있기 때문에 훈련을 조절할 필요가 있다. 반복적인 이야기이지만, 체력이 약간 떨어져 있을 때는 휴식 전만큼 트레이닝을 격렬하게 실시하지 않아도 효과는 올라간다. 바꿔 말하면 쉬었던 시간을 만회하려고 과도하게 트레이닝해서는 안 된다는 것이다.

휴식 취하기

러닝 경력 중 한 번도 휴식한 적이 없는 선수가 있을까? 적어도 나는 그런 선수를 만난 기억이 없다. 격렬한 연습 후에 하루나 이틀 쉬는 것도 휴식이라고 할 수 있다. 그럼 대회를 앞둔 테이퍼링tapering은 어떨까? 경기를 앞두고 훈련량을 크게 줄이는 이 기간도 휴식 시간에 들어갈 수 있나?

필요에 따라 쉬는 것의 중요성을 알 수 있는 사례가 있다. 내 친구이자 NCAA 전국 대회와 팬 아메리칸 경기의 우승자로 올림픽의 대표 선수이기도 한 인물이다. 덧붙여서 그의 위업은 거기에서 멈추지 않고 40세가 된 해에도 10km에서 30분을 끊었다. 그를 테스트한 결과 흥미로운 결과가 나왔다. 첫 테스트는 24세 때로 $\dot{V}O_2max$는 78.6 ml/kg/분으로 매우 높았다. 그리고 25년 후 50세가 되는 해에 다시 테스트를 실시했더니 $\dot{V}O_2max$는 여전히 76.0 ml/kg/분에 이르렀다. 내가 아는 한 이 나이에 이렇게 유산소 능력이 높은 사람은 없다.

나는 이 친구에게 25년 사이에 휴식했던 일수를 물어보았다. 그는 휴식을 한 날을 모두 기록해 놓고 있었는데 다 합계해 보니 총 1,200일 이상이나 된다고 했다. 기본적으로 가벼운 부상이나 질병의 경우는 2, 3일 쉬었던 것 같다. 이만큼 많은 휴식을 취한 덕분에 오랜 훈련을 계속하면서도 부상과 거리를 두고 지내왔다.

그뿐만 아니다. 이 위대한 러너는 겨울 동안 거의 달리지 않고 크로스컨트리 스키에 힘을 쏟았다(스키를 하는 날은 달리기는 쉬지만, 휴식일로서 카운트 하지는 않았다고 한다). 즉, 보조적 트레이닝을 통해 러닝의 체력을 잘 유지할 수 있었던 것이다.

짧은 휴식을 자주 취해도 능력을 유지할 수 있다. 그의 경우가 그 좋은 예이다. 무리해서 훈련을 한 후에 부상을 길게 겪는 것보다 연습을 2, 3일 쉬며 치유하는 편이 좋다는 것을 잘 알 수 있다(가벼운 부상의 경우도 마찬가지다. 부상을 당한 채 훈련하면 장기적인 훈련 중단으로 이어질 수 있다).

휴식의 이유가 무엇이든 매일의 활동으로부터 멀어져 있는 사이에 신체 속에서 무슨 일이 일어나고 있는지 잘 생각해 보면 좋다. 확실히 체력이 떨어져간다. 그러나 그 떨어지는 정도와 속도는 대부분의 경우 걱정할 정도는 아니다. 왜냐하면 정기적인 훈련으로 얻은 생리학적 효과의 대부분은 좀처럼 사라지지 않기 때문이다.

예를 들어, 몇 주간 트레이닝을 실시하여 심근이나 활동근이 강해졌을 때, 그 근력이 상실되기까지는 시간이 걸린다. 근섬유와 그 근섬유에 연료를 운반하는 혈관도 얼마 동안 거의 변하지 않는다.

그림 9.1은 시간이 지남에 따라 훈련 효과가 어떻게 발생하고 어떻게 손실되는지를 간단히 보여준다. 그림에서 볼 수 있듯이 트레이닝 프로그램

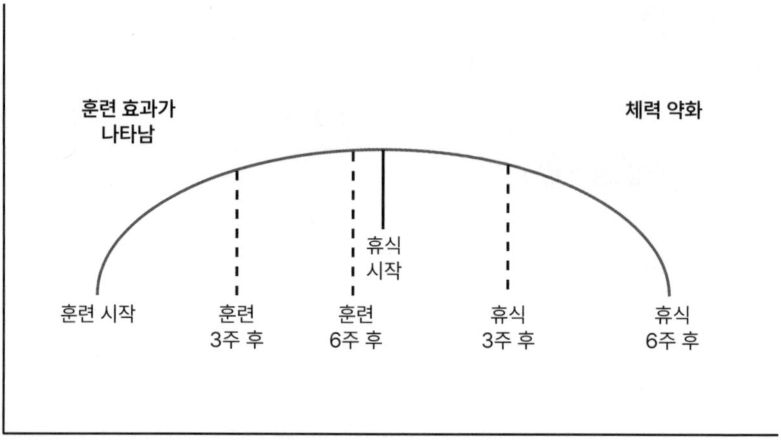

그림 9.1 훈련 효과의 발생과 소멸

을 시작한 직후에는 비교적 적은 훈련으로도 현저한 효과를 얻을 수 있지만, 시간이 지나면 그것은 점점 적어진다. 그러나 훈련을 멈추더라도 처음에는 효과가 손실되는 속도가 느리기 때문에 때때로 2~3일 휴식를 넣어도 그다지 큰 마이너스는 되지 않는다. 원래 중요한 레이스 전에는 테이퍼링(평소 훈련 중 휴식보다 더 길게)을 하는 것이 당연하다. 이 테이퍼링을 해도 평소 이상의 퍼포먼스를 기대할 수 있기에 실시하는 것이다.

단지 방심해서는 안 되는 것이 있다. 특히 주간 주행거리가 많은 러너들은 더욱 주의해야 한다. 러너는 하루에 상당한 에너지를 섭취하면서 이상적인 체중을 유지할 수 있는 생활에 익숙해져 있다. 그런데 섭취 칼로리를 바꾸지 않으면 체중이 빨리 늘어난다는 러너들의 이야기를 자주 듣는다. 어떤 사람들은 그것이 좋을지도 모른다. 그러나 장기 휴식에서는 어딘가의 시점에서 식습관을 바꾸어 여분의 지방이 쌓이지 않도록 해야 한다. 평소와 같은 양의 운동을 할 수 없을 때는 신체를 적정한 상태로 유지하는 것이 무엇보다 중요하다.

계획에 없는 휴식

계획에 없는 휴식에 직면했을 때 고려해야 할 몇가지 사항이 있다. 우선 자신에게는 휴식이 필요하다는 사실을 받아들이고 문제 해결을 위해 해야 할 일은 무엇이든 한다. 이것이 가장 중요하다. 또, 본격적인 트레이닝으로의 복귀가 요구되는 경우에는 보조적인 트레이닝도 빠뜨릴 수 없다. 이것은 휴식 중의 체력 저하를 조금이라도 막기 위해서이다.

사실 크로스 트레이닝cross-training(역자 주: 여러 가지 종목을 혼합해 번갈아 가며 하는 훈련) 중에는 저항력을 보강시키는 종류의 운동도 있다. 그러면 정상적인 러닝으로 돌아가도 문제가 악화되지 않고 러닝 자체가 휴식 전보다 개선되는 것이다. 예를 들어 레지스턴스 트레이닝을 실시하면 신체 밸런스가 좋아지고, 보다 경제적인 러닝 기술이 익숙해진다. 또 하프 스쿼트를 가벼운 웨이트를 가지고 실시하면 퍼포먼스가 향상하는 것도 실증되고 있다. 계획에 없는 휴식은 생각에 따라서는 기회이다. 퍼포먼스가 전체적으로 향상되는 새로운 훈련을 발견하게 되면 더 좋다. 전화위복의 기회가 된다.

부상을 이유로 휴식하는 경우, 통상 2종류의 케이스가 있다. 하나는 다리를 사용한 운동을 삼가야 하는 경우, 다른 하나는 러닝을 위한 다리 근육을 일부 사용해 유산소 운동을 할 수 있는 경우이다. 예를 들면 다리 골절상은 다리에 충격을 받는 활동은 일절 할 수 없으며 유산소의 트레이닝을 한다 해도 가벼운 수영 같이 팔만 사용해도 되는 운동에 한정된다. 그러나 부상을 당한 곳이 발목이나 발끝이라면 러닝은 무리라고 해도 딥 워터 러닝(가슴 높이 수영장 물 속에서 달리기)으로 엉덩이와 다리 근육을 본격적으로 단련할 수 있을지도 모른다.

충격을 수반하지 않는 운동기구로는 엘립티컬 트레이너elliptical trainer나 자전거도 있다(역자 주: 엘립티컬 트레이너는 러닝 때 발이 그리는 궤도와 같이 움직이는 기계로 자전거 페달을 밟는 것처럼 상하체를 연동한 운동을 할 수 있다). 또한 실제로 도로를 달릴 수 없는 러너 중에는 트레드밀에서 경사를 두어 걷는 것만으로 효과를 보는 사람도 있다. 단지, 대체 트레이닝에 의해 문제가 악화되어 "진짜 러닝true run"을 쉬는 기간이 길어지지 않도록 하는 것이 중요하다. 2, 3일에 낫지 않는 부상의 경우는 물리치료사, 트레이너, 의사와 상담하는 것이 좋다. 아마추어 눈에는 사소한 일이라도 큰 트러블로 이어질 가능성이 있다. 반대로 큰 문제라고 생각했던 점이 적절한 조언을 거치면 간단해질 수도 있다.

계획한 휴식

러너의 대부분은 연간 계획을 세울 때 일정 기간 휴식을 취할 수 있도록 설정하는데, 실제로 이것은 좋은 생각이다. 원래 나는 훈련을 하지 않는 시간도 훈련의 일부라는 것을 신조로 하고 있다. Q트레이닝 사이에 **E** 데이를 넣으면 신체는 그것에 대해 플러스로 반응하는데 휴식도 바로 그것과 같다. 조금 트레이닝에서 벗어나면 통상의 트레이닝으로 돌아왔을 때 신체적으로나 정신적으로 새로운 레벨에 도달하게 된다.

휴식은 몇 달 앞에 계획된 레이스를 기반으로 하여 계획하면 좋다. 요컨대 계획에 없는 휴식에 의해 예정이 어긋날 가능성도 충분히 인지하고, 휴식을 적절히 넣은 장기적인 계획을 세우는 것이다.

휴식의 길이는 과거에 받은 스트레스에 달려 있다. 지금까지 수주간 혹은 수개월간 얼마나 트레이닝 스트레스를 받았는지에 따라 정해지는 것이다.

계획적인 휴식은 연중 가벼운 부상이나 질병으로 휴식한 사람에게는 불필요하게 보일지도 모른다. 그러나 비관적으로 생각할 필요는 없다. 어차피 또 부상이나 질병으로 쉴 수 있으니까 휴식을 일부러 계획할 필요는 없다고 생각해서는 안 된다.

나의 경우 계획적인 휴식의 길이는 짧게는 2주간, 길게는 6주간으로 하는데 이것은 본격적인 트레이닝을 계속하는 것을 전제로 한다. 물론 계획에 없는 휴식은 이보다 길어질 가능성도 있다.

표 9.1을 보기 바란다. 이 표는 휴식 기간의 길이에 기초하여 훈련 강도를 조정하기 위한 지수를 나타낸다. VDOT에 따라 설정한 트레이닝 페이스를 이 표에 나타낸 지수를 사용하여 조정한다. 트레이닝 페이스를 결정하는 것은 그 시점에서의 VDOT이다. 이 훈련 VDOT는 대회 성적이 높아지면 상승한다. 그러나 훈련에서 벗어나면 반대로 약간 떨어진다.

표 9.1에서는 VDOT 조정 방법을 휴식 기간의 길이뿐만 아니라 다리를 사용한 유산소 훈련의 유무에 따라 보여준다. 휴식 기간 중에 다리를 사용한 유산소 트레이닝을 전혀 실시하지 않았던 경우는 FVDOT-1 열의 지수를, 실시한 경우는 FVDOT-2 열의 지수를 보면 된다.

예를 들어 6주(42일) 러닝을 하지 않았다고 하자. 다리 훈련을 하지 않은 경우(FVDOT-1), VDOT는 약 11% 감소한다(부상을 입기 전 VDOT의 88.9%). 그러나 같은 6주 동안에도 다리의 크로스 트레이닝을 충분히 한다면(FVDOT-2) VDOT는 아무것도 하지 않았을 때보다 절반(5.5%)의 저하로 끝난다(부상을 입기전 VDOT의 94.4%).

표 9.1 휴식 일수별 VDOT 조절

훈련 휴식	FVDOT-1	FVDOT-2
~5일째까지	1.000	1.000
6일째	.997	.998
7일째	.994	.997
10일째	.985	.992
14일째	.973	.986
21일째	.952	.976
28일째	.931	.965
35일째	.910	.955
42일째	.889	.944
49일째	.868	.934
56일째	.847	.923
63일째	.826	.913
70일째	.805	.902
72일째, 혹은 그 이상	.800	.900

표 9.1에서 볼 수 있듯이 VDOT의 감소율은 휴식 기간이 5일 이하이면 0이며, 10주가 되면 20%에 가깝다. 그러나 이 20%가 하락의 최대폭이라고 생각하는 것은 실수이다. 왜냐하면 과도하게 체중이 증가하면 러닝에 적합한 체중으로 돌아갈 때까지 VDOT가 더욱 저하될 가능성이 있기 때문이다. 또한, 트레이닝 재개 시의 VDOT는 그림 9.2에 나타낸 계산으로 구할 수 있다.

그림 9.2
훈련 복귀 VDOT값 구하기

A항에 휴식기 이전 체중을 kg으로 기록하세요. (A)______

(파운드 체중계를 사용했다면, pound×0.454=kg)

B항에 휴식기 이전 VDOT를 기록하세요. (B)______

(가장 최근 참가했던 레이스 기록을 기준으로)

A와 B를 곱한 값을 C항에 기록하세요. (C)______

(A×B=C)

C값을 현재 체중으로 나눈 값을 D항에 기록하세요 (D)______

(C÷현재 체중=D)

D값이 바로 여러분의 '체중 조정 후' VDOT값이다. 표 9.1에서 적절한 FVDOT값을 골라 D값에 적용하면 당신이 훈련 복귀 시 기준이 되는 VDOT값이 결정된다. 물론 일단 다시 러닝을 시작한 후에는 계속 훈련을 이어나가기 위한 가장 정확한 VDOT값으로 변경할 수 있다. 체중 변화에 따른 VDOT값 보정의 예는 아래와 같다.

A: 휴식기 이전 체중=60kg

B: 휴식기 이전 VDOT=50

C: A×B=3,000

현재 체중이 63.1kg이라면,

D= 3,000÷63.1 =47.5

그러므로 47.5가 여러분의 '체중 조정 후' VDOT값이다.

훈련 복귀 후 거리와 시간 조정

휴식이 계획적인 것이든 아니든 휴식한 기간이 길면, 복귀 후의 트레이닝량은 조정해야 한다. 표 9.2는 그 가이드 라인과 구체적인 예이다. 이 표에서는 조정 방법을 휴식 기간의 길이에 따라 네 가지 범주로 나누었다. (**분류1**: 5일 이하, **분류2**: 4주 이하, **분류3**: 4주~8주간, **분류4**: 8주 이상.)

분류2에 해당하는 러너를 보자. 트레이닝 복귀 후 전반기의 트레이닝량은 휴식 전 주간 주행거리의 50%를 상한으로 해야 하지만 후반기에는 75%까지 늘릴 수 있다. 또한 복귀 시의 VDOT는 휴식 중에 크로스 트레이닝을 실시하지 않은 경우에는 휴식 전의 93.1%이다. 이것은 표 9.1의 FVDOT-1 열에 적힌 대로이다.

휴식 기간이 6주인 러너는 **분류3**이다. 그러나 휴식 중에 크로스 트레이닝의 일환으로 다리를 사용한 유산소 운동을 실시했다면 복귀 시 VDOT는 휴식 전의 94.4%이다(표 9.1 참조). 표 9.2의 **분류3**을 보면 복귀 후 처음 1/3기간은 휴식 전 주행거리의 33%가 훈련량의 상한임을 알 수 있다. 휴식 전 주간 주행거리가 예를 들어 96km(60마일)라면 복귀 후 처음 2주간 주행거리는 주 32km(20마일) 이하이다. 그리고 다음 2주간은 50%인 48km(30마일), 마지막 2주간은 75%인 72km(45마일)가 상한이 된다. 또 이런 러너라면 **E** 러닝의 도중이나 종료 후에 종래 실시하고 있던 스트라이즈를 때때로 추가해도 좋다.

복귀 직후의 기간에 양과 강도를 조정하여 트레이닝을 실시하면, 이후에는 휴식 전, 통상의 트레이닝량으로 되돌려도 문제 없을 것이다. 앞서 설명했듯이 휴식기간에 체중이 늘어나면 복귀 시의 VDOT는 떨어지고 있을지도 모르기 때문에 적절히 조정해야 한다.

표 9.2 휴식기 이후 훈련량 조절

분류	**휴식기**	**복귀 후 훈련량(이전 훈련량 대비)**	**휴식 전 VDOT 대비 %**
1	~5일	**E** 5일 @ 100%를 넘지 말 것	100%
2	6-28일	**E** 전반 @ 50% 강도	93.1-99.7% 혹은 96.5-99.8% (표 9.1 참조)
		E 후반 @ 75% 강도	93.1-99.7% 혹은 96.5-99.8% (표 9.1 참조)
	6일	**E** 3일 @ 50% 강도 + **E** 3일 @ 75% 강도	99.7-99.8%
	28일	**E** 14일 @ 50% 강도 + **E** 14일 @ 75% 강도	93.1-96.5%
3	4-8주	**E** 1/3의 기간 @ 33% 강도	84.7-93.1% 혹은 92.3-96.5% (표 9.1 참조)
		E 2/3의 기간 @ 50% 강도	84.7-93.1% 혹은 92.3-96.5% (표 9.1 참조)
		E 3/3의 기간 @ 75% 강도	84.7-93.1% 혹은 92.3-96.5% (표 9.1 참조)
	29일	**E** 9일 @ 33% 강도 + **E** 10일 @ 50% 강도 + **E** 10일 @ 75% 강도 + ST 몇 차례	93.0-96.4%
	8주	**E** 18일 @ 33% 강도 + **E** 19일 @ 50% 강도 + **E** 19일 @ 75% 강도 + ST 몇 차례	84.7-92.3%
4	8주, 혹은 그 이상	**E** 3주 @ 33% 강도, 단, 주간 주행거리 42km(30마일) 이하로	80.0-84.7% 혹은 90.0-92.3% (표 9.1 참조)
		E 3주 @ 50% 강도, 단, 주간 주행거리 64km(40마일) 이하로	80.0-84.7% 혹은 90.0-92.3% (표 9.1 참조)
		E 3주 @ 70% 강도 + ST 몇 차례 단, 주간 주행거리 97km(60마일) 이하로	80.0-84.7% 혹은 90.0-92.3% (표 9.1 참조)
		E 3주 @ 85% 강도 + ST & **R** 단, 주간 주행거리 121km(75마일) 이하로	80.0-84.7% 혹은 90.0-92.3% (표 9.1 참조)
		E 3주 @ 100% 강도 + ST & **T** & **R** 단, 주간 주행거리 145km(90마일) 이하로	80.0-84.7% 혹은 90.0-92.3% (표 9.1 참조)

보조 트레이닝 추가하기

달리기를 시작하겠다고 결심한 대부분의 사람들이 무엇보다 먼저 검토하는 것은 달리기를 할 수 있는 시간이다. 하루에 몇 시간 달릴 수 있고 1주일, 혹은 1개월 동안 며칠 달릴 수 있는가를 맨 먼저 생각하게 되는 것이다. 물론 달리는 시간을 확보하는 것은 중요하지만, 주력 향상으로 이어지는 또 다른 액티비티에는 거의 시간을 할애하지 않는 사람들이 많다. 예를 들어 스트레칭, 레지스턴스 트레이닝, 마사지, 얼음 목욕, 요가 등 달리지 않는 액티비티들이 있는데 종목에 따라서는 시간뿐만 아니라 돈도 들 것이다. 그러나 시간과 재정적으로 여유가 있다면 한번 시도해 보기 바란다. 그 효과를 체험하게 될 것이다.

실제로 보조적인 트레이닝 중에는 러닝 퍼포먼스의 향상이 증명되고 있는 것도 있다. 그중 하나가 저항 훈련(레지스턴스 트레이닝)이다. 당신이 어떤 단계에 있는 러너든 상관없이 매주 프로그램에 꼭 넣어 실시해 보기 바란다.

스포츠 센터에서 웨이트 머신을 사용할 수 있는 환경에 있는 사람은 러닝에 효과적인 운동을 하자. 렉컬hamstring curls, 니 익스텐션knee extensions, 힙 어브덕션hip abduction과 어덕션adduction, 복근과 배근 훈련 등이 효과적이다. 시간과 의욕이 있으면 팔을 사용하는 운동도 해보자. 직접적인 효과라는 의미에서는 러닝에 도움은 되지 않지만, 전반적인 컨디션은 대체로 올라간다. 레지스턴스 트레이닝을 프리 웨이트로 실시하는 경우는 우선 올바른 기술의 습득에 집중하고, 그 후 시간을 들여 서서히 부하를 늘려 가도록 한다.

스트레칭과 레지스턴스 운동 같은 보조 트레이닝은 러닝 프로그램에서 중요한 부분이다. 러너들이 흔하게 겪는 부상을 막도록 돕기 때문이다.

다리를 강화하면 생기는 가장 큰 효과는 일반적인 달리기 부상에 대한 내성을 쌓는 것이다. 즉, 레지스턴스 트레이닝에 의해 달리기 그 자체가 향상되기보다는 내성이 붙는 덕분에 부상을 입지 않고 보다 많이, 보다 빨리 달릴 수 있게 된다. 그렇게 보다 강도 높은 러닝 트레이닝을 할 수 있게 되면 보다 뛰어난 러너가 될 수 있다.

또한 레지스턴스 트레이닝의 효과는 부상의 예방뿐만이 아니다. 어떤 것들은 러닝 이코노미를 높일 수 있다(러닝에 필요한 에너지를 적게 소비토록 한다). 그 이유는 아직 명확하지 않지만 근력이 다소 높아지면, 기초가 든든해질 뿐만 아니라, 다리의 움직임을 잘 제어할 수 있게 되어 주법에서 쓸데없는 동작이 없어지게 된다. 내리막과 오르막 등 언덕 달리기는 근력과 러닝 이코노미를 높이는 데 유용하다.

내리막 달리기에서 주의해야 하는 것은 적정한 장소를 골라 적정한 주행을 해야 한다는 것이다. 왜냐하면 과도하게 가파른 내리막이나 딱딱한 노면을 달리면 엉덩이, 무릎, 다리의 어딘가에 부상을 당할 위험이 높아지기 때문이다. 경사 2~3%의 완만한 비탈을 선택하는 것이 중요하다(참고로 미국의 주(州)사이의 간선 도로에서 규정되고 있는 경사의 최대치는 6%이다. 그러므로 그것보다 꽤 완만한 비탈에서 실시해야 한다). 그리고 달릴 때는 스트라이드(보폭)를 지나치게 크게 하지 말고 다리의 회전이 가볍고 빨라지도록 의식을 집중시키는 것이 중요하다. 뛰어 오르기보다는 "굴러가면서" 내려간다는 감각으로 달리는 것이다. 더불어 발볼로 착지하는 게 아니라 리어 풋(뒤꿈치)으로 착지하는 편이 좋다.

반대로 오르막의 경우는 거의 어떤 경사도 좋다. 왜냐하면 평지처럼 지면을 강하게 치면서 달리지 않기 때문이다. 따라서 평지와 내리막 러닝보다 착지의 충격은 작아서 차는 근력과 고관절 굴근이 강화된다. 옥외에서 언덕길을 달린 다음, 한 번 더 뛰기 위해 언덕 밑 출발점으로 돌아갈 때는 상당히 편한 페이스로 달려야 한다. 그렇게 생각하면 트레드밀에서의 경사 주행에는 큰 이점이 있다. 트레드밀에서는 원하는 시간만큼 오르막 달리기를 할 수 있다. 게다가 한 번 쉬고 싶으면 트레드밀에서 내려가기만 하면 되니까 다음 1회를 위해 비탈을 달려 내려올 필요가 없다.

보조 훈련은 크로스 트레이닝(역자 주: 혹자는 X-트레이닝이라고 표현)이라고도 한다. 그러나 이름은 무엇이든 좋다. 중요한 것은 달리기(특히 장거리 달리기)에 부담이 가해질 수 있는 부위에 스트레스를 준다는 것이다. 지금까지 서서히 늘려온 거리보다 더 긴 거리에 도전하면 좋은 움직임이 흐트러질 가능성도 있다. 무너진 동작만큼 빨리 부상으로 이어지는 것은 없다. 실제로 자신의 러닝 폼이 "무너지고 있다"고 느끼면 언제라도 달리기를 멈춰야 할 시간이다. 그러나 웨이트 트레이닝이나 서킷 트레이닝, 혹은 다른 보조운동에 투자하는 시간을 조금 늘리면 러닝이 더욱 즐거워지고 매일 연습에서도 자신이 강해진 것을 실감할 수 있다.

러닝 트레이닝에서 양과 속도를 신중하게 늘려나가야 하듯이 보조 트레이닝도 마찬가지다. 어떤 훈련을 실시하든, 스트레스는 주의 깊게 늘려가야 한다. 우선 4주간 차분히 일정 수준의 스트레스를 신체에 준 후 늘려가는 것이 나의 독자적인 기본 규칙이다. 지나침보다는 부족한 편이 낫다는 것이다. 주행거리를 늘릴 때도 먼저 제대로 4주간 정해진 거리를 달리고 나서 거리를 늘리는 것이 좋다. 그러나 실제로 늘린다고 해도 주당 3.2~4.8km(2~3마일) 남짓 플러스하는 정도이다. 레지스턴스 트레이닝에서도 접근법은 같다. 4주간 일정한 스트레스를 주고 나서 늘려 간다.

어쨌든 보조 트레이닝은 전체 트레이닝 프로그램에 녹여 넣어 실시하는 것이 좋다. 실내나 뒷마당에서 할 수 있는 것도 괜찮다. 신체가 강해지면 자신감도 붙어 러닝 이코노미도 높아진다. 그리고 모든 레벨의 러너를 괴롭히는 작은 부상으로부터 몸을 지킬 수도 있다.

여기서 비교적 간단한 서킷 트레이닝을 소개한다. 기구를 사용하지 않기 때문에 저항은 모두 자신의 체중이다. 스테이션 1과 4는 1분간에 할 수 있는 최대 운동량의 절반으로 실시하는 운동이다. 예를 들어 스테이션 1의 푸시 업(팔굽혀 펴기) 횟수는 1분간 최대 횟수의 절반으로 지정된다. 따라서 1분 내에 몇 번 팔굽혀펴기를 할 수 있는지 사전에 시험하여 스테이션 1에서 실시할 횟수를 확인해 둘 필요가 있다.

푸시 업

서킷 훈련의 스테이션 1에서는 푸시 업을 1분간 최대 횟수의 절반만 실시한다. 우선 몸을 양손과 양발끝으로 지탱하며 플랑크 자세를 취한다. 이때 팔을 똑바로 뻗어 양손을 어깨 바로 아래에 둔다. 그 후 가슴이 바닥에 닿을 때까지 몸을 가라앉히고, 팔을 사용하여 스타트 포지션까지 신체를 밀어 올린다.

사이드 레그 리프트

스테이션 2에서는 사이드 레그 리프트를 한쪽 다리당 10회 실시한다. 우선 몸을 옆으로 해서 누워 양다리를 똑바로 뻗는다. 아래로 한쪽 팔을 뻗어 팔꿈치를 구부리고 팔뚝부위로 몸을 지탱한다. 위쪽 다리의 발끝이 어깨보다 높아질 때까지 들어 올린다. 그런 다음 시작 위치로 돌아간다.

그림 9.3 하이 니

하이 니(허벅지 올림)

스테이션 3에서는 허벅지 올리기를 한쪽 다리당 30회, 제자리 걸음으로 실시한다(그림 9.3 참조). 직립의 자세로 시작하여 한쪽 무릎을 빠르게 들어 올린다. 동작의 흐름이 중단되지 않도록 오른쪽 다리와 왼쪽 다리를 교체한다.

크런치(윗몸 일으키기)

스테이션 4에서는, 크런치를 1분간 최대 횟수의 절반만 실시한다. 우선 위로 향해 누워 무릎을 세우고, 발바닥은 바닥에 붙인다. 양손은 머리 뒤나 귀 뒤에 붙이거나(머리 뒤일 경우 움켜잡지 않는다), 또는 가슴 앞에서 교차시킨다. 머리와 어깨를 시작으로 상반신 전체가 똑바로 서게 될 때까지 바닥에서 서서히 일으킨 후 다시 시작 위치로 돌아간다.

회복 러닝과 스트레칭

스테이션 5에서는 1분간 달리기, 또는 400m 달리기를 실시한다. 스테이션 6에서는 스트레칭을 2분간 실시한다. 어떤 것이라도 좋다.

스콰트 스러스트

스테이션 7에서는 스콰트 스러스트(버피)를 10회 실시한다. 스타트 포지션은 직립 자세이다. 그런 다음 신체를 구부리고 쪼그려 앉아 양손을 양다리 바깥쪽으로 땅에 붙인다(그림 9.4a 참조). 양쪽 다리를 뒤로 밀어 내고 푸시업 자세를 취한다(그림 9.4b 참조). 점프하여 다시 스콰트 자세로 돌아간다. 또 한 번 점프하여 시작 위치로 돌아가면 1회 완성(그림 9.4c 참조).

그림 9.4 스콰트 스러스트

레그 리프트(다리 들어올리기)

스테이션 8에서는 레그 리프트를 한쪽 다리당 10회 실시한다. 우선 위로 보고 누워 팔뚝으로 몸을 지탱하고 엉덩이를 바닥에서 들어올린다. 발을 바닥에 붙인 채 한쪽 무릎을 구부려 세워 균형을 잡고 그 높이 이상으로 다른 쪽 다리를 올린다. 다음은 돌아누워 팔뚝부로 몸을 지지한다. 한쪽 다리는 똑바로 수평으로 뻗은 채로, 다른 한쪽 다리를 힘들지 않는 한 넉넉한 높이까지 올린다. 이 연속 동작 전체를 한쪽 다리당 10회 실시한다.

팔 다리 플래핑

스테이션 9에서는, 우선 엎드려 누워 양팔은 앞으로, 다리는 뒤로 펴 상하로 파닥(버둥)거린다. 우선 양팔, 다음은 양다리를 번갈아가며 올렸다 내리기를 20회가 될 때까지 계속한다.

회복 러닝

스테이션 10에서는 2분간 달리기, 또는 800m를 달리기를 실시한다.

이 서킷 트레이닝은 1회당 3세트 실시한다. 그것을 1주일에 2회나 3회 실시할 수 있으면 이상적이다. 스테이션 5와 스테이션 10은 각각 1분간, 2분간의 러닝이지만, 회복을 위한 스테이션이므로 특히 빨리 달리지 않아도 된다. 다음 레지스턴스 스테이션으로 이동하기 전에 몸을 회복시키는 것이 목적이다.

이 서킷 트레이닝을 꾸준히 진행했다면 2, 3주에 한 번씩 3세트를 실시하는 데 걸리는 시간을 측정해 봐도 좋다. 점점 더 빨라지는 자신에게 스스로 놀라게 될 것이다.

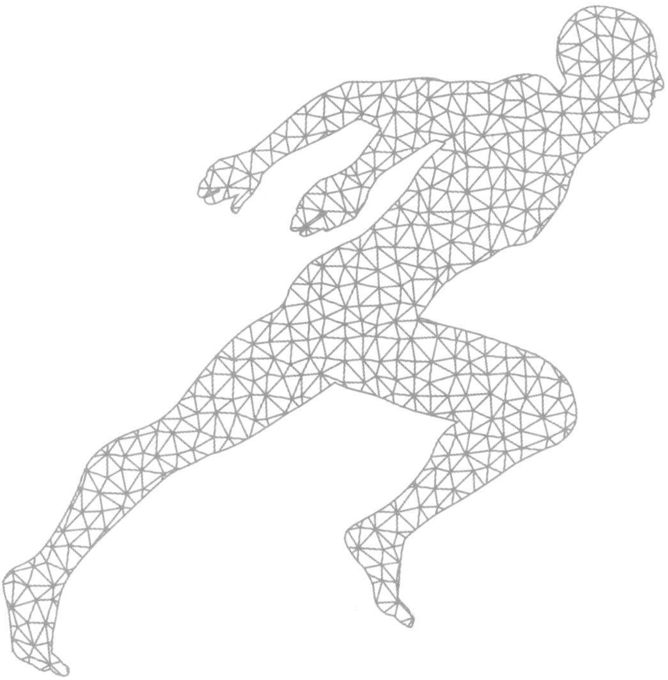

Part II

달리기 공식 적용하기

Chapter 10

시즌에 맞춘 트레이닝

이전 시즌과는 다르게 훈련해 보자. 그것이 더 효과적일 수 있다.

육상 경기에서는 종목이 다르면 훈련도 다양한 면에서 다르다. 그중에서도 가장 공통점을 찾기 어려운 것은 한 시즌의 트레이닝을 세팅하는 방법이다. 너무 많은 요소가 얽혀 있기 때문에 누구에게나 효과가 있는 표준적인 방법이 존재한다고는 말하기 어렵다. 그 좋은 예가 고등학생의 크로스컨트리 시즌이다. 코치는 신입생들과 함께 훈련을 해야 하는데 그중에는 학교 코치와 훈련하기 전에는 한 발자국도 달려보지 않은 학생도 있다. 그러나 그 이외의 학생도 과거의 트레이닝 상황은 가지각색이다. 주간 주행거리 32km나 48km 정도에 레이스 경험도 없는 선수에서부터 아주 경험이 많고 지방 대회나 주 대회에서 입상하거나 우승한 경험이 있는 선수까지 경력이 다양하다.

1개의 훈련 프로그램에 어떻게 모두를 적응시키는가? 그것이 지도자의 결정에 가장 어려움을 줄 것이다. 한편 혼자 연습하는 러너나 지도자가 없는 러너의 경우에는 새로운 시즌을 신중하게, 그리고 굳이 지나치지 않도록 보내는 것이 중요하다. 반복해서 말하지만 체력 수준이 낮을수록 훈련 효과는 낮은 강도로도 얻어진다. 대부분의 부상이나 상처는 틈만 나면 러너를 엄습한다. 이것을 최소한으로 줄일 수 있도록 몇 가지 조언을 제시하고 싶다.

우선 누구에게나 맞는 최고의 트레이닝은 이 세상에 존재하지 않는다. 우리는 모두 동일하지 않으며 각각 개별로 취급되어야 한다. 그럼에도 불구하고 누구에게나 적용되는 훈련 원칙은 실제로 몇 가지 존재한다. 이것에 대해서는 제2장에서 이미 말한 대로다. 나의 경우 지도하는 상대가 개인이든 단체이든, 트레이닝 프로그램은 가능한 한 단순한 것으로 하고 있다. 그렇게 하면 선수가 훈련할 때마다 옆에 있을 필요도 없다.

한 시즌을 계획하기 전에 러너 자신 또는 지도자가 해야 할 일은 필수적인 정보를 수집하는 것이다. 정보 전부를 손에 넣으면 팀 전원에 효과가 있는 시즌 계획을 세우기 쉬워진다. 우선은 체력 수준의 판정이다. 그때 기준으로 하는 것은 최근의 주행거리와 각 연습에서의 페이스이다. 따라서 현재의 힘을 파악하면 모든 유형의 트레이닝에 사용할 수 있는 적절한 VDOT를 결정할 수 있다.

이 밖에 중요한 것은 시즌의 목표가 되는 가장 중요한 레이스의 선정이다. 그리고 이 목표 레이스에 다가갈 때까지 나갈 수 있는 다른 레이스, 나가고 싶은 여타 레이스에도 목표를 둔다. 러너에 따라서는 목표 레이스보다 거리가 짧은 레이스에 몇 번이나 나가고 싶어 하는 사람도 있고, 목표 레이스보다 거리가 긴 레이스를 좋아하는 사람도 있을 것이다. 시즌 중에 나가는 레이스에 따라 주 단위로 훈련을 구성하는 방법도 달라진다.

이용 가능한 시설도 파악해 두면 좋다. 예를 들어 날씨가 좋지 않은 날에

트레이닝을 지속하기 위해서는 환경 조건이 실외 러닝에 적합하지 않을 때라도 유연성 있게 대처하며 전념하는 자세로 임하는 것이 중요하다.

실내 트랙을 사용할 수 있는지, 혹은 추위, 더위, 강풍을 피해 트레드밀에서 실시할 방법이 있는지 등이다. 훈련 내용에 따라서는 평탄한 초원에서 달리면 재밌겠지만, 그런 시설이 사용 가능할까?

또 하나, 훈련에 얼마나 시간을 할애할 수 있는가, 가장 많은 시간을 활용할 수 있는 날은 무슨 요일인가 하는 것도 생각해 두어야 한다. 러닝 이외의 예정을 고려하여 트레이닝에 가장 적합한 시간이 언제인가를 생각해두는 것도 유용하다. 고등학생이면 수업 일정이 상당히 고정되어 있지만 대학생의 경우는 일정이 상당히 유동적이다. 그리고 졸업하고 사회인이 되면, 사용할 수 있는 시간은 업무에 따라 정해져 버리는 것이 대부분이다.

한 시즌을 여러 단계로 나누기

그림 10.1에 나타나 있는 것처럼 나는 한 시즌을 4개의 단계로 나누고 있다. 각 단계의 내용은 다음과 같다.

- **단계 I:** B/FIP는 기초(Base) 트레이닝을 실시하는 단계이다. 기초(Foundation)의 구축과 부상의 예방(Injury-Prevention)을 주안으로 한다.
- **단계 II:** IQ 단계는 질(Quality)이 높은 트레이닝을 실시하는 최초(Initial) 단계이다.
- **단계 III:** TQ 단계는 질(Quality)이 높은 트레이닝을 실시하는 이행(Transition) 단계이며 일반적으로 네 단계 중 가장 힘든 단계이다.
- **단계 IV:** FQ 단계는 질(Quality)이 높은 트레이닝을 실시하는 최종(Final) 단계이며 경기력을 피크로 가져간다.

훈련은 그림 10.1의 가장 왼쪽에 있는 단계를 시즌의 시작점으로 구축한

단계 I	단계 II	단계 III	단계 IV
B/FIP	IQ	TQ	FQ
1	4	3	2

그림 10.1 4개의 점진적인 훈련 단계로 나눈 시즌

다. 단계 I은 고등학생·대학생이라면 신학년이 시작되기 전의 시기가 될 것이다. 그러나 수업이나 학생 경기의 시즌에 관계가 없는 러너는 가장 중요한 레이스를 앞두고 베스트 타이밍이면 개시점은 언제라도 좋다. 어쨌든 단계 IV가 이번 시즌의 마지막 단계이며, 레이스가 무엇보다 중요해지는 시기이다. 그 사이의 두 단계는 체력과 레이스 능력을 초기 단계에서 최종 단계로 끌어 올리는 단계이다.

그림 10.1의 프레임 밑에는 1에서 4까지 번호가 매겨져 있다. 이것은 내가 각 단계에서 실시하는 훈련 유형을 고려하는 순서이다. 보시다시피 단계 I의 프레임에는 1의 번호가 적혀 있다. 이 단계 I을 나는 첫 번째 검토 대상으로 하고 있다. 각 러너가 시즌 초기 단계에서 무엇을 해야 할지 먼저 결정해야 할 필요가 있기 때문이다.

즉, 단계 I(B/FIP 단계)은 러너의 프로필(시즌 시작 시 수집된 정보)에 최대한 주의를 기울여야 하는 시기이다. 지금까지 매주 얼마나 달려 왔는가? 지난 몇 주 동안 가장 긴 거리를 달린 훈련의 내용은? 최근 레이스에 나갔는가? 만약 나갔다면 그 결과로부터 알 수 있는 현재의 체력 수준은 어느 정도인가? 다음 단계로 옮겨가기 전에 해야 할 일은 무엇인가? 예를 들어 이와 같은 것들을 꼼꼼하게 검토한다. 제3장에서는 러너 한 사람 한 사람의 정보를 듣고 기입하는 포맷을 소개했다(그림 3.8 러너의 프로필). 이 그림을 다시 한번 보기 바란다.

내가 한 사람 한 사람의 러너에 대해 반드시 물어보는 것은 최근에 실시하고 있는 훈련의 타입이다. 사람에 따라서는 단계 II 전에 단계 I의 기간을 둘 필요조차 없다. 6주 이상 정기적으로 훈련을 하고 있었다면 단계 II부터 시작해도 문제는 없다. 더 나아가 단계 III에서 시작해도 좋다. 즉, 최근

3, 4주간에 비교적 질 높은 훈련이 되어 있고, 트레이닝을 중단한 적이 없으면 단계 III에서 바로 시작해도 좋다.

그림 10.1에서 번호 2를 붙인 것은 단계 IV(FQ 단계)이다. 두 번째로 고려해야 할 단계가 최종 단계인 것은 최고의 경기력을 기대하는 단계이기 때문이다. 어떤 종류의 훈련을 얼마나 하면 최고의 퍼포먼스를 낼 수 있는가를 생각한 것이다. 당연히 800m의 러너와 10km의 러너는 이 최고조의 FQ 단계에서 중시하는 트레이닝 타입이 다르다. 한 사람 한 사람 개별적으로 생각해야 한다.

단계 IV에서 실시할 훈련을 결정한 후 한 단계 거꾸로 가서 단계 III(TQ 단계)를 고려한다. 단계 IV에서 실시할 트레이닝의 준비를 단단히 하기 위해 각 러너가 어떤 타입의 트레이닝을 할지 정하기 위해서다. 예를 들어 800m의 러너라면 속도를 연마하는 연습, 10km의 러너라면 **T** 강도의 연습을 늘린다. 양쪽 모두 단계 III에서는 **I** 트레이닝을 확실히 실시해야 하지만, 각 단계의 주요 트레이닝에서 변화를 줄 필요가 있다. 그 후 같은 목표를 염두에 두고 단계 II로 이동한다. 고려할 것은 단계 III 때와 같다. 즉, 가장 힘든 단계 III의 트레이닝을 앞두고 무엇을 충분히 준비해야 할지 생각한다.

코치, 혹은 셀프 코칭을 하고 있는 러너는 초기 단계에서부터 참가할 레이스들을 항상 염두에 두고 있어야 한다. 나는 매년 시즌 동안 열리는 모든 레이스에 대해 그 날짜와 거리를 정리해 두고 있다. 이렇게 하면 매일 연습을 적절하게 조정할 수 있다.

단계 I 트레이닝

4단계의 훈련을 설정할 때 나는 기본적으로 단계 I의 훈련은 대부분 **E** 러닝으로 하고 있다.

단계 I에 3주 이상의 기간을 할애하면 가벼운 스트라이즈를 **E** 러닝에 추가해 실시한다(가벼운 스트라이즈는 가볍고 빠른 달리기를 10~15초간, 완전 회복하는 휴식을 사이에 넣어 반복하는 연습). 게다가 가벼운 레지스턴스 트레이닝이나 다이나믹 스트레칭 등의 보조적 트레이닝을 러닝 후에 가끔 실시한다. (역자 주: 다이나믹 스트레칭은 대상으로 하는 근육의 길항근을 사용하여 실제 경기의 동작을 취하면서 유연성을 향상시키는 스트레칭). 이외에 주 1회 편한 페이스의 **L** 러닝(거리는 주간 주행거리의 25~30%로 함)도 추천한다.

단계 II 트레이닝

단계 I 종료 후 내가 단계 II의 트레이닝으로 선택하는 것은 **R** 트레이닝이다. 다음 단계로 넘어갈 때 새롭게 늘리는 운동 스트레스는 최대한 하나로 좁히고 있다. **E** 러닝에서 **R** 트레이닝로 이행하는 것이라면, 새롭게 증가하는 운동 스트레스는 스피드 뿐이고, 유산소 능력이나 젖산 제거 능력을 향상시키는 스트레스는 거의 가해지지 않는다. 이것이 만약 **I** 트레이닝이 되면 새롭게 더해지는 운동 스트레스는 2가지(빠른 스피드로 달리는 스트레스와 유산소 능력을 높이는 스트레스)가 된다.

우선 가볍고 빠른 움직임의 달리기를 추가하면 **I** 트레이닝의 단계(단계 III)로 옮길 때 스피드는 새로운 스트레스가 되지 않는다. 왜냐하면 먼저 도입한 **R** 러닝 쪽이 **I** 러닝보다 속도가 빠르기 때문이다. **R** 트레이닝을 할 때 유의할 점은 이전 시즌의 최고기록으로 페이스를 설정해서는 안 된다는 것이다. 어디까지나 현시점에서의 레이스 기록, 혹은 1마일 레이스의 예상 시간으로 설정한다. **L** 러닝은 단계 II에서도 계속하도록 한다. 그리고 **R**

트레이닝을 일주일에 2회 실시하고, **R** 트레이닝의 사이에는 **E** 데이를 이틀 끼워 넣는다.

단계 III 트레이닝

단계 III(**I** 트레이닝이 주된 단계)에서는 유산소 능력이 향상되는 스트레스를 추가하지만 속도는 이전보다 더 이상 올리지 않는다. 신체에 대한 새로운 스트레스가 늘어나기 때문이다. 단계 III의 트레이닝은 목표로 하는 종목에 따라 상당히 폭이 넓다. 짧은 거리가 전문인 러너라면, **I** 트레이닝을 주 1회만 확실히 실시하고 그 외는 **R** 트레이닝을 계속 실시하면 좋다. 이것은 그렇게 하는 편이 스피드를 유지할 수 있다고 판단되기 때문이다. 한편 장거리 전문 러너라면, **I** 트레이닝을 주 2회 포함하는 편이 대부분의 경우에 효과가 더 좋다. 단지, 단계 III를 소화하는 동안 3,000m 이상의 레이스에 나가게 된다면 유산소 능력에 부담을 주는 훈련이 되기 때문에 그 주는 **I** 트레이닝 1회로 충분하다. 단계 III에서도 **E** 페이스의 **L** 러닝을 주 1회 실시할 것을 추천한다.

단계 IV 트레이닝

다음 단계 IV에서는 일반적으로 **T** 러닝으로 이동한다. 단계 IV의 훈련 역시 질은 높지만 단계 III에서 실시한 **I** 훈련만큼의 운동 스트레스는 없다. 그래야 단계 IV 기간 동안 예정된 중요한 레이스들에 컨디션이 좋은 상태로 임할 수 있기 때문이다.

단계 IV 훈련은 준비 중인 가장 중요한 레이스의 종목에 따라 크게 다르다. 장거리가 전문인 러너는 **T** 트레이닝에 집중하고 **I** 트레이닝은 중단하는 것이 최선이다(가장 중요한 레이스가 유산소계에 최대한의 스트레스를 주는 종목의 경우는 제외). 이 시기의 레이스는 중요도가 높은 것들뿐이기 때문에, 1주일 동안 레이스와 **L** 러닝을 1회씩 소화했다면, **T** 트레이닝도 주 1회로 충분하다. 그리고 장거리 전문이라고 해도 **T** 트레이닝의 끝에 매회 짧은 **R** 러닝을 몇 회 달려 두면 좋다(200m를 4~6회). 비교적 짧은 종목이 전문이라면 **T** 러닝과 **R** 러닝을 조합한 Q트레이닝을 하는 것도 나쁘지 않다. 이런 연습을 하면 신체가 샤프하게 단련되어 거리가 짧은 레이스에 대비할 수 있다.

이상의 사항을 정리하면 나의 트레이닝 계획의 패턴은 **E** 러닝으로부터 **R** 트레이닝으로 이행해, **I** 트레이닝을 거쳐 **T** 트레이닝으로 이른다. 그러나 **E** 러닝에서 **R** 트레이닝으로 옮겨가도 **E** 러닝은 계속해서 거의 매일 실시한다. 그리고 **R** 트레이닝에서 **I** 트레이닝으로 옮겨가도 **R** 트레이닝을 때때로 포함시켜, 한 단계 전(**R**)에서 얻은 힘을 떨어뜨리지 않게 하고 있다.

이렇게 말하면 이해하기 쉬울 것이다. 각 단계에는 주요 유형과 하위 유형 트레이닝이 있으며 하위 유형 트레이닝은 이전 단계에서 훈련한 것을 유지하기 위해 실시된다. 예를 들어, 단계 IV로 이행해 **T** 트레이닝이 메인이 되어도 **R** 트레이닝을 그만두지 않는다. 보통 **T** 트레이닝의 끝에 **R**을 추가하면 된다.

또 염두에 두어야 할 것은 레이스도 트레이닝의 일부이며, 레이스로부터 얻을 수 있는 트레이닝 효과는 그 지속시간에 의해 정해진다는 것이다. 예를 들어 5~20분 정도 걸리는 레이스는 유산소계에 최대한의 스트레스를 주기 때문에, **I** 트레이닝의 의미에서는 최상의 효과가 있다. 따라서, 중간 정도 거리의 레이스에 정기적으로 나가면 훈련을 생략할 수도 있다. 나는 학생용 표준 프로그램의 단계 IV에서 **I** 트레이닝을 제외시키는 경우가 많다. 레이스를 달리면 힘든 훈련과 같은 효과를 얻을 수 있기 때문이다.

필요에 따라 단계의 길이를 조정

지금까지 설정해 온 것은 4개의 단계로 이루어지는 24주간의 트레이닝 시즌이다. 즉 한 단계는 6주간이다. 그러나 언제나 24주간으로 전체 기간을 정하고, 한 단계를 6주간으로 한 4단계를 설정하는 것은 아니다. 고등학교나 대학의 크로스컨트리 시즌 등에서는 특히 그렇다. 이처럼 충분한 기간을 확보할 수 없는 경우 나는 다음 두 가지 방법으로 다루고 있다.

첫 번째는 처음 두 단계를 가을의 크로스컨트리 시즌이 시작되기 전 여름방학 중에 끝내 버리는 방법이다. 즉, 봄의 트랙 시즌이 끝나고 여름이 오는 것과 동시에 단계 I의 기초 트레이닝을 시작해, 여름방학의 후반 중에 단계 II로 옮겨 간다. 그러면 가을에 시작되는 신학년도의 첫 6주간은 단계 III 훈련을 소화할 수 있고, 이 단계 III는 가장 어려운 기간이지만 시즌 마지막 6주 동안 열리는 중요한 대회 전에는 끝난다.

두 번째는 각 단계를 6주보다 짧게 하는 방법이다. 그림 10.2는 내가 시즌을 파악하는 방법과 각 단계에서 생략하는 부분을 보여준다. 각 단계를 나타내는 4개의 블록들 안에 각각 기입된 6개의 숫자는 우선순위를 나타내고 있다.

이 중 1에서 12까지의 숫자를 보면 1, 2, 3은 단계 I에, 다음 4, 5, 6은 단계 IV에 있다. 그리고 7, 8, 9는 단계 II에, 10, 11, 12는 단계 III에 있다. 이 수치의 배치는 만약 한 시즌에 3주밖에 없다면 그 3주간은 모두 단계 I의 트레이닝에 충당한다는 것을 나타내고 있다.

예를 들어 크로스컨트리 시즌까지 앞으로 3주간의 시간을 남겨두고 새롭게 1명이 팀에 들어왔다고 하자. 트레이닝 경험은 전혀 없는 새로운 멤버에게는 어쨌든 편한 기초 트레이닝을 시키는 것이 타당할 것이다. 3주밖에 없는데 질 높은 고강도 트레이닝을 부과하는 것은 넌센스이다.

이런 방식은 부상이나 질병 등으로 쉬고 있는 선수에 대해서도 적용해야 한다. 최악의 경우는 잃어버린 시간을 만회하려고 이들에게 힘든 연습을 시키는 것이다. 명심해야 할 것은 직전의 트레이닝 스트레스가 작을수록 그 후에는 큰 스트레스가 아니어도 효과는 커진다는 점이다. 최고의 퍼포먼스에 한 단계 미치지 못해도 오버트레이닝이나 질병으로 레이스에 나갈 수 없게 되는 것보다는 건강한 편이 좋은 것은 당연하다.

다른 예도 생각해 보자. 만약 한 시즌에 6주밖에 잡을 수 없는 선수가 있다고 하자. 그림 10.2의 내 방식에서는 1주, 2주, 3주를 단계 I의 기초 트레이닝에 충당하고 다음 3주(4, 5, 6 주)를 단계 IV로 채우게 된다. 만약 9주가 있다고 해도 단계 III의 트레이닝은 아무것도 하지 않는다. 즉, 9주일의

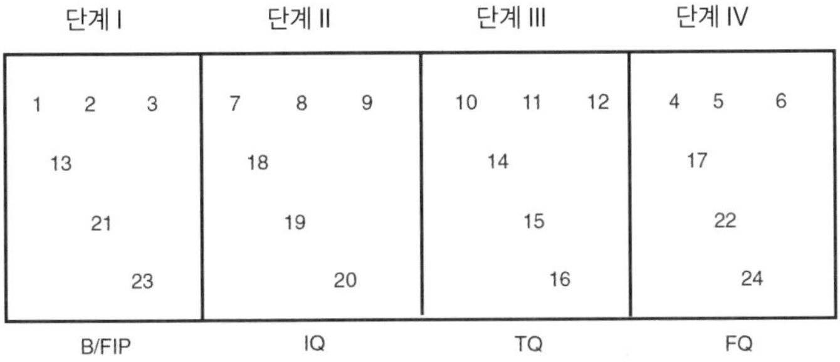

그림 10.2 몇 주를 훈련에 할애할 수 있는가에 따라 단계별 훈련일 환산법

경우 첫 3주를 단계 I, 다음 3주를 단계 II, 마지막 3주를 단계 IV로 할당한다.

역으로, 그림 10.2는 한 시즌에 전체 몇 주가 할애되어 있는가부터 시작하여 생략할 주를 선택하는 데 이용할 수도 있다. 예를 들어 한 시즌이 23주라고 한다면, 단계 IV에서 1주(24번)를 생략한다. 20주일 경우, 단계 I은 4주간(21번과 23번을 생략), 단계 II와 단계 III은 각각 6주간, 단계 IV는 4주간(22번과 24번 생략)의 구성이다. 요컨대 자신에게 몇 주가 있는지 생각한 후, 목표로 하는 퍼포먼스를 달성하는 데 영향이 가장 작다고 생각되는 주를 생략하는 것이다.

주간 트레이닝 예

그림 10.3은 1주일의 훈련 예를 보여준다. 나의 경우 매주 첫날은 **L** 러닝으로 하고 있다(여기서는 주의 첫날을 일요일로 설정했다). 단계 II를 예로 들면 1주일 동안 Q1, Q2, Q3을 모두 **R** 트레이닝으로 할 수도 있고, Q1과 Q2를 **R** 트레이닝, Q3을 **T** 트레이닝으로 할 수도 있다(Q는 Q트레이닝의 날, 즉 질(Quality)이 높은 훈련일이다). 후자의 패턴은 비교적 짧거나, 아니

1	2	3	4	5	6	7
L	Q1 E	(Q1) E OR Q1	Q2 (Q2) E OR Q1	E	E	Q3 (Q3) 레이스 (Q)

그림 10.3 Q세션, E, 그리고 L 훈련일을 포함한 서로 다른 접근을 보여주는 주간 훈련 샘플

면 반대로 긴 레이스를 대비하여 훈련하는 러너에게 적용한다. 왜냐하면 단계 II는 시즌 초기이며 **R** 트레이닝이 중요한 시기이지만 때때로 **T** 트레이닝도 효과적이기 때문이다. 단계 I에 할애하는 기간이 4주에 미치지 못하는 러너의 경우, 단계 II의 Q트레이닝은 Q1과 Q2까지만 한다. Q2를 그 주의 목요일로 옮겨 둘 다 **R** 트레이닝으로 하는 것이다.

Q1, Q2, Q3는 주말 레이스에 나가지 않을 때는 그 주의 2일째, 4일째, 7일째에 하면 좋다. 혹은 백투백(이틀 연속 Q트레이닝)이 맞는 사람은 3일째·4일째·7일째에 하는 방법도 있다. 물론 Q3를 레이스로 대체해도 상관없다. 레이스는 Q데이에 상당하기 때문이다.

Q1은 단계에 관계없이 1주일 중 가장 중요한 연습일로 한다. 그리고 그 시점에서 강조해야 할 훈련에 초점을 맞춘다. 내가 그렇게 하는 이유는 악천후 등의 이유로 1주 동안 만족스럽게 트레이닝을 할 수 없어도, 그 단계에서 가장 중요한 연습만은(비록 그것이 주 1회 뿐이라고 해도) 확보할 수 있기 때문이다.

단계 III에 대한 1주간 훈련의 예로 Q1은 **I** 트레이닝, Q2는 **T** 트레이닝(약간의 **R** 트레이닝과 조합), Q3은 다시 **I** 트레이닝 또는 레이스로 하는 내용을 생각할 수 있다. 단계 IV의 예로는 짧은 레이스를 위한 훈련이라면 Q1과 Q2는 모두 **T** 트레이닝과 **R** 트레이닝의 조합, Q3은 레이스에 나가거나 **R** 트레이닝을 확실히 실시하는 것이다. 긴 레이스 트레이닝이라면 Q1과 Q2는 모두 **T** 트레이닝으로 하고, 그것에 플러스하여 마지막에 짧은 **R** 러닝을 몇 회 실시한다. 단, 주말에 중요한 레이스를 앞두고 있을 때는 출전 종목의 거리에 관계없이 Q1을 한 번으로 끝내는 것이 좋다(**T** 트레이닝에 약간의 **R** 트레이닝 조합). 이 Q1은 레이스 4일 전에 실시하는 것이 베스트이다. 그리고 레이스는 그 주를 마무리하는 Q2로 간주한다.

한 시즌 훈련 계획의 예

다음은 가을 크로스컨트리 대회에 출전하는 러너를 위한 한 시즌 트레이닝의 예이다.

- **단계 I:** 일요일 = **L** 러닝, 그 주의 다른 모든 날은 **E** 러닝(그중 3일은 스트라이즈 추가).

- **단계 II:** 일요일 = **L** 러닝
  Q1 = **R** 트레이닝 (200m)
  Q2 = **R** 트레이닝 (200m) + **R** 트레이닝 (400m)
  Q3 = **R** 트레이닝 (400m)
  그 주의 다른 모든 날 = **E** 러닝

- **단계 III:** 일요일 = **L** 러닝
  Q1 = **I** 트레이닝 (1,000m)
  Q2 = **T** 페이스의 지속주 20분 + **R** 트레이닝 (200m)
  Q3 = 레이스 또는 **I** 트레이닝 (1,200m)

- **단계 IV:** 일요일 = **L** 러닝
  Q1 = **T** 러닝 + **R** 트레이닝 (200m)
  Q2 = **T** 러닝
  Q3 = 레이스 또는 **T**, **I**, **R** 조합.
  중요한 레이스라면 Q2를 레이스로 대체하고, Q3은 하지 않는다.

한 시즌의 트레이닝 프로그램은 시즌 개시 한참 전에 세우는 게 좋다. 그리고 시즌이 시작되면 그때그때 맞춰 조정을 더해 간다. 예를 들어 레이스 일정, 날씨 변화, 달리기 이외의 일정, 부상 등에 의한 트레이닝 중단에 유연하게 대처해야 한다. 트레이닝의 페이스도 그 시점의 체력 상태에 따라서 조정이 필요할지도 모른다. 프로그램 전체로서는 한 단계에서 다음 단계로 이행 시에 새로운 운동 스트레스는 하나만 도입하도록 전체 프로그램을 설계한다. 그래서 새로운 단계에서 이전 단계에서 얻은 효과도 유지할 수 있도록 한다.

시즌 프로그램 작성 시에 추가적으로 고려해야 할 것은 각 러너의 강점과 약점이다. 사람은 각각 다르다는 것을 항상 생각해야 한다. 러너에 따라서는 좀 더 스피드를 닦는 편이 좋은 사람도 있고, 지구력 훈련을 하는 편이 좋은 사람도 있다. 표 10.1(252페이지부터)은 내가 독자적으로 고안한 "스피드형/지구력형 비교표"이다. 이 표는 종목별로 3개의 열로 나뉘어져 있다. 왼쪽 열은 400m 기록, 가운데 열은 800m 기록, 오른쪽 열은 1500m 및 1마일 기록이다. 각각의 열에서 자신의 최고기록을 찾아 원으로 표시하고, 그 3개의 원을 선으로 연결하면 우하향, 우상향, 수평 등의 선이 생긴다.

선이 수평이면 스피드와 지구력이 같은 수준이라고 나는 판단한다. 우하향 선은 젊은 러너에게 흔히 나타나며 지구력보다 스피드가 더 뛰어나다는 것을 나타낸다. 반대로 우상향이면 당연히 지구력이 더 뛰어나다는 의미다. 한편 400m에서 800m를 향해 선이 일단 떨어졌다, 1,500m로 향할 때 다시 올라간다면 스피드도 지구력도 자신의 800m 기록에 상당하는 레벨보다 위인 것이다. 따라서 지금 800m를 달리면 아마 전보다 빨리 달릴 수 있을 것이다.

이 밖에도 선이 고르지 않고 지그재그로 꺾인 선이 되는 경우가 있다. 이

때 다른 종목보다 낮은 위치에 있는 종목은 그렇게 자주 레이스에 참여하지 않았거나 중요시하지 않은 종목이 대부분이다. 반대로 다른 종목보다 높은 위치에 있는 종목은 신체적으로(아마도 근섬유 유형이) 다른 종목보다 그 종목에 더 소질이 있거나, 가장 많이 레이스에 나갔거나, 특히 중시하는 종목이다.

만약 어느 러너의 베스트 기록이 400m는 60초, 800m는 2분 20초 80, 1,500m는 5분 6초였다고 하다. 이 러너는 지구력보다 속도가 뛰어나 논리적인 접근법에 따르면 지구력 향상에 중점을 두도록 한다. 그러나 한 시즌 동안 지구적인 트레이닝을 중시한 결과, 선이 수평에 조금도 가까워지지 않으면 지구력형보다 스피드형이라고 할 수 있을지도 모른다. 따라서 다음에 취할 접근법은 스피드를 더욱 연마하는 것이다.

단, 이런 러너가 스피드 강화에 임하면 표에서 선의 기울기에는 변화가 보이지 않아도 스피드와 지구력 양쪽 모두가 향상될 수도 있다. 우선은 약점의 개선에 진력하고, 바람직한 결과가 나오지 않으면 강점을 늘리는 것에 집중해 보면 어떨까? 그렇게 하면 강점과 함께 약점도 향상될지도 모른다. 어쨌든 매 시즌 말미에 반드시 이 표로 리뷰해 보자. 자신의 스피드와 지구력이 지금 하고 있는 트레이닝에 어떻게 반응하고 있는지 이 표를 보면 분명해 진다.

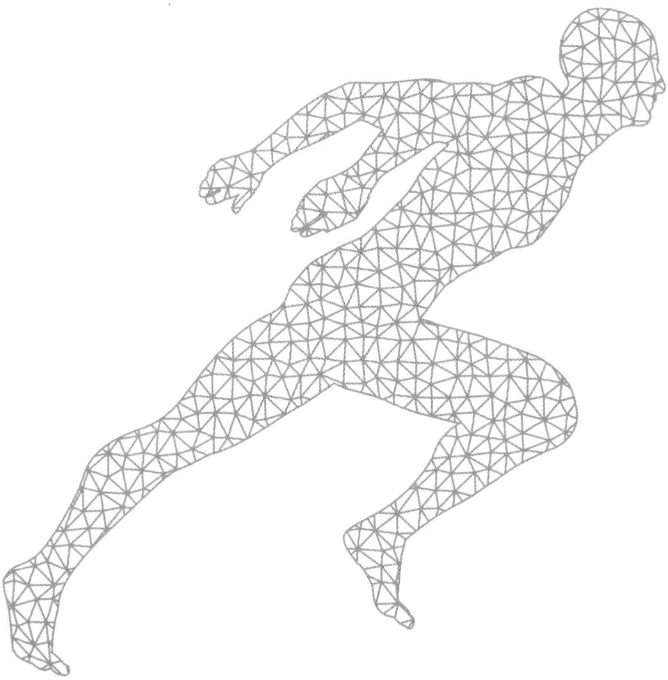

표 10.1 스피드형 vs. 지구력형 비교표

400m 기록	800m 기록	1,500m 기록 / 1마일 기록
46.0	1:41.2	3:27.6/3:44.1
47.0	1:43.4	3:32.0/3:48.9
48.0	1:45.6	3:36.5/3:53.8
49.0	1:47.8	3:41.0/3:58.6
50.0	1:50.0	3:45.5/4:03.5
51.0	1:52.2	3:50.0/4:08.3
52.0	1:54.4	3:54.5/4:13.2
53.0	1:56.6	3:59.0/4:18.0
54.0	1:58.8	4:03.5/4:22.9
55.0	2:01.0	4:08.0/4:27.7
56.0	2:03.2	4:12.5/4:32.6
57.0	2:05.4	4:17.0/4:37.5
58.0	2:07.6	4:21.5/4:42.4
59.0	2:09.8	4:26.0/4:47.3
60.0	2:12.0	4:30.5/4:52.2
61.0	2:14.2	4:35.0/4:57.1
62.0	2:16.4	4:39.5/5:02.0
63.0	2:18.6	4:44.0/5:06.8
64.0	2:20.8	4:48.5/5:11.7
65.0	2:23.0	4:53.0/5:16.6
66.0	2:25.2	4:57.5/5:21.5
67.0	2:27.4	5:02.0/5:26.3
68.0	2:29.6	5:06.5/5:31.2
69.0	2:31.8	5:11.0/5:36.0
70.0	2:34.0	5:15.5/5:40.9
71.0	2:36.2	5:20.0/5:45.7
72.0	2:38.4	5:24.5/5:50.6
73.0	2:40.6	5:29.0/5:55.5
74.0	2:42.8	5:33.5/6:00.4
75.0	2:45.0	5:38.0/6:05.2
76.0	2:47.2	5:42.5/6:10.1
77.0	2:49.4	5:47.0/6:14.9

400m 기록	800m 기록	1,500m 시간 / 1마일 기록
78.0	2:51.6	5:51.5/6:19.8
79.0	2:53.8	5:56.0/6:24.7
80.0	2:56.0	6:00.5/6:29.6
81.0	2:58.2	6:05.0/6:34.4
82.0	3:00.4	6:09.5/6:39.3
83.0	3:02.6	6:14.0/6:44.2
84.0	3:04.8	6:18.5/6:49.1
85.0	3:07.0	6:23.0/6:53.9
86.0	3:09.2	6:27.5/6:58.8
87.0	3:11.4	6:32.0/7:03.6
88.0	3:13.6	6:36.5/7:08.5
89.0	3:15.8	6:41.0/7:13.4
90.0	3:18.0	6:45.5/7:18.3
91.0	3:20.2	6:50.0/7:23.1
92.0	3:22.4	6:54.5/7:28.0
93.0	3:24.6	6:59.0/7:32.8
94.0	3:26.8	7:03.5/7:37.7
95.0	3:29.0	7:08.0/7:42.5
96.0	3:31.2	7:12.5/7:47.4
97.0	3:33.4	7:17.0/7:52.3
98.0	3:35.6	7:21.5/7:57.2
99.0	3:37.8	7:26.0/8:02.0
1:40	3:40.0	7:30.5/8:06.9
1:41	3:42.2	7:35.0/8:11.8
1:42	3:44.4	7:39.5/8:16.6
1:43	3:46.6	7:44.0/8:21.5
1:44	3:48.8	7:48.5/8:26.4
1:45	3:51.0	7:53.0/8:31.3
1:46	3:53.2	7:57.5/8:36.1
1:47	3:55.4	8:02.0/8:41.0
1:48	3:57.6	8:06.5/8:45.9
1:49	3:59.8	8:11.0/8:50.8
1:50	4:02.0	8:15.5/8:55.7

Chapter 11

800m 트레이닝

좋은 러닝은 훈련의 목적을 아는 것에서 이뤄진다.

스피드로 갈 것인지, 지구력으로 갈 것인지 800m는 양면에서 공략할 수 있지만 거리가 긴 종목과는 달리 어느 한쪽의 접근법만 취하는 경우가 많다. 말을 바꿔 설명해 보자. 800m의 톱 선수 중에는 원래 400m 스페셜리스트였던 선수, 그리고 스피드보다 지구력을 무기로 하는 선수가 공존한다. 어쨌든 800m은 아주 특별한 트랙 종목이다. 이렇게 훈련이 어려운 종목도 좀처럼 없다. 그리고 난이도로 말하면 틀림없이 최상급이다. 800m 선수는 소위 '고속 지구력'을 가진 선수이다.

800m는 유산소적 파워에 있어서도, 무산소적 파워에 있어서도 높은 능력을 필요로 한다. 따라서 개별 러너가 어느 쪽으로 접근해야 하는지 쉽게 결정할 수 없다. 단지 나 개인은 고맙게도 오랜 기간에 걸쳐 위대한 800m 러너를 여러 명 관찰할 수 있었다. 1960년 로마 올림픽의 피터 스넬Peter Snell, 1976년 몬트리올 올림픽의 알베트 판트레나Alberto Juantorena, 1984년 로스앤젤레스 올림픽 결승에서 첫 바퀴 이외는 선두를 양보하지 않았던 조아킨 크루즈Joaquim Cruz. 그들의 승리, 그들의 달리기를 내 눈으로 직접

목격했다. 그리고 짐 라이언Jim Ryun이 880야드의 세계기록을 깨뜨렸을 때도 나는 현장에서 목격했다.

그들을 타입별로 나누면 스넬과 라이언은 지구력형 러너, 판트레나는 그야말로 준족 400m 러너, 크루즈는 스피드·지구력의 양면을 확실히 단련한 러너이다. 이런 경험에서 나는 유연한 트레이닝 프로그램을 만들었다. 스피드형, 지구력형, 어느 쪽의 어프로치를 취하든 부분적으로 조정하면 800m 러너 누구나도 사용할 수 있는 프로그램이다.

800m 엘리트 선수는 프로그램 전반에 걸쳐 상당한 레지스턴스(저항) 훈련을 실시한다. 크루즈는 서킷 훈련을 필수적으로 실시했고, 라이언도 밥 티몬스Bob Timmons 코치로부터 상당한 웨이트 트레이닝을 부과받아 실시했다. 게다가 라이언의 경우는 경기력이 무르익지 않은 무렵부터 해왔다.

최근에는 800m 트레이닝으로 지구력 훈련이 인기를 끌고 있다. 왜냐하면 800m 레이스에 있어서 유산소적인 요소가 차지하는 비율이 한때 생각했던 것보다 더 큰 것이 증명되었기 때문이다. 또 본서에서는 다른 종목과 같은 24주간·4단계의 트레이닝 프로그램을 소개하는데, 보다 짧은 기간에도 맞도록 이 4개의 단계를 단축해도 좋다.

단계 I

제10장에서 설명했듯이 나는 기본적으로 한 시즌을 네 가지 훈련 단계로 나눈다. 단계 I의 목적은 기초를 구축하고, 부상에 대한 내성을 키우는 것이다. 따라서 레지스턴스 트레이닝을 통상 주 3회 실시한다. 지도자와 주

자에 따라 프리 웨이트를 좋아하는 사람도 있는 반면, 서킷 트레이닝, 체중을 이용한 트레이닝(윗몸일으키기, 팔굽혀펴기, 바 딥스, 스쾃트 등)을 좋아하는 사람도 있다(역자 주: 바 딥스(bar dips)는 2개의 평행한 바를 잡고 상체를 지지한 상태로부터 팔굽혀 펴기를 하는 운동). 어떤 것이든 먼저 테크닉을 몸에 익히고 최소의 부하로 시작하는 것이 중요하다. 테크닉이 향상되지 않는 동안에는 무거운 부하를 가해서는 안 된다.

단계 I에 소요되는 기간은 사람에 따라 상당히 다르다. 고등학생 중에는 2~3주 정도밖에 걸리지 않는 러너도 있고, 2개월 이상 걸리는 러너도 있다. 어쨌든 중요한 것은 시즌 전체를 생각한 포괄적인 프로그램으로 실시하는 것이다, 그리고 새로운 단계는 그 이전 단계에서 얻은 것을 토대로 하여 구성해야 한다.

단계 II

단계 II에서는 각 주 모두 Q트레이닝을 3회 포함한다. 내가 요일을 지정하지는 않지만 대부분의 경우 Q1 훈련과 Q2 훈련은 월요일과 화요일, Q3 훈련은 금요일에 실시한다. 단지 레이스 시즌이 되면 금요일과 토요일에는 대개 1회나 2회의 레이스가 들어가게 된다. 그렇게 되면 당연히 금요일의 Q트레이닝은 하지 않는 편이 좋다. 그러나 앞에서도 기술한 것처럼 레이스도 Q트레이닝의 하나이므로 금요일에 Q트레이닝을 하지 않고 레이스에 나갔다고 해도 그 주의 Q트레이닝을 줄인 것은 아니다.

지도자나 러너 중에는 Q트레이닝을 월요일, 수요일, 금요일, 또는 토요일로 설정하는 것이 좋다는 사람도 있고, 화요일, 수요일, 토요일이 좋다는 사람도 있다. Q트레이닝의 배치에 대해서는 몇 가지의 패턴을 시험해 보면 좋을 것이다. 덧붙여서 주말에 상당히 긴 거리를 달리는 것이 내가 자주 사용하는 패턴이다. 토요일 대회 후 (긴 쿨링다운으로) 달리거나 대회와는 별도로 일요일에 달린다. 무엇보다 중요한 것은 마지막 Q트레이닝이나 레이스의 피로가 남지 않은 날에 Q트레이닝을 배치하는 것이다. Q트레이닝을 할 수 있을 것 같지 않다면, 가끔 한 번 건너뛰어도 문제는 없다. 몇 번이나 반복해서 말하지만 휴식도 트레이닝의 한 부분이다.

단계 II의 트레이닝 스트레스는 시즌 중 가장 크다고는 할 수 없다. 따라서 실제로 설정한 연습 이상이 가능한지 매번 상상해 보자. Q트레이닝에서는 이렇게 힘들지 않으면 좋았을 것이라고 후회하는 것보다 (힘이 남아) 좀 더 할 수 있었다고 생각하는 편이 훨씬 좋다. 각 트레이닝 타입에 대해서는 제4장을 참고하기 바란다. 또한 훈련의 강도를 올릴 때는 항상 그 나름의 이유가 필요하다(일반적으로 레이스 결과가 그 역할을 한다. 이에 대해서는 제5장의 VDOT 일람표를 참조).

단계 III

단계 III은 가장 힘든 훈련이 이루어지는 단계이다. **L** 러닝은 매주 실시하는 것이 좋은데, 레이스가 없는 주는 토요일, 레이스가 있는 주는 다음날인 일요일에 실시한다. 또는 단계 II에서 설명한 대로 토요일 트랙 레이스 뒤에 **E** 페이스로 좀 길게 쿨링다운하여 그것을 그 주의 장거리주로 간주해도 좋다.

대부분의 러너에게 있어 단계 III는 레이스 시즌의 한가운데에 해당한다. 게다가 단계 III은 가장 힘든 훈련 기간이다. 그러므로 Q트레이닝은 주 3회로 하고, 그 가운데 주말의 **L** 러닝을 Q트레이닝에 카운트하여 포함하는 것이 좋다. 만약 레이스가 토요일이면 두 번의 Q트레이닝은 월요일과 수요일, 또는 화요일과 수요일이 될 것이다. 그리고 목요일과 금요일은 토요일의 레이스를 앞두고 **E** 데이로 한다. 그런데 레이스가 금요일이라면 월요일과 화요일을 Q트레이닝의 날(Q데이)로 한다.

각 트레이닝의 적정 페이스는 자신의 체력에 상당하는 VDOT를 기준으로 하여 결정하면 된다. 단지 페이스를 올리는 빈도는 비록 레이스의 결과에서 좋은 성적이 나왔다고 해도, 3주마다 혹은 4주마다가 한도이다. 우선 몇 주간 일정 수준의 운동 스트레스로 훈련을 하고, 레벨을 한 단계 올리는 것은 그 다음이다.

단계 IV

단계 IV에서는 거의 매주 3회의 Q트레이닝을 실시한다. 레이스도 포함하면 하루 늘어나 4회가 되는 경우도 많다. 그러나 중요한 레이스(선수권 대회나 출전 자격이 걸린 선발전 등)를 앞두고 있는 주는 평일의 Q트레이닝을 주초 한 번으로 한정해야 한다. 그리고 이때 실시하는 Q트레이닝은 단시간에 끝내고 평소보다 페이스가 빨라지지 않도록 한다.

Q데이를 제외하면 나머지는 모두 **E** 데이이다. **E** 데이는 하루에 1회나 2회 달려도 좋고 혹은 전혀 달리지 않아도 좋다. 어떤 선택을 할지는 목표로

하는 주간 주행거리에 달려 있다. 중요한 레이스에 피로가 빠진 신선한 상태로 임할 수 있도록 Q데이와 **E** 데이를 잘 배치할 수 있도록 한다.

L 러닝은 레이스 직후나 다음날 이른 시간, 이렇게 가능한 한 레이스와의 시간 간격을 줄여서 설정하도록 한다. 레이스 전 마지막 Q데이에 대해서는 내 경우 레이스 3일 전, 혹은 4일 전으로 설정하고 있다. 이 마지막 Q트레이닝은 반드시 **T** 페이스로 하지만, 거기에 추가해 200m 뛰기를 가볍게 몇 회 반복해도 좋다. 대회 전 며칠을 어떻게 보낼지에 대해서는 시즌 동안 다양한 접근법을 시도해 본다. 그러면 자신에게 가장 맞는 방법을 알 수 있다. 자신에게 효과적인 방법이 다른 팀 메이트와 같지는 않다.

주간 32~48km(20~30마일) 트레이닝 프로그램

단계 I

단계 I에서는 1주일에 3회의 Q트레이닝을 실시하는데 **L** 러닝도 Q트레이닝의 하나로서 카운트한다. Q트레이닝을 실시하는 요일에 대해서는 환경이나 날씨에 좌우되기 때문에 지정하고 있지 않다. 자신의 사정에 맞게 설정하자.

Q트레이닝의 날 이외는 모두 **E** 러닝의 날이다. 휴식이 필요하면 그날의 연습은 거의 하지 않아도 되고, 제로라도 상관없다. 목표로 하는 주간 주행거리에 도달하려면 이런 **E** 데이의 훈련을 활용한다. 레이스 전에는 **E** 데이를 며칠 포함하도록 한다. 매주 나가는 레이스의 경우는 2일, 챔피언십 대회나 그것에 필적하는 중요한 레이스의 경우는 3일이 필요하다.

각 트레이닝의 페이스는 최근의 레이스 기록에 근거해 최신의 VDOT를 확인해 결정한다(VDOT의 상세한 내용은 제5장을 참조). 참고할 수 있는 기록이 없는 경우에는 1마일의 기록을 보수적으로 예상하고 그것을 **R** 페이스로 한다. **I** 페이스는 그 **R** 페이스보다 400m당 8초 느린 페이스, **T** 페이스는 **I** 페이스보다 400m당 8초 느린 페이스로 한다.

스트라이즈(ST)는 15~20초간 가볍고 빠른 움직임으로 달리는 것을 말한다(전력질주가 아님). 각 횟수 사이에 45~60초간 휴식을 넣어 반복한다. 완만한 오르막을 이용해도 좋지만 회복 시 내리막을 달릴 때는 부상 당하지 않도록 주의가 필요하다. 한편 이 단계에 포함된 마라톤(**M**) 페이스는 통상의 **E**(**L**) 러닝보다 1km당 13~19초(1마일당 20~30초) 정도 빠른 페이스이다.

단계 II

단계 II에서 각 주의 Q1 훈련은 40~60분간의 **L** 러닝이다(단 거리는 주간 주행거리의 30%를 상한으로 한다). 그런 다음 스트라이즈 6회를 추가한다. 스트라이즈는 **E** 데이에도 실시한다. 주 2회, **E** 러닝의 중간쯤이나 마지막에 6~8회 추가하는 것이다(좋은 장소가 있으면 완만한 오르막으로 가도 좋다). 표의 jg는 조깅, 또는 **E** 러닝을 나타낸다.

단계 III

단계 III에서는 **R** 페이스를 올리고 단계 II의 마지막 3주보다 200m당 1초(400m당 2초, 600m당 3초) 빠르게 설정한다. **I** 페이스는 최근 레이스의 결과와 그에 상당하는 VDOT에 근거하여 설정하거나 새롭게 설정한 **R** 페이스보다 400m당 8초 느린 페이스로 한다. **FR**(fast repetition: 빠른 리피티션)은 **R** 페이스보다 200m당 3초, 400m당 6초, 600m당 12초 빠른 페이스이다. **T** 페이스는 **R** 페이스보다 400m당 16초 느린 페이스(**I** 페이스보다 400m당 8초 느린 페이스)로 한다. **E** 러닝 중 주 2회는 스트라이즈(ST) 8회를 추가한다(평지든 오르막이든 상관없다). 힘든(**H**) 페이스는 **I** 페이스와 같은 강도의 페이스이고, 중장거리주(**Mod**) 페이스는 통상 **E**(**L**) 러닝보다 1km당 13~19초(1마일당 20~ 30초) 정도 빠른 페이스이다.

주말에 대회가 있는 경우 Q3 트레이닝을 하지 말고 대회를 해당 주의 Q3 트레이닝으로 간주한다. 레이스의 운동 스트레스가 작은 날(또한 시간이 있는 날)은 그날의 레이스가 모두 끝나면 **R** 페이스로 200m, 6회 달리기를 추가해도 좋다[중간중간 200m 회복 조깅 포함, (**R** 200m + jg 200m)×6으로 표기함].

단계 IV

단계 IV에서는 **R** 페이스를 단계 III의 마지막 3주보다 200m당 1초(400m당 2초, 600m당 3초) 빠르게 설정한다. 이하, 단계 III에서 설명한 것과 동일하다. 표 11.1은 주간 주행거리가 32~48km인 주자를 위한 24주간·4단계 프로그램을 보여준다.

표 11.1 800m 트레이닝 프로그램(주간 주행거리 32~48km)

		단계 I	
주차	Q1	Q2	Q3
1	**L** 런 40-45분	**E** 20분 + ST 8회 + **E** 10분	**E** 20분 + ST 8회 + **E** 10분
2	**L** 40-45분	**E** 30분 + ST 8회 + **E** 10분	**E** 10분 + ST 8회 + **E** 20분
3	**L** 45분	**E** 10분 + ST 8회 + **E** 20분	**E** 30분 + ST 8회 + **E** 10분
4	**M** 런 40분	**E** 40분 + ST 8회 + **E** 5분	**E** 10분 + ST 10회 + **E** 20분
5	**L** 45분 + ST 6회	**E** 20분 + **M** 20분 + ST 6회	**E** 20분 + ST 10회 + **E** 10분
6	**M** 40분 + ST 6회	**E** 40분 + ST 8회 + **E** 5분	**E** 10분 + ST 10회 + **E** 20분
		단계 II	
주차	Q1	Q2	Q3
7	**L** 40-60분 + ST 6회	**E** 20분 + (**R** 200m + jg 200m) ×6 + **E** 10분	**E** 10분 + (**R** 200m + jg 200m)×8 + **E** 10분
8	**L** 40-60분 + ST 6회	**E** 20분 + (**R** 200m + jg 200m) ×4 + (**R** 400m + jg 400m)×2 + **E** 10분	**E** 20분 + (**R** 200m + jg 200m) ×8-10 + **E** 10분
9	**L** 40-60분 + ST 6회	**E** 10분 + (**R** 400m + jg 400m) ×4 + **E** 10분	**E** 10분 + (**R** 200m + jg 200m) ×4-6 + **E** 10분 + (**R** 200m + jg 200m)×4-6 + **E** 5분
10	**L** 40-60분 + ST 6회	**E** 10분 + **[3세트]** (**R** 200m + jg 200m + **R** 200m + jg 400m + **R** 400m + jg 200m) + **E** 10분	**E** 10분 + (**R** 400m + jg 400m) ×4-6 + **E** 10분
11	**L** 40-60분 + ST 6회	**E** 20분 + (**R** 200m + jg 200m)× 2 + (**R** 600m + jg 600m)×2 + (**R** 200m + jg 200m)×4 + **E** 10분	**E** 10분 + ST 4회 + **R** 600m + jg 600m + (**R** 400m + jg 400m)×2 + (**R** 200m + jg 200m)×4 + **E** 10분
12	**L** 40-60분 + ST 6회	**E** 10분 + (**R** 200m + jg 200m) ×4 + (**R** 400m + jg 400m)×2 + (**R** 600m)×1 + **E** 15분	**E** 10분 + (**R** 200m + jg 200m)×6 + (**R** 300m + jg 300m)×4 + **E** 20분

(뒤 페이지 계속)

단계 III			
주차	**Q1**	**Q2**	**Q3**
13	**L** 런 60분 + ST 6회	**E** 15분 + (**H** 3분 + jg 2분)×5 + (**FR** 200m + jg 200m)×4 + **E** 15분	**E** 10분 + **[3세트]**(**R** 600m + 휴식 30초 + **FR** 200m + **E** 7분) + **E** 20분
14	**E** 20분 + (**T** 1.6K + 휴식 2분)×3 + **E** 20분	**E** 15분 + (**I** 800m + jg 3분)×4 + ST 6회 + **E** 15분	**E** 10분 + **R** 600m + jg 600m + **R** 500m + jg 500m + **FR** 400m + jg 400m + (**FR** 300m + jg 300m)×2 + **E** 10분
15	**L** 런 60분 + ST 6회	**E** 15분 + (**H** 2분 + jg 1분)×8 + **E** 1.6K + (**R** 200m + jg 200m)×4 + **E** 15분	**E** 20분 + (**R** 400m + jg 400m)×3 + (**FR** 300m + jg 300m)×4 + **E** 10분
16	**E** 15분 + **T** 4.8K (지속주) + (**R** 200m + jg 200m)×4 + **E** 10분	**E** 15분 + (**I** 1K + jg 3분)×4 + ST 6회 + **E** 20분	**E** 20분 + (**R** 400m + jg 400m)×2 + (**R** 600m + jg 600m)×2 +(**FR** 300m + jg 300m)×2 + **E** 15분
17	**L** 런 60분 + ST 8회	**E** 20분 + (**H** 4분 + jg 3분)×4 + **E** 10분	**E** 10분 + (**FR** 400m + jg 400m)×4 + **E** 10분 + (**R** 400m + jg 400m)×4 + **E** 10분
18	**E** 10분 + **Mod** 40분 + ST 6회	**E** 15분 + (**I** 1,200m + jg 3분) ×4 + ST 6회 + **E** 10분	**E** 10분 + **[3세트]** (**R** 600m + 휴식 30초 + **FR** 200m + **E** 7분) + **E** 20분

단계 IV			
주차	**Q1**	**Q2**	**Q3**
19	**L** 런 45-60분 + ST 8회	**E** 10분 + ST 4회 + **T** 20분 (지속주) + (**R** 200m + jg 200m)×4 + **E** 10분	**E** 20분 **+ FR** 600m + jg 1K + **FR** 600m + jg 1K + **FR** 600m + **E** 15분
20	**L** 런 50-60분 + ST 6회	**E** 10분 + (**R** 200m + jg 200m) ×4 + (**T** 1.6K + 휴식 2분)×2 + ST 6회 + **E** 10분	**E** 20분 + **FR** 600m + jg 1K + (**FR** 400m + jg 400m)×2 + (**R** 200m + jg 200m)×4 + **E** 10분
21	**E** 20분 + **T** 4.8K (지속주) + ST 8회 + **E** 20분	**E** 20분 + (**T** 1.6K + 휴식 2분)×3 + (**R** 200m + jg 200m)×6	**E** 20분 + **FR** 600m + jg 600m + (**FR** 300m + jg 500m)×2 + (**R** 200m + jg 200m)×3 + **E** 10분
22	**L** 런 60분 + ST 8회	**E** 20분 + (**T** 1K + 휴식 1분)×5 + (**R** 200m + jg 200m)×6 + **E** 10분	**E** 20분 + (**FR** 200m + jg 200m)×8 + **E** 20분
23	**L** 런 60분 + ST 6회	**E** 10분 + (**T** 1.6K + 휴식 2분)×3 + (**R** 200m + jg 200m)×6 + **E** 20분	**E** 20분 + (**FR** 200m + jg 400m)×2 + (**FR** 600m + jg 1K)×2 + (**R** 200m + jg 200m) ×4 + **E** 10분
24	**L** 런 50분 + ST 6회	**E** 10분 + (**R** 200m + jg 200m) ×2 + (**T** 1.6K + 휴식 2분)×2 + (**R** 200m + jg 200m)×2 + **E** 10분	**E** 20분 + ST + 중요도가 높은 레이스 당일

Table created by Jack Daniels' Running Calculator designed by the Run SMART Project.

주간 64km(40마일) 트레이닝 프로그램

단계 I

단계 I에서는 1주일에 3회 Q트레이닝을 실시하는데 **L** 러닝도 Q트레이닝의 하나로 카운트한다. Q트레이닝을 실시하는 요일에 대해서는 환경이나 날씨에 좌우되기 때문에 지정하고 있지 않다. 자신의 사정에 맞게 설정하자.

Q데이 이외는 모두 **E** 러닝의 날이다. 휴식이 필요하면 그날의 훈련은 거의 하지 않아도 되고, 제로라도 상관없다. 목표로 하는 주간 주행거리에 도달하려면 이런 **E** 데이의 훈련을 활용한다. 레이스 전에는 **E** 데이를 며칠 포함하도록 한다. 매주 나가는 레이스의 경우는 2일, 챔피언십 대회나 그것에 필적하는 중요한 레이스의 경우는 3일이 필요하다.

각 트레이닝의 페이스는, 최근의 레이스 기록에 근거해 최신의 VDOT를 확인하여 결정한다(VDOT에 대한 자세한 내용은 제5장을 참조). 참고할 수 있는 기록이 없는 경우에는 1마일의 기록을 보수적으로 예상하고 그것을 **R** 페이스로 한다. **I** 페이스는 그 **R** 페이스보다 400m당 8초 느린 페이스, **T** 페이스는 **I** 페이스보다 400m당 8초 더 느린 페이스로 한다.

스트라이즈(ST)는 15~20초간 가볍고 빠른 움직임로 달리는 것을 말한다(전력 질주가 아님). 각 횟수 사이에 45~60초간 휴식을 넣어 반복한다. 완만한 오르막을 이용해도 좋지만 회복을 위한 내리막에서는 주의가 필요하다. 중장거리주(**Mod**) 페이스는 통상의 **E**(**L**) 러닝보다 1km당 13~19초(1마일당 20~30초) 정도 빠른 페이스이다.

단계 II

단계 II에서 각 주의 Q1 훈련은 60분간의 **L** 러닝이다(단, 거리는 주간 주행 거리의 25%를 넘지 않도록 한다). 그리고 이것에 스트라이즈(ST) 6회를 추가한다. 스트라이즈는 **E** 데이에도 실시한다. 주 2회 **E** 러닝의 중간 정도나 마지막에 6~8회 추가한다(좋은 장소가 있으면 완만한 오르막에서 실시해도 좋다).

단계 III

단계 III에서는 **R** 페이스를 올리고 단계 II 마지막 3주보다 200m당 1초(400m당 2초, 600m당 3초) 빠르게 설정한다. **I** 페이스는 최근 레이스의 결과와 그에 상응하는 VDOT에 근거하여 설정하거나 새롭게 설정한 **R** 페이스보다 400m당 8초 느린 페이스로 한다. **FR**(빠른 리피티션)은 **R** 페이스보다 200m당 3초, 400m당 6초, 600m당 12초 빠른 페이스이다. **T** 페이스는 **R** 페이스보다 400m당 16초 느린 페이스(**I** 페이스보다 400m당 8초 느린 페이스)로 한다. **E** 러닝 중 주 2회는 스트라이즈 8회를 추가한다(평지든 오르막이든 상관 없음). 힘든(**H**) 페이스는 **I** 페이스와 같은 강도의 페이스, 중장거리주(**Mod**) 페이스는 일반 **E**(**L**) 러닝보다 1km당 13~19초(1마일당 20~ 30초)만큼 빠른 페이스이다.

주말에 대회가 있는 경우 Q3 트레이닝을 실시하지 않고 대회를 해당 주의 Q3 트레이닝으로 간주한다. 레이스의 운동 스트레스가 작은 날(또한 시간이 있는 날)은 그날의 레이스가 모두 끝나면 **R** 페이스로 200m, 6회 달리기를 추가해도 좋다[중간중간 200m 회복 조깅 포함, (**R** 200m + jg 200m)×6으로 표기함].

단계 IV

단계 IV에서는 **R** 페이스를 단계 III의 마지막 3주보다 200m당 1초(400m당 2초, 600m당 3초) 빠르게 설정한다. 이하 단계 III에서 설명한 것과 동일하다. 표 11.2는 주간 주행거리가 64km인 주자를 위한 24주간·4단계 프로그램을 보여준다.

표 11.2 800m 트레이닝 프로그램(주간 주행거리 64km)

단계 I			
주차	Q1	Q2	Q3
1	**L** 런 60분	**E** 30분 + ST 8회 + **E** 20분	**E** 20분 + ST 8회 + **E** 10분
2	**L** 런 60분	**E** 40분 + ST 8회 + **E** 10분	**E** 10분 + ST 8회 + **E** 20분
3	**L** 런 60분	**E** 30분 + ST 8회 + **E** 20분	**E** 30분 + ST 8회 + **E** 10분
4	**Mod** 런 50분	**E** 40분 + ST 8회 + **E** 10분	**E** 10분 + ST 10회 + **E** 20분
5	**L** 70분 + ST 6회	**E** 30분 + **Mod** 20분 + ST 6회	**E** 20분 + ST 10회 + **E** 10분
6	**Mod** 50분 + ST 6회	**E** 40분 + ST 8회 + **E** 5분	**E** 10분 + ST 10회 + **E** 20분
단계 II			
주차	Q1	Q2	Q3
7	**L** 60분 + ST 6회	**E** 20분 + (**R** 200m + jg 200m)×8 + **E** 20분	**E** 20분 + (**R** 200m + jg 200m)×8 + **E** 10분
8	**L** 60분 + ST 6회	**E** 20분 + (**R** 200m + jg 200m)×6 + (**R** 400m + jg 400m)×4 + **E** 10분	**E** 20분 + (**R** 200m + jg 200m)×10 + **E** 20분
9	**L** 60분 + ST 6회	**E** 20분 + (**R** 400m + jg 400m)×6 + **E** 20분	**E** 20분 + (**R** 200m + jg 200m)×6 + **E** 10분 + (**R** 200m + jg 200m)×6 + **E** 10분
10	**L** 60분 + ST 6회	**E** 15분 + **[4세트]** (**R** 200m + jg 200m + **R** 200m + jg 400m + **R** 400m + jg 200m) + **E** 10분	**E** 15분 + (**R** 400m + jg 400m)×6 + **E** 15분
11	**L** 60분 + ST 6회	**E** 20분 + (**R** 200m + jg 200m)×4 + (**R** 600m + jg 600m)×2 + (**R** 200m + jg 200m)×4 + **E** 10분	**E** 15분 + ST 4회 + **R** 600m + jg 600m + (**R** 400m + jg 400m)×3 + (**R** 200m + jg 200m)×6 + **E** 10분
12	**L** 60분 + ST 6회	**E** 15분 + (**R** 200m + jg 200m)×4 + (**R** 400m + jg 400m)×4 + (**R** 600m)×1 + **E** 20분	**E** 15분 + (**R** 200m + jg 200m)×6 + (**R** 300m + jg 300m)×6 + **E** 20분

(뒤 페이지 계속)

단계 III			
주차	**Q1**	**Q2**	**Q3**
13	**L** 런 60분 + ST 8회	**E** 20분 + (**H** 3분 + jg 2분)×6 + (**FR** 200m + jg 200m)×6 + **E** 15분	**E** 20분 + **[3세트]** (**R** 600m + 휴식 30초 + **FR** 200m + **E** 7분) + **E** 20분
14	**E** 15분 + (**T** 1.6K + 휴식 2분)×4 + **E** 15분	**E** 15분 + (**I** 800m + jg 3분)×6 + ST 6회 + **E** 15분	**E** 15분 + **R** 600m + jg 600m + **R** 500m + jg 500m + **FR** 400m + jg 400m + (**FR** 300m + jg 300m)×3 + **E** 10분
15	**L** 런 60분 + ST 6회	**E** 5분 + (**H** 2분 + jg 1분)×8 + **E** 1.6K + (**R** 200m + jg 200m)×4 + (**FR** 200m + jg 200m)×2 + **E** 15분	**E** 20분 + (**R** 400m + jg 400m)×4 + (**FR** 300m + jg 300m)×4 + **E** 10분
16	**E** 15분 + **T** 4.8K (지속주) + (**R** 200m + jg 200m)×6 + **E** 10분	**E** 15분 + (**I** 1K + jg 3분)×5 + ST 6회 + **E** 20분	**E** 20분 + (**R** 400m + jg 400m)×2 + (**R** 600m + jg 600m)×3 + (**FR** 300m + jg 300m)×2 + **E** 15분
17	**L** 런 60분 + ST 8회	**E** 20분 + (**H** 4분 + jg 3분)×4 + **E** 10분	**E** 20분 + (**FR** 400m + jg 400m)×4 + **E** 10분 + (**R** 400m + jg 400m)×4 + **E** 10분
18	**E** 10분 + **Mod** 40분 +ST 6회	**E** 15분 + (**I** 1,200m + jg 3분)×5 + ST 6회 + **E** 10분	**E** 10분 + **[3세트]** (**R** 600m + 휴식 30초 + **FR** 200m + **E** 7분) + **E** 20분

단계 IV			
주차	**Q1**	**Q2**	**Q3**
19	**L** 런 60분 + ST 8회	**E** 15분 + ST 4회 + **T** 20분 (지속주) + (**R** 200m + jg 200m)×6 + **E** 10분	**E** 20분 + **FR** 600m + jg 1K + **FR** 600m + jg 1K + **FR** 600m + **E** 20분
20	**L** 런 60분 + ST 6회	**E** 15분 + (**R** 200m + jg 200m)×6 + (**T** 1.6K + 휴식 2분)×2 + ST 6회 + **E** 10분	**E** 20분 + **FR** 600m + jg 1K + (**FR** 400m + jg 400m)×2 + (**FR** 200m + jg 200m)×4 + **E** 10분
21	**E** 20분 + **T** 4.8K (지속주) + ST 8회 + **E** 20분	**E** 20분 + (**T** 1.6K + 휴식 2분)×4 + (**R** 200m + jg 200m)×6	**E** 20분 + **FR** 600m + jg 600m + (**FR** 300m + jg 500m)×3 + (**R** 200m + jg 200m)×3 + **E** 10분
22	**L** 런 60분 + ST 8회	**E** 20분 + (**T** 1.6K + 휴식 1분)×4 + (**R** 200m + jg 200m)×8 + **E** 10분	**E** 20분 + (**FR** 200m + jg 200m)×8 + **E** 20분
23	**L** 런 60분 + ST 6회	**E** 10분 + (**T** 1.6K + 휴식 2분)×3 + (**R** 200m + jg 200m)×6 + **E** 20분	**E** 20분 + (**FR** 200m + jg 400m)×4 + (**FR** 600m + jg 1K)×2 + (**R** 200m + jg 200m)×4 + **E** 10분
24	**L** 런 50분 + ST 6회	**E** 10분 + (**R** 200m + jg 200m)×4 + (**T** 1.6K + 휴식 2분)×2 + (**R** 200m + jg 200m)×2 + **E** 10분	**E** 20분 + ST + 중요도 높은 레이스 당일

Table created by Jack Daniels' Running Calculator designed by the Run SMART Project.

주간 80~97km(50~60마일) 트레이닝 프로그램

단계 I

주간 80~97km 정도를 편하게 소화해 낼 수 있는 사람이라면 하루에 2회 연습하는 날을 주에 며칠 정도 설정하는 편이 좋다. 이 경우 Q트레이닝을 실시하는 것은 그날의 두 번째 훈련이 될 것이다. 오전 중에도 연습을 한다면 30분 이상의 **E** 러닝으로 한다. 그리고 훈련 중간 정도나 마지막에 스트라이즈를 8~10회 추가한다.

이 오전 중의 훈련 여부에 따라, 오후 훈련의 컨디션이 좋아지는지 그렇지 않는지 단계 I 중에 확인해 두면 좋다. 공부나 일로 바쁘면 휴식·회복 시간을 충분히 잡을 수 있는 날에 이 오전 훈련을 추가해 보자. 어느 요일이 좋은가는 스스로 시험해 보도록 한다. 하루 걸러 해도 좋고, 이틀 연속으로 하고 그 후 하루나 이틀, 혹은 3일 휴식하는 방법도 생각할 수 있다.

중요한 것은 연습 스케줄을 자신의 편의에 맞추는 것이다. 그리고 오전 중의 연습(Q트레이닝 이외에 실시하는 러닝)은 목표로 하는 주간 주행거리에 도달하기 위해서 활용하는 것이다. 주간 주행거리는 건강상의 문제가 있거나 과도한 운동 스트레스가 걸리는 경우는 적절히 줄여야 한다.

단계 I의 일정은 기본적으로 주간 64km 프로그램과 다르지 않다. Q트레이닝이 지속시간이 아니라 거리로 표시되는 점이 다를 뿐이다. 중장거리주(**Mod**) 페이스는 통상의 **E**(**L**) 러닝보다 1km당 13~19초(1마일당 20~30초) 정도 빠른 페이스이다.

단계 II

단계 II에서 각 주의 Q1 훈련은 **L** 러닝이다. 거리는 16km 혹은 주간 주행거리의 25% 중 어느 쪽이든 더 짧은 거리로 한다. 그리고 이것에 스트라이즈 6회를 추가한다. 스트라이즈는 **E** 데이에도 실시한다. 주 2회 **E** 러닝의 중간 정도나 마지막에 6~8회 추가한다(좋은 장소가 있으면 완만한 오르막에서 실시해도 좋다).

단계 III

단계 III에서는 **R** 페이스를 올리고 단계 II 마지막 3주보다 200m당 1초(400m당 2초, 600m당 3초) 빠르게 설정한다. **I** 페이스는 최근 레이스의 기록과 그에 상당하는 VDOT에 근거하여 설정하거나 새롭게 설정한 **R** 페이스보다 400m당 8초 느린 페이스로 한다. **FR**(빠른 리피티션)은 **R** 페이스보다 200m당 2~3초, 400m당 4~6초, 600m당 9~12초 빠른 페이스이다. **T** 페이스는 **R** 페이스보다 400m당 16초 느린 페이스(**I** 페이스보다 400m당 8초 느린 페이스)로 한다. **E** 러닝 중 주 2회는 스트라이즈 8회를 추가한다(평지든 오르막이든 무관하다). 힘든(**H**) 페이스는 **I** 페이스와 같은 강도의 페이스이고, 중장거리주(**Mod**)의 페이스는 일반 **E**(**L**) 러닝보다 1km당 13~19초(1마일당 20~ 30초) 정도 빠른 페이스이다.

주말에 대회가 있는 경우 Q3 트레이닝을 하지 말고 대회를 해당 주 Q3 트레이닝으로 간주한다. 레이스의 운동 스트레스가 작은 날(또한 시간이 있는 날)은 그날의 레이스가 모두 끝나면 **R** 페이스로 200m, 6회 달리기를 추가해도 좋다[중간중간 200m 회복 조깅 포함, (**R** 200m + jg 200m)×6으로 표기함].

단계 IV

단계 IV에서는 **R** 페이스를 단계 III의 마지막 3주보다 200m당 1초(400m당 2초, 600m당 3초) 빠르게 설정한다. 이하, 단계 III에서 설명한 것과 동일하다. 표 11.3은 주간 주행거리가 80~97km인 주자를 위한 24주·4단계 프로그램을 나타냈다.

표 11.3 800m 트레이닝 프로그램(주간 주행거리 80~97km)

단계 I			
주차	Q1	Q2	Q3
1	**L** 16K	**E** 4.8K + ST 8회 + **E** 3.2K	**E** 4.8K + ST 8회 + **E** 3.2K
2	**L** 13K	**E** 4.8K + ST 8회 + **E** 4.8K	**E** 3.2K + ST 8회 + **E** 4.8K
3	**L** 16K	**E** 4.8K + ST 8회 + **E** 3.2K	**E** 4.8K + ST 8회 + **E** 3.2K
4	**Mod** 13K	**E** 4.8K + ST 8회 + **E** 4.8K	**E** 3.2K + ST 10회 + **E** 4.8K
5	**L** 19.3K + ST 6회	**E** 4.8K + **Mod** 4.8K + ST 6회	**E** 4.8K + ST 10회 + **E** 3.2K
6	**Mod** 13K + ST 6회	**E** 6.4K + ST 8회 + **E** 1.6K	**E** 3.2K + ST 10회 + **E** 4.8K
단계 II			
주차	Q1	Q2	Q3
7	**L** 16K + ST 6회	**E** 4.8K + (**R** 200m + jg 200m)×10 + **E** 4.8K	**E** 4.8K + (**R** 200m + jg 200m)×12 + **E** 4.8K
8	**L** 16K + ST 6회	**E** 4.8K + (**R** 200m + jg 200m)×8 + (**R** 400m + jg 400m)×6 + **E** 3.2K	**E** 4.8K + (**R** 200m + jg 200m)×12 + **E** 3.2K
9	**L** 16K + ST 6회	**E** 4.8K + (**R** 400m + jg 400m)×8 + **E** 4.8K	**E** 4.8K + (**R** 200m + jg 200m)×8 + **E** 1.6K + (**R** 200m + jg 200m)×8 + **E** 3.2K
10	**L** 16K + ST 6회	**E** 3.2K + **[5세트]** (**R** 200m + jg 200m + **R** 200m + jg 400m + **R** 400m + jg 200m) + **E** 3.2K	**E** 3.2K + (**R** 400m + jg 400m)×8 + **E** 3.2K
11	**L** 16K + ST 6회	**E** 4.8K + (**R** 200m + jg 200m)×4 + (**R** 600m + jg 600m)×4 + (**R** 200m + jg 200m)×4 + **E** 3.2K	**E** 3.2K + ST 4회 + (**R** 600m + jg 600m)×2 + (**R** 400m + jg 400m)×4 + (**R** 200m + jg 200m)×6 + **E** 3.2K
12	**L** 16K + ST 6회	**E** 3.2K + (**R** 200m + jg 200m)×6 + (**R** 400m + jg 400m)×6 + (**R** 600m + jg 600m)×2 + **E** 3.2K	**E** 3.2K + (**R** 200m + jg 200m)×6 + (**R** 300m + jg 300m)×8 + **E** 3.2K

(뒤 페이지 계속)

단계 III			
주차	Q1	Q2	Q3
13	**L**16K + ST 8회	**E** 4.8K + {(**H** 3분 + jg 2분)× 7 or (**I** 1K + jg 2분)× 6} + (**FR** 200m + jg 200m)×6 + **E** 3.2K	**E** 4.8K + **[4세트]** (**R** 600m + 휴식 30초 + **FR** 200m + **E** 1.6K) + **E** 4.8K
14	**E** 3.2K + (**T** 1.6K + 휴식 2분)×5 + **E** 3.2K	**E** 3.2K + (**I** 800m + jg 2분)×8 + ST 6회 + **E** 3.2K	**E** 3.2K + **R** 600m + jg 600m + **R** 500m + jg 500m + **FR** 400m + jg 400m + (**FR** 300m +jg 300m)×3 + **E** 3.2K
15	**L**16K + ST 8회	**E** 3.2K + (**H** 2분 + jg 1분)×10 + **E** 1.6K + (**R** 200m + jg 200m) ×4 + (**FR** 200m + jg 200m)×4 + **E** 3.2K	**E** 4.8K + (**R** 400m + jg 400m)×6 + (**FR** 300m + jg 300m)×4 + **E** 3.2K
16	**E** 3.2K + **T** 4.8K (지속주) + (**R** 200m + jg 200m)×6 + **E** 3.2K	**E** 3.2K + (**I** 1K + jg 3분)×6 + ST 6회 + **E** 4.8K	**E** 4.8K + (**R** 400m + jg 400m) ×2 + (**R** 600m + jg 600m)×4 + (**FR** 300m + jg 300m)×2 + **E** 3.2K
17	**L** 16K + ST 8회	**E** 4.8K + (**H** 4분 + jg 3분)×5 + **E** 3.2K	**E** 4.8K + (**FR** 400m + jg 400m)×4 + **E** 10분 + (**R** 400m + jg 400m)×4 + **E** 3.2K
18	**E** 3.2K + **Mod** 13K + ST 6회	**E** 3.2K + (**I** 1,200m + jg 3분) ×6 + ST 6회 + **E** 3.2K	**E** 3.2K + **[4세트]** (**R** 600m + 휴식 30초 + **FR** 200m + **E** 1.6K) + **E** 4.8K

단계 IV			
주차	Q1	Q2	Q3
19	**L** 16K + ST 8회	**E** 3.2K + ST 4회 + **T** 4.8K + (**R** 200m + jg 200m)×8 + **E** 3.2K	**E** 4.8K + **FR** 600m + jg 1K + **FR** 600m + jg 1K + **FR** 600m + **E** 4.8K
20	**L** 16K + ST 6회	**E** 3.2K + (**R** 200m + jg 200m) ×8 + (**T** 1.6K + 휴식 2분)×3 + ST 6회 + **E** 3.2K	**E** 4.8K + **FR** 600m + jg 1K + (**FR** 400m + jg 400m)×2 + (**FR** 200m + jg 200m)×6 + **E** 3.2K
21	**E** 4.8K + **T** 4.8K + ST 8회 + **E** 4.8K	**E** 4.8K + (**T** 1.6K + 휴식 2분)×5 + (**R** 200m + jg 200m)×8 + **E** 3.2K	**E** 4.8K + **FR** 600m + jg 600m + (**FR** 300m + jg 500m)×4 + (**R** 200m + jg 200m)×4 + **E** 3.2K
22	**L**16K + ST 8회	**E** 4.8K + (**T** 1.6K + 휴식 1분) ×5+ (**R** 200m + jg 200m)×10 + **E** 3.2K	**E** 4.8K + (**FR** 200m + jg 200m)×6 + **E** 1.6K + (**FR** 200m + jg 200m)×4 + **E** 4.8K
23	**L** 16K + ST 6회	**E** 3.2K + (**T** 1.6K + 휴식 2분)×3 + (**R** 200m + jg 200m)×6 + **E** 4.8K	**E** 4.8K + (**FR** 200m + jg 400m)×4 + (**FR** 600m + jg 1K)×2 + (**R** 200m + jg 200m) ×4 + **E** 3.2K
24	**L** 13K + ST 6회	**E** 3.2K + (**R** 200m + jg 200m)×4 + (**T** 1.6K + 휴식 2분)×2 + (**R** 200m + jg 200m) ×2 + **E** 3.2K	**E** 4.8K + ST + 중요도가 높은 레이스 당일

Table created by Jack Daniels' Running Calculator designed by the Run SMART Project.

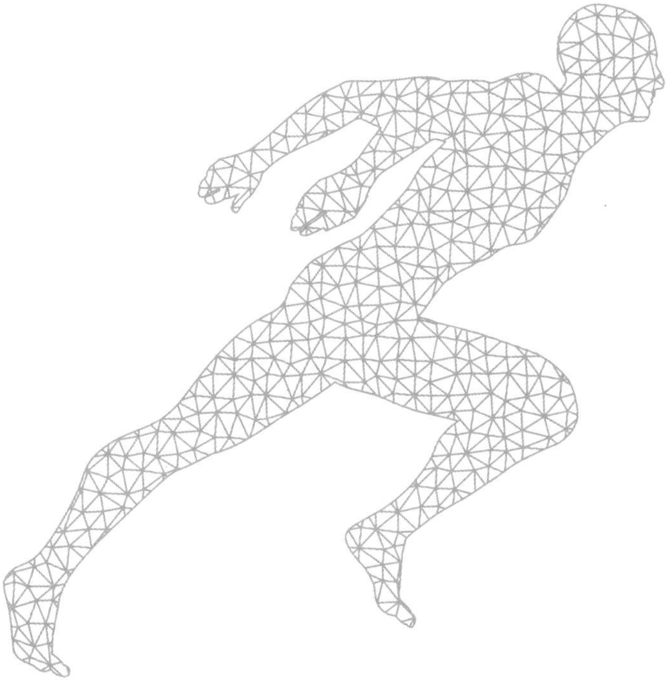

Chapter 12

1,500m~ 2마일(3,200m) 트레이닝

팀 동료에게 잘 달리고 있다고 말해 주는 걸 잊지 말자.

800m 러너 중 많은 선수는 1,500m나 1마일 등 보다 긴 거리의 레이스에도 본격적으로 임하고 있다. 1,500m 러너나 1마일 러너도 마찬가지여서 3km나 2마일 레이스를 진지하게 대하는 선수도 많다. 그래서 이 장에서는 1,500m뿐만 아니라 2마일까지를 커버한 프로그램(4단계로 구성된 프로그램)을 소개한다. 1,500m 러너 중에는 800m에도 동등한 무게를 두는 사람도 있을 텐데(실내 시즌이라면 1,000m에도 관심을 쏟는다), 이 장의 프로그램에 따라 트레이닝을 쌓으면 다양한 중거리 종목에 대응하는 힘이 길러질 것이다.

1,500m 종목은 고강도의 유산소 운동이지만 스피드와 무산소 능력에도 크게 의존한다. 따라서 1,500m 레이스를 집중해서 달리면 $v\dot{V}O_2max$보다도 약 10~12% 높은 강도가 된다. 한편 3,000m와 2마일의 강도는 정확히 $v\dot{V}O_2max$에 해당하고 이것은 힘든 **I** 트레이닝과 거의 같다.

그렇지만 이런 종목의 훈련도 단계 I의 첫 내용은 800m와 거의 다르지 않다. **E** 러닝을 충분히 실시하고 그것에 플러스하여 스트라이즈(ST), 또는 언덕주를 1주에 몇 번씩 실시한다.

레이스에서 4~12분 정도 걸리는 종목이라면, 러너는 초반부터 내달리기 쉽다. 그래서 나는 과도하다고 생각할 정도로 신중하게 스타트하도록 선수에게 끈질기게 주의시키고 있다. 1,500m와 1마일의 경우 처음 400m를 보수적으로 달리고 2바퀴째를 첫 바퀴째보다 2초 빠르게 달리는 방법이 있다. 이것은 호기록을 노릴 때(게다가 전술이나 악천후를 신경쓰지 않아도 좋을 때)의 작전인데, 실제로 매우 효과적이다. 젊은 선수는 처음 몇 초 동안 너무 내달려 2바퀴째가 되면 뚝 뒤처지는 경우가 많기 때문이다.

1마일 레이스를 자주 관전해 본 사람이라면, 400m 트랙 3바퀴째의 랩이 2바퀴째와 대개 동일해지는 것을 알고 있을 것이다. 첫 바퀴에서 돌진하고, 2바퀴째에서 대폭 페이스가 떨어지면 대부분 3바퀴째에서도 느려져 기록을 노릴 기회는 없어진다. 반대로 첫 바퀴에서 신중하게 달리고, 2바퀴째에서 페이스를 올릴 수 있도록 힘을 집중시키면 대체로 3바퀴째에서도 좋은 기록으로 달릴 수 있게 된다. 그렇게 하면 마지막 1바퀴는 어쨌든 끈질기게 달리기만 하면 된다. 어떤 종목의 레이스를 하든 무엇이 가장 자신에게 맞는지 여러 가지 접근법을 시험해 보면 좋다.

나는 지금까지 수년에 걸쳐 보아 온 많은 1,500m와 1마일 러너들에게 자신의 전문(최고기록을 낸) 종목보다 거리가 더 짧은 종목이 좋은지, 더 긴 종목이 좋은지 질문을 해 왔는데, 짧은 종목 쪽이 약간 우세하긴 하지만 양쪽 모두 선호한다는 것을 알았다. 확실히 1마일 레이스를 달리면 2마일 레이스 페이스는 편안하게 느껴지고, 2마일이나 3,000m를 달리면 1,500m나 1마일은 상당히 짧게 느껴진다.

단계 I

단계 I에서 실시하는 것은 어느 프로그램에서도 마찬가지다. **E** 러닝, 그리고 **E** 데이에 스트라이즈(ST) 및 보조 트레이닝(예: 가벼운 레지스턴스 트레이닝과 서킷 트레이닝)을 추가하는 것을 권장한다. 단지 보조 트레이닝 직후에 달리는 것은 가능한 한 피해야 한다. 보조 훈련 전이나 몇 시간 후가 좋다(역자 주: 레지스턴스 트레이닝은 '저항 훈련'이라고도 하는데 근력, 근파워, 근지구력의 향상을 목적으로 한 훈련을 통칭하여 레지스턴스 트레이닝이라고 한다. 서킷 트레이닝은 지구력이 생명인 선수들에게 단기간에 걸친 전신근육과 심폐기능 강화 효과를 가져다 주는 훈련으로 보강운동이나 근력훈련을 조합하여 하나의 세트로 만들어 휴식 없이 순차적으로 실시하는 운동이다).

단계 I에서는 **E** 러닝과 기록을 측정하지 않는 러닝이 주가 되기 때문에 혼자서 트레이닝을 하기 쉬운 시기이며, 누구라도 자신의 형편에 맞추어 연습할 수 있다. 단지 학교의 클럽 활동으로 하면 당연히 러너 전원이 동시에 트레이닝을 하게 된다. 이런 경우에 중요한 것은 러너를 체력별, 능력별로 나누는 것이다. 미리 그룹을 나눠두면 체력이 별로 없는 사람이 자신보다 훨씬 주력이 위에 있는, 어려운 페이스를 설정한 사람을 따라가려 하지 않을 것이다.

단계 II

단계 II부터는 양질의 트레이닝(Q트레이닝)을 섞는다. 이것은 내가 만든 모든 프로그램에 공통된 방법이다. 단계 II의 Q트레이닝은 **L** 러닝(주 1회)과

R 트레이닝(주 2회)이다. 사람에 따라 단계 II는 프로그램의 시작점이 되기도 한다. 시즌이 끝나고 얼마 지나지 않아 유산소 능력이 높은 상태에 있다면 단계 II부터 시작할 수 있다. 예를 들어 가을의 크로스컨트리 시즌이 막 끝난 러너가 그렇다. 크로스컨트리 훈련과 대회를 경험했다면 단계 I은 더 이상 필요하지 않다. 게다가 단계 II에 통상 포함되는 **R** 트레이닝에 다시 전념하는 타이밍으로서 딱 좋다. 크로스컨트리 시즌이 끝나면 러너의 유산소 능력은 최고점에 도달한다. 여기에 더해 스피드와 러닝 이코노미의 향상에 시간을 쏟는다면 대부분 단거리 종목으로 열리는 실내 트랙 시즌을 앞두고 좋은 컨디션을 만들 수 있다.

또한 일반적으로 **R** 트레이닝은 **I** 트레이닝보다 신체에 스트레스가 덜 가해진다. **I** 트레이닝이나 5~12 km에 걸친 중요한 레이스의 부담에서 일시적으로 멀어질 수 있는 것이다. 이런 생각으로 **R** 트레이닝의 시기를 기다리는 중장거리 러너가 많다.

단계 III

단계 III은 확실히 시즌 중 가장 힘든 시기이다. **I** 트레이닝 같은 스트레스가 높은 연습 외에 지구력 향상을 노려 **T** 트레이닝을 실시하는 경우도 많다. 시즌 중 얼마나 힘을 가할 수 있는지는 단계 III에서 결정된다고 해도 과언이 아니다.

I 트레이닝에서는 의지와 능력을 발휘하되, 항상 과하지 않도록 해야 한다. 그것이 이 힘든 단계에서 성장할 수 있는 열쇠가 된다. 훈련의 목적을 기

억하자. I 트레이닝은 최소의 연습으로 최대의 효과를 얻기 위해 실시한다. 그것은 어쨌든 최근 레이스 기록에 상당하는 VDOT에서 요구한 페이스로 트레이닝을 하는 것이다.

단계 IV

일단 트랙 시즌이 시작되면, 적절한 대회 참가 횟수를 가늠하는 것이 어려울 때도 있다. 1,500m, 1마일, 3,000m, 2마일 전문 선수에게 중요한 것은 종목을 좁히지 않고 다양한 거리의 레이스에 출전하는 것이기 때문이다. 레이스가 몇 개나 있는 주는 트레이닝 스케줄을 조정하여 출전하기도 한다. 400m, 800m, 1,000m(또는 1,500m나 1마일)는 3,000m나 2마일보다 무산소 능력과 스피드에 스트레스가 더 가해지는 레이스이다. 트랙 시즌 동안 다양한 종목으로 여러 대회가 열리므로 이 확실한 기회를 최대한 살리도록 한다(다만 크로스컨트리 시즌이라면 레이스가 열리는 시기가 거의 비슷하기 때문에 서로 조정이 필요하다).

일단 스케줄을 세웠더라도 언제라도 변경할 준비를 해 두자. 무엇이 정신적·신체적으로 베스트 훈련인지 결정하는 데 날씨가 중요한 역할을 하는 옥외 시즌이라면 특히 그렇다. 중요한 레이스를 앞두고 있는 주도 스케줄 변경의 마음가짐은 필요하다. 예를 들어 Q데이가 1주일에 2일 있고, 레이스가 있는 금요일이나 토요일까지 충분히 회복할 수 없을 경우는 망설이지 않고 예정하고 있던 연습을 줄이도록 한다.

주간 48km(30마일) 트레이닝 프로그램

단계 I

단계 I에서는 1주일에 3회 Q트레이닝을 실시하는데 어느 연습도 전혀 힘들지 않다. 그럼에도 Q트레이닝으로 지칭하는 이유는 간단한 **E** 러닝만으로 구성된 것이 아니기 때문이다. Q트레이닝 중 하나는 **L** 러닝 또는 **Mod** (moderately long) 페이스의 러닝이며, 나머지 2회는 스트라이즈(ST)가 더해진다. 스트라이즈는 15~20초간의 가볍고 빠른 움직임의 달리기이다. 실시하는 장소는 평탄한 곳이나 완만한 오르막이 있으면 언덕길이라도 좋지만, 결코 전력 질주는 아니다. 스트라이즈를 언덕길에서 실시할 경우라도, 마지막 2회는 가능한 한 평평한 장소나 트랙에서 실시하도록 하자. 그러면 가볍고 빠르게 잘 회전하는 다리의 움직임을 체감할 수 있다. 또한 리커버리에서는 완전히 회복하도록 한다. 이것은 평탄한 곳에서도 언덕길에서도 마찬가지다.

Mod 페이스 러닝은 중간 거리의 긴 달리기이다. **Mod** 페이스는 일반적인 **E**(**L**) 러닝보다 1km당 13~19초(1마일당 20~30초) 정도 빠르다. Q데이 이외의 날은 모두 30분 이상의 **E** 러닝을 실시한다. 목표로 하는 주간 주행거리에 도달하려면 이런 **E**데이의 연습을 활용한다. 그러나 매일 달리지 않아도 목표에 도달한다면 전혀 달리지 않는 **E** 데이가 있어도 된다. 단계 I 시작 전에 달리지 않는 기간이 몇 주간 있었을 경우는 예정된 연습 가운데 가장 양이 적은 것을 선택하도록 한다.

단계 II

단계 II에서는 매주 **L** 러닝을(Q1으로) 실시한다. 통상은 일요일로 설정하지만 토요일에 실시하는 트레이닝의 스트레스가 높지 않으면 토요일이라도 괜찮다. 이 경우 토요일 훈련 마지막에 몇 마일(5~8km 정도)을 추가한다. **L** 러닝의 거리는 주간 주행거리가 48km 정도라면, 그 거리의 30%로 한다. **L** 러닝의 다음날에 **E** 트레이닝을 하는 경우는 연습의 마지막에 스트라이즈를 6~8회 추가한다. 이렇게 스트라이즈를 추가하는 **E** 데이를 매주 2일 더 마련한다. 달리는 곳은 다른 경우와 마찬가지로 평평한 곳이나 완만한 오르막이라도 좋다. 단지, 회복을 위한 내리막에서는 주의가 필요하다.

Q데이는 **L** 러닝의 날(Q1) 이외에도, 매주 2일(Q2, Q3)을 설정하고 있다. 이 2일의 Q데이 사이에 **E** 데이를 가능한 한 2일 끼워 넣도록 하자. 만약 모든 것이 순조롭게 진행된다면 2주, 또는 3주에 한 번, Q데이를 또 다른 날(Q4)에 추가해도 좋다. 그렇다면 Q2를 다시 실시하고 Q4라고 지칭하면 된다. **L** 러닝 이외에 Q데이를 3일(Q2, Q3, Q4) 포함하는 주는 월요일, 목요일, 금요일로 하는 배치가 베스트이다. 그러면 Q1의 **L** 러닝은 토요일이나 일요일에 실시하게 된다. **L** 러닝 이외의 Q데이를 2일만(Q2, Q3)으로 하는 주는 월요일·목요일, 혹은 화요일·금요일의 조합으로 하는 것이 좋다. 7주부터 12주까지는 각 주의 Q1으로 **L** 러닝을 실시한다. 또한 **R** 페이스는 보수적으로 상정한 1마일 레이스 기록을 바탕으로 설정한다.

단계 III

단계 III에서는 **R** 페이스를 올리고 단계 II보다 200m당 1초, 400m당 2초, 600m당 3초 빠르게 설정한다. 이 설정에 문제가 없으면 3주째가 종료된 뒤 200m당 1초 더 빨리 한다. **I** 페이스는 최근의 레이스 기록에 상당하는 VDOT로 결정하거나, 현시점에서 무리 없이 해낼 수 있는 **R** 페이스보다 400m당 6초 느린 페이스로 설정한다.

단계 III는 일반적으로 대회에 나가기 시작하는 시기이다. 주말에 레이스를 앞두고 있는 경우, 두 번의 Q데이는 월요일(또는 화요일)·수요일(레이스가 토요일일 때), 혹은 월요일·화요일(레이스가 금요일일 때)로 설정한다. 레이스가 비교적 편했던 경우는 그날의 레이스가 모두 끝난 후 (**R** 200m + jg 200m)×6을 실시하면 된다.

단계 IV

단계 IV에서 실시하는 각 훈련의 페이스는 가장 최근의 대회 기록에 해당하는 VDOT를 기반으로 조정한다. 판단 자료가 되는 레이스의 성적이 없는 경우는, 각 페이스 모두 400m당 1초 빨리 한다. 보통 단계 IV에서는 거의 매주 레이스가 있다. 제19주, 20주, 22주의 Q2와 Q3은 월요일·수요일(레이스가 토요일일 때), 또는 월요일·화요일(레이스가 금요일일 때)로 설정한다. Q데이는 사이에 **E** 데이를 하루 끼워넣기보다도 백투백(2일 연속)으로 하는 편이 대개 효과가 더 좋다. 백투백은 꼭 시도해 보기 바란다(레이스가 토요일인 경우는 화요일과 수요일). 그러나 Q3의 경우 레이스가 금요일에 있거나 토요일이더라도 중요한 레이스인 경우는 생략한다. 표 12.1은 주간 주행거리가 48km 정도인 러너를 위한 24주간•4단계 프로그램의 개요를 나타낸다.

표 12.1 1.5-3.2K 트레이닝 프로그램(주간 주행거리 48km)

단계 I			
주차	**Q1**	**Q2**	**Q3**
1	**L** 40-60분	**E** 20분 + ST 8회 + **E** 20분	**E** 20분 + ST 8회 + **E** 10분
2	**L** 40-60분	**E** 30분 + ST 8회 + **E** 10분	**E** 10-20분 + ST 8회 + **E** 20분
3	**L** 45분	**E** 20분 + ST 8회 + **E** 20분	**E** 20-30분 + ST 8회 + **E** 10분
4	**Mod** 40분	**E** 30분 + ST 8회 + **E** 10분	**E** 20분 + ST 10회 + **E** 20분
5	**L** 40-60분 + ST 6회	**E** 20분 + **Mod** 20분 +ST 6회	**E** 20분 + ST 10회 + **E** 10분
6	**Mod** 40분 + ST 6회	**E** 30-40분 + ST 8회 + **E** 10분	**E** 10-20분 + ST 10회 + **E** 20분
단계 II			
주차	**Q1**	**Q2**	**Q3**
7	**L** 60분	**E** 20분 + (**R** 200m + jg 200m)×8 + **E** 10분	**E** 10분 + (**R** 200m + jg 200m)×10 + **E** 20분
8	**L** 60분	**E** 20분 + (**R** 200m + jg 200m)×2 + (**R** 400m + jg 400m)×4 + **E** 10분	**E** 20분 + (**R** 200m + jg 200m)×10 + **E** 10분
9	**L** 60분	**E** 10분 + (**R** 200m + jg 200m)×2 + (**R** 400m + jg 400m)×6 + **E** 10분	**E** 10분 + (**R** 200m + jg 200m)×6 + **E** 10분 + (**R** 200m + jg 200m)×4 + **E** 10분
10	**L** 60분	**E** 20분 + **[3세트]** (**R** 200m + jg 200m + **R** 200m + jg 400m + **R** 400m + jg 200m) + **E** 10분	**E** 10분 + (**R** 400m + jg 400m)×6 + (**R** 200m + jg 200m)×2 + **E** 10분
11	**L** 60분	**E** 20분 + (**R** 200m + jg 200m)×4 + (**R** 600m + jg 600m)×2 + (**R** 200m + jg 200m)×4 + **E** 10분	**E** 10분 + ST 4회 + **R** 600m + jg 600m + (**R** 400m + jg 400m)×2 + (**R** 200m + jg 200m)×4 + **E** 20분
12	**L** 60분	**E** 10분 + (**R** 200m + jg 200m)×2 + (**R** 400m + jg 400m)×2 + (**R** 600m + jg 600m)×2 + **E** 15분	**E** 10분 + (**R** 200m + jg 200m)×6 + (**R** 300m + jg 300m)×4 + **E** 20분

(뒤 페이지 계속)

단계 III			
주차	Q1	Q2	Q3
13	**L** 60-70분 + ST 8회	**E** 10분 + (**R** 200m + jg 200m)×16 + **E** 1.6K	**E** 20분 + (**R** 600m + jg 600m)×4 + (**R** 200m + jg 200m)×4 + **E** 15분
14	**E** 10분 + (**R** 400m + jg 400m)×8 + **E** 20분	**E** 15분 + (**I** 800m + jg 3분)×4 + ST 6회 + **E** 15분	**E** 20분 + (**T** 1.6K + 휴식 2분)×3 + **E** 20분
15	**L** 60-70분 + ST 8회	**E** 20분 + (**R** 600m + jg 600m)×4 + (**R** 200m + jg 200m)×4 + **E** 10분	**E** 15분 + (**H** 2분 + jg 1분)×8 + **E** 1.6K + (**R** 200m + jg 200m)×4 + **E** 15분
16	**E** 20분 + (**R** 400m + jg 400m)×8 + **E** 15분	**E** 20분 + (**I** 1K + jg 3분)×4 + ST 6회 + **E** 15분	**E** 15분 + **T** 4.8K (지속주) + (**R** 200m + jg 200m)×6 + **E** 10분
17	**L** 60-70분 + ST 8회	**E** 20분 + (**R** 600m + jg 600m)×4 + (**R** 200m + jg 200m)×4 + **E** 10분	**E** 10분 + (**I** 800m + jg 400m)×4 + (**R** 200m + jg 200m)×4 + **E** 20분
18	**E** 20분 + (**R** 600m + jg 600m)×2 + (**R** 400m + jg 400m)×3 + (**R** 200m + jg 200m)×4 + **E** 10분	**E** 15분 + (**I** 1,200m + jg 3분)×4 + ST 6회 + **E** 10분	**E** 10분 + (**T** 1.6K + 휴식 1분)×4 + (**R** 200m + jg 200m)×4 + **E** 10분

단계 IV			
주차	Q1	Q2	Q3
19	**L** 60분 + ST 8회	**E** 10분 + (**R** 600m + jg 600m)×4 + **E** 15분	**E** 20분 + **T** 3.2K + (**R** 200m + jg 200m)×4 + (**T** 1.6K + 휴식 1분)×2 + (**R** 200m + jg 200m)×4 + **E** 10분
20	**L** 60분 + ST 6회	**E** 10분 + (**R** 600m + jg 1K)×2 + (**R** 400m + jg 400m)×2 + (**R** 200m + jg 200m)×4 + **E** 10분	**E** 20분 + (**R** 200m + jg 200m)×4 + (**R** 400m + jg 400m)×4 + ST 6회 + **E** 10분
21	**E** 20분 + **T** 4.8K (지속주) + ST 8회 + **E** 20분	**E** 20분 + **R** 600m + jg 600m + (**R** 400m + jg 400m)×2 + (**R** 200m + jg 200m)×4 + **E** 10분	**E** 20분 + (**T** 1.6K + 휴식 2분)×3 + (**R** 200m + jg 200m)×6 (주말 레이스 예정이면 Q3 생략)
22	**L** 60분 + ST 8회	**E** 20분 + (**R** 400m + jg 400m)×8 + **E** 10분	**E** 20분 + (**T** 1.6K + 휴식 1분)×3 + (**R** 200m + jg 200m)×8 + **E** 10분
23	**E** 10분 + (**T** 1.6K + 휴식 1분)×4 + (**R** 200m + jg 200m)×4 + **E** 10분	**E** 20분 + **[2세트]** {**T** 1.6K + jg 400m + (**R** 200m + jg 200m)×4} + **E** 1.6K	**E** 10분 + (**I** 1K + jg 3분)×2 + (**R** 400m + jg 400m)×4 + **E** 15분 (중요 레이스 예정이면 Q3 생략)
24	**L** 50분 + ST 6회	**E** 10분 + (**R** 200m + jg 200m)×2 + (**T** 1.6K + 휴식 2분)×2 + (**R** 200m + jg 200m)×2 + **E** 10분	**E** 20분 + ST + 중요도 높은 레이스 당일

Table created by Jack Daniels' Running Calculator designed by the Run SMART Project.

주간 72km(45마일) 트레이닝 프로그램

단계 I

단계 I에서는 1주일에 3회 Q트레이닝을 실시하는데 어느 연습도 전혀 힘들지 않다. 그럼에도 Q트레이닝으로 지칭하는 이유는 간단한 **E** 러닝만으로 구성된 것이 아니기 때문이다. Q트레이닝 중 하나는 **L** 러닝 또는 **Mod**(moderately long) 페이스의 러닝이며, 나머지 2회는 스트라이즈(ST)가 더해진다. 스트라이즈는 15~20초간의 가볍고 빠른 움직임의 달리기이다. 실시하는 장소는 평탄한 곳이나 완만한 오르막이 있으면 언덕길이라도 좋지만, 결코 전력 질주는 아니다. 스트라이즈를 언덕길에서 실시할 경우라도, 마지막 2회는 가능한 한 평평한 장소나 트랙에서 실시하도록 하자. 그러면 가볍고 빠르게 잘 회전하는 다리의 움직임을 체감할 수 있다. 또한 리커버리에서는 완전히 회복하도록 한다. 이것은 평탄한 곳에서도 언덕길에서도 마찬가지다.

Mod 페이스 러닝은 중간 거리의 긴 달리기이다. **Mod** 페이스는 일반적인 **E**(**L**) 러닝보다 1km당 13~19초(1마일당 20~30초) 정도 빠르다. Q데이 이외의 날은 모두 30분 이상의 **E** 러닝을 실시한다. 목표로 하는 주간 주행거리에 도달하려면 이런 **E** 데이의 연습을 활용한다. 그러나 매일 달리지 않아도 목표에 도달한다면 전혀 달리지 않는 **E** 데이가 있어도 된다. 이 프로그램으로 트레이닝을 하는 러너라면 지난 몇 주간 정기적으로 달려왔을 것이다. 따라서, 설정된 주행거리가 너무 힘들지는 않을 것이다.

단계 II

단계 II에서는 매주 **L** 러닝을(Q1으로) 실시한다. 통상은 일요일로 설정하지만 토요일에 실시하는 트레이닝의 스트레스가 높지 않으면 토요일이라도 괜찮다. 이 경우 토요일 훈련 마지막에 몇 마일(5~8km 정도)을 추가한다. **L** 러닝의 다음날에 **E** 트레이닝을 하는 경우는 연습의 마지막에 스트라이즈를 6~8회 추가한다. 이렇게 스트라이즈를 추가하는 **E** 데이를 매주 2일 더 마련한다. 달리는 곳은 다른 경우와 마찬가지로 평평한 곳이나 완만한 오르막이라도 좋다. 단지, 회복을 위한 내리막에서는 주의가 필요하다.

Q데이 중, Q2, Q3 사이에는 **E** 데이를 가능한 한 2일은 끼워 넣도록 하자. 만약 모든 것이 순조롭게 진행되면, 2주 또는 3주에 한 번, Q데이를 또 하루(Q4) 추가해도 좋다. 그렇다면 Q1을 다시 실시하고 Q4라고 지칭하면 좋을 것이다. **L** 러닝 이외에 Q데이를 3일(Q2, Q3, Q4) 포함하는 주는 월요일, 목요일, 금요일에 배치하는 것이 베스트이다. 그러면 Q1의 **L** 러닝은 토요일이나 일요일에 실시하게 된다. Q데이를 Q1도 포함해 3일만(Q1, Q2, Q3) 하는 주는 일요일·월요일·목요일, 혹은 일요일·화요일·금요일로 배치하는 것이 좋다. 제7주부터 제12주까지는 각 주의 Q1로서 **L** 러닝 + 스트라이즈 6회를 실시한다.

단계 III

단계 III에서는 **R** 페이스를 올리고 단계 II보다 200m당 1초, 400m당 2초, 600m당 3초 빠르게 설정한다. 이 설정에 문제가 없으면 3주째가 종료된 뒤 200m당 1초 더 빨리 한다. **I** 페이스는 최근의 레이스 기록에 상당하는 VDOT로 결정하거나, 현시점에서 무리 없이 해낼 수 있는 **R** 페이스보다 400m당 6초 느린 페이스로 설정한다.

단계 III는 일반적으로 대회에 나가기 시작하는 시기이다. 제14주, 16주, 18주 주말에 레이스가 있는 경우에는 Q2나 Q3 중 어느 하나를 생략하고 Q

데이 2일과 레이스만 소화한다. 이때 2일의 Q데이는 월요일·수요일(레이스가 토요일일 때), 혹은 월요일·화요일(레이스가 금요일일 때)로 설정한다. 레이스가 비교적 편했던 경우는, 그날의 레이스가 모두 끝난 후에, (**R** 200m + jg 200m)×6을 실시하면 된다.

단계 IV

단계 IV에서 실시하는 각 훈련의 페이스는 가장 최근의 대회 기록에 해당하는 VDOT를 기반으로 조절한다. 판단 자료가 되는 레이스의 성적이 없는 경우는, 각 페이스 모두 400m당 1초 빨리 설정한다. 보통 단계 IV에서는 거의 매주 레이스가 있다. 제19주, 20주, 22주의 Q2와 Q3에 관해서는 레이스가 토요일인 경우는 화요일·수요일로 설정하고, 레이스가 금요일인 경우는 둘 중 하나를 생략한다. Q데이는 사이에 **E** 데이를 하루 끼워넣기보다도 백투백(2일 연속)으로 하는 편이 대개 효과가 더 좋다. 토요일에 레이스를 앞두고 있으면 백투백을 꼭 시도해 보기 바란다. 표 12.2는 주간 주행거리가 72km 정도인 러너를 위한 24주·4단계 프로그램의 개요를 보여준다. 만약 24주를 확보할 수 없으면, 몇 주간을 생략해 짧게 해도 좋다.

표 12.2 1.5-3.2K 트레이닝 프로그램(주간 주행거리 72km)

단계 I			
주차	Q1	Q2	Q3
1	L16K + ST 6회	**E** 4.8K + **Mod** 6.4K + ST 8회 + **E** 3.2K	**E** 4.8K + ST 8회 + **E** 3.2K
2	L16K + ST 6회	**E** 6.4K + ST 8회 + **E** 6.4K	**E** 4.8K + ST 8회 + **E** 4.8K
3	L 13-16K + ST 8회	**E** 4.8K + **Mod** 8K + ST 8회 + **E** 3.2K	**E** 6.4K + ST 8회 + **E** 4.8K
4	**E** 1.6K + **Mod** 13K + ST 6회	**E** 3.2K + (**R** 200m + jg 200m)×8 + **E** 4.8K	**E** 4.8K + (**R** 200m + jg 200m)×8 + **E** 3.2K
5	L16K + ST 8회	**E** 3.2K + (**R** 200m + jg 200m)×8 + **E** 4.8K	**E** 4.8K + (**R** 200m + jg 200m)×8 + **E** 3.2K
6	**E** 1.6K + **Mod** 16K + ST 8회	**E** 3.2K + (**R** 200m + jg 200m)×8 + **E** 4.8K	**E** 4.8K + (**R** 200m + jg 200m)×8 + **E** 3.2K

단계 II			
주차	Q1	Q2	Q3
7	L 16K + ST 6회	**E** 3.2K + (**R** 200m + jg 200m)×12 + **E** 1.6K + (**R** 400m + jg 400m)×2 + **E** 3.2K	**E** 3.2K + (**R** 400m + jg 200m)×6 + (**R** 200m + jg 200m)×4 + **E** 3.2K
8	L 16K + ST 6회	**E** 3.2K + **[4세트]** (**R** 200m + jg 200m + **R** 200m + jg 200m + **R** 400m + jg 400m) + **E** 3.2K	**E** 3.2K + (**R** 200m + jg 200m)×10 + **E** 1.6K + (**R** 200m + jg 200m)×6 + **E** 3.2K
9	L 16K + ST 6회	**E** 3.2K + (**R** 200m + jg 200m)×4 + (**R** 400m + jg 400m)×6 + **E** 3.2K	**E** 3.2K + (**R** 200m + jg 200m)×4 + **E** 1.6K + (**R** 600m + jg 600m)×4 + **E** 3.2K
10	L 16K + ST 6회	**E** 3.2K + **[5세트]** (**R** 200m + jg 200m + **R** 200m + jg 400m + **R** 400m + jg 200m) + **E** 3.2K	**E** 3.2K + (**R** 400m + jg 400m)×8 + (**R** 200m + jg 200m)×2 + **E** 3.2K
11	L 16K + ST 6회	**E** 3.2K + (**R** 200m + jg 200m)×4 + (**R** 600m + jg 600m)×2 + (**R** 200m + jg 200m)×4 + **E** 3.2K	**E** 3.2K + ST 4회 + (**R** 600m + jg 600m)×2 + (**R** 400m + jg 400m)×3 + (**R** 200m + jg 200m)×4 + **E** 3.2K
12	L 16K + ST 6회	**E** 3.2K + (**R** 200m + jg 200m)×6 + (**R** 300m + jg 300m)×6 + **E** 3.2K	**E** 3.2K + (**R** 600m + jg 600m)×5 + **E** 3.2K

단계 III			
주차	**Q1**	**Q2**	**Q3**
13	**L** 16K	**E** 3.2K + (**I** 800m + jg 400m)×6 + **E** 3.2K	**E** 3.2K + (**R** 400m + jg 400m)×8 + **E** 3.2K
14	**E** 3.2K + (**R** 600m + jg 600m)×5 + (**R** 200m + jg 200m)×4 + **E** 3.2K	**E** 3.2K + (**I** 1K + jg 3분)×5 + ST 6회 + **E** 3.2K	**E** 3.2K + (**T** 1.6K + 휴식 2분)×4 + **E** 3.2K
15	**L** 16K + ST 8회	**E** 3.2K + (**H** 3분 + jg 2분)×6 + **E** 1.6K + (**R** 200m + jg 200m)×4 + **E** 3.2K	**E** 3.2K + (**R** 600m + jg 600m)×5 + (**R** 200m + jg 200m)×4 + **E** 3.2K
16	**E** 3.2K + (**R** 400m + jg 400m)×8 + **E** 3.2K	**E** 3.2K + (**I** 1K + jg 3분)×4 + ST 6회 + **E** 3.2K	**E** 3.2K + **T** 4.8K (지속주) + (**R** 200m + jg 200m)×6 + **E** 3.2K
17	**L** 16K + ST 8회	**E** 3.2K + (**I** 800m + jg 400m)×6 + (**R** 200m + jg 200m)×4 + **E** 3.2K	**E** 3.2K + (**R** 600m + jg 600m)×5 + (**R** 200m + jg 200m)×4 + **E** 3.2K
18	**E** 3.2K + (**R** 600m + jg 600m)×2 + (**R** 400m + jg 400m)×3 + (**R** 300m + jg 300m)×4 + **E** 3.2K	**E** 3.2K + (**I** 1,200m + jg 3분)×4 + ST 6회 + **E** 3.2K	**E** 3.2K + (**T** 1.6K + 휴식 1분)×4 + (**R** 200m + jg 200m)×4 + **E** 3.2K

단계 IV			
주차	**Q1**	**Q2**	**Q3**
19	**L** 16K + ST 8회	**E** 3.2K + (**R** 600m + jg 600m)×5 + **E** 3.2K	**E** 3.2K + **T** 3.2K + (**R** 200m + jg 200m)×4 + (**T** 1.6K + 휴식 1분)×3 + (**R** 200m + jg 200m)×4 + **E** 3.2K
20	**L** 16K + ST 6회	**E** 3.2K + (**R** 600m + jg 1K)×2 + (**R** 400m + jg 400m)×2 + (**R** 300m + jg 300m)×3 + **E** 3.2K	**E** 3.2K + (**R** 200m + jg 200m)×4 + (**R** 400m + jg 400m)×4 + (**R** 200m + jg 200m)×2 + **E** 3.2K
21	**E** 3.2K + (**R** 200m + jg 200m)×2 + **T** 4.8K (지속주) + (**R** 200m + jg 200m)×6 + **E** 3.2K	**E** 3.2K + **I** 1,200m + jg 800m + **R** 600m + jg 600m + **T** 1.6K + jg 400m + (**R** 200m + jg 200m)×2 + **E** 3.2K	**E** 3.2K + (**T** 1.6K + 휴식 2분)×4 + (**R** 200m + jg 200m)×6 + **E** 3.2K (주말에 레이스가 있다면 Q3는 생략)
22	**L** 16K + ST 8회	**E** 3.2K + **[4세트]** (**R** 200m + jg 200m + **R** 200m + jg 400m + **R** 400m + jg 200m) + **E** 3.2K	**E** 3.2K + **T** 4.8K + **E** 1.6K + (**R** 200m + jg 200m)×6 + **E** 3.2K
23	**E** 3.2K + **[3세트]** {**T** 1.6K + jg 400m + (**R** 200m + jg 200m)×2} + **E** 3.2K	**E** 3.2K + (**T** 1.6K + 휴식 1분)×3 + (**R** 200m + jg 200m)×4 + **E** 3.2K	**E** 3.2K + (**I** 1K + jg 3분)×2 + (**R** 400m + jg 400m)×4 + **E** 3.2K (주말에 레이스가 있다면, Q3는 생략)
24	**L** 13K + ST 6회	**E** 3.2K + (**R** 200m + jg 200m)×2 + (**T** 1.6K + 휴식 2분)×3 + (**R** 200m + jg 200m)×2 + **E** 3.2K	**E** 3.2K + ST + 중요도 높은 레이스 당일

Table created by Jack Daniels' Running Calculator designed by the Run SMART Project.

주간 97km(60마일) 트레이닝 프로그램

한 주에 97km나 달리는 러너라면 당연히 이 프로그램을 시작하기까지 상당한 연습량을 쌓아왔다고 생각된다. 그중에는 주행거리가 적은 프로그램에서 바로 스텝업해 온 러너도 있고, 2, 3주간 러닝을 쉬고 있던 러너도 있을 것이다. 그러나 어쨌든 이 프로그램의 대상은 주 97km 정도의 주행거리에 아무런 저항이 없는 주자이다.

단계 I

단계 I은 사전에 상당히 달리기를 쌓아온 러너에게는 필요하지 않을지도 모른다. 이 경우 바로 단계 II부터 시작해도 상관없다. 그러나 거리에 불안은 없지만 질 높은 훈련이 최근 부족하다는 사람은 당분간 단계 I의 프로그램 훈련을 하는 것이 좋다. 아마도 2, 3주가 지나면 단계 II 훈련은 무리 없이 할 수 있을 것이다.

어떤 때라도 우선은 앞을 내다보고 어떤 훈련이 기다리고 있는지 확인하는 것이 중요하다. 선택한 트레이닝 프로그램으로 얼마나 힘이 늘어날지 기대하는 것은 그 다음 이야기다. 시간이 있고 단계를 밟아 더 빠른 러닝으로 스텝업하고 싶다면, 앞으로 나아가기 전에 단계 I의 트레이닝을 한 번 해보는 것이 좋다.

스트라이즈(ST)는 완만한 오르막에서도 권장된다. 단지 마지막 2회는 어떤 때라도 반드시 평탄한 장소에서 달리도록 한다. 또한 하루 연습 횟수는 2회로 하면 좋다. 주 97km 이상 달리는 주자는 대부분 하루 2회 훈련 설정이 많아지면 오히려 더 편하게 느껴질 것이다. 연습을 2회로 나누면 그 사이에 수분을 보급하고 회복할 수 있다. 그 때문에 연습을 한 번에 몰아 했을 때에 비해 신체의 감각도, 퍼포먼스도 좋아진다.

단계 II

단계 II에서는 **R** 트레이닝이 꽤 많이 들어있는 훈련을 실시한다. **R** 트레이닝은 오전 중에 **E** 러닝을 실시한 후 몇 시간 지난 오후에 실시하는 편이 컨디션 좋게 달릴 수 있다. 따라서 단계 II에서는 각 주 모두 오전 중의 러닝을 거의 매일 실시하게 될 것이다. 시간은 매회 30분 정도로 하고 연습의 중간 정도나 마지막에 스트라이즈를 8~10회 추가하도록 한다. 아침의 스트라이즈는 평평한 곳에서 하는 것이 좋다. 각 주의 Q1(보통 일요일에 설정)은 편한 페이스로 실시하는 16~19km의 **L**러닝 + 스트라이즈 6~8회로 실시한다.

단계 III

단계 III에서 많이 실시하는 훈련은 **I** 러닝이다. 이것은 내가 작성한 대부분의 프로그램에서 공통적이다. **I** 트레이닝에는 **I** 페이스로 일정 거리를 달리는 경우와 힘든(**H**) 러닝을 일정 시간 계속하는 경우가 있지만, 그 목적은 같다. 즉, 레이스에서 10~12분간 유지할 수 있다고 생각하는 강도로 운동을 지속시키는 것이 목적이다.

단계 IV

단계 IV에서 실시하는 각 훈련의 페이스는 가장 최근의 대회 기록에 해당하는 VDOT를 기반으로 조절한다. 판단 자료가 되는 레이스의 성적이 없는 경우는 각 페이스 모두 400m당 1초 빨리 한다. 보통 단계 IV에서는 거의 매주 레이스가 있다. 제19주, 20주, 22주의 Q2와 Q3에 관해서는 레이스가 토요일인 경우는 화요일·수요일, 레이스가 금요일인 경우는 월요일·

화요일로 설정한다. Q데이 사이에 **E** 데이를 하루 끼워넣는 것보다 백투백(2일 연속)으로 하는 편이 보통 더 낫다. 백투백은 꼭 시도해 보기 바란다. 목표로 하는 주간 주행거리에 도달하려면 **E** 데이의 연습을 활용한다. 표 12.3은 주간 주행거리가 97km 정도인 러너를 위한 24주·4단계 프로그램의 개요를 나타냈다. 만약 24주 전체를 소화할 수 없을 것 같다면, 몇 주를 생략해 짧게 해도 좋다.

표 12.3 1.5-3.2K 트레이닝 프로그램(주간 주행거리 97km)

		단계 I	
주차	Q1	Q2	Q3
1	**L** 16-19K + ST 6회	**E** 3.2K + **Mod** 6.4K + ST 8회 + **E** 3.2K	**E** 3.2K + ST 8회 + **E** 13K
2	**E** 1.6K + **Mod** 16K + ST 6회	**E** 6.4K + ST 8회 + **E** 6.4K	**E** 9.7K + ST 8회 + **E** 4.8K
3	**L** 16-19K + ST 8회	**E** 3.2K + **Mod** 8K + ST 8회 + **E** 3.2K	**E** 6.4K + ST 8회 + **E** 6.4K
4	**E** 1.6K + **Mod** 13K +ST 6회	**E** 6.4K + (**R** 200m + jg 200m)×8 + **E** 4.8K	**E** 4.8K + (**R** 200m + jg 200m)×8 + **E** 3.2K
5	**L** 16K + ST 8회	**E** 3.2K + (**R** 200m + jg 200m)×8 + **E** 4.8K	**E** 4.8K + (**R** 200m + jg 200m)×8 + **E** 3.2K
6	**E** 1.6K + **Mod** 16K + ST 8회	**E** 6.4K + (**R** 200m + jg 200m)×8 + **E** 4.8K	**E** 4.8K + (**R** 200m + jg 200m) ×8 + **E** 3.2K
		단계 II	
주차	**Q1**	**Q2**	**Q3**
7	**L** 16-19K + ST 6-8회	**E** 3.2K + **[5세트]** (**R** 200m + jg 200m + **R** 200m + jg 200m + **R** 400m + jg 400m) + **E** 3.2K	**E** 3.2K + (**T** 1.6K + 휴식 1분)×5 + (**R** 200m + jg 200m)×6 + **E** 3.2K
8	**L** 16-19K + ST 6-8회	**E** 3.2K + (**R** 200m + jg 200m)×6 + (**R** 600m + jg 600m)×4 + (**R** 200m + jg 200m)×4 + **E** 3.2K	**E** 3.2K + (**R** 400m + jg 400m)×6 + (**R** 200m + jg 200m) ×6 + **E** 3.2K

단계 II			
주차	Q1	Q2	Q3
9	**L** 16-19K + ST 6-8회	**E** 3.2K + (**R** 200m + jg 200m)×4 + (**R** 800m + jg 800m)×2 + (**R** 200m + jg 200m)×4 + **E** 3.2K	**E** 3.2K + (**R** 200m + jg 200m) ×4 + (**T** 1.6K + 휴식 1분)×4 + (**R** 200m + jg 200m)×4 + **E** 3.2K
10	**L** 16-19K + ST 6-8회	**E** 3.2K + **[5세트]** (**R** 200m + jg 200m + **R** 200m + jg 200m + **R** 400m + jg 400m) + **E** 3.2K	**E** 3.2K + (**R** 800m + jg 800m)×2 + (**R** 600m + jg 600m)×2 + (**R** 400m + jg 400m)×2 + (**R** 200m + jg 200m)×2 + **E** 3.2K
11	**L** 16-19K + ST 6-8회	**E** 3.2K + (**R** 200m + jg 200m)×4 + (**R** 600m + jg 600m)×3 + (**R** 200m + jg 200m)×6 + **E** 3.2K	**E** 3.2K + (**R** 400m + jg 400m)×2 +(**R** 600m +jg 600m)×2 + (**R** 800m + jg 800m)×2 + (**R** 200m + jg 200m)×2 + **E** 3.2K
12	**L** 16-19K + ST 6-8회	**E** 3.2K + (**R** 200m + jg 200m)×4 + **T** 4.8K + **E** 800m + (**R** 200m + jg 200m)×4 + **E** 3.2K	**E** 3.2K + **[3세트]** (**R** 200m + jg 200m + **R** 200m + jg 200m + **R** 800m + jg 400m) + **E** 3.2K

단계 III			
주차	Q1	Q2	Q3
13	**E** 8K + ST 8회 + **E** 8K + ST 6회	**E** 3.2K + (**I** 800m + jg 400m) ×6 + **E** 3.2K	**E** 3.2K + (**R** 400m + jg 400m)×8 + **E** 3.2K
14	**E** 3.2K + (**R** 600m + jg 600m)×5 + (**R** 200m + jg 200m) ×4 + **E** 3.2K	**E** 3.2K + (**I** 1K + jg 3분)×5 + ST 6회 + **E** 3.2K	**E** 3.2K + (**T** 1.6K + 휴식 2분)×4 + **E** 3.2K
15	**L** 16K + ST 8회	**E** 3.2K + (**H** 3분 + jg 2분)×6 + **E** 1.6K + (**R** 200m + jg 200m) ×4 + **E** 3.2K	**E** 3.2K + (**R** 600m + jg 600m)×5 + (**R** 200m + jg 200m)×4 + **E** 3.2K
16	**E** 3.2K + (**R** 400m + jg 400m)×8 + **E** 3.2K	**E** 3.2K + (**I** 1K + jg 3분)×4 + ST 6회 + **E** 3.2K	**E** 3.2K + **T** 4.8K (지속주) + (**R** 200m + jg 200m)×6 + **E** 3.2K
17	**L** 16K + ST 8회	**E** 3.2K + (**I** 800m + jg 400m) ×6 + (**R** 200m + jg 200m)×4 + **E** 3.2K	**E** 3.2K + (**R** 600m + jg 600m)×5 + (**R** 200m + jg 200m)×4 + **E** 3.2K
18	**E** 3.2K + (**R** 600m + jg 600m)×2 + (**R** 400m + jg 400m) ×3 + (**R** 300m + jg 300m)×4 + **E** 3.2K	**E** 3.2K + (**I** 1,200m + jg 3분) ×4 + ST 6회 + **E** 3.2K	**E** 3.2K + (**T** 1.6K + 휴식 1분)×4 + (**R** 200m + jg 200m)×4 + **E** 3.2K

(뒤 페이지 계속)

단계 IV			
주차	Q1	Q2	Q3
19	**L** 16K + ST 8회	**E** 3.2K + (**R** 800m + jg 800m)×4 + **E** 3.2K	**E** 3.2K + **T** 4.8K + (**R** 200m + jg 200m)×4 + **T** 3.2K + 휴식 1분 + (**R** 200m + jg 200m)×4 + **E** 3.2K
20	**L** 16K + ST 8회	**E** 3.2K + (**R** 600m + jg 1K)×2 + (**R** 400m + jg 400m)×2 + (**R** 600m + jg 600m)×2 + **E** 3.2K	**E** 3.2K + (**R** 400m + jg 400m)×4 + (**T** 1.6K + 휴식 1분)×3 + (**R** 200m + jg 200m) ×4 + **E** 3.2K
21	**E** 3.2K + **I** 1,200m + jg 800m + **R** 600m + jg 600m + **T** 1.6K + jg 400m + (**R** 200m + jg 200m) ×2 + **E** 3.2K	**E** 3.2K + (**R** 200m + jg 200m)×2 + **T** 4.8K (지속주) + (**R** 200m + jg 200m)×6 + **E** 3.2K	**E** 3.2K + (**T** 1.6K + 휴식 2분) ×4+ (**R** 200m + jg 200m)×6 + **E** 3.2K (주말에 대회가 있다면 Q3는 스킵)
22	**L** 16K + ST 8회	**E** 3.2K + **[4세트]** (**R** 200m + jg 200m + **R** 200m + jg 400m + **R** 400m + jg 200m) + **E** 3.2K	**E** 3.2K + **T** 4.8K + **E** 1.6K + (**R** 200m + jg 200m)×8 + **E** 3.2K
23	**E** 3.2K + **[4세트]** {**T** 1.6K + jg 400m + (**R** 200m + jg 200m) ×2} + **E** 3.2K	**E** 3.2K + (**T** 1.6K + 휴식 1분)×3 + (**R** 200m + jg 200m)×4 + **E** 3.2K	**E** 3.2K + (**I** 1K + jg 3분)×2 + (**R** 400m + jg 400m)×4 + **E** 2 (주말에 대회가 있다면 Q3는 스킵)
24	**L** 13K + ST 6회	**E** 3.2K + (**R** 200m + jg 200m)×2 + (**T** 1.6K + 휴식 2분)×3 + (**R** 200m + jg 200m) ×2 + **E** 3.2K (대회 전 3일간)	**E** 3.2K + ST + 중요도 높은 레이스 당일

Table created by Jack Daniels' Running Calculator designed by the Run SMART Project.

Chapter 13

5K와 10K 트레이닝

타인의 러닝은 컨트롤할 수 없고, 타인도 나의 러닝을 컨트롤할 수 없다.

5km를 달리는 방법은 10km와는 상당히 다르다. 그러나 이 두 종목의 트레이닝은 비슷하다고 할 수 있다. 실제로 5km 레이스를 여러 번 달리면 10km의 성적이 향상된다. 또 10km 레이스를 달리면 5km 레이스는 짧게 느껴진다. 어떤 종목에 대해서도 마찬가지로 느끼는 것이지만, 레이스가 사실상 시작되는 지점은 전체 거리의 3분의 2를 지났을 때다. 따라서 5km 레이스에서는 3km를 넘은 시점에서 본격적인 레이스를 펼칠 준비가 되어 있어야 하고, 10km 레이스에서는 6.5km 정도에서 진정한 레이스가 시작된다. 3분의 2지점까지는 자신의 설정 페이스(혹은 라이벌의 페이스)를 유지하면서 자신에게 얼마나 여유가 있는지 확인할 필요가 있다.

5km와 10km 모두 주로 유산소 운동이다. 5km는 대개 95~98% $\dot{V}O_2max$, 10km는 90~94% $\dot{V}O_2max$의 강도로 달리는 레이스다. 오랜 시간 편하게 유지할 수 있다고 말하기 어려운 강도다. 따라서 5km나 10km에서는 정신적인 면도 상당히 큰 의미를 가진다.

제3장에서는 $\dot{V}O_2max$, 러닝 이코노미, 젖산 역치(LT), 심박수 등 러닝의 생리학적 요소에 대해 설명한 바 있다. 5km·10km의 러너가 트레이닝을 통해 향상시켜야 하는 요소가 바로 $\dot{V}O_2max$, 러닝 이코노미, LT이다. 이를 위해 각 종류(**R**, **I**, **T**)의 러닝을 잘 믹스할 필요가 있다. 어느 타입도 모두 중요하지만, 이 중 특정 타입에 집중하는 것이 잘 되는 선수가 있는 반면, 다른 종류를 중시하여 잘 해내는 선수도 있다. 쏟아부은 시간에 대해 효과가 가장 높은 트레이닝 타입은 무엇인가, 그것을 항상 생각하면서 하나하나의 생리학적 요소에 중점을 둔 트레이닝을 충분히 시간을 들여 실시해야 하는 것이다.

제3장의 그림 3.3에서는 3명의 여자 선수의 유산소 능력 프로필을 나타냈다. 이 세 선수는 전원 거의 같은 스피드로 중거리 레이스를 했지만, $\dot{V}O_2max$와 러닝 이코노미의 값은 크게 달랐다. 이와 같이 러너끼리 생리적 능력을 나타내는 수치에 차이가 있을 때는, 타고난 능력차에 의한 경우와, 중시하여 실시한 트레이닝 결과의 차이에 의한 경우가 있다. 어쨌든 모든 유형의 트레이닝은 빠짐없이 프로그램에 통합되어야 하고, 어느 하나도 간과되거나 과소평가되지 않도록 할 필요가 있다.

한때는 비교적 짧은 거리 종목을 충분한 시간 동안 연마한 뒤에야 5km와 10km 트레이닝을 시작하여 긴 트랙 종목이나 로드 레이스로 전향하는 경우가 일반적이었다. 그러나 최근에는 상황이 꽤 바뀌었다. 오늘날 많은 초보자가 본격적인 첫 레이스로 선정하는 것은 5km나 10km 로드 레이스이며, 그중에는 갑자기 마라톤에 도전하는 사람도 있다. 이런 사정을 감안하여, 본서에서는 장거리 트랙 종목과 대중적인 로드 레이스 어느 쪽에도 대응할 수 있는 프로그램 2가지를 소개한다.

그러나 목표로 하는 종목이 무엇이든간에 특화된 훈련을 시작하기 전에 몇 주간 비교적 편한 달리기를 하는 기간을 두어야 한다. 경우에 따라 이런 초기 훈련으로 워킹을 섞어야 할 수도 있다. 제16장에서는 마라톤 초보자를 위한 트레이닝 프로그램을 소개하고 있지만, 보수적인 내용으로 되어 있기 때문에, 처음으로 5km·10km를 목표로 하는 러너에게도 적합하다. 이 장에서 소개하는 프로그램은 어느 정도 러닝의 백그라운드가 있어, 조금 긴 종목으로 스텝업 하려고 생각하는 러너를 대상으로 작성한 것이다.

단계 I

5km·10km의 트레이닝을 지금부터 시작하려고 계획한 사람이라도, 그때까지 다른 종목의 트레이닝을 해오고 있었다면, 그 트레이닝으로 본바탕이 생겼다고 간주해 바로 단계 II로 이행해도 문제 없을 것이다. 그러나 직전에 트레이닝을 중단했던 기간이 있으면 이 프로그램을 4~6주간 실시하는 편이 좋다.

제2장에서도 설명했지만 한 시즌의 트레이닝을 시작할 때는 그 기본 원리를 염두에 두면 좋다. 신체가 그다지 잘 만들어져 있지 않다면 큰 효과를 올리기 위해 힘겹게 (혹은 많이) 연습할 필요가 없다. 무리는 하지 말고, 타당하다고 생각되는 1주일의 평균 연습량을 결정하자. 그리고 주행거리를 더 늘리기전까지 3~4주간 그 수치를 고수하라.

주간 주행거리를 늘리는 방법으로는 3~4주 간격으로 연습 1회당 1.6km(1마일)씩 늘려가는 것을 권하고 싶다. 즉, 주 5회 훈련한다면 8km씩 주간 주행거리를 늘리게 된다. 하지만 하루에 2회(주 14회) 훈련하는 경우는

3~4주 간격으로 늘리는 거리를 총 16km 이하로 하는 것이 좋다.

단계 I의 목적은 부상을 입지 않도록 내성을 기르는 것이다. 그러므로 훈련 스트레스를 늘릴 때, 그 접근법은 아무쪼록 보수적이어야 한다. 평소에 하는 달리기는 편하고 기분 좋게 해야 한다. 30분의 러닝이라도 첫 시작이라면 상당한 연습량이다. 러닝 외에 보조 트레이닝도 권장한다. 가벼운 웨이트를 사용한 저항(레지스턴스) 훈련도 좋고 가벼운 플라이오메트릭스 plyometrics도 좋다(역자 주: 플라이오메트릭스는 근수축 속도를 높이기 위한 훈련으로 근육을 펴준 직후에 수축시키는 운동을 말한다. 러너가 실시하는 플라이오메트릭스로는 점프 계통의 훈련들 중 바운딩 등을 생각할 수 있다). 내 경우에는 서킷 훈련 형식으로 했더니 큰 성과를 얻었다. 이 서킷 트레이닝에 대해서는 제9장에서 설명해 놓았으므로 참고해 주기 바란다. 레지스턴스 트레이닝을 한다면 무엇을 하든 우선 올바른 테크닉을 익히는 것이 필요하다. 처음에는 비교적 가벼운 부하로 실시하고, 익숙해질 때까지는 부하를 늘려서는 안 된다.

단계 I에서 실시하는 연습 타입은 3가지로 각각 **E** 러닝, 가벼운 힐 러닝light uphill runs, 그리고 스트라이즈(ST)이다. 이런 연습에 대해서는 이미 많이 설명했는데, 다시 강조하고 싶은 점은 스트라이즈는 굳이 전력으로 실시하는 스프린트sprints가 아니라는 것이다. 스트라이즈는 10~15초간의 가볍고 빠른 움직임의 달리기를, 45~60초간 휴식을 넣어 반복하는 연습이다.

힐 러닝을 할 때도 마찬가지다. 오르막은 "폭발적으로" 내달리는 게 아니라 편안한 러닝에 머문다. 느슨한 비탈이라면 가볍게 바운딩을 해도 좋다. 어쨌든 힐 러닝에서는 내려가는 것이 중요하다. 내리막에서는 질주하기 십상이고 그 충격에 의해 자잘한 부상에 시달릴 수 있기 때문이다.

E 러닝을 2주일 정도 실시한 뒤에는 주 1회, 긴 러닝을 실시하는 것도 좋다. 이 **L** 러닝의 거리는 주간 주행거리의 25%를 상한으로 한다. 대화가 가능한 편한 페이스로 실시하고 자세가 무너진다면 언제라도 멈춰야 한다.

이외에 항상 의식해야 하는 것은 피치(1분간 180회)와 호흡 리듬(2-2리듬)이다. 이상, 단계 I의 포인트를 정리하자면 연습은 모두 **E** 페이스로 실시하고, 주 1회 **L** 러닝을 포함한다. 그리고 주 3, 4회 **E** 러닝의 중간 정도나 마지막에 스트라이즈를 8~10회 추가한다. 또한 보조 훈련도 실시하지만 올바른 동작과 가벼운 부하로 실시하도록 유의하자.

단계 II

단계 II부터는 본격적으로 질 높은 훈련을 도입한다. 그 첫 번째 연습으로 내가 추천하는 것은 **R** 트레이닝이다. **R** 페이스에서의 연습은 주간 주행거리의 5%를 넘지 않아야 한다. **R** 트레이닝의 페이스는 1마일 레이스 페이스가 기초가 된다. 지금 상태라면 1마일을 얼마나 빠르게 달릴 수 있을지 보수적으로 상정하고, 그 페이스를 **R** 트레이닝의 페이스로 한다.

단계 II에 들어가기 직전에 다른 종목의 레이스에 나간 적이 있다면, 그 가장 최근의 기록을 픽업하여 거기에 상당하는 VDOT와 적정한 **R** 페이스를 제5장의 표에서 확인한다. 또 **R** 트레이닝의 내용이나 연습 1회당 양에 대해서는, 부분적으로 제4장의 표를 참고로 해도 좋다.

단계 III

단계 III의 훈련은 5km와 10km에 본격적으로 임하는 러너에게 적절한 내용이지만 힘든 면도 있다. 이 단계에서 가장 중요한 것은 (**I** 페이스로 달리는) 인터벌 트레이닝인데, 인터벌은 결코 편하게 해낼 수 있는 연습이 아니다. 따라서 **I** 트레이닝 1회당 **I** 페이스로 달리는 거리의 합계는 주간 주행거리의 8%를 상한으로 하고, 주간 주행거리가 몇 km라도 10km 이내로 그칠 필요가 있다.

만약 **I** 트레이닝을 주 2회 실시한다면 그 주는 그것으로 충분하다. 적정 페이스는 최근의 레이스 기록과 그것에 상당하는 VDOT로 정한다. 레이스의 기록이 없는 경우는, 최근 실시한 **R** 페이스보다 400m당 6~8초 느린 페이스로 한다.

단계 IV

단계 IV는 5km와 10km의 경기력을 높이기 위해 훈련을 조정해야 할 시기이다. 단계 III만큼 힘들어서는 안 되기 때문에 **I** 트레이닝도 단계 III처럼 많지 않다. 이 단계가 되면 트레이닝의 포커스는 **I** 페이스로부터 **T** 페이스로 옮겨진다. 여기에 **R** 트레이닝과 **I** 트레이닝을 때때로 추가하는 것이다.

단계 IV 기간 중에 몇 차례 레이스에 참가할 기회가 생긴다면 5km 레이스에 나가 보자. 그렇게 하면 중요도가 더 높은 5km 레이스나 더 긴 10km 레이스를 위한 좋은 조정의 기회가 될 것이다. 그리고 실제로 1회나 2회 조정 레이스에 나가게 되면 사전에 **E** 데이를 2~3일 정도 반드시 넣도록 한다. 그러면 그 주는 Q트레이닝을 적어도 1회는 생략하게 된다.

E 데이는 레이스 후에도 포함한다. 며칠로 정할지는 레이스 거리 3km당 하루를 권하고 싶다. 즉, 10km 레이스 후는 3일, 5km 레이스 후는 2일의 회복을 위한 **E** 데이를 두는 것이다. 만약 더 긴 레이스에 출전한다면 회복에 필요한 날도 그만큼 증가한다(예: 15km 레이스라면 5일).

이 장에서 제시하는 5km·10km 레이스를 위한 두 가지 트레이닝 프로그램에는 모두 단계 II, III, IV만 있다. 단계 I은 이미 끝났거나 다른 종목의 트레이닝과 레이스가 끝난 직후이므로 할 필요가 없는 상태를 상정하고 있다.

두 프로그램 중 하나는 주간 주행거리가 64~80km인 러너용이고 다른 하나는 97~112km인 러너용이다. 자신의 주간 주행거리가 이 설정보다 많거나 적거나 하는 경우도 있을 것이다. 그러나 총거리가 많고 적은 프로그램을 짜는 경우도 이 두 가지를 보면 충분히 참고가 될 것이다. 또한 이전에도 언급했지만, **E** 데이는 목표 주행거리에 도달하기 위해 활용한다. 따라서 **E** 데이는 필요에 따라서 완전한 휴식일로 할 수 있다.

주 64~80km(40~50마일) 트레이닝 프로그램

단계 II

단계 II의 Q트레이닝은 매주 아래와 같이 실시한다.

- 제1, 2, 4, 5주: **L**러닝, **R** 트레이닝, **T**와 **R**을 섞은 연습을 각각 1회씩 실시한다.
- 제3, 6주: **M** 러닝, **R** 트레이닝, **H** 트레이닝을 각각 1회씩 실시한다.

나의 방침으로서 **R** 트레이닝에 중점을 두고 있지만, **T** 트레이닝을 조금 섞는 것 외에도 **M** 페이스, 또는 **H** 페이스의 러닝도 때때로 실시한다. **I/H** 페이스의 러닝을 해두면, 단계 III의 준비가 된다.

단계 III

단계 III에서는 토요일에 대회가 있으면 Q2와 Q3을 화요일과 수요일로 이동한다. 토요일 경기의 중요도가 높으면 Q2를 생략하고, Q3(화요일에 실시)를 그 주의 Q2로 지칭한다.

이 단계에서 레이스에 참가한다면, 그것에 따라서 VDOT를 조절해도 상관없다. 그러나 대회 결과가 좋았을지라도 VDOT를 높이는 빈도는 3주에 한 번이 한도이므로 이를 넘어서는 안 된다. 이 단계에서는 **L** 러닝을 Q1로 하는 주와 **M** 러닝을 Q1로 하는 주를 교대로 설정하고, Q2, Q3의 트레이닝을 백투백(2일 연속)으로 하고 있다. 이 Q2는 **I** 또는 **H**, Q3는 **T** 또는 **T**와 **R**을 조합한 연습이다.

단계 IV

단계 IV는 기본적으로 주말에 참가할 레이스가 있는 경우로 설정된다. 레이스가 토요일에 있는 주는 스케줄대로 트레이닝을 실시하고, 수요일, 목요일, 금요일을 **E** 데이로 한다. 레이스가 일요일에 있는 주는 Q2를 수요일로 옮긴다(그리고 목요일, 금요일, 토요일을 **E** 데이로 한다). 표 13.1에는 적혀 있지 않지만 Q2와 Q3 훈련에서는 사전에 워밍업을 실시해야 한다. 표 13.1은 주간 주행거리가 64~80km인 주자를 위한 프로그램(단계 II, III, IV)을 보여준다. Q트레이닝의 날은 특정 요일을 지정하고 있지만, 날씨나 사정에 따라 바꿀 수 있다.

표 13.1 **5-10K 트레이닝 프로그램(주간 주행거리 64~80km)**

단계 II		
1주	**Q 세션**	**훈련 내용**
일	Q1	**L** 런 (주간 주행거리의 25%와 120분 중 먼저 달성되는 쪽이 상한).
월		**E** 데이 + ST 10회
화	Q2	**E** 3.2K + **[2세트]** (**R** 200m + jg 200m)×8 (세트 사이에 jg 800m) + **E** 3.2K
수		**E** 데이 + ST 8회
목		**E** 데이
금	Q3	**E** 3.2K + (**R** 200m + jg 200m)×4 + (**T** 1.6K + 휴식 1분)×2 + (**R** 200m + jg 200m)×4 + **E** 3.2K
토		**E** 데이 + ST 8회
2주	**Q 세션**	**훈련 내용**
일	Q1	**L** 런 (주간 주행거리의 25%와 120분 중 먼저 달성되는 쪽이 상한).
월		**E** 데이 + ST 10회
화	Q2	**E** 3.2K + **[4세트]** (**R** 200m + jg 200m + **R** 200m + jg 200m + **R** 400m + jg 400m) + **E** 3.2K
수		**E** 데이 + ST 8회
목		**E** 데이
금	Q3	**E** 3.2K + (**T** 1.6K + 휴식 1분)×3 + (**R** 200m + jg 200m)×6 + **E** 3.2K
토		**E** 데이 + ST 8회
3주	**Q 세션**	**훈련 내용**
일	Q1	**E** 1.6K + **M** 14.5K + ST 6회
월		**E** 데이 + ST 10회
화	Q2	**E** 3.2K + (**R** 200m + jg 200m)×4 + (**R** 400m + jg 400m)×4 + (**R** 200m + jg 200m)×4 + **E** 3.2K
수		**E** 데이 + ST 8회
목		**E** 데이
금	Q3	**E** 3.2K + (**H** 2분 + jg 1분)×7 + **E** 3.2K
토		**E** 데이 + ST 8회

(뒤 페이지 계속)

단계 II

4주	Q 세션	훈련 내용
일	Q1	**L** 런 (주간 주행거리의 25%와 120분 중 먼저 달성되는 쪽이 상한).
월		**E** 데이 + ST 10회
화	Q2	**E** 3.2K + (**R** 400m + jg 400m)×4 + **E** 1.6K + (**R** 400m + jg 400m)×4 + **E** 3.2K
수		**E** 데이 + ST 8회
목		**E** 데이
금	Q3	**E** 3.2K + (**R** 200m + jg 200m)×4 + **T** 4.8K(지속주) + (**R** 200m + jg 200m)×4 + **E** 3.2K
토		**E** 데이 + ST 8회
5주	**Q 세션**	**훈련 내용**
일	Q1	**L** 런 (주간 주행거리의 25%와 120분 중 먼저 달성되는 쪽이 상한).
월		**E** 데이 + ST 10회
화	Q2	**E** 3.2K + **[5세트]** (**R** 200m + jg 200m + **R** 200m + jg 400m + **R** 400m + jg 200m) + **E** 3.2K
수		**E** 데이 + ST 8회
목		**E** 데이
금	Q3	**E** 3.2K + (**T** 1.6K + 휴식 1분)×4 + (**R** 200m + jg 200m)×4 + **E** 3.2K
토		**E** 데이 + ST 8회
6주	**Q 세션**	**훈련 내용**
일	Q1	**E** 1.6K + **M** 14.5K + ST 6회
월		**E** 데이 + ST 10회
화	Q2	**E** 3.2K + (**R** 400m + jg 400m)×10 + **E** 3.2K
수		**E** 데이 + ST 8회
목		**E** 데이
금	Q3	**E** 3.2K + (**H** 3분 + jg 2분)×3 +(**H** 2분 + jg 2분)×4 + **E** 3.2K
토		**E** 데이 + ST 8회

단계 III

1주	Q 세션	훈련 내용
일	Q1	**L** 런 (주간 주행거리의 25%와 120분 중 먼저 달성되는 쪽이 상한).
월		**E** 데이 + ST 10회
화		**E** 데이
수	Q2	**E** 3.2K + (**I** 1,200m + jg 3분)×4 + **E** 3.2K
목	Q3	**E** 3.2K + (**T** 1.6K +휴식 1분)×4 + **E** 3.2K
금		**E** 데이 + ST 8회
토		**E** 데이 + ST 6회

단계 III		
2주	**Q 세션**	**훈련 내용**
일	Q1	**E** 1.6K + **M** 16K + ST 4회
월		**E** 데이 + ST 10회
화		**E** 데이 + ST 8회
수	Q2	**E** 3.2K + (**I** 1K + jg 400m)×5 + **E** 3.2K
목	Q3	**E** 3.2K + **T** 4.8K + (**R** 200m + jg 200m)×4 + **E** 3.2K
금		**E** 데이
토		**E** 데이 + ST 8회
3주	**Q 세션**	**훈련 내용**
일	Q1	**L** 런 (주간 주행거리의 25%와 120분 중 먼저 달성되는 쪽이 상한).
월		**E** 데이 + ST 10회
화		**E** 데이 + ST 8회
수	Q2	**E** 3.2K + (**I** 800m + jg 400m)×6 + **E** 3.2K
목	Q3	**E** 3.2K + (**T** 1.6K + 휴식 1분)×5 + ST 6회 + **E** 1.6K
금		**E** 데이
토		**E** 데이 + ST 8회
4주	**Q 세션**	**훈련 내용**
일	Q1	**E** 1.6K + **M** 8K + **E** 1.6K + **M** 8K
월		**E** 데이 + ST 10회
화		**E** 데이 + ST 8회
수	Q2	**E** 3.2K + (**I** 1,200m + jg 3분)×4 + **E** 3.2K
목	Q3	**E** 3.2K + **T** 1.6K + 휴식 2분 + **T** 3.2K + 휴식 1분 + **T** 1.6K + (**R** 200m + jg 200m)×4 + **E** 1.6K
금		**E** 데이
토		**E** 데이 + ST 8회
5주	**Q 세션**	**훈련 내용**
일	Q1	**L** 런 (주간 주행거리의 25%와 120분 중 먼저 달성되는 쪽이 상한).
월		**E** 데이 + ST 10회
화		**E** 데이 + ST 8회
수	Q2	**E** 3.2K + (**I** 1K + jg 400m)×5 + **E** 3.2K
목	Q3	**E** 3.2K + **T** 4.8K (지속주) + (**R** 200m + jg 200m)×4 + **E** 1.6K
금		**E** 데이
토		**E** 데이 + ST 8회

(뒤 페이지 계속)

단계 III

6주	Q 세션	훈련 내용
일	Q1	**E** 1.6K + **M** 16K + ST 6회
월		**E** 데이 + ST 10회
화		**E** 데이 + ST 8회
수	Q2	**E** 3.2K + (**H** 3분 + jg 2분)×6 + **E** 3.2K
목	Q3	**E** 3.2K + (**T** 1.6K + 휴식 1분)×5 + ST 6회 + **E** 1.6K
금		**E** 데이
토		**E** 데이 + ST 8회

단계 IV

1주	Q 세션	훈련 내용
일	Q1	**L** 런 (주간 주행거리의 25%와 120분 중 먼저 달성되는 쪽이 상한).
월		**E** 데이 + ST 6회
화	Q2	토요일 대회라면 (**T** 1.6K + 휴식 2분)×3 + **E** 3.2K 대회가 없다면 (**T** 1.6K + 휴식 1분)×5 + **E** 3.2K
수		**E** 데이
목		**E** 데이
금		주말에 대회가 없다면 Q3: (**I** 1K + jg 400m)×6 + **E** 1.6K 토요일이 대회라면 오늘은 **E** 데이.
토		대회날이라면 레이스가 곧 Q3, 아니라면 **E** 데이.
2주	**Q 세션**	**훈련 내용**
일	Q1	**L** 런 (주간 주행거리의 25%와 120분 중 먼저 달성되는 쪽이 상한).
월		**E** 데이 + ST 6회
화	Q2	토요일 대회라면 (**T** 1.6K + 휴식 2분)×3 + **E** 3.2K 대회가 없다면 **T** 4.8K (지속주) + **E** 3.2K
수		**E** 데이
목		**E** 데이
금		주말에 대회가 없다면 Q3: (**I** 1,200m + jg 3분)×5 + **E** 1.6K 토요일이 대회라면 오늘은 **E** 데이.
토		대회날이라면 레이스가 곧 Q3, 아니라면 **E** 데이.

단계 IV		
3주	**Q 세션**	**훈련 내용 (다음 4주 내에 중요한 대회가 있다면, L 런을 90분으로 제한)**
일	Q1	**L** 런 (주간 주행거리의 25%와 120분 중 먼저 달성되는 쪽이 상한).
월		**E** 데이 + ST 6회
화	Q2	토요일 대회라면 (**T** 1.6K + 휴식 2분)×3 + **E** 3.2K 대회가 없다면 (**T** 1.6K + 휴식 1분)×5 + **E** 3.2K
수		**E** 데이
목		**E** 데이
금		주말에 대회가 없다면 Q3: (**I** 1K + jg 400m)×6 + **E** 1.6K 토요일이 대회라면 **E** 데이.
토		대회날이라면 레이스가 곧 Q3, 아니라면 **E** 데이.
4주	**Q 세션**	**훈련 내용**
일	Q1	**L** 런 (주간 주행거리의 25%와 120분 중 먼저 달성되는 쪽이 상한).
월		**E** 데이 + ST 6회
화	Q2	토요일 대회라면 (**T** 1.6K + 휴식 2분)×3 + **E** 1.6K 대회가 없다면 **T** 4.8K (지속주) + **E** 1.6K
수		**E** 데이
목		**E** 데이
금		주말에 대회가 없다면 Q3: (**I** 1,200m + jg 3분)×5 + **E** 1.6K 토요일이 대회라면 오늘은 **E** 데이.
토		대회날이라면 레이스가 곧 Q3, 아니라면 **E** 데이.
5주	**Q 세션**	**훈련 내용**
일	Q1	**L** 런 (주간 주행거리의 25%와 120분 중 먼저 달성되는 쪽이 상한).
월		**E** 데이 + ST 6회
화	Q2	토요일 대회라면 (**T** 1.6K + 휴식 2분)×3 + **E** 3.2K 대회가 없다면 (**T** 3.2K + 휴식 2분)×2 + **E** 3.2K
수		**E** 데이
목		**E** 데이
금		주말에 대회가 없다면 Q3: (**I** 1K + jg 400m)×6 + **E** 1.6K 토요일이 대회라면 오늘은 **E** 데이.
토		대회날이라면 레이스가 곧 Q3, 아니라면 **E** 데이.

(뒤 페이지 계속)

단계 IV		
6주	**Q 세션**	**훈련 내용**
일	Q1	**L** 런 (주간 주행거리의 25%와 120분 중 먼저 달성되는 쪽이 상한).
월		**E** 데이 + ST 6회
화	Q2	토요일 대회라면 (**T** 1.6K + 휴식 2분)×3
수		**E** 데이
목		**E** 데이
금		주말에 대회가 없다면 Q3: (**I** 1K + jg 400m)×6 + **E** 1.6K 토요일이 대회라면 오늘은 **E** 데이.
토		대회날이라면 레이스가 곧 Q3, 아니라면 **E** 데이.

Table created by Jack Daniels' Running Calculator designed by the Run SMART Project.

주 97~112km(60~70마일) 트레이닝 프로그램

단계 II

단계 II의 Q트레이닝은 매주 아래와 같이 실시한다.

- 제1주와 제4주: **L** 러닝, **R** 트레이닝, **R·T·R**을 섞은 연습을 각각 1회씩 실시한다.
- 제2주와 제5주: **L** 러닝, **R** 트레이닝, **T·R**을 섞은 연습을 각각 1회씩 실시한다.
- 제3주와 제6주: **M** 러닝, **R** 트레이닝, **H** 트레이닝을 각각 1회씩 실시한다.

나의 방침으로서 **R** 트레이닝에 중점을 두고 있지만, **T** 트레이닝을 조금 섞는 것 외에도 **M** 페이스, 또는 **H** 페이스의 러닝도 때때로 실시한다. **I/H** 페이스의 러닝을 해두면, 단계 III의 준비가 된다.

단계 III

단계 III에서는 토요일에 대회가 있으면 Q2와 Q3을 화요일과 수요일로 이동한다. 토요일 레이스의 중요도가 높으면 Q2를 생략하고 Q3(화요일에 실시)을 그 주의 Q2로 지칭한다.

몇 차례 레이스에 나갈 경우 그것에 따라서 VDOT를 바꾸어도 상관없다. 그러나 대회 결과가 좋았다고 해도 VDOT를 높이는 빈도는 3주에 한 번이 한도이므로 이를 초과해서는 안 된다. 이 단계에서는 **L** 러닝을 Q1로 하는 주와 **M** 러닝을 Q1로 하는 주를 교대로 설정하고, Q2, Q3의 트레이닝을 백투백(2일 연속)으로 하고 있다. 이 Q2는 **I** 또는 **H**, Q3는 **T** 또는 **T**와 **R**을 조합한 연습이다.

단계 IV

단계 IV는 기본적으로 주말에 참가할 레이스가 있는 경우로 설정된다. 레이스가 토요일에 있는 주는 스케줄대로 트레이닝을 실시한다. 레이스가 일요일에 있는 주는 Q2를 수요일로 이동한다(그리고 목요일, 금요일, 토요일을 **E** 데이로 한다). 표 13.2에는 적혀 있지 않지만, Q2와 Q3 훈련에서는 사전에 워밍업을 실시해야 한다. 표 13.2는 주간 주행거리가 97~112km인 주자를 위한 프로그램(단계 II, III, IV)을 보여준다. Q트레이닝의 날은 특정 요일을 지정하고 있지만, 날씨나 사정에 따라 바꿀 수 있다.

표 13.2 **5-10K 트레이닝 프로그램(주간 주행거리 97~112km)**

		단계 II
1주	**Q 세션**	**훈련 내용**
일	Q1	**L** 런 (주간 주행거리의 25%와 120분 중 먼저 달성되는 쪽이 상한).
월		**E** 데이 + ST 10회
화	Q2	**E** 3.2K + (**R** 200m + jg 200m)×4 + (**R** 400m + jg 400m)×6 + (**R** 200m + jg 200m)×4 + **E** 4.8K
수		**E** 데이 + ST 8회
목		**E** 데이
금	Q3	**E** 3.2K + (**R** 200m + jg 200m)×4 + (**T** 1.6K + 휴식 1분)×4 + (**R** 200m + jg 200m)×4 + **E** 3.2K
토		**E** 데이 + ST 8회
2주	**Q 세션**	**훈련 내용**
일	Q1	**L** 런 (주간 주행거리의 25%와 120분 중 먼저 달성되는 쪽이 상한).
월		**E** 데이 + ST 10회
화	Q2	**E** 3.2K + **[6세트]** (**R** 200m + jg 200m + **R** 200m + jg 200m + **R** 400m + jg 400m) + **E** 3.2K
수		**E** 데이 + ST 8회
목		**E** 데이
금	Q3	**E** 3.2K + (**T** 1.6K + 휴식 1분)×5 + (**R** 200m + jg 200m)×6 + **E** 3.2K
토		**E** 데이 + ST 8회
3주	**Q 세션**	**훈련 내용**
일	Q1	**E** 1.6K + **M** 16K + ST 6회
월		**E** 데이 + ST 10회
화	Q2	**E** 3.2K + (R 200m + jg 200m)×4 + (**R** 400m + jg 400m)×8 + (**R** 200m + jg 200m)×4 + **E** 3.2K
수		**E** 데이 + ST 8회
목		**E** 데이
금	Q3	**E** 3.2K + (**H** 2분 + jg 1분)×10 + **E** 4.8K
토		**E** 데이 + ST 8회
4주	**Q 세션**	**훈련 내용**
일	Q1	**L** 런 (주간 주행거리의 25%와 120분 중 먼저 달성되는 쪽이 상한).
월		**E** 데이 + ST 10회
화	Q2	**E** 3.2K + (**R** 200m + jg 200m)×2 + (**R** 400m + jg 400m)×10 + **E** 1.6K + (**R** 200m + jg 400m)×4 + **E** 3.2K
수		**E** 데이 + ST 8회
목		**E** 데이
금	Q3	**E** 3.2K + (**R** 200m + jg 200m)×4 + **T** 4.8K + 휴식 3분 + (**T** 1.6K + 휴식 1분)×2 + (**R** 200m + jg 200m)×4 + **E** 3.2K
토		**E** 데이 + ST 8회

단계 II

5주	Q 세션	훈련 내용
일	Q1	**L** 런 (주간 주행거리의 25%와 120분 중 먼저 달성되는 쪽이 상한).
월		**E** 데이 + ST 10회
화	Q2	**E** 3.2K + **[6세트]** (**R** 200m + jg 200m + **R** 200m + jg 400m + **R** 400m + jg 200m) + **E** 4.8K
수		**E** 데이 + ST 8회
목		**E** 데이
금	Q3	**E** 3.2K + (**T** 1.6K + 휴식 1분)×6 + (**R** 200m + jg 200m)×4 + **E** 3.2K
토		**E** 데이 + ST 8회

6주	Q 세션	훈련 내용
일	Q1	**E** 1.6K + **M** 16K + ST 6회
월		**E** 데이 + ST 10회
화	Q2	**E** 3.2K + (**R** 400m + jg 400m)×12 + **E** 3.2K
수		**E** 데이 + ST 8회
목		**E** 데이
금	Q3	**E** 3.2K + (**H** 4분 + jg 3분)×2 + (**H** 3분 + jg 2분)×3 + (**H** 2분 + jg 1분)×2 + **E** 3.2K
토		**E** 데이 + ST 8회

단계 III

1주	Q 세션	훈련 내용
일	Q1	**L** 런 (주간 주행거리의 25%와 120분 중 먼저 달성되는 쪽이 상한).
월		**E** 데이 + ST 10회
화		**E** 데이
수	Q2	**E** 3.2K + (**I** 1,200m + jg 3분)×6 + **E** 4.8K
목	Q3	**E** 3.2K + (**T** 1.6K + 휴식 1분)×6 + **E** 3.2K (무리라면 이 훈련은 금요일이나 토요일로 옮길 수 있음).
금		**E** 데이 + ST 8회
토		**E** 데이 + ST 6회

2주	Q 세션	훈련 내용
일	Q1	**E** 6.4K + **M** 16K + ST 4회
월		**E** 데이 + ST 10회
화		**E** 데이 + ST 8회
수	Q2	**E** 3.2K + (**I** 1K + jg 400m)×5-8 + **E** 3.2K (**I** 페이스로 총 24분 이하)
목	Q3	**E** 3.2K + **T** 4.8K + (**R** 200m + jg 200m)×4 + **T** 3.2K + **E** 3.2K
금		**E** 데이
토		**E** 데이 + ST 8회

(뒤 페이지 계속)

단계 III		
3주	**Q 세션**	**훈련 내용**
일	Q1	**L** 런 (주간 주행거리의 25%와 120분 중 먼저 달성되는 쪽이 상한).
월		**E** 데이 + ST 10회
화		**E** 데이 + ST 8회
수	Q2	**E** 3.2K + (**H** 3분 + jg 2분)×8 + **E** 4.8K
목	Q3	**E** 3.2K + (**T** 1.6K + 휴식 1분)×6 + (**R** 200m + jg 200m)×4 + **E** 1.6K
금		**E** 데이
토		**E** 데이 + ST 8회
4주	**Q 세션**	**훈련 내용**
일	Q1	**E** 1.6K + **M** 13K + **T** 1.6K + **M** 3.2K (멈추지 않고 실시, **M** & **T** & **M** 사이에 휴식하지 않음.)
월		**E** 데이 + ST 10회
화		**E** 데이 + ST 8회
수	Q2	**E** 3.2K + (**I** 1,200m + jg 3분)×4-6 + **E** 3.2K (**H** 런이 총 24분 이하)
목		**E** 데이 + ST 8회
금		**E** 데이
토	Q3	**E** 3.2K + (**T** 3.2K + 휴식 2분)×3 + (**R** 200m + jg 200m)×4 + **E** 3.2K
5주	**Q 세션**	**훈련 내용**
일	Q1	**L** 런 (주간 주행거리의 25%와 120분 중 먼저 달성되는 쪽이 상한).
월		**E** 데이 + ST 10회
화		**E** 데이 + ST 8회
수	Q2	**E** 3.2K + (**H** 3분 + jg 4분)×7 + **E** 3.2K
목	Q3	**E** 3.2K + **T** 4.8K (지속주) + (**R** 200m + jg 200m)×4 + **T** 4.8K + **E** 3.2K
금		**E** 데이
토		**E** 데이 + ST 8회
6주	**Q 세션**	**훈련 내용**
일	Q1	**E** 1.6K + **M** 16K + **E** 3.2K + ST 6회
월		**E** 데이 + ST 10회
화		**E** 데이 + ST 8회
수	Q2	**E** 3.2K + (**H** 4분 + jg 3분)×2 + (**H** 3분 + jg 2분)×3 + (**H** 2분 + jg 1분)×4 + **E** 3.2K
목	Q3	**E** 3.2K + (**T** 1.6K + 휴식 1분)×4 + **T** 3.2K + ST 6회 + **E** 1.6K
금		**E** 데이
토		**E** 데이 + ST 8회

단계 IV		
1주	**Q 세션**	**훈련 내용**
일	Q1	**L** 런 (주간 주행거리의 25%와 120분 중 먼저 달성되는 쪽이 상한).
월		**E** 데이 + ST 6회
화	Q2	토요일 대회라면(**T** 1.6K + 휴식 2분)×3 + **E** 4.8K 대회가 없다면 (**T** 3.2K + 휴식 2분)×3 + **E** 4.8K
수		**E** 데이
목		**E** 데이
금		주말에 대회가 없다면 Q3: (**H** 4분 + jg 3분)×6 + **E** 1.6K 토요일이 대회라면 **E** 데이.
토		대회날이라면 레이스가 곧 Q3, 아니라면 **E** 데이.
2주	**Q 세션**	**훈련 내용**
일	Q1	**L** 런 (주간 주행거리의 25%와 120분 중 먼저 달성되는 쪽이 상한).
월		**E** 데이 + ST 6회
화	Q2	토요일 대회라면 (**T** 1.6K + 휴식 2분)×3 대회가 없다면 **T** 4.8K + **E** 3.2K + **T** 3.2K + **E** 3.2K (각각 지속주로 실시)
수		**E** 데이
목		**E** 데이
금		주말에 대회가 없다면 Q3: (**H** 4분 + jg 3분)×6 + **E** 1.6K 토요일이 대회라면 **E** 데이.
토		대회날이라면 레이스가 곧 Q3, 아니라면 **E** 데이.
3주	**Q 세션**	**훈련 내용 (다음 4주 내에 중요한 대회가 있다면, L 런을 90분으로 제한)**
일	Q1	**L** 런 (주간 주행거리의 25%와 120분 중 먼저 달성되는 쪽이 상한).
월		**E** 데이 + ST 6회
화	Q2	토요일 대회라면(**T** 1.6K + 휴식 2분)×3 + **E** 3.2K 대회가 없다면 (**T** 3.2K + 휴식 2분)×3 + **E** 3.2K
수		**E** 데이
목		**E** 데이
금		주말에 대회가 없다면 Q3: (**H** 4분 + jg 3분)×6 + **E** 1.6K 토요일이 대회라면 **E** 데이.
토		대회날이라면 레이스가 곧 Q3, 아니라면 **E** 데이.

(뒤 페이지 계속)

단계 IV		
4주	**Q세션**	**훈련 내용**
일	Q1	**L** 런 (주간 주행거리의 25%와 120분 중 먼저 달성되는 쪽이 상한).
월		**E** 데이 + ST 6회
화	Q2	토요일 대회라면(**T** 1.6K + 휴식 2분)×3 대회가 없다면 **T** 4.8K + 휴식 2분 + **T** 3.2K + **E** 1.6K (각각 지속주로 실시)
수		**E** 데이
목		**E** 데이
금		주말에 대회가 없다면 Q3: (**H** 3분 + jg 2분)×8 + **E** 3.2K 토요일이 대회라면 **E** 데이.
토		대회날이라면 레이스가 곧 Q3, 아니라면 **E** 데이.
5주	**Q세션**	**훈련 내용**
일	Q1	**L** 런 (주간 주행거리의 25%와 120분 중 먼저 달성되는 쪽이 상한).
월		**E** 데이 + ST 6회
화	Q2	토요일 대회라면 (**T** 1.6K + 휴식 2분)×3 대회가 없다면 (**T** 3.2K + 휴식 2분)×2 + **E** 3.2K
수		**E** 데이
목		**E** 데이
금		주말에 대회가 없다면 Q3: (**H** 2분 + jg 1분)×10 + **E** 1.6K 토요일이 대회라면 **E** 데이.
토		대회날이라면 레이스가 곧 Q3, 아니라면 **E** 데이.
6주	**Q세션**	**훈련 내용**
일	Q1	**L** 런 (주간 주행거리의 25%와 120분 중 먼저 달성되는 쪽이 상한).
월		**E** 데이 + ST 6회
화	Q2	토요일 대회라면 (**T** 1.6K + 휴식 2분)×3 대회가 없다면 (**T** 1.6K + 휴식 1분)×6 + **E** 3.2K
수		**E** 데이
목		**E** 데이
금		주말에 대회가 없다면 Q3: (**H** 2분 + jg 1분)×10 + **E** 1.6K 토요일이 대회라면 **E** 데이.
토		대회날이라면 레이스가 곧 Q3, 아니라면 **E** 데이.

Table created by Jack Daniels' Running Calculator designed by the Run SMART Project.

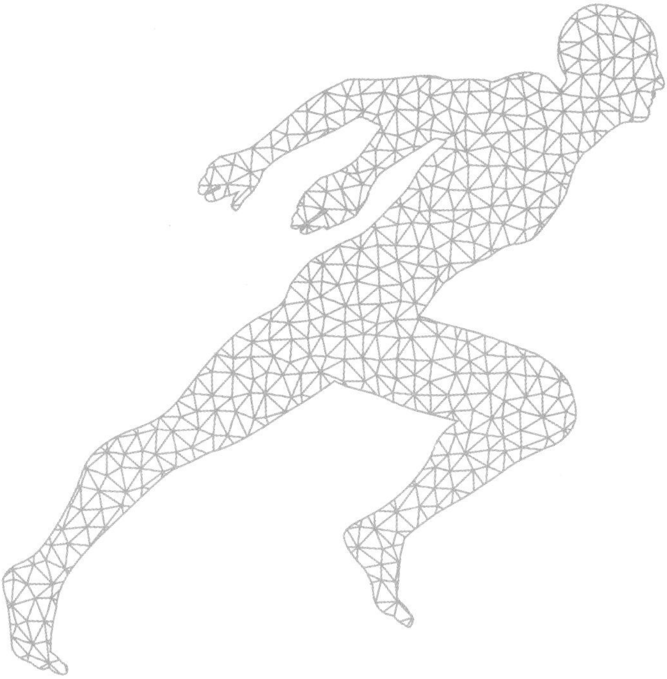

Chapter 14

크로스컨트리 트레이닝

레이스 출발은 너무 빠른 것보다도 오히려 아주 느린 쪽이 좋다.

크로스컨트리는 트랙은 물론 로드 레이스와도 다른 타입의 경험을 할 수 있는 종목이다. 몇 가지 이유가 있다. 우선 크로스컨트리에는 다양한 종목의 선수들이 참가하고, 코스 노면 또한 딱딱한 지면에서 초원, 심지어 진흙탕길까지 다양하다. 업다운의 기울기도 변화하는 경우가 많은데, 지형이 험하거나 맞바람이 불면 레이스에서 달리는 방법도 바뀐다.

바람의 문제는 트랙 종목에도 있지만, 트랙에서는 한 바퀴를 도는 사이 맞바람이 등바람으로 바뀌기도 한다. 한편 크로스컨트리 레이스에서는 몇 분간 맞바람 속을 달리는 경우가 생긴다. 그것이 레이스 전략에 어떻게 영향을 미치는가, 어떤 경우에는 그 영향이 레이스의 핵심이 될 때도 있다. 맞바람을 안고 달리게 되면 다른 러너를 바람막이로 사용하면 좋다. 왜냐하면 혼자 달리거나 그룹의 맨 앞에서 달리면 같은 스피드라도 더 많은 에너지가 필요하기 때문이다.

크로스컨트리 레이스에서는 코스가 잘 설계되어 있지 않은 경우도 있다. 1

명이나 2명밖에 나란히 달리지 못하는 좁은 코스에서는 그룹이 뒤로 길게 늘어지기도 한다. 레이스에서 직면할 수 있는 요소를 모두 염두에 두고 임해야 한다. 따라서 대회 코스를 미리 파악해두는 것이 중요하다(그렇게 하면 대회 당일에 어떠한 상황에 처할지, 그리고 언제 그 상황에 맞딱뜨릴지를 알 수 있다).

훈련은 레이스에 자주 사용되는 장소에서 실시한다. 대부분은 아닐지라도 일부는 크로스컨트리의 전형적인 코스에서 실시해야 한다. 언제나 트랙이나 도로의 단단한 노면만 달리면 부드러운 노면에서의 레이스가 어려워진다. 따라서 가능한 한 시즌 중 가장 중요한 레이스와 비슷한 노면에서 훈련을 실시하도록 한다.

I 트레이닝에 관해서는, 거리가 아니라 시간을 베이스로 하는 편이 효과가 높아지는 경우도 있다. 달리기 어려운 노면이나 업다운이 심한 장소에서 트레이닝을 할 때는 특히 그렇다. 정해진 거리를 정해진 시간에 달리려고 하면, 험한 코스나 업다운에서는 필요 이상으로 낙담해버릴 수 있다. 그런 의미에서는 고지대에서의 **I** 트레이닝과 비슷하다. 설정한 시간대로 달릴 수 없다고 한 회, 한 회 낙담하지 말고 일정 시간 힘들게 달렸음을 자각할 수 있으면 연습의 목적은 달성된 것이다.

만약 자신의 거주지 코스에서 큰 대회가 개최되게 되면, 난코스로 예상되는 곳을 어떻게 역으로 이용할 수 있을까 전술을 세워 본다. 예를 들어 어느 비탈과 그것을 극복한 뒤의 대응을 알고 있으면 힘을 넣을 곳과 뺄 곳을 알 수 있고, 코스에 익숙하지 않은 러너처럼 무리하지 않아도 된다.

단체전의 전술을 세우는 것은 만만찮은 일이다. 만약 편한 레이스라면 초보자들을 다른 선수들과 함께 그룹으로 달리게 하는 방법이 있다. 이른바 그룹주행pack running이다. 그룹주행은 레이스의 처음 3분의 1 정도까지의 전술로는 매우 효과적이다. 이 지점이 되면 빠른 러너는 느린 팀 메이트를 떼어내고, 그가 후반에 얼마나 끈질기게 따라붙을 수 있는지 시험해 봐도 좋다. 이런 레이스 전술은 빠른 러너와 경험이 적은 러너 모두에게 효과적이다. 왜냐하면 빠른 러너는 스타트의 오버페이스를 막고, 느린 러너는 자신감을 높이고 레이스 테크닉을 닦을 수 있기 때문이다.

보수적으로 출발하는 전술

크로스컨트리 대회와 트랙 종목의 큰 차이는 선수들이 처음 출발하는 속도이다. 고교생들의 크로스컨트리 레이스에서는 선두의 가장 빠른 몇몇 선수들이 돌진하며 뛰쳐나가는 광경을 자주 볼 수 있다. 그들은 출발 시 너무 내달렸기 때문에 이후에 페이스가 크게 떨어지는데, 그럼에도 우승하기도 한다. 왜냐하면 다른 러너도 선두그룹에 따라붙으려고 같이 오버페이스를 저지르기 때문이다. 승리한 러너는 돌진해도 이기기 때문에 그것이 승리할 수 있는 베스트 패턴이라고 생각한다. 그러나 실력은 거기서 거기라도 제대로 된 페이스로 달리는 러너가 있으면 오버페이스로 튀어나온 선두 러너도 낭패를 보게 되는 것이다.

페이스를 자제하면서 스타트하라고, 나는 항상 내 선수들에게 말해 왔는데 그 성과를 어느 해 전미 선수권에서 볼 수 있었다. 이날 나는 스타트로부터 400m의 지점을 측정해 두고, 여자팀 선수들에게 레이스 전 마지막 준비로서 800m를 달릴 것이라고 공지해두었다. 처음 400m를 85초로 달리고 이후 나머지 400m를 그 페이스 그대로 달리는 감각을 익히는 차원의 연습이었다. 5km 페이스로 환산하면 17분 42초가 되는 페이스다. 그렇게 마지막 웜업을 마치고 레이스가 시작되기 8~10분 전에 나는 다시 한번 선수들에게 이 페이스보다 빠르게 달리지 말아야 한다고 당부했다.

대회가 시작되자 우리 팀 7명 전원이 시작 400m를 84초에서 87초로 통과했다. 그녀들은 180명이 넘는 모든 참가자 중 그 지점을 꼴찌로 통과했다. 선두그룹은 75초를 끊으며 통과했고, 뒤따르는 선수들도 75초에서 82초로 통과한 것이다. 그러나 그 후 처음 1마일 지점이 되면서 우리 팀원 중 한 명이 선두그룹 앞으로 나섰다. 그대로 선두를 놓치지 않은 그녀는 2위와 20초 이상의 차이를 내며 우승했다(피니시 기록은 17분 20초). 그리고 그녀의 뒤로 우리 팀 선수가 5위, 8위, 15위, 26위로 연이어 들어와 우리는 쉽게 단체전을 이길 수 있었다.

다음은 이러한 전략에서 주의해야 할 포인트이다.

- 레이스 초반의 코스는 대부분 협소하기 때문에(특히 고교생 대회에서는), 스타트 후에 튀어나간 선두그룹을 앞지르는 것은 어렵다. 그룹에서 뒤로 처지면 따라가려는 자신감을 잃기 쉽지만, 초반에 병목 현상에 갇혔다 해도 5km 레이스라면 중반에 치고나갈 수 있는 시간은 대부분 충분하다. 또 초반부터 앞으로 나가려고 그룹 속에서 경합을 벌이면 보존해야 할 에너지의 대부분을 소모해 버린다.

- 슬로우 스타트를 시도하는 젊은 러너에게 자주 나타나는 현상은 스타트 후 2~3분도 안 되는 사이에 한 무리의 경쟁자들이 앞으로 나가면 의기소침해 버리는 패턴이다. 그러나 코치로부터 신중하게 시작하는 훈

런을 부과받고 시즌 초반 몇 번에 걸쳐 실전에서 시험할 기회가 있었다면 선수들도 이런 전술의 효과를 깨닫게 된다. 전보다 조심스럽게 달리기, 그리고 많은 러너가 튀어나가도 따라잡을 수 있다는 자신감을 가진다. 그렇다면 팀에서 많은 구성원들이 만족스러운 결과를 얻을 수 있을 것이다.

- 전술로서 효과적인 것은 레이스 중반에 가능한 한(카운트하고 싶어질 만큼) 많은 러너를 추월하는 것이다. 쭉 그룹 속에 있다가 마지막 100m에서 2, 3명 따라잡는 러너는 그다지 감탄스럽지 않다. 왜냐하면, 그 대부분은 레이스 중반에 손을 놓고 있었다는 뜻이기 때문이다. 이것은 산수의 문제다. 레이스 중반에 20명을 추월하고 마지막 스프린트에서 3명에게 따라잡히면 팀에는 17포인트가 가산된다. 한편, 레이스 중반에 1명도 따라잡지 않고 마지막에 3명을 잡는 경우는 3포인트다. 어느 전술이 팀을 위한 포인트가 되겠나?

레이스도 중반에 치고 나가지 못하고 큰 그룹 안에 계속 머물고 있으면 기운이 빠질 수도 있을 것이다. 그럴 때는 주위도 자신과 마찬가지로 컨디션이 좋지 않다는 것을 깨달아야 한다. 만약 그들의 컨디션이 좋으면 앞으로 치고 나가지 여러분 옆에서 달리고 있지 않을 것이다.

오버페이스 스타트에 대해서 또 하나 언급해 두고 싶은 것이 있다. 그것은 레이스의 중요도와의 관계다. 스타트의 페이스는 중요한 대회일수록 점점 빨라지는 것처럼 보인다. 대학의 대항 시합, 지구별 대회, 주(州)대항 대회, 전국 대회, 이렇게 규모가 커질수록 선수들의 스타트는 점점 빨라진다. 한 주 전 대회에 마주쳤넌 선수와 같은 선수가 맞나 싶을 정도로 스타트부터 열을 올린다. 요컨대 선수권 대회와 같은 중요한 레이스에 나가면 그만큼 스타트의 페이스 컨트롤이 중요해 진다.

레이스 준비

팀에 있는 러너는 모두가 동등하므로 전원이 같은 워밍업 루틴을 따라야 한다고 생각하는 코치가 있다면 그건 착각이다. 전원이 같은 기록을 가지고 있지 않은 한 함께 워밍업을 하는 의미는 별로 없다. 만약 같은 기록을 가졌더라도 워밍업을 많게 하는 편이 좋은 러너도 있는 반면, 가볍게 하는 편이 좋은 러너도 있다.

1마일 베스트가 4분 30초인 러너에게 5분 30초인 러너와 같은 워밍업을 시키는 것이 과연 동등한 처사이며 동등한 준비라는 걸까? 러너 한 사람 한 사람에게 맞는 워밍업을 생각하는 것이 이상적인 지도이다. 모든 구성원이 똑같은 경기력을 가진 것 마냥, 깔끔한 단체복을 맞춰 입고 다같이 조깅하고, 한 팔 간격으로 열을 지어 스트레칭이나 스트라이즈를 하는 광경, 나는 그런 팀을 보고 무심코 쓴 웃음은 지은 적이 한두 번이 아니다.

모든 방법을 시험해 보고 어느 것이 맞는지 확인하는 것, 이것은 러너 자신만의 일이 아니라 지도자가 한 사람 한 사람의 러너에게 해야 할 일이다. 팀 전원이 늘 서로 몇 걸음 차이로 피니시할 확률은 극히 낮으며 같은 워밍업이 같은 효과를 내는 것도 아니다. 몇 km를 달리지 않으면 워밍업이 되지 않는 러너도 있는 반면, 더 짧은 거리에서 지쳐버리는 러너도 있다.

워밍업은 팀 전원이 레이스를 앞두고 신체적으로나 심리적으로 준비가 된 상태로 만드는 것이다. 즉, 사색이라는 프로세스도 필요하다. 사람에 따라서는 그것이 혼자 있게 하는 것이 좋을 수도 있고 그룹 달리기가 좋을 수도 있다. 내가 긴 지도 경험 속에서 본 러너 가운데는 스타트 1시간 전부터 말하거나 눈을 맞추는 것도 하지 않는 선수가 있는 반면, 출발 총성이 울리기 직전까지 지시를 요구하는 선수도 있었다.

효과가 좋은 심리적인 워밍업 중 하나는 특별히 긍정적인 경험으로 남아 있는 이전 레이스를 떠올리는 것이다. 그 레이스가 그토록 즐거웠던 이유를 되새기며, 마음속으로 그때처럼 다시 달려보는 이미지를 떠올리는 것은 스타트 전 불과 15초, 10초라도 할 수 있다. 요컨대, 좋았던 것에 집중하는 것이다. 때로는 아쉬웠던 레이스를 기억할지도 모르지만, 머릿속에서 좋은 결과로 이어지도록 접근법을 바꿔 본다.

그럼 신체적인 워밍업에 대해서는 어떨까? 우선 무엇보다 크게 영향을 주는 것은 날씨다. 추운 날에는 근육이 어느 정도 따뜻해질 때까지 옷을 입고 있어야 하지만, 더운 날은 옷을 최소화하여 시작 전에 과열이나 탈수증이 되는 것을 막아야 한다.

대부분의 러너는 자신의 근육이 따뜻해진 것을 깨달을 수 있다. 그리고 천천히 달리는 시간을 더 가져야 할지, 더 숨차게 달려야 할지도 감지할 수 있다. 일반적으로 활동 근육의 근온이 상승하기 시작하는 데는 10분이 걸린다. 근온은 2~3℃ 정도의 상승이면 퍼포먼스 업으로 이어지지만, 그것을 넘으면 실력을 발휘하지 못하고 끝날 가능성도 있다. 물론 비교적 긴 레이스에서는 체온이 지나치게 높아진 상태에서 시작하지 않는 것이 좋다. 곧 오버히트 상태가 되어 버린다. 탈수 속도와 마찬가지로 체온 상승 속도도 사람마다 각각 다르다. 예를 들어 다른 사람보다 빨리 체온이 올라가버리는 러너도 있다. 그러므로 같은 팀이라도 각자가 다른 방법을 시험해 보고 다양한 환경 조건에 맞는 워밍업 루틴을 확인해야 한다.

최상의 워밍업보다 더 중요한 것은 레이스 자체에 접근하는 방식이다. 레이스야말로 눈앞의 과제에 집중하는 것이 중요한 과정이다. 어느 정도의 거리가 남아 있는가, 얼마나 달려 왔는가, 그런 것보다 자신이 지금 가고 있는 것에 의식을 집중시키는 것이 좋다(신경 써야 할 포인트는 두 가지, 즉 호흡리듬과 피치이다). 이전 레이스에서 자신보다 느렸던 러너가 앞서 달리고 있어도 신경 쓰지 말아야 한다. 그들은 아마 페이스 배분을 잘못 했을 것이다. 그 청구서는 나중에 반드시 돌아온다.

물론 예전에 내가 앞질렀던 그 러너가 오늘은 최고조의 컨디션일 수도 있다. 그러나 다른 러너를 보고 자신의 레이스를 판단할 수는 없다. 자신의 움직임, 자신의 감각으로 판단할 수밖에 없다. 예를 들어 어떤 러너들은 오르막이 되면 페이스업 하고 싶어 하지만, 내 방식은 다르다. 오르막에서는 다른 러너들 그룹 안에 머무는 것이 얼마나 손쉬운지 자신의 감각으로 느껴보라고 말한다. 대신 오르막을 다 오르더라도 페이스를 그대로 유지하는 데 집중하라고 말한다. 왜냐하면 일단 언덕 꼭지점에 도착하면 대부분의 러너가 한 시름 놓아 긴장이 풀리기 때문이다. 따라서 나는 언덕을 오르면 한쪽 다리로 피치를 세기 시작해 50보가 될 때까지 어떻게든 일정한 페이스를 유지하라고 말한다. 50걸음을 달리면 대체로 오르막의 피로로부터는 회복하게 되며, 게다가 그 사이에 다른 러너 앞으로 나올 수 있다.

대회의 처음 3분의 2는 2-2리듬 호흡으로 달린다. 나는 시즌 초기부터 이 점을 강조하는데, 보다 중요한 레이스를 달릴 때 자연스럽게 그 호흡리듬을 탈 수 있도록 준비하는 것이다. 레이스에서 자신의 감각, 즉 운동 강도를 어떻게 파악할 것인가는 매우 중요한 문제다. 이 주관적 운동강도에 의존하여 달릴 수 있다면 크로스컨트리에서 매우 유리해 진다. 특히 코스의 지형이 변화가 많고 강풍이나 진흙길에서 페이스가 대폭 느려질 가능성이 있는 경우에는 큰 힘이 된다. 반복해서 말하지만 레이스 중에는 눈앞의 과제에 집중하고 도중에 귀에 들리는 시간(기록)에 당황하지 않는 것이 중요하다. 앞으로의 레이스가 어떻게 될지 누가 알겠는가? 중간 기록이 레이스 전체 거리를 정확하게 대변해 주는 것이 아니다.

시즌 프로그램 만들기

대부분의 미국 학교에서 크로스컨트리 시즌으로 할애된 기간은 10주 또는 12주뿐이다. 따라서 시즌 중에 6주×4단계의 트레이닝 프로그램을 짜는 것은 당연히 불가능하다. 제10장에서 기술한 것처럼 10주 또는 12주밖에 없는 경우 취해야 할 방법은 두 가지이다. 이 중 내가 자주 사용하는 것은 단계 I과 단계 II를 신학기가 시작되기 전 여름 동안 모두 끝내는 방법이다. 이렇게 하면 신학기가 시작될 무렵에는 단계 III부터 진행할 수 있다.

신입생이나 여름에 달릴 수 없었던 러너에게는 단계 I의 트레이닝은 필수적이므로 학기가 일단 시작되면 단계 II는 대부분 실시하지 않고, 우선 기초적인 연습부터 시킨다. 더 힘든 **I** 트레이닝을 하거나 시즌 초기 레이스에 나가는 것은 그 뒤다. 본 장에서 소개하는 트레이닝 프로그램은 6주×4단계이지만, 단계 II의 일부(혹은 전부)가 생략되었고 단계 I도 2주 정도 단축될 가능성을 고려하여 작성했다.

Q트레이닝(질 높은 연습)에서는 트레이닝 종류별 연습량을 러너 한 사람 한 사람의 주간 주행거리에 따라 결정하는 것이 철칙이다. **I** 트레이닝으로 말하면 주간 주행거리의 8%나 10km중 어느 쪽이든 더 짧은 거리를 상한

으로 하는 것이 나의 룰이다. 따라서 주간 주행거리가 48km인 러너라면 3.8km(48km의 8%), 97km의 러너라면 7.8km(97km의 8%)가 **I** 트레이닝 1회당 **I** 페이스로 달리는 훈련의 상한이 된다.

나는 **I** 트레이닝과 마찬가지로 **R** 트레이닝에는 5% 룰, **T** 트레이닝에는 10% 룰을 적용하고 있다. 단지 이들은 연습 1회당 최대량이며, 1주일간 합계의 상한은 아니다. 즉, 1주일에 2회 **R** 트레이닝을 실시하는 경우는, 2회 모두 이 상한까지 연습을 할 수 있다. 또한 이 비율은 반드시 소화해야 하는 양은 아니다. 초과해서는 안 되는 최대값으로 표시한 것이다.

단계 I

단계 I에서는 매주 일요일에 **L** 러닝을 실시한다. 단지, 주간 주행거리의 30%나 60분 주행 중 어느 쪽이든 먼저 달성되는 쪽을 연습량의 상한으로 한다. 그 밖의 날에는 30분 이상의 **E** 러닝을 실시하지만, 어느 날의 연습량도 주간 주행거리의 25%를 넘지 않도록 한다.

프로그램 시작 전에 그다지 달리지 않았던 러너, 혹은 초보자에 가까운 러너는 제8장에서 소개한 화이트 프로그램의 단계 IV를, 크로스컨트리의 단계 I로서 실시해도 좋다. 이 장의 단계 I에는 트레이닝을 장기간 쉬지 않았고 초보자도 아닌 러너에 적합하다. 휴식한 기간이 4주를 넘는 러너는 처음 3주간은 **L** 러닝을 하지 않고 주간 주행거리를 32km정도로 유지하고 다음 3주간에 40~48km정도로 늘리도록 한다. 표 14.1은 단계 I의 간단한 프로그램을 보여준다. 6주간을 확보할 수 없으면 단축해도 좋지만, 초보자 레벨의 러너라면 적어도 3~4주는 할애해야 한다.

표 14.1 크로스컨트리를 위한 단계 I 트레이닝 프로그램

1-3주	
요일	**훈련 내용**
일	**L** 런 60분, 혹은 주간 총 주행거리의 30% 이하로
월, 화, 목, 금요일	**E** 데이, 각 요일당 30분 정도
수, 토요일	**E** 30-40분 + ST 6회
4-6주	
요일	**훈련 내용**
일	**L** 런 60분, 혹은 주간 총 주행거리의 30% 이하로
월, 화, 금요일	**E** 데이, 각 요일당 30-40분 정도
수, 목, 토요일	**E** 20분 + ST 8회 + **E** 10분

Table created by Jack Daniels' Running Calculator designed by the Run SMART Project.

단계 II

단계 II 트레이닝을 실시하려면 이전에 몇 주에 걸쳐 지속적으로 달리기를 해왔고 가벼운 **R** 트레이닝을 할 수 있는 상태가 되어야 한다. 주간 주행거리는 단계 I의 마지막 3주간 주행거리보다 16km를 넘지 않도록 한다. 달리는 양의 상한은 **R** 페이스로 실시하는 러닝에도 설정하여, **R** 트레이닝 1회당 주간 주행거리의 5%로 한다. 단, 주간 주행거리가 160km를 넘는 경우는 8km를 상한으로 한다.

R 트레이닝을 하는 방법에 대해서는 4장의 표 4.4를 확인하도록 한다. 이 표에서는 연습 예를 주간 주행거리별로 게재하고 있다. 예를 들어 1주에 56km 달리는 주자는 세션 B에서, 80km 달리는 주자는 세션 C 또는 세션 D에서 **R** 훈련을 선택한다. **E** 데이는 목표 주행거리에 도달하기 위해 활용

한다. 따라서 목표로 하는 거리가 그다지 많지 않은 경우는 때때로 휴식일로 해도 좋다.

R 러닝은 평탄한 코스에서 해도 좋고 오르막에서 해도 괜찮다. 오르막에서의 **R** 러닝은 스피드와 러닝 이코노미를 향상시키기 위한 트레이닝으로 인식하도록 한다. 시즌 후반에 출전하는 중요도가 높은 레이스가 업다운이 심한 레이스라면 몇 번에 걸쳐 오르막에서 **R** 러닝을 해 두는 것이 포인트다. 오르막이라면 속도는 물론 떨어지지만, 주관적 운동 강도에 의지해 달리도록 한다. 그리고 달리는 거리는 신경 쓰지 않는다. 기준으로 하는 것은 달리는 시간이다.

예를 들어, 오늘의 **R** 트레이닝은 언덕 달리기 60초를 8회를 실시하는데 각 회마다 스타트 지점으로 돌아오는 사이에 완전히 회복하는 훈련을 설정할 수 있다. 단지, 내리막은 다리에 큰 스트레스가 가해지기 때문에, 복귀 루트는 경사가 심하지 않은 장소로 선택한다. 나는 언덕주 후의 훈련의 마무리로서 평탄한 장소에서 **R** 러닝을 몇 회 달리게 하는 경우도 자주 있다. 이렇게 하면 오르막에서 페이스가 비교적 느려진 뒤라도 빠른 움직임의 감각을 되찾을 수 있다. 그러나 중요한 레이스의 2주일 전에는 언덕 달리기는 삼가한다. 약간이지만 그렇게 하는 편이 그때까지 실시한 언덕 달리기의 스트레스로부터 신체를 회복시킬 수 있기 때문이다.

1주간의 Q(**R**) 트레이닝은 3가지 프로그램(**R**1, **R**2, **R**3)으로 배분했다. 이 프로그램에서는 Q트레이닝 이외에 **L** 러닝도 실시하지만, 그 연습량의 상한은 주간 주행거리의 25%이다. **L** 러닝을 할 때는 움직임이 무너져 온다면 중간에 일단락 짓는다.

3개의 프로그램은, 레이스가 있는 요일에 따라서 적절히 변경한다. 레이스가 화요일인 경우는 그때까지 **R**1이나 **R**3을 하고 있었어도, **R**2로 변경한다. 그리고 화요일의 레이스를 Q1로 간주하고, Q2는 레이스 다음날인 수요일에, Q3는 토요일에 실시한다. 레이스가 금요일인 경우는 **R**3을 실시한다. 그런 다음 Q2를 화요일로 변경하고 금요일 레이스를 Q3으로 간주한다. 레이스가 토요일인 경우는 **R**2의 프로그램을 그대로 실시한다. 그리고 토요일의 레이스를 Q3으로 간주한다.

트레이닝 장소에 관해서 말하자면, Q트레이닝은 모두 가장 중요한 레이스와 같은 타입의 코스에서 실시하도록 강하게 추천하고 싶다. 즉, 대부분은 풀밭이나 흙길일 것이다. **E** 러닝이나 **L** 러닝이라면 도로나 울퉁불퉁하지 않은 장소라도 좋다. 중요한 레이스가 기복이 많은 코스라면 Q트레이닝 중 1회나 2회는 업다운이 있는 코스에서 실시하는 것이 좋지만 **R** 러닝의 마지막 2회는 항상 평평한 곳에서 실시하도록 한다. 레이스 전에는 **E** 데이를 최대한 2일 확보하는 것이 기본이다(**L** 러닝은 **E** 러닝이라고 본다). 또한 단계 II와 같은 시즌 초기에는 레이스 다음날이라고 해서 꽁무니 빼지 말고, 지정된 Q트레이닝을 실시하도록 한다. 표 14.2는 단계 II의 세 가지 프로그램(**R**1, **R**2, **R**3)을 정리했다.

표 14.2 크로스컨트리를 위한 단계 II 트레이닝 프로그램

요일	R1	R2	R3
일	**L** 런	**L** 런	**L** 런
월	Q1	**E** 데이 + ST 8회	Q1
화	**E** 데이 + ST 8회	Q1	**E** 데이 + ST 8회
수	**E** 데이 + ST 8회	Q2	Q2
목	Q2	**E** 데이 + ST 8회	**E** 데이 + ST 8회
금	Q3	**E** 데이 + ST 8회	Q3
토	**E** 데이 + ST 8회	Q3	**E** 데이 + ST 8회

Table created by Jack Daniels' Running Calculator designed by the Run SMART Project.

단계 III

전에도 언급했듯이 단계 III는 4단계 중 가장 스트레스가 많고 레이스도 자주 들어있다. 레이스가 들어있는 경우는 레이스를 그 주의 Q트레이닝으로 한다. Q트레이닝 중, **I** 트레이닝에 관해서는 제4장의 표 4.3을 참조하기 바란다(표 4.3에서는 다양한 연습 메뉴를 주간 주행거리별로 제시했다).

I 트레이닝에서는 질주 1회가 5분을 넘지 않는 거리로 설정해야 한다. 즉, **I** 페이스가 1마일 6분이 되는 VDOT의 러너에게 **I** 페이스로 1마일 트레이닝을 시킬 수는 없다. 이 경우 1.2km가 상한이다. 단지, 거리가 아닌 시간을 기준으로 달리는 경우는 최대 5분간의 **H** 러닝으로 해도 된다.

단계 III는 매주 훈련을 하기 위한 기간이다. 따라서 **I** 트레이닝을 그 주의 Q1으로 한다. 주말에 **L** 러닝을 한 뒤, 최초로 실시하는 Q트레이닝이 이 Q1이다. 단지, 단계 III는 주말이 거의 레이스로 대체되는 기간이기도 하다. 레이스에 나가면 트레이닝을 확실히 실시한 것만큼 생리학적 효과가 있으므로 Q1을 **I** 트레이닝으로 하면, Q2는 **T** 트레이닝 뒤에 **R** 러닝 200m나 스트라이즈를 조합하는 것이 좋다고 생각한다.

나는 크로스컨트리 시즌에는 **T** 러닝을 단계 III와 단계 IV 모두에 포함시키는 걸 좋아한다. 그리고 트레이닝 장소는 평탄한 곳을 선택한다. 크로스컨트리 레이스는 다양한 지형을 달리게 되지만, **T** 러닝은 페이스를 컨트롤하기 쉬운 평평한 곳이 더 낫다. 심박계를 사용하여 강도를 모니터링하면서 기복이 많은 곳에서 달리는 것도 가능하지만, 가능하면 심박계는 사용하고 싶지 않다. 훈련에 요구되는 속도가 그대로 심박수에 반영된다고는 할 수 없기 때문이다.

레이스가 들어있지 않은 주는 컨디션이 좋으면 Q3를 실시해도 상관없다. Q3 훈련으로서 최적인 것은 **I** 트레이닝이나 **T**, **I**, **R**을 조합한 훈련이다. **I** 트레이닝으로 하는 경우는 거리가 아니라 시간을 기준으로 하면 좋다. 예를 들어 (**I** 1,000m + jg 2분)×5가 아니라, (**H** 3분 + jg 2분)×5~6으로 하는 것이다. **T**, **I**, **R**을 조합한 연습으로 하는 경우는 **T** 3.2km + (**H** 2분 + jg 1분)×3 + (**R** 200m + jg 200m)×4로 하는 내용을 생각할 수 있다. 내가 선호하는 단계 III의 일주일 일정을 표 14.3에 정리했다.

레이스가 들어있는 주는 레이스로 Q트레이닝으로 대체한다. 즉, 레이스가 화요일이라면 Q1, 토요일이라면 Q3으로 간주한다. 금요일이라면 레이스를 Q2로 간주하고 수요일 Q2와 토요일 Q3을 하지 않는다.

표 14.4는 주간 주행거리가 64km라고 상정하여 작성한 옵션 프로그램이다. (1)레이스가 없는 주, (2)레이스가 토요일에 있는 주, (3)레이스가 화요일과 토요일에 있는 주, 이렇게 세 가지 패턴으로 작성했다.

표 14.3 크로스컨트리를 위한 단계 III 트레이닝 프로그램

요일	훈련 내용
일	**L** 런
월	**E** 데이 + ST 8회
화	Q1: **I** 세션
수	Q2: **T** 세션 + (**R** 200m)×4
목	**E** 데이
금	**E** 데이
토	Q3: **T-I-R**, 혹은 레이스

Table created by Jack Daniels' Running Calculator designed by the Run SMART Project.

표 14.4 단계 III(주간 주행거리 64km)를 위한 상황별 트레이닝 계획

요일	대회가 없는 주	토요일 대회가 있는 주	화, 토요일 대회가 있는 주
일	**L** 런 16K + ST 6회	**L** 런 16K + ST 6회	**L** 런 50분 + ST 6회
월	**E** 데이 + ST 8회	**E** 데이 + ST 8회	**E** 데이
화	**E** 3.2K + (**I** 1K + jg 2분)×5 + **E** 3.2K	**E** 3.2K + (**I** 1K + jg 2분)×5 + **E** 3.2K	레이스 당일
수	**E** 1.6K + (**T** 1.6K + 휴식 1분)×4 + **E** 3.2K	**E** 3.2K + (**T** 1.6K + 휴식 2분) ×3 + **E** 1.6K	**E** 1.6K + (**T** 1.6K + 휴식 1분) ×4 + **E** 3.2K
목	**E** 데이 + ST 8회	**E** 데이 + ST 8회	**E** 데이 + ST 8회
금	**E** 데이	**E** 데이	**E** 데이
토	**E** 3.2K + (**H** 4분 + jg 3분)×4 + **E** 3.2K	레이스 당일	레이스 당일

Table created by Jack Daniels' Running Calculator designed by the Run SMART Project.

단계 IV

단계 IV에서는 거의 매주 레이스가 있는데, 대부분 중요한 레이스이기 때문에 어느 정도 몸을 쉬게 하며 임할 필요가 있다. 토요일 레이스의 중요도가 상대적으로 낮은 경우는 단계 III에서 레이스가 토요일에 있다고 가정한 스케줄(표 14.4)을 따르는 것이 좋다. 토요일 레이스의 중요도가 높은 경우는 일요일에 적당한 거리의 **L** 러닝, 화요일에 **T** 트레이닝을 하면 좋다(표 14.5). 다른 날은 모두 **E** 데이로 하지만, 나의 경우는 주 후반이 되면, **E** 러닝 뒤의 스트라이즈를 실시하지 않는다. 표 14.5는 대회가 없는 주와 주말에 중요도가 높은 대회가 있는 주간의 훈련 요령을 정리했다.

표 14.5 크로스컨트리를 위한 단계 IV 트레이닝 계획

요일	대회가 없는 주	토요일 중요 대회가 있는 주
일	**L** 런 16K + ST 6회	**L** 런 50-60분 + ST 6회
월	**E** 데이 + ST 8회	**E** 데이 + ST 8회
화	**E** 3.2K + (**T** 1.6K + 휴식 1분)×4 + **E** 3.2K	**E** 3.2K + (**T** 1.6K + 휴식 2분)×3 + (**R** 200m + jg 200m)×4 + **E** 1.6K
수	**E** 데이 + ST 8회	**E** 데이 + ST 6회
목	**E** 데이 + ST 8회	**E** 데이
금	**E** 3.2K + (**I** 1,200m + jg 3분)×4 + **E** 3.2K	**E** 데이
토	**E** 데이	레이스 당일

Table created by Jack Daniels' Running Calculator designed by the Run SMART Project.

크로스컨트리 트레이닝에서는 항상 다음 사항에 유의해야 한다.

- 매주 1회 **L** 러닝을 포함시킨다. 일요일에 실시하는 것이 바람직하다.
- Q트레이닝의 대부분은, 레이스 코스와 조건이 비슷한 풀밭이나 흙 위에서 실시한다.
- 시즌 중반에 레이스를 넣으면, 레이스 전 2일은 가능한 한 **E** 데이로 한다.
- 레이스 전에 실시하는 마지막 Q트레이닝은 **T** 강도 위주로 한다.
- 레이스 자체가 **I** 트레이닝과 동등한 효과가 있다는 것을 잊지 않도록 한다.
- 중요한 레이스 전에는, 2주일 정도 언덕주를 그만둔다.
- 레이스에는 매회 무리가 없는 적절한 목표를 가지고 임한다.
- 시즌 말미 몇 주는 트레이닝을 하드하게 하는 것을 삼간다.
- 레이스에서는 신중하게(보수적으로) 스타트한다. 그리고 레이스가 진행됨에 따라 강도를 올려간다는 생각으로 달린다.
- 눈앞의 과제에 집중한다.

Chapter 15

15K, 하프 마라톤, 30K 트레이닝

달린 거리보다도 훈련에 소비한 시간에 더 주목하자.

15km에서 30km에 이르는 레이스는 소위 트랙 종목이 아니다. 따라서 훈련의 대부분은 로드에서 실시한다. 레이스가 보통 행해지는 장소에서 트레이닝을 하는 것이다. 단, 트랙 운동이 더 적당한 경우도 있다. **R** 트레이닝의 대부분은 트랙에서 실시하는 것이 바람직하다. 같은 거리를 얼마의 시간으로 달렸는지 과거 실적과 정확히 비교할 수 있기 때문이다. **I** 트레이닝에 관해서도 몇 %는 트랙에서 실시하는 편이 효과가 올라간다. 그러나 **T** 트레이닝에 관해서는 지루하지 않도록 하는 의미도 있지만, 어쨌든 연습의 대부분은 로드로 가는 편이 좋다. 게다가 **T** 트레이닝의 가장 중요한 목적을 달성하기 위해 매우 평탄한 장소에서 실시하는 것을 권장한다. 즉, 평평한 곳에서 달리면 연습 중에 균일한 속도를 유지할 수 있다.

효과적인 10km 레이스용 프로그램을 소화했다면 확실히 누구라도 15km에서 20km에 이르는 거리에 대해 충분한 준비가 된 것이다. 그런데 역으로 마라톤 훈련을 먼저 시작하면 25km에서 30km 거리는 상대적으로 쉽게 느껴져 그보다 더 좋은 준비는 없을 것이다. 실제로 러닝을 시작하고 얼마 지나지 않은 사람은 먼저 제16장에서 소개하는 초보자용 마라톤 프로그램을 해본 후 본 장의 프로그램으로 진행하는 것을 권하고 싶다. 이 장에서 소개하는 프로그램의 적절한 대상이 되는 사람은 지금까지 상당한 트레이닝량을 소화해 내고 있고, 15km에서 30km의 레이스에 진심으로 임할 준비가 이미 되어 있는 러너이다.

이 장에서 소개하는 것은 종목에 특화되지 않은, 보통과는 색다른 파격적인 프로그램, 말하자면 "이색적alien"인 트레이닝 프로그램이다. 이 프로그램에서 추천되는 트레이닝 타입에 맞는 훈련 내용을 각자가 선택해 주기 바란다. 예를 들어 **R** 트레이닝이라고 적혀 있는 경우 표 4.4의 **R** 트레이닝 훈련 예에서 원하는 것을 선택한다. 이를 위해서는 먼저 제5장의 표에서 현재 자신의 VDOT을 확인해야 한다. 그 근거가 되는 것은 최근 달린 레이스의 기록이나 예상 시간이다. 다음으로 어떻게 훈련을 조합할까는 VDOT와 현재의 주간 주행거리로 정한다(반복된 이야기가 되지만 1회의 훈련으로 달리는 **R** 러닝의 거리는 8km 혹은 주간 주행거리의 5% 중 어느 쪽이든 더 짧은 거리를 상한으로 한다). 이것은 **I** 러닝도 마찬가지다(연습 1회당 **I** 러닝의 거리는 10km 또는 주간 주행거리의 8% 중 어느 쪽이든 더 짧은 거리가 상한이다). **T** 러닝의 경우는 주간 주행거리의 10%를 상한으로 한다. 구체적인 훈련 예에 대해서는 제4장을 참고하면 된다.

이색적(에일리언) 트레이닝

본 장에서는 폭넓은 거리의 레이스를 커버하고 있지만, 작성한 트레이닝 프로그램은 하나이다. 이 프로그램은 내가 항상 권장하는 것과는 분위기가 다르다. 따라서 이색적 트레이닝 프로그램이라고 명명했다. 이 프로그램의 대상으로 상정되는 사람은 지금까지 일정 기간 꾸준히 러닝을 해 온 러너로, 내가 제안하는 각 종류의 훈련(**E**, **L**, **M**, **T**, **I**, **H**, **R**)에 이미 익숙해져 있고, 그 속도(VDOT 기반 속도)와 양을 설정하는 방법도 잘 알고 있어야 한다(즉, 제4장을 충분히 숙지한 러너). 이런 러너라면 이 장에서 제시하는 훈련의 구체사항은 스스로 정할 수 있다. 예를 들어 프로그램의 지시가 **R** 트레이닝일 때, 그 러닝 속도나 회복의 양, 달리는 거리의 상한을 판단해서 제4장의 훈련 세션들 중 1개를 선택할 수 있다는 것이다. 내가 제시하는 것은 어디까지나 트레이닝의 형태이며, 연습의 구체적인 내용을 결정하는 것은 러너 자신이다. 표 15.1을 보면 알겠지만 이색적 트레이닝은 여러 단계로 구성된 트레이닝 프로그램이 아니라, 일련의 훈련을 2주를 주기로 반복하는 프로그램이다.

이 이색적 트레이닝의 효과는 실제로 몇 주 시도하면 알 수 있지 않을까 한다. 사람에 따라서는 15km보다 짧은 레이스나 30km보다 긴 레이스를 대비할 때 더 효과적일 수도 있다. 사실 나는 이 프로그램이 누군가에겐 훌륭한 마라톤 훈련이 된다고 생각하고 있다(표 16.2 초보자를 위한 18주 마라톤 프로그램 참조).

표 15.1은 이색적 트레이닝 프로그램을 보여 준다. 1주일에 7일의 훈련일(1일째부터 7일째)을 배치한 2주간의 프로그램이다. 이것을 원하는 만큼 반복한다. 훈련을 실시하는 요일은 자신의 스케줄에 맞추어 결정한다. 나는 보통 일요일을 첫날이자 Q1으로 하고, Q2를 화요일, Q3를 금요일이라고 생각하고 있는데, 러너의 스케줄에 따라서 요일은 바뀔 것이다. 어쨌든 내가 말할 수 있는 것은 Q1, Q2, Q3를 표에 적힌 순서대로 실시하고, Q데이

들 사이에 **E** 데이를 끼우기만 하면 된다는 것이다. 또한 **E** 데이 중 2일은 스트라이즈(ST)를 추가하면 좋다. 또 Q데이의 워밍업과 쿨링다운은 스스로 충분하다고 생각할 만큼 실시한다. 그리고 레이스 1주 전이 되면, 레이스 대비 플랜으로 전환한다. 이색적 트레이닝 프로그램에 변화가 있는 것는 레이스 전(프리 레이스 위크)과 레이스 후 회복기(리커버리 위크)일 때뿐이다. 회복기에는 레이스 거리 3km마다 **E** 데이를 하루 마련해야 한다. 즉 15km의 레이스라면 5일, 하프 마라톤이라면 7일의 **E** 데이를 넣고 그 뒤에 통상의 프로그램으로 돌아오는 것이다.

표 15.1 이색적 프로그램

일수	Q트레이닝	훈련 내용
	1, 3, 5, 7, 9번째 주, 그리고 그 이상	
1	Q1	**L** 런
2		**E** 데이 + ST 8회
3	Q2	**T** 세션
4		**E** 데이 + ST 8회
5		**E** 데이
6	Q3	**R** 세션
7		**E** 데이
	2, 4, 6, 8, 10번째 주, 그리고 그 이상	
1	Q1	**M** 런
2		**E** 데이 + ST 8회
3	Q2	**T** 세션
4		**E** 데이 + ST 8회
5		**E** 데이
6	Q3	**I** 세션
7		**E** 데이
	대회 1주 전	
대회 6일 전	Q1	평소 **L** 런을 2/3 가량 실시
대회 5일 전		**E** 데이
대회 4일 전		**E** 데이
대회 3일 전	Q2	(**T** 1.6K + 휴식 2분)×3
대회 2일 전		**E** 데이
대회 1일 전		**E** 데이, 혹은 휴식
대회일	Q3	대회 당일
	회복 주간	
회복의 기간은 레이스 거리에 따라 다르다(3km당 E 데이 하루가 기준). 이 룰에 근거하여 회복 후 Q 데이를 적절하게 설정하여 리커버리 위크로 한다.		

Chapter 16

마라톤 트레이닝

출발 후 2/3까지는 머리로 달리고, 마지막은 가슴으로 피니시하라.

마라톤 트레이닝에 대해 다양한 것을 배웠지만 그중 가장 중요한 것은 모두가 자기 자신에 맞춘 프로그램을 가져야 한다는 점이다. 이는 마라톤에 국한되지 않는다. 러너라고 통칭되는 사람들 중에는 긴 거리를 소화할 수 있는 사람도 있는 반면 다른 사람이 소화해낼 수 있는 빈도의 Q트레이닝을 해낼 수 없는 사람도 있다. 또한 마라톤은 완전 초보자더라도 다른 달리기 경험은 꽤 있는 사람이 있는가 하면, 마라톤 트레이닝을 시작할 때까지 달리기는커녕 운동다운 운동을 한 번도 해보지 않은 사람도 있다.

이 장에서는 마라톤 트레이닝을 위한 서로 다른 6개의 프로그램을 준비했다. 그중 일부는 주간 주행거리(또는 주간 주행시간)의 차이에 따라 몇 가지 변형으로 나뉘어져 있다. 이것은 일정량의 훈련을 소화해낼 수 있는 힘, 또는 자유롭게 활용할 수 있는 시간의 많고 적음에 따라 프로그램을 나눈 것이다. 표 16.1은 각 프로그램의 특징과 프로그램을 선택할 때의 요령을 나타낸 것이다.

같은 프로그램으로 트레이닝을 해도 그에 대한 반응은 러너에 따라 조금씩 다르고, 누구에게나 최적으로 적용되는 만능 프로그램은 존재하지 않는다는 것을 기억해야 한다. 그럼에도 누구에게나 필요한 것은 있다. 그것은 올바른 식생활, 충분한 수분 공급과 적절한 휴식, 그리고 훈련에 대한 신뢰이다. 지금 진행 중인 훈련을 계속하면 달리기 실력뿐 아니라 건강도 개선된다고 믿어야 한다. 러닝은 단지 즐기는 것만으로도 하루를 충실하게 해준다. 나는 달리는 사람을 지원하는 것을 좋아한다. 그만큼 달리는 사람들이 달리기를 즐겨 주었으면 한다.

표 16.1 각 마라톤 훈련 프로그램의 특징

종류	특징	대상 러너 & 선택 포인트
초보자 프로그램	매주 3~5일 훈련.	• 초보자, 기초가 되는 트레이닝의 경험이 거의 없는 러너.
2Q 프로그램	매주 2일 Q트레이닝 실시.	• 지금까지 일상적으로 달리기를 해온 러너. • 힘든 Q트레이닝에 매주 2일의 시간을 낼 수 있는 러너.
4주 순환 프로그램	3주째까지는 매주 2일 Q트레이닝을 실시. 4주째는 E 트레이닝만 실시.	• 보통은 주 2회 Q트레이닝을 실시하고, 4주에 1회는 Q트레이닝을 실시하지 않고 장거리를 달리는 주를 설정하고 싶은 러너.
5주 순환 프로그램	5주간 사이클을 시간이 허락하는 한 반복한다.	• **T** 트레이닝을 중점적으로 실시하고 싶지만, 동시에 **L** 러닝이나 **M** 페이스 러닝도 정기적으로 실시하고 싶은 러너. • **R** 트레이닝이나 **I** 트레이닝도 병행해 실시한다. • 주간 주행거리마다, 생각한 훈련 중에서 좋아하는 종류를 선택할 수 있다. • 사람에 따라서는 힘든 프로그램이기 때문에, 마라톤 레이스 직전 3주간은 표 16.3에 나타낸 자신의 주간 주행거리에 해당하는 프로그램을 실시하면 좋다.
레이스 전 18주간 프로그램	거리를 기준으로 한 프로그램과 시간을 기준으로 한 프로그램이 있다.	• 거리(km)를 기준으로 한 스케줄을 세우고 싶은 러너, 혹은 거리보다는 시간을 기준으로 스케줄을 세우고 싶은 러너. • 기본적으로 언제나 장거리를 달리고 있어, 매주 2회의 Q트레이닝을 좋아하지 않는 러너. • Q트레이닝은 4일 또는 5일에 1회 설정하므로, Q트레이닝이 1회인 주와 2회인 주가 있다.
레이스 전 12주간 프로그램	마라톤 직전의 약간 힘든 프로그램.	• 이미 정기적인 훈련을 쌓아오고 있고, 대회 전 12주간의 프로그램을 원하는 러너.

초보자 훈련 프로그램

마라톤에서는 아마도 초보자 수준의 사람들이 그 위 레벨의 사람들보다 더 많을 것이다. 지도자로서 나는 이 범주가 두 가지 유형으로 나뉜다고 생각한다. 첫 번째 유형은 진정한 초보자이며, 지금까지 달리기 훈련을 한 번도 한 적이 없는 사람이다. 두 번째 유형은 과거에는 상당한 트레이닝을 쌓았지만, 그로부터 수년이 지나 복귀에 신중함이 요구되는 사람이다. 후자의 타입을 나는 '복귀 러너Reruns'라고 부르고 있다.

복귀 러너는 달리기를 재개하면서 자기가 예전에 잘 할 수 있던 것을 그대로 답습하지 않는 것이 중요하다. 적어도 훈련의 토대가 확실히 만들어질 때까지는 금물이다. 부상으로 고생하는 사람이 많은 쪽은 초보자보다 오히려 복귀 러너 쪽이다. 왜냐하면, 진정한 초보자는 자신에게 무엇이 생길지 모르는 사이에 체력이 조금씩 조금씩, 상상 이상의 폭으로 향상되기 때문이다.

표 16.2는 초보자를 위한 18주 프로그램이다. 프로그램의 시작점인 제18주부터 제10주까지는, 1주일에 3~5일 트레이닝하는 설정이다(단 이상적인 훈련일수는 4~5일이다). 훈련일이 주 3일이면, A, C, E의 훈련을 최소 하루씩 걸러 실시한다. 주 4일이면, A, C, E의 훈련 외에 B와 D의 어느 쪽 하나를 실시한다. 주 5일이면, A에서 E까지 모든 훈련을 한다. 표의 ST는 스트라이즈의 약자다. ST는 15~20초간의 달리기를 중간에 45~60초간의 휴식을 취하면서 반복하는 훈련이며 편안한 속도, 즉 1마일(1.6km) 레이스에서 달릴 수 있는 페이스로 실시한다. **T** 러닝은 적어도 30분 동안 지속할 수 있는 페이스로 실시하는 기분 좋은 느낌의 달리기이다.

제10주는 10km를 균일한 속도로 완주하는 도전을 하는 기간이다. 단지 10km 대회에 참가하여 레이스로 소화하는 경우에는 너무 부담을 갖지 않도록 주의해야 한다. 제9주 이후에는 훈련을 늘려(혹은 유지해) 최대한 주 5일의 훈련을 확보하자. Q트레이닝은 주 2회, 기상 조건이 좋고 시간에 여유가 있는 날을 선택한다. 그리고 이 2회의 Q트레이닝의 사이에는 **E** 데이를 최소 2일은 끼워넣어야 한다. 그 이외의 5일은 모두 **E** 데이로 한다. **E** 데이는 완전히 쉬어도 되고, 30분 이상의 **E** 러닝으로 해도 좋다.

표 16.2 초보자를 위한 18주 마라톤 트레이닝 프로그램

18~16주	
세션	훈련 내용
A	1분 이지 런 15회, 중간에 1분씩 걷기 → (**E** 1분 + 걷기 1분)×15 위 운동은 그 주의 첫 훈련이며, 전날 미리 실시하거나 당일 완료한 뒤 다음 훈련으로 이동.
B	휴식하지 않을 경우 이전 운동 반복
C	(**E** 1분 + 걷기 1분)×9 + (**E** 2분 + 걷기 2분)×3
D	휴식하지 않을 경우 이전 운동 반복
E	(**E** 1분 + 걷기 1분)×9 + (**E** 3분 + 걷기 3분)×2 위 운동은 그 주의 마지막 훈련이며, 전날 미리 마무리하거나 당일 마무리한 뒤 다음 훈련으로 이동.

15~14주	
세션	훈련 내용
A	(**E** 5분 + 걷기 5분)×4 위 운동은 그 주의 첫 훈련이며, 전날 미리 시행하거나 당일 완료한 뒤 다음 훈련으로 이동.
B	휴식하지 않을 경우 이전 운동 반복
C	(**E** 2분 + 걷기 2분)×10
D	휴식하지 않을 경우 이전 운동 반복
E	(−15주) (**E** 4분 + 걷기 4분)×5 (−14주) (**E** 4분 + 걷기 4분)×3 + **E** 15분-20분 + 걷기 6분 위 운동은 그 주의 마지막 훈련이며, 전날 미리 마무리하거나 당일 마무리한 뒤 다음 훈련으로 이동.

13~12주	
세션	훈련 내용
A	**E** 5분 + 걷기 3분 + (**T** 3분 + 걷기 2분)×5 + ST 10회 위 운동은 그 주의 첫 훈련이며, 전날 미리 시행하거나 당일 완료한 뒤 다음 훈련으로 이동.
B	휴식하지 않을 경우 (**E** 10분 + 걷기 5분)×3 (컨디션이 좋다면 5분보다 덜 걸어도 된다.)
C	휴식하지 않을 경우 A항목 반복
D	(**E** 10분 + 걷기 5분)×3 (많은 회복이 필요하지 않다면 걷는 시간을 줄여도 된다.)
E	(−13주) **E** 5분 + 걷기 5분 + (**T** 5분 + 걷기 2분)×3 + **E** 15분 + 걷기 4분 (−12주) **E** 5분 + 걷기 5분 + (**T** 5분 + 걷기 2분)×2 + **E** 25분-30분 + 걷기 6분 6일째가 그 주의 마지막 훈련이며, 전날 미리 마무리하거나 당일 마무리해야 함.

11~10주	
세션	훈련 내용
A	**E** 10분 + 걷기 5분 + ST 5회 + 걷기 5분 + (**E** 10분 + 걷기 5분)×2 위 운동은 그 주의 첫 훈련이며, 전날 미리 시행하거나 당일 완료한 뒤 다음 훈련으로 이동.
B	휴식하지 않을 경우 A항목 반복
C	**E** 5분 + 걷기 5분 + **E** 20분 + 걷기 5분 + **T** 5분 + 걷기 5분 + **E** 5분 + 걷기 5분
D	휴식하지 않을 경우 (**E** 10분 + 걷기 5분)×3 (원한다면 5분보다 덜 걸어도 된다.)
E	(-11주) **E** 10분 + 걷기 5분 + ST 5회 + 걷기 5분 + **T** 20분 + 걷기 5분 + **E** 10분 (-10주) **E** 10분 + 걷기 5분 + ST 5회 + 걷기 5분 + **T** 20분 + 걷기 5분 + **E** 20분 6일째가 그 주의 마지막 훈련이며, 전날 미리 마무리하거나 당일 마무리해야 함.

9~2주		
주차	첫 번째 Q세션	두 번째 Q세션
9	**L** 런 90분 (지속주)	**E** 10분 + **T** 15분 + **E** 5분 + (**T** 10분 + 걷기 2분)×2 + **T** 5분 + **E** 10분
8	**E** 10분 + (**T** 6분 + 걷기 2분)×4 + **E** 1시간 + (**T** 8분 + 걷기 2분)×2	**E** 10분 + (**T** 6분 + 걷기 2분)×4 + 걷기 10분 + (**T** 6분 + 걷기 2분)×3
7	**M** 런 1시간 45분(마라톤보다 짧은 레이스로 이 훈련을 실시해도 좋으나, **M** 페이스를 지키고 더 빨리 달리지 않도록 한다).	**E** 10분 + (**T** 10분 + 걷기 2분)×3 + **E** 40분
6	**L** 런 2시간 (지속주)	**E** 10분 + (**T** 6분 + 걷기 1분)×6 + **E** 10분
5	**E** 10분 + (**T** 6분 + 걷기 1분)×4 + **E** 60분 + (**T** 6분 + 걷기 1분)×3	**E** 10분 + (**T** 10분 + 걷기 2분)×4 + **E** 10분
4	**L** 런 2시간 30분 (지속주)	**E** 10분 + (**T** 10분 + 걷기 2분)×4 + **E** 10분
3	**M** 런 2시간 15분 (지속주)	**E** 10분 + (**T** 12분 + 걷기 2분)×3 + **E** 10분
2	**L** 런 2시간 15분 (지속주)	**E** 10분 + (**T** 6분 + 걷기 1분)×7 + **E** 10분

1주	
일차	훈련 내용
7	**E** 90분
6	**E** 60분
5	**E** 10분 + (**T** 5분 + 걷기 2분)×4 + **E** 10분
4	**E** 30분-45분
3	**E** 30분 이 마지막 3일 중 하루는 편하게 휴식, 아마도 대회 장소로 이동하는 날.
2	**E** 30분
1	**E** 30분 다음날이 대회일

Table created by Jack Daniels' Running Calculator designed by the Run SMART Project.

2개의 Q프로그램

2Q 프로그램은 18주로 구성된 프로그램이다. 시작하기 전에는 적어도 6주간 달려 둘 필요가 있다. 모든 주에 두 번의 Q트레이닝이 설정되었다. 주 6일 달리는 것을 목표로 하면 좋다. Q1을 하는 요일은 일요일, 혹은 다음에 참가할 마라톤 대회와 같은 요일이 좋을 것이다. Q1이 일요일이라고 하면, Q2는 수요일이나 목요일로 하는 것이 베스트이다. Q1도 Q2도 요일의 설정은 자유롭게 자신의 스케줄에 맞추어도 상관없지만, 반드시 사이를 두어야 한다. Q1과 Q2 사이에 **E** 데이가 2일이나 3일 들어가도록 하자.

E 데이는 회복과 **E** 러닝를 위한 날이다. 목표로 하는 주간 주행거리에 도달하려면 이 **E** 데이를 활용한다. **E** 데이로 지정된 날은 1회나 2회, 혹은 필요에 따라서 그 이상 **E** 러닝을 실시한다. 그러나 때로는 달리기를 쉴 필요가 있는 날도 있고, 쉬고 싶은 날도 있다. 그 경우는 나머지 **E** 데이에 목표 거리 달성을 위한 노력을 하면 된다. 또한 적어도 주 2일은 **E** 데이의 연습 중간이나 마지막에 스트라이즈(ST)를 6~8회 추가하는 습관을 들이도록 하자. 스트라이즈(ST)는 15~20초간의 가볍고 빠른 움직임의 달리기를 중간에 45~60초간 휴식을 넣어 반복하는 연습이다. 컨트롤하면서 달리는 빠른 페이스의 달리기이며, 전력질주는 아니다.

트레이닝 기간 중에 프로그램의 일환으로 레이스에 나가는 경우는, 그 레이스를 Q1 트레이닝으로 삼는다. 대신, 중단된 Q1 트레이닝은 주 중반에 실시해야 한다. 생략하는 것은 Q2 트레이닝이다. 요컨대, 일요일에 레이스에 참가한 주는(레이스의 2, 3일 후에) Q1 트레닝을 실시하고 Q2는 생략한 다음, 그 다음 주부터는 원래대로 Q1 트레이닝부터 시작한다. 더불어 레이스 전 3일은 가능한 한 **E** 데이가 되도록 일정을 조정한다. 그리고 레이스 후에는, 레이스의 거리 3~4km마다 **E** 데이를 하루 포함한다(예를 들어 10km 레이스라면 **E** 데이를 3일 포함한다).

각 주의 주행거리에 대해서는 프로그램 중 주행거리가 가장 많은 주의 거리(Peak, 이하 P)와 대비해서 80%에서 100%의 범위로 설정하는 것을 통상적으로 권고하고 있다. 예를 들어 P가 80km이고 표에 지정된 값이 80%이면 해당 주의 주행거리는 64km이다. P에 대한 각 주 주행거리의 비율은 표16.3의 두 번째 열에 표시되어 있다.

각 트레이닝(**M**, **T**, **I**, **R**)의 페이스를 설정할 때 VDOT를 적용한다면 현실적으로 설정할 수 있다. VDOT는 10km 이상의 레이스 결과를 기반으로 선택하는데, 레이스의 거리가 길면 긴 쪽이, 결과가 새롭다면 새로운 쪽이 데이터로서 가치가 높다. 최근에 레이스 실적이 없는 사람은 스스로 예상해 보자. 앞으로 트레이닝을 할 코스나 출전을 예정하고 있는 마라톤 코스와 같은 지형을 실제 레이스라는 생각으로 달린다면 어느 정도 달릴 수 있을까, 겸손하게 예상하는 것이다. 그리고 훈련 초기 6주간에는 실적과 예상의 비교로 VDOT를 결정한다. 즉, 최근의 레이스 결과에 상당하는 VDOT, 그리고 마라톤 레이스의 예상 VDOT에서 2포인트를 뺀 VDOT 중에 어느 쪽이든 낮은 쪽으로 한다. 그리고 트레이닝 중기의 6주 동안 초기 VDOT에서 1포인트를 올리고, 트레이닝 마지막 6주에서 또 한번 1포인트를 올려 각 트레이닝의 페이스를 정하는 기준으로 삼는다.

VDOT를 사용하지 않고 트레이닝 페이스를 설정하는 경우, 먼저 현실적인 목표로 **M** 페이스를 정한다. 그러면 트레이닝 마지막 6주의 각 트레이닝 페이스가 정해진다. **T** 페이스는 목표 **M** 페이스보다 1km당 약 8초(1마일당 15초) 빠른 페이스, **I** 페이스는 **T** 페이스보다 400m당 6초 빠른 페이스, **R** 페이스는 **I** 페이스보다 200m당 3초 빠른 페이스다. 예를 들면 목표 **M** 페이스가 1km 3분 43초라고 하면 트레이닝 마지막 6주의 **T** 페이스는 1km 3분 35초(400m 86초)가 된다. 따라서 **I** 페이스는 1km 3분 20초(400m 80초·200m 40초), **R** 페이스는 400m 74초·200m 37초가 된다.

마지막 6주의 페이스가 정해지면 그 이전의 페이스도 정해진다. 훈련 초기 6주간에는 마지막 6주의 각 페이스에 1km당 각각 약 6초(1마일당 10초) 플러스한 페이스를 채택한다. 그리고 트레이닝 중기의 6주간에는 마지막 6주의 각 페이스에 1km당 각각 2.5초(1마일당 4초) 플러스한 페이스까지 올린다. 그렇게 단계를 거쳐 트레이닝 마지막 6주의 페이스, 즉 목표 페이스에 도달하는 것이다.

표 16.3은 주당 64km에서 192km 정도(40~120마일) 달리는 주자를 위한 프로그램이다. Q트레이닝 중, 굵은 글씨로 나타낸 부분은 지나치게 피곤하거나 감당하지 못한다고 느껴지는 경우는 그만두고, **E** 데이의 트레이닝으로 바꾸는 편이 좋다(역자주: 원서에는 마일을 기준으로 한 표가 게재되어 있지만, 본 한국어판에서는 마일을 킬로미터로 환산한 표를 게재한다. 다만 각 타입의 러닝 페이스에 따라 주행거리에는 개인차가 생기기 때문에 훈련 내용에 나타낸 수치의 합계와 반드시 일치하지 않는다).

표 16.3 두 가지 Q트레이닝 프로그램(주간 주행거리 64~193km)

1주당 64km(40마일)까지			
대회까지(주)	최대 주행거리 대비 비율	훈련 내용	Q트레이닝 거리 합계
18	80%	Q1 = **E** 4.8K + **M** 6.4K + **T** 1.6K + **M** 1.6K + **E** 3.2K (휴식이라고 표시되어 있지 않으면 멈추지 말고 계속 달리라는 의미)	18K
		Q2 = **E** 8K + **T** 3.2K + 휴식 2분 + **E** 1.6K + (**T** 1.6K + 휴식 1분)×2 + **E** 3.2K	19.3K
17	80%	**Q1 = E 3.2K + (T 1.6K + 휴식 1분)×2 + E 30분 + (T 1.6K + 휴식 1분)×2 + E 3.2K**	19.3K
		Q2 = **E** 4.8K + (**I** 2분 + jg 2분)×6 + (**R** 1분 + jg 2분)×4 + **E** 3.2K	14.5K

16	90%	Q1 = **E** 런 90-110분 (지속주)	18K
		Q2 = **E** 8K + (**T** 1.6K + 휴식 1분)×4 + **E** 3.2K	18K
15	90%	Q1 = **E** 3.2K + **M** 8K + **T** 1.6K + **M** 1.6K + **E** 3.2K	18K
		Q2 = E 40분 + (T 1.6K + 휴식 1분)×4 + E 3.2K	14.5K
14	90%	Q1 = **E** 3.2K + (**T** 1.6K + 휴식 1분)×2 + **E** 30분 + (**T** 1.6K + 휴식 1분)×2 + **E** 3.2K	18K
		Q2 = **E** 40분 + (**I** 3분 + jg 2분)×5 + **E** 3.2K	14.5K
13	90%	Q1= **E** 런 90-120분 (지속주)	19.3K
		Q2 = **E** 40분 + (**T** 3.2K + 휴식 2분)×2 + **E** 3.2K	16K
12	100%	Q1 = **E** 6.4K + **M** 9.7K + **T** 1.6K + **E** 1.6K	19.3K
		Q2 = E 9.7K + T 4.8K + E 3분 + T 1.6K + E 3.2K	19.3K
11	90%	Q1 = **E** 13K + (**T** 1.6K + 휴식 1분)×4 + **E** 1.6K	21K
		Q2 = **E** 9.7K + (**I** 4분 + jg 3분)×3 + (**R** 1분 + jg 2분)×4 + **E** 3.2K	18K
10	100%	Q1 = **E** 런 120-130분 (지속주)	22.5K
		Q2 = **E** 9.7K + **M** 9.7K + **E** 3.2K	22.5K
9	100%	**Q1 = E 6.4K + T 1.6K + M 13K + E 3.2K**	24K
		Q2 = **E** 6.4K + **T** 3.2K + **E** 2분 + **T** 3.2K + **E** 2분 + **T** 1.6K + **E** 3.2K	18K
8	90%	Q1 = **E** 8K + **M** 14.5K + **E** 3.2K	26K
		Q2 = **E** 13K + (**I** 3분 + jg 2분)×5 + (**I** 2분 + jg 1분)×3 + **E** 3.2K	21K
7	90%	Q1 = **E** 런 130-150분 (지속주)	26K
		Q2 = E 3.2K + M 16K + T 1.6K + E 3.2K	24K
6	100%	Q1 = **E** 4.8K + **M** 19.3K + **E** 1.6K	26K
		Q2 = **E** 45분 + (**T** 3.2K + 휴식 2분)×2 + **T** 1.6K + **E** 1.6K	18K
5	100%	**Q1 = E 3.2K + T 3.2K + E 60분 + (T 1.6K + 휴식 1분)×2 + E 3.2K**	24K
		Q2 = **E** 9.7K + (**I** 3분 + jg 2분)×5 + (**R** 1분 + jg 2분)×4 + **E** 3.2K	19.3K
4	90%	Q1 = **E** 런 150분 (지속주)	27K
		Q2 = **E** 9.7K + (**I** 3분 + jg 3분)×5 + **T** 1.6K + **E** 6.4K	22.5K
3	90%	Q1 = **E** 1.6K + **M** 13K + **E** 1.6K + **M** 9.7K + **E** 1.6K	27K
		Q2 = E 9.7K + (T 1.6K + 휴식 1분)×4 + E 3.2K	19.3K
2	90%	Q1 = **E** 1.6K + (**T** 3.2K + 휴식 2분)×2 + **E** 60분	19.3K
		Q2 = **E** 6.4K + **T** 1.6K + **M** 3.2K + **E** 1.6K + **T** 1.6K + **M** 3.2K + **E** 1.6K	19.3K

(뒤 페이지 계속)

1주당 64km(40마일)까지

대회까지(주)	최대 주행거리 대비 비율	훈련 내용	Q트레이닝 거리 합계
1	—	• 7일: Q1 = **E** 90분	16K
		• 6일: **E** 60분	11.3K
		• 5일: Q2 = **E** 3.2K + (**T** 800m + jg 2분)×5 + **E** 1.6K	9.7K
		• 4일: **E** 50분	9.7K
		• 3일: **E** 30-40분	6.4K
		• 2일: **E** 0-20분	3.2K
		• 1일: **E** 20-30분 (다음날이 대회일)	4.8K

1주당 66-89km(41-55마일)

대회까지(주)	최대 주행거리 대비 비율	훈련 내용	Q트레이닝 거리 합계
18	80%	Q1 =**E** 6.4K + **M** 13K + **T** 1.6K + **E** 1.6K (멈추지 않고 뛰기)	22.5K
		Q2 = **E** 13K + (**T** 3.2K + 휴식 2분)×2 + **T** 1.6K + **E** 3.2K	24K
17	80%	**Q1 = E 3.2K + T 4.8K + E 40분 + T 3.2K + E 1.6K**	21K
		Q2 = **E** 9.7K + (**I** 3분 + jg 2분)×5 + (**R** 1분 + jg 2분)×6 + **E** 3.2K	21K
16	90%	Q1 = **E** 런 90-120분 (지속주)	24K
		Q2 = **E** 9.7K + **T** 3.2K + **E** 2분 + **T** 3.2K + **E** 2분 + **T** 1.6K + **E** 3.2K	21K
15	90%	Q1 =**E** 3.2K + **M** 13K + **E** 1.6K + **M** 3.2K + **E** 3.2K	24K
		Q2 = E 40분 + (T 3.2K + 휴식 2분)×3 + E 3.2K	21K
14	90%	Q1 = **E** 1.6K + (**T** 3.2K + 휴식 2분)×2 + **E** 60분 + **T** 1.6K + **E** 1.6K	24K
		Q2 = **E** 9.7K + (**I** 4분 + jg 3분)×5 + **E** 3.2K	21K
13	90%	Q1= **E** 런 100-120분 (지속주)	26K
		Q2 = E 40분 + (T 3.2K + 휴식 2분)×3 + E 3.2K	21K
12	100%	Q1 = **E** 3.2K + **M** 9.7K + **E** 1.6K + **M** 9.7K + **E** 1.6K	26K
		Q2 = **E** 9.7K + **T** 4.8K + **E** 3분 + **T** 3.2K + **E** 2분 + **T** 1.6K + **E** 3.2K	22.5K
11	90%	Q1 = **E** 16K + (**T** 3.2K + 휴식 2분)×2 + **E** 3.2K	26K
		Q2 = **E** 13K + (**I** 3분 + jg 2분)×5 + (**R** 1분 + jg 2분)×6 + **E** 3.2K	24K
10	100%	Q1 = **E** 런 120분 (지속주)	26K
		Q2 = **E** 3.2K + **M** 19.3K +**E** 3.2K	26K
9	100%	**Q1 = E 3.2K + M 9.7K + E 1.6K + M 6.4K + T 1.6K + E 1.6K**	24K
		Q2 = **E** 8K + (**T** 3.2K + 휴식 2분)×3 + **T** 1.6K + **E** 3.2K	22.5K

1주당 66-89km(41-55마일)			
대회까지(주)	최대 주행거리 대비 비율	훈련 내용	Q트레이닝 거리 합계
8	90%	Q1 = **E** 60분 + **M** 13K + **E** 1.6K	27K
		Q2 = **E** 13K + (**I** 4분 + jg 3분)×4 + **E** 4.8K	22.5K
7	90%	Q1 = **E** 런 120-150분 (지속주)	27K
		Q2 = E 3.2K + M 13K + (T 1.6K + 회복 1분)×3 + E 3.2K	24K
6	100%	Q1 = **E** 3.2K + **M** 22.5K + **E** 1.6K	27K
		Q2 = **E** 60분 + (**T** 3.2K + 휴식 2분)×3 + **T** 1.6K + **E** 1.6K	24K
5	100%	**Q1 = E 3.2K + T 4.8K + E 60분 + T 3.2K + E 3.2K**	27K
		Q2 = **E** 13K + (**I** 3분 + **E** 2분)×5 + (**R** 1분 + jg 2분)×4 + **E** 4.8K	24K
4	90%	Q1 = **E** 런 150분 (지속주)	27K
		Q2 = **E** 9.7K + (**I** 3분 + **E** 2분)×5 + **E** 6.4K	21K
3	90%	Q1 = **E** 1.6K + **M** 13K + **E** 1.6K + **M** 9.7K + **E** 1.6K	27K
		Q2 = E 6.4K + (T 3.2K + 휴식 2분)×2 + (T 1.6K + 휴식 1분)×3 + E 3.2K	21K
2	90%	Q1 = **E** 1.6K + (**T** 3.2K + **E** 2분)×3 + **E** 60분	24K
		Q2 = **E** 6.4K + **T** 1.6K + **M** 3.2K + **E** 1.6K + **T** 1.6K + **M** 3.2K + **E** 3.2K	21K
1	—	• 7일: Q1 = **E** 90분	16K
		• 6일: **E** 60분	13K
		• 5일: Q2 = **E** 3.2K + (**T** 1.6K + 휴식 2분)×3 + **E** 3.2K	11.3K
		• 4일: **E** 50분	9.7K
		• 3일: **E** 30-40분	8K
		• 2일: **E** 0-20분	3.2K
		• 1일: **E** 20-30분 (다음날이 대회일)	4.8K

1주당 90-113km(56-70마일)			
대회까지(주)	최대 주행거리 대비 비율	훈련 내용	Q트레이닝 거리 합계
18	80%	Q1 = **E** 1.6K + **M** 9.7K + **E** 1.6K + **M** 9.7K + **E** 3.2K (멈추지 않고 뛰기)	26K
		Q2 = **E** 13K + **T** 4.8K + 휴식 3분 + **T** 3.2K + **E** 3.2K	24K
17	80%	**Q1 = E 3.2K + T 4.8K + E 60분 + T 1.6K + E 1.6K**	24K
		Q2 = **E** 6.4K + (**I** 1K + jg 3분)×5 + (**R** 400m + jg 400m)×4 + **E** 3.2K	21K
16	90%	Q1 = **E** 런 26K, 혹은 120분 이하 (지속주)	26K
		Q2 = **E** 9.7K + **T** 4.8K + **E** 3분 + **T** 3.2K + **E** 2분 + **T** 1.6K + **E** 3.2K	22.5K

(뒤 페이지 계속)

1주당 90-113km(56-70마일)			
대회까지(주)	최대 주행거리 대비 비율	훈련 내용	Q트레이닝 거리 합계
15	90%	Q1 = **E** 3.2K + **M** 13K + **E** 1.6K + **M** 4.8K + **E** 3.2K	25.7K
		Q2 = E 40분 + (T 3.2K + 휴식 2분)×3 + (T 1.6K + 휴식 1분)×2 + E 1.6K	24K
14	90%	Q1 = **E** 1.6K + (**T** 3.2K + 휴식 2분)×2 + **E** 60분 + **T** 3.2K + **E** 1.6K	25.7K
		Q2 = **E** 13K + (**I** 1K + jg 3분)×6 + **E** 3.2K	22.5K
13	80%	Q1= **E** 런 27K, 혹은 120분 이하 (지속주)	27K
		Q2 = **E** 40분 + **T** 4.8K + 휴식 2분 + (**T** 3.2K + 휴식 1분)×2 + **E** 3.2K	24K
12	100%	Q1 = **E** 1.6K + **M** 13K + **E** 1.6K + **M** 9.7K + **E** 1.6K	27K
		Q2 = E 6.4K + T 4.8K + E 3분 + T 3.2K + E 2분 + T 3.2K + E 2분 + T 1.6K+ E 3.2K	22.5K
11	90%	Q1 = **E** 19.3K + **T** 4.8K + **E** 1.6K	25.7K
		Q2 = **E** 13K + (**I** 1K + jg 2분)×5 + (**R** 400m + jg 400 m)×4 + **E** 1.6K	24K
10	90%	Q1 = **E** 런 29K, 혹은 130분 이하 (지속주)	29K
		Q2 = **E** 3.2K + **M** 19.3K + **E** 3.2K	25.7K
9	100%	**Q1 = E 4.8K + M 9.7K + E 1.6K + M 6.4K + T 1.6K + E 1.6K**	25.7K
		Q2 = **E** 8K + (**T** 3.2K + 휴식 2분)×4 + **E** 3.2K	24K
8	100%	Q1 = **E** 3.2K + **T** 3.2K + **E** 60분 + **T** 3.2K + **E** 3.2K, 혹은 **E** 60분 + **M** 13K + **E** 1.6K	27K
		Q2 = **E** 13K + (**I** 1K + jg 3분)×6 + **E** 3.2K	25.7K
7	90%	Q1 = **E** 런 32K, 혹은 150분 이하 (지속주)	32K
		Q2 = E 3.2K + M 13K + (T 3.2K + 회복 2분)×2 + E 3.2K	25.7K
6	100%	Q1 = **E** 4.8K + **M** 19.3K + **E** 3.2K	27K
		Q2 = **E** 40분 + (**T** 3.2K + 휴식 2분)×4 + (**T** 1.6K + 휴식 1분)×2 + **E** 1.6K	27K
5	90%	**Q1 = E 9.7K + T 3.2K + E 9.7K + T 3.2K + E 1.6K**	27K
		Q2 = **E** 13K + (**I** 1K + jg 3분)×5 + (**R** 200m + jg 200m)×6 + **E** 3.2K	25.7K
4	90%	Q1 = **E** 런 32K, 혹은 150분 이하 (지속주)	32K
		Q2 = **E** 9.7K + (**I** 1K + **E** 3분)×5 + **E** 6.4K	24K
3	80%	Q1 = **E** 3.2K + **M** 9.7K + **E** 1.6K + **M** 9.7K + **E** 3.2K	27K
		Q2 = E 3.2K + (T 3.2K + E 2분)×4 + E 3.2K	19.3K
2	80%	Q1 = **E** 3.2K + (**T** 3.2K + 휴식 2분)×3 + **E** 11.3K	24K
		Q2 = **E** 4.8K + **T** 1.6K + **M** 3.2K + **T** 1.6K + **M** 3.2K + **E** 3.2K	18K

1주당 90-113km(56-70마일)			
대회까지(주)	최대 주행거리 대비 비율	훈련 내용	Q트레이닝 거리 합계
1	—	• 7일: Q1 = **E** 90분	21K
		• 6일: **E** 60분	13K
		• 5일: Q2 = **E** 4.8K + (**T** 1.6K + 휴식 2분)×3 + **E** 3.2K	13K
		• 4일: **E** 50분	11.3K
		• 3일: **E** 30-40분	8K
		• 2일: **E** 0-20분	4.8K
		• 1일: **E** 20-30분 (다음날이 대회일)	4.8K

1주당 114-137km(71-85마일)			
대회까지(주)	최대 주행거리 대비 비율	훈련 내용	Q트레이닝 거리 합계
18	80%	Q1 = **E** 8K + **M** 9.7K + **T** 1.6K + **M** 8K + **E** 1.6K (멈추지 않고 뛰기)	29K
		Q2 = **E** 13K + **T** 6.4K + 휴식 4분 + **T** 6.4K + **E** 1.6K	27K
17	80%	**Q1 = E 4.8K + T 4.8K + E 60분 + T 3.2K + E 3.2K**	29K
		Q2 = **E** 9.7K + (**I** 1K + jg 2분)×5 + (**R** 400m + jg 400 m)×6 + **E** 3.2K	24K
16	90%	Q1 = **E** 런 29K (지속주)	29K
		Q2 = **E** 8K + **T** 6.4K + **E** 4분 + **T** 4.8K + **E** 3분 + **T** 3.2K + **E** 2분 + **T** 1.6K + **E** 3.2K	27K
15	90%	Q1 = **E** 3.2K + **M** 13K + **T** 1.6K + **M** 3.2K + **E** 1.6K + **M** 3.2K + **E** 3.2K	29K
		Q2 = E 9.7K + (T 3.2K + 휴식 2분)×4 + E 3.2K	25.7K
14	90%	Q1 = **E** 3.2K + (**T** 3.2K + 휴식 2분)×2 + **E** 60분 + **T** 3.2K + **E** 3.2K	29K
		Q2 = **E** 13K + (**I** 1K + jg 2분)×8 + **E** 3.2K, 혹은 **E** 13K + (**I** 1.6K + jg 4분)×5 + **E** 3.2K	27K
13	80%	Q1= **E** 런 31K (지속주)	30.6K
		Q2 = **E** 11.3K + (**T** 3.2K + 휴식 2분)×4 + **E** 3.2K	27K
12	100%	Q1 = **E** 6.4K + **M** 13K + **T** 1.6K + **M** 6.4K + **E** 3.2K	30.6K
		Q2 = **E** 6.4K + **T** 4.8K + **E** 4분 + **T** 4.8K + **E** 3분 + **T** 3.2K + **E** 2분 +**T** 1.6K + **E** 3.2K	24K
11	90%	Q1 = **E** 13K + **T** 4.8K + **E** 13K	30.6K
		Q2 = **E** 13K + (**I** 1K + jg 2분)×6 + (**R** 400m + jg 400 m)×4 + **E** 3.2K	27K
10	80%	Q1 = **E** 런 32K (지속주)	32K
		Q2 = **E** 3.2K + **M** 22.5K + **E** 3.2K	29K
9	100%	**Q1 = E 6.4K + M 9.7K + T 1.6K + M 8K + E 3.2K**	29K
		Q2 = **E** 8K + (**T** 4.8K + 휴식 3분)×2 + **T** 3.2K + **E** 4.8K	26K

1주당 114-137km(71-85마일)			
대회까지(주)	최대 주행거리 대비 비율	훈련 내용	Q트레이닝 거리 합계
8	90%	Q1 = **E** 1.6K + **T** 4.8K + **E** 16K + **T** 4.8K + **E** 1.6K, 혹은 **E** 6.4K + **M** 21K + **E** 1.6K	29K
		Q2 = **E** 13K + (**I** 1K + jg 2분)×8 + **E** 3.2K	27K
7	90%	Q1 = **E** 런 32K (지속주)	32K
		Q2 = E 3.2K + M 13K + T 4.8K + E 3.2K	24K
6	100%	Q1 = **E** 3.2K + **M** 13K + **T** 1.6K + **M** 6.4K + **T** 1.6K + **M** 1.6K + **E** 1.6K	29K
		Q2 = **E** 6.4K + (**T** 3.2K + 휴식 2분)×4 + **E** 3.2K	22.5K
5	90%	**Q1 = E 3.2K + T 3.2K + E 13K + T 3.2K + E 3.2K**	25.7K
		Q2 = **E** 9.7K + (**I** 1K + jg 2분)×5 + (**R** 400m + jg 400 m)×4 + **E** 3.2K	22.5K
4	80%	Q1 = **E** 런 29K (지속주)	29K
		Q2 = **E** 4.8K + (**T** 1.6K + jg 1분)×3 + (**I** 1K + jg 2분)×3 + (**R** 400m + jg 400m)×3 + **E** 3.2K	19.3K
3	80%	Q1 = **E** 4.8K + **M** 9.7K + **T** 1.6K + **M** 9.7K + **E** 3.2K	29K
		Q2 = E 3.2K + (T 3.2K + E 2분)×4 + E 3.2K	19.3K
2	70%	Q1 = **E** 3.2K + (**T** 3.2K + **E** 2분)×3 + **E** 13K	25.7K
		Q2 = **E** 6.4K + **T** 1.6K + **M** 3.2K + **T** 1.6K + **M** 3.2K + **E** 3.2K	19.3K
1	—	• 7일: Q1 = **E** 90분	21K
		• 6일: **E** 60분	13K
		• 5일: Q2 = **E** 6.4K + (**T** 1.6K + **E** 2분)×3 + **E** 3.2K	14.5K
		• 4일: **E** 50분	11.3K
		• 3일: **E** 30-40분	8K
		• 2일: **E** 0-20분	4.8K
		• 1일: **E** 20-30분 (다음날이 대회일)	4.8K

1주당 138-161km(86-100마일)			
대회까지(주)	최대 주행거리 대비 비율	훈련 내용	Q트레이닝 거리 합계
18	80%	Q1 = **E** 8K + **M** 9.7K + **T** 1.6K + **M** 8K + **T** 1.6K + **M** 1.6K + **E** 1.6K (멈추지 않고 뛰기)	32K
		Q2 = **E** 13K + **T** 6.4K + 휴식 4분 + **T** 6.4K + **E** 3.2K	29K
17	80%	**Q1 = E 6.4K + T 4.8K + E 60분 + T 4.8K + E 3.2K**	34K
		Q2 = **E** 13K + (**I** 1K + jg 2분)×5 + (**R** 400m + jg 400m)×6 + **E** 3.2K	27K
16	90%	Q1 = **E** 런 35K (지속주)	35.4K
		Q2 = **E** 8K + **T** 6.4K + 휴식 4분 + **T** 4.8K + 휴식 3분 + **T** 3.2K + 휴식 2분 + **T** 1.6K + **E** 3.2K	27K

1주당 138-161km(86-100마일)			
대회까지(주)	최대 주행거리 대비 비율	훈련 내용	Q트레이닝 거리 합계
15	90%	Q1 = **E** 3.2K + **M** 13K + **T** 1.6K + **M** 6.4K + **T** 1.6K + **M** 3.2K + **E** 3.2K	32K
		Q2 = E 9.7K + (T 3.2K + 휴식 2분)×4 + E 3.2K	25.7K
14	80%	Q1 = **E** 3.2K + (**T** 3.2K + 휴식 2분)×2 + **E** 60분 + **T** 4.8K + **E** 3.2K	32K
		Q2 = **E** 13K + (**I** 1K + jg 2분)×8 + **E** 3.2K, 혹은 **E** 13K + (**I** 1.6K + jg 4분)×5 + **E** 3.2K	27K
13	90%	Q1 = **E** 런 34K (지속주)	34K
		Q2 = **E** 40분 + (**T** 3.2K + 휴식 2분)×5 + **E** 3.2K	29K
12	100%	Q1 = **E** 6.4K + **M** 13K + **T** 1.6K + **M** 9.7K + **T** 1.6K + **E** 1.6K	34K
		Q2 = E 9.7K + T 6.4K + E 4분 + T 4.8K + E 3분 + T 3.2K + E 2분 + T 1.6K + E 3.2K	29K
11	100%	Q1 = **E** 13K + **T** 6.4K + **E** 16K	35.4K
		Q2 = **E** 13K + (**I** 1K + jg 2분)×6 + (**R** 400m + jg 400m)×4 + **E** 3.2K	27K
10	80%	Q1 = **E** 런 34K (지속주)	34K
		Q2 = **E** 3.2K + **M** 24K + **E** 3.2K	30.6K
9	100%	**Q1 = E 6.4K + M 9.7K + T 1.6K + M 9.7K + E 1.6K**	29K
		Q2 = **E** 4.8K + **T** 6.4K + 휴식 4분 + **T** 4.8K + 휴식 3분 + **T** 4.8K + **E** 3.2K	24K
8	100%	Q1 = **E** 3.2K + **T** 6.4K + **E** 16K + **T** 6.4K + **E** 1.6K, 혹은 **E** 8K + **M** 22.5K + **E** 3.2K	34K
		Q2 = **E** 13K + (**I** 1.6K + jg 4분)×3 + (**I** 1K + jg 2분)×3 + **E** 3.2K	25.7K
7	90%	Q1 = **E** 런 35K (지속주)	35.4K
		Q2 = **E** 3.2K + **M** 13K + **T** 6.4K + **E** 3.2K	25.7K
6	100%	Q1 = **E** 4.8K + **M** 13K + **T** 1.6K + **M** 6.4K + **T** 1.6K + **M** 1.6K + **E** 1.6K	30.6K
		Q2 = **E** 4.8K + **T** 6.4K + **E** 4분 + (**T** 3.2K + 휴식 2분)×3 + **E** 3.2K	24K
5	80%	**Q1 = E 3.2K + T 4.8K + E 13K + T 4.8K + E 3.2K**	29K
		Q2 = **E** 9.7K + (**I** 1K + jg 2분)×6 + (**R** 400m + jg 400m)×4 + **E** 3.2K	24K
4	90%	Q1 = **E** 런 32K (지속주)	32K
		Q2 = **E** 9.7K + (**T** 1.6K + 휴식 1분)×3 + (**I** 1K + jg 2분)×3 + (**R** 400m + jg 400m)×3 + **E** 3.2K	24K
3	80%	Q1 = **E** 6.4K + **M** 9.7K + **T** 1.6K + **M** 9.7K + **E** 3.2K	30.6K
		Q2 = E 3.2K + (T 3.2K + 휴식 2분)×4 + E 3.2K	19.3K
2	70%	Q1 = **E** 3.2K + (**T** 3.2K + 휴식 2분)×3 + **E** 13K	26K
		Q2 = **E** 6.4K + **T** 1.6K + **M** 3.2K + **T** 1.6K + **M** 3.2K + **E** 3.2K	19.3K

1주당 138-161km(86-100마일)

대회까지(주)	최대 주행거리 대비 비율	훈련 내용	Q트레이닝 거리 합계
1	—	• 7일: Q1 = **E** 90분	22.5K
		• 6일: **E** 60분	14.5K
		• 5일: Q2 = **E** 6.4K + (**T** 1.6K + 휴식 2분)×3 + **E** 3.2K	14.5K
		• 4일: **E** 50분	11.3K
		• 3일: **E** 30-40분	9.7K
		• 2일: **E** 0-20분	4.8K
		• 1일: **E** 20-30분 (다음날이 대회일)	6.4K

1주당 163-193km(101-120마일)

대회까지(주)	최대 주행거리 대비 비율	훈련 내용	Q트레이닝 거리 합계
18	80%	Q1 = **E** 8K + **M** 9.7K + **T** 1.6K + **M** 8K + **T** 1.6K + **M** 1.6K + **E** 3.2K (멈추지 않고 뛰기)	34K
		Q2 = **E** 16K + **T** 6.4K + 휴식 4분 + **T** 6.4K + **E** 3.2K	32K
17	80%	**Q1 = E 6.4K + T 4.8K + E 60분 + T 4.8K + E 3.2K**	34K
		Q2 = **E** 13K + (**I** 1K, 혹은 **H** 3분 + jg 2분)×5 + (**R** 400m + jg 400**m**)×6 + **E** 3.2K	27K
16	90%	Q1 = **E** 런 37K (지속주)	37K
		Q2 = **E** 8K + **T** 6.4K + **E** 4분 + **T** 4.8K + **E** 3분 + **T** 3.2K + **E** 2분 + **T** 1.6K + **E** 3.2K	29K
15	90%	Q1 = **E** 3.2K + **M** 13K + **T** 1.6K + **M** 6.4K + **T** 1.6K + **M** 4.8K + **E** 3.2K	34K
		Q2 = E 13K + (T 3.2K + 휴식 2분)×4 + E 3.2K	29K
14	80%	Q1 = **E** 3.2K + (**T** 3.2K + 휴식 2분)×2 + **E** 60분 + **T** 4.8K + **E** 3.2K	32K
		Q2 = **E** 13K + (**I** 1K + jg 2분)×8 + **E** 4.8K, 혹은 **E** 13K + (**I** 1K + jg 4분)×5 + **E** 4.8K	29K
13	100%	Q1 = **E** 런 32K (지속주)	32K
		Q2 = **E** 13K + (**T** 3.2K + 휴식 2분)×5 + **E** 3.2K	32K
12	100%	Q1 = **E** 6.4K + **M** 13K + **T** 1.6K + **M** 9.7K + **T** 1.6K + **E** 3.2K	35.4K
		Q2 = **E** 9.7K + **T** 6.4K + 휴식 4분 + **T** 4.8K + 휴식 3분 + **T** 3.2K + 휴식 2분 + **T** 1.6K + **E** 3.2K	29K
11	90%	Q1 = **E** 16K + **T** 6.4K + **E** 13K	35.4K
		Q2 = **E** 13K + (**I** 1K + jg 2분)×6 + (**R** 400m + jg 400m)×4 + **E** 3.2K	27K
10	80%	Q1 = **E** 런 34K (지속주)	34K
		Q2 = **E** 3.2K + **M** 26K + **E** 3.2K	32K

1주당 163-193km(101-120마일)			
대회까지(주)	최대 주행거리 대비 비율	훈련 내용	Q트레이닝 거리 합계
9	100%	**Q1 = E 6.4K + M 9.7K + T 1.6K + M 9.7K + E 3.2K**	30.6K
		Q2 = **E** 4.8K + **T** 6.4K + **E** 4분 + **T** 6.4K + **E** 4분 + **T** 3.2K + **E** 3.2K	25.7K
8	90%	Q1 = **E** 9.7K + **M** 21K + **E** 3.2K	34K
		Q2 = **E** 13K + (**I** 1,200m + jg 3분)×3 + (**I** 1K + jg 3분)×3 + **E** 3.2K	27K
7	100%	Q1 = **E** 런 35K (지속주)	35.4K
		Q2 = E 4.8K + M 13K + T 6.4K + E 3.2K	27K
6	100%	Q1 = **E** 6.4K + **M** 13K + **T** 1.6K + **M** 6.4K + **T** 1.6K + **M** 1.6K + **E** 1.6K	32K
		Q2 = **E** 4.8K + **T** 6.4K + 휴식 4분 + (**T** 4.8K + jg 3분)×2 + **E** 3.2K	24K
5	80%	**Q1 = E 3.2K + T 6.4K + E 13K + T 6.4K + E 3.2K**	32K
		Q2 = **E** 9.7K + (**I** 1K + jg 2분)×6 + (**R** 400m + jg 400m)×4 + **E** 3.2K	24K
4	90%	Q1 = **E** 런 34K (지속주)	34K
		Q2 = **E** 8K + (**T** 1.6K + jg 1분)×3 + (**I** 1K + jg 2분)×3 + (**R** 400m + jg 400m)×3 + **E** 3.2K	22.5K
3	80%	Q1 = **E** 6.4K + **M** 9.7K + **T** 1.6K + **M** 9.7K + **T** 1.6K + **E** 3.2K	32K
		Q2 = E 6.4K + (T 3.2K + E 2분)×4 + E 3.2K	22.5K
2	70%	Q1 = **E** 3.2K + (**T** 3.2K + 휴식 2분)×3 + **E** 13K	25.7K
		Q2 = **E** 6.4K + **T** 1.6K + **M** 3.2K + **T** 1.6K + **M** 3.2K + **E** 3.2K	19.3K
1	—	• 7일: Q1 = **E** 90분	22.5K
		• 6일: **E** 60분	14.5K
		• 5일: Q2 = **E** 6.4K + (**T** 1.6K + 휴식 2분)×3 + **E** 3.2K	14.5K
		• 4일: **E** 50분	11.3K
		• 3일: **E** 30-40분	8K
		• 2일: **E** 0-20분	4.8K
		• 1일: **E** 20-30분 (다음날이 대회일)	4.8K

1주당 193km(120마일) 이상			
대회까지(주)	최대 주행거리 대비 비율	훈련 내용	Q트레이닝 거리 합계
18	80%	Q1 = **E** 8K + **M** 9.7K + **T** 1.6K + **M** 8K + **T** 1.6K + **M** 1.6K + **E** 3.2K (멈추지 않고 뛰기)	34K
		Q2 = **E** 16K + **T** 6.4K + **E** 1.6K + **T** 6.4K + **E** 3.2K	34K
17	80%	Q1 = **E** 6.4K + **T** 4.8K + **E** 60분 + **T** 4.8K + **E** 3.2K	34K
		Q2 = **E** 13K + (**I** 1K + jg 2분)×6 + (**R** 400m + jg 400**m**)×6 + **E** 3.2K	27K

1주당 193km(120마일) 이상			
대회까지(주)	최대 주행거리 대비 비율	훈련 내용	Q트레이닝 거리 합계
16	90%	Q1 = **E** 런 37K (지속주)	37K
		Q2 = **E** 8K + **T** 6.4K + **E** 4분 + **T** 4.8K + **E** 3분 + **T** 3.2K + **E** 2분 + **T** 1.6K + **E** 3.2K	29K
15	90%	Q1 = **E** 3.2K + **M** 13K + **T** 1.6K + **M** 6.4K + **T** 1.6K + **M** 4.8K + **E** 3.2K	34K
		Q2 = E 13K + (T 3.2K + 휴식 2분)×4 + E 3.2K	29K
14	80%	Q1 = **E** 3.2K + (**T** 3.2K +휴식 2분)×2 + **E** 60분 + **T** 4.8K + **E** 3.2K	32K
		Q2 = **E** 13K + (**I** 1K + jg 2분)×8 + **E** 4.8K, 혹은 **E** 13K + (**I** 1.6K + jg 4분)×5 + **E** 4.8K	27K
13	100%	Q1= **E** 런 32K (지속주)	32K
		Q2 = **E** 13K + (**T** 3.2K + 휴식 2분)×5 + **E** 3.2K	32K
12	100%	Q1 = **E** 6.4K + **M** 13K + **T** 1.6K + **M** 9.7K + **T** 1.6K + **E** 3.2K	35.4K
		Q2 = E 9.7K + T 6.4K + E 4분 + T 4.8K + E 3분 + T 3.2K + E 2분 + T 1.6K + E 3.2K	30.6K
11	90%	Q1 = **E** 16K + **T** 6.4K + **E** 13K	35.4K
		Q2 = **E** 13K + (**I** 1K + jg 2분)×8 + (**R** 400m + jg 400m)×4 + **E** 3.2K	29K
10	80%	Q1 = **E** 런 34K (지속주)	34K
		Q2 = **E** 3.2K + **M** 26K + **E** 3.2K	32K
9	100%	**Q1 = E 6.4K + M 9.7K + T 1.6K + M 9.7K + E 3.2K**	30.6K
		Q2 = **E** 4.8K + **T** 6.4K + **E** 4분 + **T** 6.4K + **E** 4분 + **T** 3.2K + **E** 3.2K	25.7K
8	100%	Q1 = **E** 9.7K + **M** 21K + **E** 4.8K	35.4K
		Q2 = **E** 13K + (**I** 1.6K + jg 4분)×3 + (**I** 1K + jg 2분)×3 + **E** 3.2K	27K
7	90%	Q1 = **E** 런 35K (지속주)	35.4K
		Q2 = E 6.4K + M 13K + T 6.4K + E 3.2K	29K
6	100%	Q1 = **E** 6.4K + **M** 13K + **T** 1.6K + **M** 6.4K + **T** 1.6K + **M** 1.6K + **E** 3.2K	34K
		Q2 = **E** 4.8K + **T** 6.4K + **E** 4분 + (**T** 4.8K + 휴식 3분)×2 + **E** 3.2K	24K
5	80%	**Q1 = E 3.2K + T 6.4K + E 13K + T 6.4K + E 3.2K**	32K
		Q2 = **E** 9.7K + (**I** 1K + jg 2분)×6 + (**R** 400m + jg 400m)×4 + **E** 3.2K	24K
4	90%	Q1 = **E** 런 34K (지속주)	34K
		Q2 = **E** 8K + (**T** 1.6K + jg 1분)×3 + (**I** 1K + jg 2분)×3 + (**R** 400m + jg 400m)×3 + **E** 3.2K	24K
3	70%	Q1 = **E** 6.4K + **M** 9.7K + **T** 1.6K + **M** 9.7K + **T** 1.6K + **E** 3.2K	32K
		Q2 = **E** 3.2K + (**T** 3.2K + jg 2분)×4 + **E** 3.2K	19.3K

1주당 193km(120마일) 이상			
대회까지(주)	**최대 주행거리 대비 비율**	**훈련 내용**	**Q트레이닝 거리 합계**
2	70%	Q1 = **E** 3.2K + (**T** 3.2K + 휴식 2분)×3 + **E** 13K	25.7K
		Q2 = **E** 6.4K + **T** 1.6K + **M** 3.2K + **T** 1.6K + **M** 3.2K + **E** 3.2K	19.3K
1	—	• 7일: Q1 = **E** 90분	22.5K
		• 6일: **E** 60분	14.5K
		• 5일: Q2 = **E** 6.4K + (**T** 1.6K + 휴식 2분)×3 + **E** 3.2K	14.5K
		• 4일: **E** 50분	11.3K
		• 3일: **E** 30-40분	9.7K
		• 2일: **E** 30-40분	8K
		• 1일: **E** 20-30분 (다음날이 대회일)	4.8K

Table created by Jack Daniels' Running Calculator designed by the Run SMART Project.

4주 순환 프로그램

지금부터 소개하는 4주 순환 프로그램은 러닝이 이미 일상이 되어 있는 사람을 대상으로 한 26주간의 훈련 프로그램이다. 레이스까지의 기간이 총 26주로 맞춰 있지만 이전부터 트레이닝을 확실히 쌓아왔다면, 프로그램의 중간을 시작점으로 삼는 것도 충분히 가능하다. 트레이닝의 시작점을 결정할 때는 주간 주행거리별로 나눠진 7개의 프로그램 중에서 가장 자신에 맞는다고 생각하는 프로그램을 선택하여 일단 주욱 훑어 보자. 그 결과, 사전에 몇 주간 기초 트레이닝을 해두는 게 좋겠다고 생각되면 그 판단에 따르자.

7개의 4주 순환 프로그램은 모두 2Q에 의한 프로그램이다. 즉, Q트레이닝을 주 2회 실시한다는 것이다. 2Q는 3주간 지속되고, 4주차에는 Q트레이닝이 없다. 이 주는 **E** 러닝만 한다. 그리고 그중 2회는 스트라이즈(ST)를 6~8회 추가한다.

Q1을 실시하는 요일은 일요일이나 다음에 예정된 마라톤 레이스와 같은 요일이 좋을 것이다. Q1이 일요일이라고 하면, Q2는 수요일이나 목요일로 하는 것이 베스트이다. Q1와 Q2를 실시하는 요일은 자신의 스케줄에 맞춰도 자유롭게 변경해도 상관없지만, 반드시 사이를 둬야 한다. 즉 Q1과 Q2 사이에 **E** 데이가 2일이나 3일 들어가도록 한다.

E 데이는 회복과 **E** 러닝을 위한 날이다. 목표로 하는 주간 주행거리에 도달하려면 이 **E** 데이를 활용한다. **E** 데이로 지정된 날에는 1~2회, 또는 필요에 따라서 그 이상 **E** 러닝을 실시한다. 그러나 때로는 달리기를 쉬는 것이 필요한 날도 있고, 쉬고 싶은 날도 있을 것이다. 그 경우는 나머지 **E** 데이로 목표 거리를 채우면 된다. 그리고 적어도 주 2일은 **E** 데이의 연습 중간이나 마지막에 스트라이즈(ST)를 6~8회 추가하는 습관을 들이도록 한다. 스트라이즈(ST)는 15~20초간의 가볍고 빠른 움직임의 달리기를, 사이에 45~60초간의 휴식을 넣어 반복하는 훈련이다. 컨트롤하면서 달리는 빠른 페이스의 달리기지만, 전력질주는 아니다. 스트라이즈는 적당한 경사의 비탈이 있으면 오르막에서 해도 상관 없다. 대신 스타트 지점으로 돌아올 때의 조깅는 신중하게 실시한다. 내리막은 신체 부담이 다소 늘어날 위험이 있기 때문이다.

트레이닝 기간 중에 프로그램의 일환으로 레이스에 나가는 경우는, 그 레이스를 Q1 트레이닝으로 삼는다. 대신, 중단된 Q1 트레이닝은 주 중반에 실시해야 한다. 생략하는 것은 Q2 훈련이다. 요컨대, 일요일에 레이스에 참가한 주는(레이스의 2, 3일 후에) Q1 트레닝을 실시하고 Q2는 생략한 다음, 그 다음 주부터는 원래대로 Q1 트레이닝부터 시작한다. 더불어 레이스 전 3일은 가능한 한 **E** 데이가 되도록 일정을 조정한다. 그리고 레이스 후는 레이스의 거리 3~4km당 **E** 데이를 1일 포함한다(예를 들어 10km 레이스라면 **E** 데이를 3일 포함한다).

각 주의 주행거리에 대해서는, 프로그램 중 주행거리가 가장 많은 주(대개 4주마다 한 번으로 설정된다)의 거리(P)에 대해, 80% 내지 100%의 범위로 설정하도록 권장된다. 예를 들어 P가 80km고 표의 지정 값이 80%이면, 그 주의 주행거리는 64km가 된다. P에 대한 각 주 주행거리의 비율은 표 16.4의 두 번째 열에 표시되어 있다.

각 트레이닝(**M**, **T**, **I**, **R**)의 페이스를 설정할 때 VDOT를 적용한다면 현실적이어야 한다. VDOT는 10km 이상의 레이스 성적을 바탕으로 선택하는데, 레이스의 거리는 길면 긴 쪽을, 결과가 최신 것이라면 최신 것을 데이터로 삼으면 된다. 최근의 레이스 성적이 없는 사람은 스스로 예상해 보자. 앞으로 트레이닝을 할 코스나 출전을 예정하고 있는 마라톤 코스와 같은 지형을 실제 레이스라는 생각으로 달리면 얼마나 달릴 수 있을까, 보수적으로 예상하는 것이다. 그리고 훈련 초기 8주간의 VDOT는 실제 성적과 예상 성적을 비교하여 결정한다. 즉, 최근의 레이스 결과에 상당하는 VDOT, 그리고 마라톤 레이스의 예상 VDOT에서 3포인트 뺀 VDOT 중 어느 쪽이든 낮은 쪽으로 한다. 그리고 트레이닝 중기의 8주 동안 초기 VDOT에서 1포인트를 올리고, 마지막 8주 동안 또 한번 1포인트를 올려 각 트레이닝의 페이스를 결정하는 기준으로 한다. 단지 성적이 그것을 웃돌 가능성도 있다. 1포인트 올린 VDOT보다, 1~2회 레이스에서 달린 결과 쪽이 높으면 "레이스 실적의 VDOT"를 사용해도 상관없다. 특히 공인 코스에서 달린 결과라면 신뢰도는 더욱 커진다.

VDOT를 사용하지 않고 트레이닝 페이스를 설정하는 경우, 먼저 현실적인 목표로 **M** 페이스를 정한다. 그러면 트레이닝 마지막 8주의 각 트레이닝 페이스가 정해진다. **T** 페이스는 목표 **M** 페이스보다 1km당 약 8초(1마일당 15초) 빠른 페이스이고, **I** 페이스는 **T** 페이스보다 400m당 6초(1km당 15초) 빠른 페이스, **R** 페이스는 **I** 페이스보다 200m당 3초 빠른 페이스이다. 예를 들어, 목표 **M** 페이스가 1km 3분 43초라고 하면, 마지막 8주의 **T** 페이스는 1km3 분 35초(400m 86초)가 된다. 따라서 **I** 페이스는 1km 3분 20초(400m 80초·200m 40초), **R** 페이스는 400m 74초·200m 37초가 된다.

마지막 8주의 페이스가 정해지면 그 이전의 페이스도 정해진다. 트레이닝 초기 8주간은 마지막 8주의 각 페이스에 1km당 각각 약 6초(1마일당 10초) 플러스한 페이스를 채택한다. 그리고 트레이닝 중기의 8주간은, 마지막 8주의 각 페이스에 1km당 각각 2.5초(1마일당 4초) 플러스한 페이스로까지 올린다. 그렇게 단계를 거쳐 트레이닝 마지막 8주의 페이스, 즉 목표 페이스에 도달하는 것이다.

표 16.4는 주당 64km에서 192km 정도(40~120마일) 달리는 주자를 위한 프로그램이다.

표 16.4 4주 순환 프로그램(주간 주행거리 64~193km)

주간 주행거리 64km까지			
대회까지 (주)	**최대 주행 거리 대비 비율**	**첫 번째 Q트레이닝**	**두 번째 Q트레이닝**
26	90%	이 주에는 Q트레이닝은 실시하지 않고 **E** 러닝만 실시, 그중 2일은 ST 6-8회 추가	
25	90%	**L** = 19K, 혹은 90분 이하	**E** 3.2K + (**T** 1.6K + 휴식 1분)×2 + (**I** 페이스로 **H** 3분 + jg 2분)×3 + (**R** 200m + jg 200m)×4+ **E** 1.6K
24	80%	**E** 30분 + **M** 9.7K	**E** 1.6K + **M** 4.8K + **E** 1.6K + **M** 4.8K + **E** 1.6K
23	90%	**E** 3.2K + (**T** 1.6K + 휴식 1분)×4 + **E** 3.2K	**E** 3.2K + (**T** 1.6K + 휴식 1 분)×3 + (**R** 200m + jg 200m)×8 + **E** 1.6K
22	100%	이 주에는 Q트레이닝은 실시하지 않고 **E** 러닝만 실시, 그중 2일은 ST 6-8회 추가	
21	80%	**L** = 21K, 혹은 90분 이하	**E** 3.2K + (**T** 1.6K + 휴식 2분)×2 + (**I** 1K + jg 3분)×3 + (**R** 200m + jg 200m)×6 + **E** 1.6K
20	100%	**E** 30분 + **M** 13K	**E** 1.6K + **M** 8K + **E** 1.6K + **M** 6.4K + **E** 1.6K
19	90%	**E** 3.2K +(**T** 1.6K + 휴식 1분)×4 + **E** 3.2K	**E** 3.2K + (**T** 1.6K + 휴식 1분)×3 + (**R** 200m + jg 200m)×8 + **E** 3.2K
18	100%	이 주에는 Q트레이닝은 실시하지 않고 **E** 러닝만 실시, 그중 2일은 ST 6-8회 추가	
17	80%	**L** = 23K, 혹은 2시간 이하	**E** 3.2K + **T** 3.2K + 휴식 2분 + (**H** 3분 + jg 3분)×3 + (**R** 200m + jg 200m)×8+ **E** 1.6K
16	90%	**E** 4.8K + **M** 16K	**E** 3.2K + **M** 9.7K + **E** 1.6K + **M** 6.4K + **E** 1.6K
15	80%	**E** 3.2K + (**T** 1.6K + 휴식 1분)×2	**E** 3.2K + (**T** 1.6K + 휴식 1분)×4 + (**R** 200m + jg 200m)×8 + **E** 3.2K + **T** 3.2K + 휴식 2분 + **T** 1.6K + **E** 1.6K
14	100%	이 주에는 Q트레이닝은 실시하지 않고 **E** 러닝만 실시, 그중 2일은 ST 6-8회 추가	
13	90%	**L** = 24K, 혹은 2시간 이하	**E** 3.2K + **T** 3.2K + 휴식 2분 + (**H** 3분 + jg 2분)×3 + (**R** 200m + jg 200m)×8 + **E** 1.6K
12	80%	**E** 20분 + **M** 19.3K	**E** 3.2K + **M** 9.7K + **E** 1.6K + **M** 8K + **E** 1.6K
11	70%	**E** 3.2K + (**T** 1.6K + 휴식 1분)×2 + **T** 3.2K	**E** 3.2K + (**T** 1.6K + 휴식 1분)×4 + (**R** 200m + jg 200m)×8 + **E** 3.2K + 휴식 2분 + **T** 1.6K + **E** 1.6K
10	100%	이 주에는 Q트레이닝은 실시하지 않고 **E** 러닝만 실시, 그중 2일은 ST 6-8회 추가	
9	90%	**L** = 24K, 혹은 130분 이하	**E** 3.2K + **T** 3.2K + 휴식 2분 + **T** 3.2K + 휴식 2분 + (**H** 3분 + jg 2분)×3 + (**R** 200m + jg 200m)×6 + **E** 1.6K
8	100%	**E** 30분 + **M** 19.3K	**E** 4.8K + **M** 9.7K + **E** 1.6K + **M** 6.4K + **E** 1.6K
7	80%	**E** 30분 + (**T** 3.2K + 휴식 2분)×3 + **E** 3.2K	**E** 3.2K + (**T** 1.6K + 휴식 1분)×4 + (**R** 200m + jg 200m)×8 + **E** 3.2K

(뒤 페이지 계속)

주간 주행거리 64km까지			
대회까지 (주)	최대 주행 거리 대비 비율	첫 번째 Q트레이닝	두 번째 Q트레이닝
6	100%	이 주에는 Q트레이닝은 실시하지 않고 **E** 러닝만 실시, 그중 2일은 ST 6-8회 추가	
5	90%	**L** =24K, 혹은 130분 이하	**E** 3.2K + (**T** 1.6K + 휴식 1분)×2 + (**H** 3분 + jg 2분)×3 + (**R** 200m + jg 200m)×8 + **E** 1.6K
4	90%	**E** 20분 + **M** 19.3K	**E** 4.8K + **M** 8K + **E** 1.6K + **M** 8K + **E** 1.6K
3	80%	**E** 60분 + **T** 4.8K + 휴식 2분 + **T** 3.2K + **E** 3.2K	**E** 3.2K +(**T** 1.6K + 휴식 1분)×4 + (**R** 200m + jg 200m)×8 + **E** 3.2K
2	70%	이 주에는 Q트레이닝은 실시하지 않고 **E** 러닝만 실시, 그중 2일은 ST 6-8회 추가	
1	—	• 7일: **E** 90분 • 6일: **E** 60분 • 5일: (**T** 1.6K + 휴식 2분)×3 • 4일: **E** 60분 • 3일: **E** 45분 • 2일: **E** 30분 • 1일: **E** 30분 (다음날이 대회일)	

주간 주행거리 66-89km			
대회까지 (주)	최대 주행 거리 대비 비율	첫 번째 Q트레이닝	두 번째 Q트레이닝
26	80%	이 주에는 Q트레이닝은 실시하지 않고 **E** 러닝만 실시, 그중 2일은 ST 6-8회 추가	
25	90%	**L** = 21K, 혹은 90분 이하	**E** 3.2K + (**T** 1.6K + 휴식 1분)×3 + (**I** 페이스로 **H** 3분 + jg 2분)×3 +(**R** 200m + jg 200m)×4 + **E** 1.6K
24	80%	**E** 30분 + **M** 11.3K	**E** 1.6K + **M** 8K + **E** 1.6K + **M** 3.2K + **E** 1.6K
23	90%	**E** 3.2K + (**T** 1.6K + 휴식 1분)×5 + **E** 3.2K	**E** 3.2K + (**T** 1.6K + 휴식 1분)×4 + (**R** 400m + jg 400m)×4 + **E** 1.6K
22	100%	이 주에는 Q트레이닝은 실시하지 않고 **E** 러닝만 실시, 그중 2일은 ST 6-8회 추가	
21	80%	**L** = 23K, 혹은 90분 이하	**E** 3.2K + (**T** 1.6K + 휴식 2분)×3 + (**H** 3분 + jg 2분)×3 + (**R** 200m + jg 200m)×4 + **E** 1.6K
20	100%	**E** 30분 + **M** 14.5K	**E** 3.2K + **M** 8K + **E** 1.6K + **M** 6.4K + **E** 3.2K
19	90%	**E** 3.2K + (**T** 1.6K + 휴식 1분)×5 + **E** 3.2K	**E** 3.2K + (**T** 1.6K + 휴식 1분)×4 + (**R** 400m + jg 400m)×4 + **E** 1.6K
18	100%	이 주에는 Q트레이닝은 실시하지 않고 **E** 러닝만 실시, 그중 2일은 ST 6-8회 추가	
17	80%	**L** = 24K, 혹은 100분 이하	**E** 3.2K + (**T** 1.6K + 휴식 3분)×3 + (**H** 3분 + jg 2분)×3 + (**R** 200m + jg 200m)×8 + **E** 1.6K

주간 주행거리 66-89km			
대회까지 (주)	최대 주행거리 대비 비율	첫 번째 Q트레이닝	두 번째 Q트레이닝
16	90%	**E** 4.8K + **M** 16K	**E** 3.2K + **M** 9.7K + **E** 1.6K + **M** 8K + **E** 1.6K
15	80%	**E** 3.2K + (**T** 3.2K + 휴식 2분)×2 + **E** 3.2K	**E** 3.2K + **T** 4.8K + 휴식 3분 + **T** 3.2K + 휴식 2분 + (**R** 200m + jg 200m)×8 + (**T** 1.6K + 휴식 1분)×2 + **E** 1.6K + **E** 3.2K
14	100%	이 주에는 Q트레이닝은 실시하지 않고 **E** 러닝만 실시, 그중 2일은 ST 6-8회 추가	
13	90%	**L** = 26K, 혹은 2시간 이하	**E** 3.2K + (**T** 1.6K + 휴식 1분)×3 + 휴식 3분 + (**I** 1K + jg 3분)×3 + (**R** 400m + jg 400m)×4 + **E** 1.6K
12	80%	**E** 4.8K + **M** 21K	**E** 1.6K + **M** 9.7K + **E** 1.6K + **M** 8K + **E** 1.6K + **M** 3.2K + **E** 1.6K
11	70%	**E** 3.2K + (**T** 3.2K + 휴식 2분)×2	**E** 3.2K + **T** 4.8K + 휴식 3분 + **T** 3.2K + 휴식 2분 + (**R** 400m + jg 400m)×2 + (**T** 1.6K + 휴식 1분)×2 + **E** 1.6K + (**R** 200m + jg 200m)×4 + **E** 1.6K
10	100%	이 주에는 Q트레이닝은 실시하지 않고 **E** 러닝만 실시, 그중 2일은 ST 6-8회 추가	
9	90%	**L** = 26K, 혹은 140분 이하	**E** 3.2K + (**T** 1.6K + 휴식 1분)×3 + (**H** 3분 + jg 2분)×4 + (**R** 200m + jg 200m)×6 + **E** 1.6K
8	100%	**E** 20분 + **M** 22.5K	**E** 1.6K + **M** 9.7K + **E** 1.6K + **M** 11.3K + **E** 1.6K
7	80%	**E** 6.4K + (**T** 3.2K + 휴식 2분)×3 + **T** 1.6K + **E** 1.6K	**E** 3.2K + (**T** 3.2K + 휴식 2분)×2 + (**R** 200m + jg 200m)×8 + (**T** 1.6K + 휴식 1분)×4 + **E** 3.2K
6	100%	이 주에는 Q트레이닝은 실시하지 않고 **E** 러닝만 실시, 그중 2일은 ST 6-8회 추가	
5	90%	**L** = 26K, 혹은 140분 이하	**E** 3.2K + (**T** 4.8K + 휴식 3분)×2 + **T** 3.2K + 휴식 3분 + (**H** 3분 + jg 2분)×4 + (**R** 200m + jg 200m)×8 + **E** 1.6K
4	90%	**E** 10분 + **M** 22.5K	**E** 1.6K + **M** 13K + **E** 1.6K + **M** 8K + **E** 1.6K
3	80%	**E** 60분 + (**T** 3.2K + 휴식 2분)×3 + **T** 1.6K	**E** 3.2K + (**T** 3.2K + 휴식 2분)×2 + (**T** 1.6K + 휴식 1분)×2 + **E** 3.2K + (**R** 200m + jg 200m)×8 + **E** 3.2K
2	70%	이 주에는 Q트레이닝은 실시하지 않고 **E** 러닝만 실시, 그중 2일은 ST 6-8회 추가	
1	—	• 7일: **E** 90분 • 6일: **E** 60분 • 5일: (**T** 1.6K + 휴식 2분)×3 • 4일: **E** 60분 • 3일: **E** 45분 • 2일: **E** 30분 • 1일: **E** 30분 (다음날이 대회일)	

주간 주행거리 90-113km			
대회까지 (주)	최대 주행 거리 대비 비율	첫 번째 Q트레이닝	두 번째 Q트레이닝
26	80%	이 주에는 Q트레이닝은 실시하지 않고 **E** 러닝만 실시, 그중 2일은 ST 6-8회 추가	
25	90%	**L** = 23K, 혹은 100분 이하	**E** 3.2K + (**T** 1.6K + 휴식 1분)×3 + (**I** 페이스로 **H** 3분 + jg 2분)×4 + (**R** 200m + jg 200m)×6 + **E** 1.6K
24	80%	**E** 30분 + **M** 13K	**E** 1.6K + **M** 8K + **E** 1.6K + **M** 4.8K + **E** 1.6K
23	90%	**E** 3.2K + (**T** 1.6K + 휴식 1분)×6 + **E** 3.2K	**E** 3.2K + (**T** 1.6K + 휴식 1분)×5 + (**R** 200m + jg 200m)×8 + **E** 1.6K
22	100%	이 주에는 Q트레이닝은 실시하지 않고 **E** 러닝만 실시, 그중 2일은 ST 6-8회 추가	
21	80%	**L** = 24K, 혹은 105분 이하	**E** 3.2K + (**T** 1.6K + 휴식 2분)×3 + (**H** 3분 + jg 2분)×5 + (**R** 200m + jg 200m)×8 + **E** 1.6K
20	100%	**E** 30분 + **M** 16K	**E** 3.2K + **M** 9.7K + **E** 1.6K + **M** 6.4K + **E** 3.2K
19	90%	**E** 3.2K + (**T** 1.6K + 휴식 1분)×3 + **T** 3.2K	**E** 3.2K + (**T** 1.6K + 휴식 1분)×6 + (**R** 200m + jg 200m)×8 + **E** 1.6K + (**T** 1.6K + 휴식 1분)×2 + **E** 1.6K
18	100%	이 주에는 Q트레이닝은 실시하지 않고 **E** 러닝만 실시, 그중 2일은 ST 6-8회 추가	
17	80%	**L** = 26K, 혹은 2시간 이하	**E** 3.2K + (**T** 1.6K + 휴식 3분)×3 + (**H** 3분 + jg 2분)×5 + (**R** 200m + jg 200m)×8 + **E** 1.6K
16	90%	**E** 6.4K + **M** 19.3K	**E** 3.2K + **M** 9.7K + **E** 1.6K + **M** 9.7K + **E** 1.6K
15	80%	**E** 3.2K + (**T** 3.2K + 휴식 2분)×3	**E** 3.2K + (**T** 1.6K + 휴식 1분)×6 + (**R** 200m + jg 200m)×4 + (**T** 1.6K + 휴식 1분)×2 + **E** 1.6K + (**R** 400m + jg 400m)×4 + **E** 3.2K
14	100%	이 주에는 Q트레이닝은 실시하지 않고 **E** 러닝만 실시, 그중 2일은 ST 6-8회 추가	
13	90%	**L** =27K, 혹은 130분 이하	**E** 3.2K + (**T** 3.2K + 휴식 2분)×2 + (**H** 3분 + jg 2분)×5 + (**R** 400m + jg 400m)×4 + **E** 1.6K
12	80%	**M** = **E** 4.8K + **M** 22.5K	**E** 1.6K + **M** 13K + **E** 1.6K + **M** 9.7K + **E** 1.6K
11	70%	**T** = **E** 6.4K + (**T** 3.2K + 휴식 2분)×4 + **E** 3.2K	**E** 3.2K + (**T** 1.6K + 휴식 1분)×6 + (**R** 200m + jg 200m)×4 + (**R** 400m + jg 400m)×4 + **E** 1.6K
10	100%	이 주에는 Q트레이닝은 실시하지 않고 **E** 러닝만 실시, 그중 2일은 ST 6-8회 추가	
9	90%	**L** =29K, 혹은 140분 이하	**E** 3.2K + **T** 4.8K + 휴식 3분 + **T** 3.2K +휴식 2분 + (**H** 3분 + jg 2분)×5 + (**R** 200m + jg 200m)×6 + **E** 1.6K
8	100%	**E** 30분 + **M** 24K	**E** 3.2K + **M** 13K + **E** 1.6K + **M** 9.7K + **E** 3.2K
7	80%	**E** 6.4K + (**T** 3.2K + 휴식 2분)×4 + **T** 1.6K + **E** 1.6K	**E** 3.2K + (**T** 3.2K + 휴식 2분)×3 + (**R** 200m + jg 200m)×8 + **T** 3.2K + **E** 3.2K

주간 주행거리 90-113km			
대회까지 (주)	최대 주행 거리 대비 비율	첫 번째 Q트레이닝	두 번째 Q트레이닝
6	100%	이 주에는 Q트레이닝은 실시하지 않고 **E** 러닝만 실시, 그중 2일은 ST 6-8회 추가	
5	90%	**L** = 29K, 혹은 140분 이하	**E** 3.2K + **T** 4.8K + 휴식 3분 + **T** 3.2K + 휴식 3분 + (**H** 3분 + jg 2분)×5 + (**R** 200m + jg 200m)×8 + **E** 1.6K
4	90%	**E** 50분 + **M** 26K	**E** 6.4K + **M** 16K + **E** 1.6K + **M** 9.7K + **E** 3.2K
3	80%	**E** 60분 + (**T** 4.8K + 휴식 3분)×4 + **E** 1.6K	**E** 3.2K + (**T** 4.8K + 휴식 3분)×2 + (**R** 200m + jg 200m)×8 + **E** 3.2K
2	70%	이 주에는 Q트레이닝은 실시하지 않고 **E** 러닝만 실시, 그중 2일은 ST 6-8회 추가	
1	—	• 7일: **E** 90분 • 6일: **E** 60분 • 5일: (**T** 1.6K + 휴식 2분)×3 • 4일: **E** 60분 • 3일: **E** 45분 • 2일: **E** 30분 • 1일: **E** 30분 (다음날이 대회일)	

주간 주행거리 114-137km			
대회까지 (주)	최대 주행 거리 대비 비율	첫 번째 Q트레이닝	두 번째 Q트레이닝
26	90%	이 주에는 Q트레이닝은 실시하지 않고 **E** 러닝만 실시, 그중 2일은 ST 6-8회 추가	
25	90%	**L** = 24 K, 혹은 100분 이하	**E** 3.2K + (**T** 1.6K + 휴식 1분)×4 + (**I** 페이스로 **H** 3분 + jg 2분)×4 + (**R** 200m + jg 200m)×8 + **E** 3.2K
24	80%	**E** 40분 + **M** 13K	**E** 4.8K + **M** 8K + **E** 1.6K + **M** 4.8K + **E** 4.8K
23	90%	**E** 3.2K + (**T** 1.6K + 휴식 1분)×3 + **T** 3.2K + 휴식 2분 + (**T** 1.6K + 휴식 1분)×2	**E** 3.2K + (**T** 1.6K + 휴식 1분)×6 + (**R** 200m + jg 200m)×8 + **E** 3.2K
22	100%	이 주에는 Q트레이닝은 실시하지 않고 **E** 러닝만 실시, 그중 2일은 ST 6-8회 추가	
21	80%	**L** =27K, 혹은 2시간 이하	**E** 3.2K + (**T** 1.6K + 휴식 2분)×3 + (**H** 3분 + jg 2분)×5 + (**R** 200m + jg 200m)×8 + **E** 3.2K
20	100%	**E** 30분 + **M** 16K	**E** 3.2K + **M** 9.7K + **E** 1.6K + **M** 6.4K + **E** 3.2K
19	90%	**E** 3.2K + (**T** 1.6K + 휴식 1분)×3 + **T** 3.2K + (**T** 1.6K + 휴식 1분)×2 + **E** 1.6K	**E** 3.2K + (**T** 1.6K + 휴식 1분)×6 + (**R** 200m + jg 200m)×8 + **E** 1.6K
18	100%	이 주에는 Q트레이닝은 실시하지 않고 **E** 러닝만 실시, 그중 2일은 ST 6-8회 추가	
17	80%	**L** = 29K, 혹은 130분 이하	**E** 3.2K + (**T** 1.6K + 휴식 1분)×4 + (**H** 3분 + jg 2분)×5 + (**R** 200m + jg 200m)×6 + **E** 3.2K

주간 주행거리 114-137km			
대회까지 (주)	**최대 주행 거리 대비 비율**	**첫 번째 Q트레이닝**	**두 번째 Q트레이닝**
16	90%	**E** 40분 + **M** 19.3K	**E** 6.4K + **M** 9.7K + **E** 1.6K + **M** 9.7K + **E** 1.6K
15	80%	**E** 3.2K + (**T** 3.2K +휴식 2분)×4 + **T** 3.2K + **E** 3.2K	**E** 3.2K + (**T** 3.2K + 휴식 2분)×3 + (**R** 200m + jg 200m)×8 + **T** 1.6K + **E** 3.2K
14	100%	이 주에는 Q트레이닝은 실시하지 않고 **E** 러닝만 실시, 그중 2일은 ST 6-8회 추가	
13	90%	**L** = 31K, 혹은 2.5시간 이하	**E** 3.2K + (**T** 1.6K + 휴식 1분)×5 + (**H** 3분 + jg 2분)×6 + (**R** 400m + jg 400m)×4 + **E** 3.2K
12	80%	**E** 6.4K + **M** 22.5K	**E** 3.2K + **M** 13K + **E** 1.6K + **M** 9.7K + **E** 1.6K
11	70%	**E** 6.4K +(**T** 3.2K + 휴식2분)×5 + **E** 1.6K	**E** 3.2K + (**T** 3.2K + 휴식 1분)×3 + (**R** 200m + jg 200m)×8 + **T** 3.2K + **E** 3.2K
10	100%	이 주에는 Q트레이닝은 실시하지 않고 **E** 러닝만 실시, 그중 2일은 ST 6-8회 추가	
9	90%	**L** =32K, 혹은 2.5시간 이하	**E** 3.2K + (**T** 3.2K + 휴식 3분)×3 + **T** 3.2K + 휴식 2분) + (**H** 3분 + jg 2분)×6 + (**R** 200m + jg 200m)×8 + **E** 1.6K
8	100%	**E** 30분 + **M** 26K	**E** 3.2K + **M** 13K + **E** 1.6K + **M** 13K + **E** 1.6K
7	80%	**E** 6.4K + (**T** 4.8K + 휴식 3분)×3 + **T** 3.2K + **E** 1.6K	**E** 3.2K + (**T** 3.2K + 휴식 2분)×4 + (**R** 200m + jg 200m)×8 + **T** 1.6K + **E** 3.2K
6	100%	이 주에는 Q트레이닝은 실시하지 않고 **E** 러닝만 실시, 그중 2일은 ST 6-8회 추가	
5	90%	**L** = 32K, 혹은 2.5시간 이하	**E** 3.2K + (**T** 3.2K + 휴식 2분)×3 + (**H** 3분 + jg 2분)×6 + (**R** 200m + jg 200m)×8 + **E** 3.2K
4	90%	**E** 30분 + **M** 26K	**E** 6.4K + **M** 13K + **E** 1.6K + **M** 9.7K + **E** 1.6K
3	80%	**E** 60분 + (**T** 4.8K + 휴식 3분)×3 + **T** 3.2K + **E** 1.6K	**E** 3.2K + (**T** 3.2K + 휴식 2분)×4 + (**R** 200m + jg 200m)×8 + **T** 1.6K + **E** 3.2K
2	70%	이 주에는 Q트레이닝은 실시하지 않고 **E** 러닝만 실시, 그중 2일은 ST 6-8회 추가	
1	—	• 7일: **E** 90분 • 6일: **E** 60분 • 5일: (**T** 1.6K + 휴식 2분)×3 • 4일: **E** 60분 • 3일: **E** 45분 • 2일: **E** 30분 • 1일: **E** 30분 (다음날이 대회일)	

주간 주행거리 138-161km			
대회까지 (주)	**최대 주행 거리 대비 비율**	**첫 번째 Q세션**	**두 번째 Q세션**
26	80%	이 주에는 Q트레이닝은 실시하지 않고 **E** 러닝만 실시, 그중 2일은 ST 6-8회 추가	

주간 주행거리 138-161km			
대회까지 (주)	**최대 주행거리 대비 비율**	**첫 번째 Q트레이닝**	**두 번째 Q트레이닝**
25	90%	**L** = 26K, 혹은 2시간 이하	**E** 3.2K + (**T** 3.2K + 휴식 2분)×2 + (**I** 페이스로 **H** 3분 + jg 2분)×5 + (**R** 200m + jg 200m)×8 + **E** 3.2K
24	80%	**E** 40분 + **M** 14.5K	**E** 4.8K + **M** 8K + **E** 1.6K + **M** 4.8K + **E** 4.8K
23	90%	**E** 3.2K + (**T** 1.6K + 휴식 1분)×2 + (**T** 3.2K + 휴식 2분)×2 + (**T** 1.6K + 휴식 1분)×2 + **E** 3.2K	**E** 3.2K + (**T** 1.6K + 휴식 1분)×6 + (**R** 200m + **E** 200m)×8 + (**T** 3.2K + jg 2분)×2 + **E** 3.2K
22	100%	이 주에는 Q트레이닝은 실시하지 않고 **E** 러닝만 실시, 그중 2일은 ST 6-8회 추가	
21	80%	**L** = 29K, 혹은 130분 이하	**E** 3.2K + (**T** 1.6K + 휴식 2분)×3 + (**H** 3분 + jg 2분)×5 + (**R** 200m + jg 200m)×8 + **E** 1.6K
20	100%	**E** 50분 + **M** 17.7K	**E** 3.2K + **M** 9.7K + **E** 1.6K + **M** 6.4K + **E** 3.2K
19	90%	**E** 3.2K + (**T** 1.6K + 휴식 1분)×3 + (**T** 3.2K + 휴식 2분)×2 + (**T** 1.6K + 휴식 1분)×2 + **E** 3.2K	**E** 3.2K + (**T** 1.6K + 휴식 1분)×6 + (**R** 200m + jg 200m)×8 + **E** 3.2K
18	100%	이 주에는 Q트레이닝은 실시하지 않고 **E** 러닝만 실시, 그중 2일은 ST 6-8회 추가	
17	80%	**L** = 31K, 혹은 2.5시간 이하	**E** 3.2K + (**T** 1.6K + 휴식 1분)×4 + (**H** 3분 + jg 2분)×5 + (**R** 200m + jg 200m)×6 + **E** 3.2K
16	90%	**E** 40분 + **M** 21K	**E** 6.4K + **M** 9.7K + **E** 1.6K + **M** 9.7K + **E** 1.6K
15	80%	**E** 3.2K + (**T** 3.2K + 휴식 2분)×4 + (**T** 1.6K + 휴식 1분)×2 + **E** 3.2K	**E** 3.2K + (**T** 3.2K + 휴식 2분)×3 + (**R** 200m + jg 200m)×8 + **T** 3.2K + **E** 3.2K
14	100%	이 주에는 Q트레이닝은 실시하지 않고 **E** 러닝만 실시, 그중 2일은 ST 6-8회 추가	
13	90%	**L** =32K, 혹은 2.5시간 이하	**E** 3.2K + (**T** 1.6K + 휴식 1분)×5 + (**H** 3분 + jg 2분)×6 + (**R** 400m + jg 400m)×4 + **E** 1.6K
12	80%	**E** 30분 + **M** 24K	**E** 3.2K + **M** 13K + **E** 1.6K + **M** 9.7K + **E** 1.6K
11	70%	**E** 6.4K + (**T** 3.2K + 휴식 2분)×4 + (**T** 1.6K + 휴식 1분)×3 + **E** 1.6K	**E** 3.2K + (**T** 3.2K + 휴식 1분)×3 + (**R** 200m + jg 200m)×8 + **T** 3.2K + **E** 3.2K
10	100%	이 주에는 Q트레이닝은 실시하지 않고 **E** 러닝만 실시, 그중 2일은 ST 6-8회 추가	
9	90%	**L** = 35K, 혹은 2.5시간 이하	**E** 3.2K + (**T** 3.2K + 휴식 2분)×3 + **T** 3.2K + 휴식 2분) + (**H** 3분 + jg 2분)×6 + (**R** 400m + jg 400m)×4 + **E** 1.6K
8	100%	**E** 40분 + **M** 26K	**E** 6.4K + **M** 13K + **E** 1.6K + **M** 13K + **E** 1.6K
7	80%	**E** 6.4K + (**T** 3.2K + 휴식 2분)×6 + **E** 1.6K	**E** 3.2K + (**T** 4.8K + 휴식 3분)×2 + (**R** 200m + jg 200m)×8 + (**T** 1.6K + 휴식 1분)×4 + **E** 3.2K

(뒤 페이지 계속)

주간 주행거리 138-161km

대회까지 (주)	최대 주행 거리 대비 비율	첫 번째 Q트레이닝	두 번째 Q트레이닝
6	100%	이 주에는 Q트레이닝은 실시하지 않고 **E** 러닝만 실시, 그중 2일은 ST 6-8회 추가	
5	90%	**L** = 35K, 혹은 2.5시간 이하	**E** 3.2K + (**T** 3.2K + 휴식 2분)×3 + (**H** 3분 + jg 2분)×6 + (**R** 400m + **j**g 400m)×4 + **E** 1.6K
4	90%	**M** = **E** 40분 + **M** 26K	**E** 6.4K + **M** 13K + **E** 1.6K + **M** 13K + **E** 1.6K
3	80%	**E** 60분 +(**T** 3.2K + 휴식 2분)× 6	**E** 3.2K + (**T** 3.2K + 휴식 2분)×3 + (**R** 200m + jg 200m)×8 + (**T** 1.6K + 휴식 1분)×3 + **E** 3.2K
2	70%	이 주에는 Q트레이닝은 실시하지 않고 **E** 러닝만 실시, 그중 2일은 ST 6-8회 추가	
1	—	• 7일: **E** 90분 • 6일: **E** 60분 • 5일: (**T** 1.6K + 휴식 2분)×3 • 4일: **E** 60분 • 3일: **E** 45분 • 2일: **E** 30분 • 1일: **E** 30분 (다음날이 대회일)	

주간 주행거리 163-193km

대회까지 (주)	최대 주행 거리 대비 비율	첫 번째 Q트레이닝	두 번째 Q트레이닝
26	80%	이 주에는 Q트레이닝은 실시하지 않고 **E** 러닝만 실시, 그중 2일은 ST 6-8회 추가	
25	90%	**L** = 27K, 혹은 2시간 이하	**E** 3.2K + (**T** 3.2K + 휴식 2분)×2 + **T** 1.6K + 휴식 3분 + (**H** 3분 + jg2분)×5 + (**R** 200m + jg 200m)×6 + **E** 3.2K
24	80%	**E** 50분 + **M** 16K	**E** 4.8K + **M** 9.7K + **E** 1.6K + **M** 6.4K + **E** 4.8K
23	90%	**E** 4.8K + **T** 4.8K + 휴식 3분 + (**T** 3.2K + 휴식 2분)×3 + **E** 3.2K	**E** 3.2K + **T** 4.8K + 휴식 3분 + **T** 3.2K + 휴식 2분 + **T** 1.6K + 휴식 2분 + (**R** 200m + jg 200m)×8 + **T** 1.6K + **E** 3.2K
22	100%	이 주에는 Q트레이닝은 실시하지 않고 **E** 러닝만 실시, 그중 2일은 ST 6-8회 추가	
21	80%	**L** = 29K, 혹은 130분 이하	**E** 3.2K + (**T** 1.6K + 휴식 1분)×5 + (**H** 3분 + jg 2분)×6 + (**R** 200m + jg 200m)×6 + **E** 4.8K
20	100%	**E** 50분 + **M** 19.3K	**E** 4.8K + **M** 9.7K + **E** 1.6K + **M** 9.7K + **E** 4.8K
19	90%	**E** 4.8K + (**T** 3.2K + 휴식 2분)×5 + **E** 3.2K	**E** 3.2K + (**T** 3.2K + 휴식 2분)×3 + (**R** 200m + jg 200m)×8 + **T** 3.2K + **E** 1.6K
18	90%	이 주에는 Q트레이닝은 실시하지 않고 **E** 러닝만 실시, 그중 2일은 ST 6-8회 추가	
17	80%	**L** = 32K, 혹은 2.5시간 이하	**E** 3.2K + (**T** 3.2K + 휴식 2분)×3 + (**H** 3분 + jg 2분)×6 + (**R** 200m + jg 200m)×6 + **E** 3.2K

주간 주행거리 163-193km			
대회까지 (주)	최대 주행거리 대비 비율	첫 번째 Q트레이닝	두 번째 Q트레이닝
16	90%	**E** 40분 + **M** 22.5K	**E** 6.4K + **M** 13K + **E** 1.6K + **M** 9.7K + **E** 1.6K
15	80%	**E** 4.8K + (**T** 4.8K + 휴식 3분)×2 + (**T** 3.2K + 휴식 2분)×2 + **T** 1.6K + **E** 3.2K	**E** 4.8K + (**T** 3.2K + 휴식 2분)×4 + (**R** 200m + jg 200m)×8 + **T** 3.2K + **E** 3.2K
14	100%	이 주에는 Q트레이닝은 실시하지 않고 **E** 러닝만 실시, 그중 2일은 ST 6-8회 추가	
13	90%	**L** = 34K, 혹은 2.5시간 이하	**E** 3.2K + (**T** 3.2K + 휴식 2분)×3 + (**H** 3분 + jg 2분)×6 + (**R** 400m + jg 400m)×4 + **E** 3.2K
12	80%	**E** 40분 + **M** 24K	**E** 6.4K + **M** 13K + **E** 1.6K + **M** 11.3K + **E** 1.6K
11	70%	**E** 6.4K + (**T** 4.8K + 휴식 3분)×4 + **E** 3.2K	**E** 3.2K + (**T** 3.2K + 휴식 1분)×4 + (**R** 200m + jg 200m)×8 + **T** 3.2K + **E** 3.2K
10	60%	이 주에는 Q트레이닝은 실시하지 않고 **E** 러닝만 실시, 그중 2일은 ST 6-8회 추가	
9	90%	**L** = 37K, 혹은 2.5시간 이하	**E** 3.2K + (**T** 3.2K + 휴식 2분)×4 + (**H** 3분 + jg 2분)×6 + (**R** 200m + jg 200m)×8 + **E** 4.8K
8	100%	**E** 40분 + **M** 26K	**E** 6.4K + **M** 16K + **E** 1.6K + **M** 9.7K + **E** 3.2K
7	80%	**E** 6.4K + (**T** 4.8K + 휴식 3분)×3 + (**T** 3.2K + 휴식 2분)×2 + **E** 1.6K	**E** 3.2K + (**T** 4.8K + 휴식 3분)×2 + (**R** 200m + jg 200m)×8 + (**T** 1.6K + 휴식 1분)×4 + **E** 3.2K
6	90%	이 주에는 Q트레이닝은 실시하지 않고 **E** 러닝만 실시, 그중 2일은 ST 6-8회 추가	
5	90%	**L** = 37K, 혹은 2.5시간 이하	**E** 3.2K + (**T** 4.8K + 휴식 3분)×2 + **T** 3.2K + 휴식 3분) + (**H** 3분 + jg 2분)×6 + (**R** 200m + jg 200m)×8 + **E** 1.6K
4	90%	**E** 40분 + **M** 26K	**E** 6.4K + **M** 13K + **E** 1.6K + **M** 13K + **E** 3.2K
3	80%	**E** 60분 + (**T** 4.8K + 휴식 3분)×3	**E** 3.2K + (**T** 4.8K + 휴식 3분)×2 + (**R** 200m + jg 200m)×8 + (**T** 1.6K + 휴식 2분)×3 + **E** 3.2K
2	70%	이 주에는 Q트레이닝은 실시하지 않고 **E** 러닝만 실시, 그중 2일은 ST 6-8회 추가	
1	—	• 7일: **E** 90분 • 6일: **E** 60분 • 5일: (**T** 1.6K + 휴식 2분)×3 • 4일: **E** 60분 • 3일: **E** 45분 • 2일: **E** 30분 • 1일: **E** 30분 (다음날이 대회일)	

주간 주행거리 193km 이상			
대회까지 (주)	최대 주행 거리 대비 비율	첫 번째 Q트레이닝	두 번째 Q트레이닝
26	80%	이 주에는 Q트레이닝은 실시하지 않고 **E** 러닝만 실시, 그중 2일은 ST 6-8회 추가	
25	90%	**L** =29K, 혹은 2시간 이하	**E** 3.2K + **T** 4.8K + 휴식 3분 + **T** 3.2K +휴식 2분 + **T** 1.6K + 휴식 1분 + (**H** 3분 + jg 2분)×5 + (**R** 200m + jg 200m)×8 + **E** 3.2K
24	80%	**E** 60분 + **M** 16K	**E** 6.4K + **M** 9.7K + **E** 1.6K + **M** 6.4K + **E** 4.8K
23	90%	**E** 4.8K + (**T** 3.2K + 휴식 2분)×5 + **E** 4.8K	**E** 4.8K + **T** 4.8K + 휴식 3분 + **T** 3.2K + 휴식 2분 + **T** 1.6K + 휴식 2분 + (**R** 200m + jg 200m)×8 + **T** 3.2K + **E** 3.2K
22	100%	이 주에는 Q트레이닝은 실시하지 않고 **E** 러닝만 실시, 그중 2일은 ST 6-8회 추가	
21	80%	**L** = 31K, 혹은 135분 이하	**E** 4.8K + (**T** 1.6K + 휴식 1분)×6 + (**H** 3분 + jg 2분)×6 + (**R** 200m + jg 200m)×8 + **E** 3.2K
20	100%	**E** 50분 + **M** 19.3K	**E** 6.4K + **M** 9.7K + **E** 1.6K + **M** 9.7K + **E** 4.8K
19	90%	**E** 4.8K + (**T** 4.8K + 휴식 3분)×3 + **T** 3.2K + **E** 3.2K	**E** 4.8K + (**T** 3.2K + 휴식 2분)×4 + (**R** 200m + jg 200m)×8 + **T** 1.6K + **E** 3.2K
18	90%	이 주에는 Q트레이닝은 실시하지 않고 **E** 러닝만 실시, 그중 2일은 ST 6-8회 추가	
17	80%	**L** = 34K, 혹은 2.5시간 이하	**E** 4.8K +(**T** 3.2K + 휴식 2분)×3 + (**H** 3분 + jg 2분)×6 + (**R** 400m + jg 400m)×4 + **E** 3.2K
16	90%	**E** 50분 + **M** 22.5K	**E** 6.4K + **M** 13K + **E** 1.6K + **M** 9.7K + **E** 3.2K
15	80%	**E** 4.8K + (**T** 3.2K + 휴식 2분)×6 + **E** 3.2K	**E** 3.2K + (**T** 3.2K + 휴식 2분)×4 + (**R** 200m + jg 200m)×8 + **T** 3.2K + **E** 3.2K
14	100%	이 주에는 Q트레이닝은 실시하지 않고 **E** 러닝만 실시, 그중 2일은 ST 6-8회 추가	
13	90%	**L** = 35K, 혹은 2.5시간 이하	**E** 4.8K + **T** 4.8K + 휴식 3분 + (**T** 3.2K + 휴식 2분)×2 + (**H** 3분 + jg 2분)×6 + (**R** 200m + jg 200m)×8 + **E** 1.6K
12	80%	**E** 50분 + **M** 24K	**E** 6.4K + **M** 13K + **E** 1.6K + **M** 11.3K + **E** 3.2K
11	70%	**E** 6.4K + **T** 4.8K + 휴식 3분 + (**T** 3.2K + 휴식 2분)×5 + **E** 3.2K	**E** 4.8K + (**T** 4.8K + 휴식 3분)×2 + (**R** 200m + jg 200m)×8 + (**T** 3.2K + 휴식 2분)×2 + **E** 3.2K
10	60%	이 주에는 Q트레이닝은 실시하지 않고 **E** 러닝만 실시, 그중 2일은 ST 6-8회 추가	
9	90%	**L** = 37K, 혹은 2.5시간 이하	**E** 3.2K + (**T** 4.8K + 휴식 3분)×2 + **T** 3.2K + 휴식 2분) + (**H** 3분 + jg 2분)×6 + (**R** 200m + jg 200m)×8 + **E** 1.6K

주간 주행거리 193km 이상			
대회까지 (주)	최대 주행 거리 대비 비율	첫 번째 Q트레이닝	두 번째 Q트레이닝
8	100%	**E** 40분 + **M** 26K	**E** 6.4K + **M** 16K + **E** 1.6K + **M** 9.7K + **E** 3.2K
7	80%	**E** 6.4K + (**T** 4.8K + 휴식 3분)×3 + (**T** 3.2K + 휴식 2분)×2 + **E** 1.6K	**E** 4.8K + (**T** 4.8K + 휴식 3분)×2 + (**R** 200m + jg 200m)×8 + (**T** 1.6K + 휴식 1분)×4 + **E** 3.2K
6	90%	이 주에는 Q트레이닝은 실시하지 않고 **E** 러닝만 실시, 그중 2일은 ST 6-8회 추가	
5	90%	**L** = 37K, 혹은 2.5시간 이하	**E** 3.2K + (**T** 4.8K + 휴식 3분)×2 + **T** 3.2K + 휴식 3분 + (**H** 3분 + jg 2분)×6 + (**R** 200m + jg 200m)×8 + **E** 3.2K
4	90%	**E** 40분 + **M** 26K	**E** 6.4K + **M** 16K + **E** 1.6K + **M** 9.7K + **E** 3.2K
3	80%	**E** 60분 + (**T** 4.8K + 휴식 3분)×3	**E** 3.2K + (**T** 4.8K + 휴식 3분)×2 + (**R** 200m + jg 200m)×8 + (**T** 1.6K + 휴식 2분)×3 + **E** 3.2K
2	70%	이 주에는 Q트레이닝은 실시하지 않고 **E** 러닝만 실시, 그중 2일은 ST 6-8회 추가	
1	—	• 7일: **E** 90분 • 6일: **E** 60분 • 5일: (**T** 1.6K + 휴식 2분)×3 • 4일: **E** 60분 • 3일: **E** 45분 • 2일: **E** 30분 • 1일: **E** 30분 (다음날이 대회일)	

Table created by Jack Daniels' Running Calculator designed by the Run SMART Project.

5주 순환 프로그램

5주 순환 프로그램은 중요한 레이스를 앞두고 5주간의 훈련을 하나의 사이클로 해서 필요한 만큼 반복하는 프로그램이다. 각 트레이닝 형태별 훈련량은 현시점의 체력과 주간 주행거리에 따라 정한다.

우선 **R** 트레이닝은 주간 주행거리의 5%와 8km 중 더 짧은 거리를 **R** 페이스로 달리는 합계 거리의 상한으로 하고, 회복은 **R** 페이스로 달리는 시간의 2~3배로 설정한다. **I** 트레이닝에서는 주간 주행거리의 8%와 10km 가운데 더 짧은 거리가 **I** 페이스로 달리는 합계 거리의 상한이다. 그리고 회복은 **I** 페이스로 달리는 시간과 같거나 약간 짧은 시간으로 한다. **R** 트레이닝과 **I** 트레이닝을 함께 연습할 때는, 각각 단독으로 연습하는 시간의 절반씩을 상한으로 하여 조합하면 된다.

T 트레이닝에서는 주간 주행거리의 10%와 24km 중 더 짧은 거리가 **T** 페이스로 달리는 합계 거리의 상한이다. 단 하한은 연습 1회당 4.8km이다. **T** 러닝을 반복하는 경우 회복 시간은 **T** 페이스 5~6분당 1분으로 한다.

M 트레이닝에서는 29km와 주간 주행거리의 20% 중 어느 쪽이든 더 짧은 거리(주간 주행거리가 64km 이상인 경우), 혹은 주간 주행거리의 30%(주간 주행거리가 64km 미만인 경우)가 훈련 1회의 상한이다. **R**, **I**, **T**, **M** 훈련 방법은 제4장에서 소개했다. 샘플 중에서 자신에게 맞는 연습을 선택하면 된다.

주말에 레이스를 앞두고 있는 경우, 그 전후의 연습을 짜는 데 궁리가 필요하다. 주의 중반에 실시하는 백투백(2일 연속의 질 높은 연습)을 그만두고, 그 대신에 비교적 편한 **T** 트레이닝을 레이스의 4일 전에 실시한다. 레이스 후에는 편한 회복 주행을 하는 **E** 데이를 레이스 거리 3km당 하루로 설정한다. 즉 10km의 레이스라면 3일, 15km이면 5일, 하프 마라톤이라면 7일, 그리고 마라톤이라면 14일의 **E** 데이를 넣도록 한다.

표 16.5에 표시된 영문자는 훈련 유형의 약자이다. **E**는 편하고 대화할 수 있는 페이스의 달리기다. **E** 페이스는 **L**(Long) 달리기의 대부분, 워밍업, 쿨

링 다운, 그리고 속도가 빠른 훈련 사이의 리커버리에 사용되는 페이스이다. **L** 러닝 훈련량은 25%/30% 룰의 거리와 150분 주행 중 어느 쪽이든 먼저 달성되는 쪽으로 한다(25%/30% 룰이란 주간 주행거리가 64km 미만의 경우는 그 거리의 30%, 64km 이상의 경우는 그 거리의 25%로 훈련량을 설정하는 규칙이다).

T는 역치 페이스, 즉 기분 좋게 힘든 페이스의 달리기이다. 실제로 어느 정도의 페이스인지는 제5장의 VDOT 일람표에서 확인할 수 있다. 한편 **T** 페이스의 달리기를 짧은 휴식을 끼고 반복하는 것을 크루즈 인터벌이라고 한다. **I**는 인터벌 페이스를 가리킨다. 힘들다고 느끼는 페이스, 즉 레이스라면 10~12분간 유지할 수 있는 페이스이며, 이 **I** 페이스의 실제 값도 VDOT 일람표에서 확인할 수 있다.

R은 반복이다. 현시점에서 가능한 1마일, 혹은 1,500m 레이스 페이스로 실시한다. **M**은 마라톤 페이스의 달리기이다. 마라톤의 레이스 페이스를 예상하거나 VDOT 일람표에서 페이스를 확인하여 실시한다.

각 훈련별 페이스를 비교해 보면 대략 이런 상태다. 우선 **R** 페이스보다 400m당 6~8초 늦은 것이 **I** 페이스, 그 **I** 페이스보다 400m당 6~8초 늦은 것이 **T** 페이스, **T** 페이스보다 1km당 7.5초(1마일당 12초) 느린 것이 빠른 러너의 **M** 페이스이다. 그리고 **T** 페이스보다 1km당 약 9~12.5초(1마일당 15~20초) 느린 것이 느린 러너의 **M** 페이스이다.

스트라이즈(ST)는 15~20초간의 가볍고 빠른 움직임(또는 오르막)의 달리기를, 사이에 45~60초간 휴식을 넣어 반복하는 훈련이다.

표 16.5는 5주 프로그램 전체를 보여 주는데, 경기 전 기간의 훈련 내용은 다음과 같다. 우선 마지막 3주가 되면 스트라이즈를 멈추고, 주로 평탄한 장소에서 훈련을 실시하면서 지면으로부터 떠있는 듯한 감각을 포착한다. 그리고 마지막 2주가 되면 언덕주를 그만두고, 제1주차의 내용을 실시하며, 마지막 주의 **L** 러닝은 90분간으로 한다. 이 2주간은 **R** 트레이닝 대신 **L** 러닝과 **T** 트레이닝만 실시하는데, 마지막 **T** 트레이닝은 레이스 4일 전 또는 5일 전에는 끝낸다.

표 16.5 5주 순환 트레이닝 프로그램

주차	요일	훈련 내용
1	일요일	**L** 런
	월요일	**E** + ST 8회
	화요일	**E**
	수요일	**T** 세션
	목요일	**R** 세션
	금요일	**E**
	토요일	**E** + ST 6회
2	일요일	**M** 런
	월요일	**E** + ST 6회
	화요일	**E**
	수요일	**T** 세션
	목요일	**R** 세션
	금요일	**E**
	토요일	**E** + ST 8회
3	일요일	**L** 런
	월요일	**E** + ST 8회
	화요일	**E**
	수요일	**T** 세션
	목요일	**I** 세션
	금요일	**E**
	토요일	**E** + ST 6회
4	일요일	**M** 런
	월요일	**E** + ST 6회
	화요일	**E**
	수요일	**T** 세션
	목요일	**R** 세션
	금요일	**E**
	토요일	**E** + ST 8회
5	일요일	**L** 런
	월요일	**E** + ST 8회
	화요일	**E**
	수요일	**T** 세션
	목요일	**I** & **R** 세션
	금요일	**E**
	토요일	**E** + ST 8회

Table created by Jack Daniels' Running Calculator designed by the Run SMART Project.

레이스 전 18주 훈련 프로그램

마라톤을 앞두고 트레이닝을 할 때, 언제나 일정한 기간을 확보할 수 있다고 단정할 수 없다. 물론 이것은 사람에 따라 다르다. 시간에 여유가 있는 사람도 있고 없는 사람도 있을 것이다. 트레이닝에 필요한 시간, 그리고 트레이닝에 할애하는 시간은 현재의 체력 레벨, 날씨, 레이스의 일정에 좌우된다. 내가 작성한 프로그램은 주로 18주간이지만 더 긴 편이 좋다고 하는 러너도 있다. 특히 마라톤을 앞두고 거리가 짧은 레이스들에도 참가하고 싶은 사람들은 더 긴 프로그램을 선호한다. 반대로 이미 몸이 만들어져 있어 몇 달이나 기다리지 않고 마라톤을 달리고 싶어하는 러너도 있을 것이다. 그 경우는 긴 프로그램의 중반부터 시작해도 상관없고 자신에게 맞을 것 같은 몇 주간의 분량만 골라서 트레이닝을 해도 좋다.

같은 마라톤 훈련이지만 그 접근법은 사람마다 각각 다르다. 평소에 항상 긴 거리를 달리고 있기 때문에 일주일에 2회나 3회의 Q트레이닝은 하고 싶지 않은 사람도 있을 것이다. 그리고 프로그램의 거리 단위로 마일이 편한 러너와 km가 편한 러너가 있으며, 더 나아가 거리가 아니라 시간 베이스의 프로그램을 사용하는 러너도 있다.

이런 사정을 근거로, 나는 3종류의 18주 프로그램을 만들었다. Q트레이닝의 표시 방법은 비슷하지만 첫 번째 프로그램은 트레이닝 거리를 마일로, 두 번째 프로그램은 km로 표시하고 있다(역자 주: 본 한국어판에서는 순서를 바꾸어 km 프로그램을 먼저 수록했다). 그리고 세 번째 프로그램은 각 강도의 훈련을 모두 시간으로 표시하고 있다. 거리 베이스와 시간 베이스 중 어느 쪽이 스트레스가 적은지, 훈련 도중에 프로그램을 변경해 확인하는 것도 가능하다.

거리(km)를 기준으로 한 18주 프로그램

이 프로그램은 레이스 전 18주간의 트레이닝 프로그램이다. 프로그램의 대상으로 가정하고 있는 것은, 사전에 어느 정도 기간 동안 본격적으로 달리고 있던 러너이다. 또한 2시간 이상의 지속적인 달리기가 가능하며 주간 주행거리 125km 이상의 트레이닝을 해낼 수 있다는 조건이 필요하다. **M** 트레이닝과 **T** 트레이닝의 적정 페이스는 VDOT 일람표에서 확인하면 된다. **E** 데이로 지정된 날은 1회 또는 2회 **E** 러닝을 실시하거나 필요에 따라서 휴식일로 한다. 목표로 하는 주간 주행거리에 도달하려면, **E** 데이의 훈련을 활용한다.

Q트레이닝의 날은 4일, 또는 5일에 한 번으로 설정한다. 주말밖에 장거리 훈련을 할 수 없는 사람은 요일을 살짝 변경해도 좋지만, 표 16.7에 적힌 훈련은 최대한 다 해야 한다.

먼저 스스로 타당하다고 생각하는 최대 주간 주행거리(P)를 설정하자. 프로그램은 1주일에 주파해야 할 거리를 P에 대한 비율로 나타냈다. 예를 들어 P가 120km라면 80%로 표시된 주는 96km에 달하는 노력을 해야 한다.

표 16.7은 프로그램 세부 사항을 보여준다. 융통성 있는 프로그램이므로 훈련을 조절하면 어떤 스케줄에도 맞출 수 있다. 가장 중요한 것은 Q트레이닝을, 지정된 날에 할 수 없었다 해도, 차례대로 실시하는 것이다.

표 16.6 18주 순환 트레이닝 프로그램(킬로미터 기준)

주차	최대 주행거리 대비 비율	훈련 내용
1	80%	**E 페이스로 L 런 25-30K (2.5시간 이하로)** E 데이 E 데이 E 데이 **E 10분 + 목표 M 페이스로 15-18K** E 데이 E 데이
2	90%	E 데이 E 데이 **E 10분 + (T 5K + 휴식 3분)×2 + E 60분 (T 페이스는 M 페이스보다 1km당 8-10초 빠르게, 혹은 VDOT 일람표에서 선택)** E 데이 E 데이 E 데이 E 데이
3	80%	**가능하다면 오늘 로드 레이스 실시, 아니면 E 10분 + (T 3K + 휴식 2분)×4 + E 30분** E 데이 E 데이 E 데이 **L 런 25-30K(2.5시간 이하로)** E 데이 E 데이
4	90%	E 데이 **E 30분 + (T 1K + jg 400m)×5 + E 30분** E 데이 E 데이 E 데이 **E 10분 + (T 3K + 휴식 2분)×4 + E 40분** E 데이
5	100%	E 데이 E 데이 **L 런 30K (2.5시간 이하로)** E 데이 E 데이 E 데이 **E 10분 + M 15K + E 30분**

주차	최대 주행거리 대비 비율	훈련 내용
6	80%	E 데이
		E 데이
		E 데이
		E 데이
		E 20분 + (T 3K + 휴식 2분)×4 + E 60분
		E 데이
		E 데이
7	100%	E 데이
		E 데이
		E 30분 + M 18K + E 30분
		E 데이
		E 데이
		E 데이
		E 데이
8	90%	**E 60분 + T 4K + E 30분 + T 3K + E 10분**
		E 데이
		E 데이
		E 데이
		E 데이
		L 런 30-35K (2.5시간 이하로)
		E 데이
9	90%	E 데이
		E 데이
		E 데이
		E 30분 + M 20K + E 20분
		E 데이
		E 데이
		E 데이
10	80%	**E 30분 + (T 3K + 휴식 2분)×4 + E 30분**
		E 데이
		E 데이
		E 데이
		E 데이
		E 10분 + T 4K + E 10분 + T 4K + E 40분
		E 데이

(뒤 페이지 계속)

주차	최대 주행거리 대비 비율	훈련 내용
11	90%	E 데이 E 데이 E 데이 **L 30-35K (2.5시간 이하로)** E 데이 E 데이 E 데이
12	80%	**E 10분 + M 20K** E 데이 E 데이 E 데이 E 데이 **E 10분 + (T 2K + 휴식 2분)×5 + E 60분** E 데이
13	100%	E 데이 E 데이 E 데이 **E 10분 + (T 3K + 휴식 2분)×4 + E 10분** E 데이 E 데이 E 데이
14	90%	**L 30-35K** E 데이 E 데이 E 데이 E 데이 **E 20분 + M 10K + E 10분 + T 4K + E 10분** E 데이

주차	최대 주행거리 대비 비율	훈련 내용
15	80%	E 데이 E 데이 E 데이 **E 10분 + T 5K + E 10분 + T 4K + E 10분 + T 3K** E 데이 E 데이 E 데이
16	70%	**E 10분 + M 20K + E 50분** E 데이 E 데이 E 데이 E 데이 **E 10분 + (T 2K + 휴식 2분)×4 + E 60분** E 데이
17	60~70%	E 데이 E 데이 E 데이 **E 30분 + (T 3K + 휴식 2분)×3 + E 20분** E 데이 E 데이 E 데이
18	—	L 90분 E 60분 **E 20분 + (T 2K + 휴식 2분)×3 + E 10분** E 40분 E 30분 E 30분 , 혹은 휴식(특히 대회장으로 이동하는 날이면) E 30분 (다음날이 대회일)

Table created by Jack Daniels' Running Calculator designed by the Run SMART Project.

거리(마일)를 기준으로 한 18주 훈련프로그램

이 프로그램은 레이스 전 18주간의 훈련 프로그램이다. 프로그램의 대상으로 상정한 것은 매일 상당한 시간을 러닝에 할애하고 있기 때문에 가능하면 Q트레이닝을 주 2회가 아니라, 4일 또는 5일에 한 번의 빈도로 하고 싶은 러너이다. 또한 2시간 이상의 지속적인 러닝이 가능하고, 주간 주행거리 100마일 이상의 트레이닝을 소화해 낼 수 있다는 전제가 있다.

먼저 스스로 타당하다고 생각하는 최대 주간 주행거리(P)를 설정하자. 프로그램은 1주일에 주파해야 거리를 P에 대한 비율로 나타냈다(예를 들어 P가 100마일이라면 80%로 표시된 주의 주행거리는 80마일이다). **E** 데이로 지정된 날은 1회 또는 2회 **E** 러닝을 실시할지, 아니면 휴식일로 할지 필요에 따라서 정한다(목표로 하는 주간 주행거리에 도달하려면, **E** 데이의 훈련을 활용한다). **I** 페이스는 레이스에서 2.5~3마일 정도 달릴 수 있는 페이스로 설정하거나 VDOT 일람표에서 확인한다. **E** 데이 중 주 2일은, 20초간의 ST(스트라이즈)를 6~8회 추가한다(거리로 하면 1마일 정도를 **R** 페이스로 달리되, 질주하지 않는다). **R** 페이스는 현시점에서 가능한 1마일 레이스 페이스이다.

E 데이에는 목표로 하는 주간 주행거리에 도달할 수 있을 만큼의 거리를 달린다. 하루 종일 쉬어야 할 경우, **E** 데이 중 하루를 그 휴식일로 정하고 나머지 6일로 주간 주행거리를 커버한다. 주말밖에 장거리 훈련을 할 수 없는 사람은 요일을 살짝 옮겨도 좋지만, 표에 기재되어 있는 훈련은 최대한 모두 실시하도록 한다.

프로그램은 융통성이 있게 작성했으므로 훈련을 조절하면 어떤 스케줄에도 맞출 수 있다. 가장 중요한 것은 Q트레이닝을 지정된 날에 할 수 없었다고 해도 차례대로 실시하는 것이다.

표 16.7 18주 순환 트레이닝 프로그램(마일 기준)

주차	최대 주행거리 대비 비율	훈련 내용
1	80%	**E 페이스로 L 런 16-18마일 (2.5시간 이하로)** E 데이 E 데이 E 데이 **E 10분 + 목표 M 페이스로 10-12마일** E 데이 E 데이
2	90%	E 데이 E 데이 **E 10분 + (T 3마일 + 휴식 3분)×2 + E 60분** **(T 페이스는 M 페이스보다 1마일당 12-16초 빠르게, 혹은 VDOT표에서 선택 가능)** E 데이 E 데이 E 데이 E 데이
3	80%	**E 10분 + (T 2마일 + 휴식 2분)×4 + E 30분** E 데이 E 데이 E 데이 **L 런 17-20마일 (2.5시간 이하로)** E 데이 E 데이
4	90%	**E 30분 + (I 1,000m + jg 3분)×5 + (R 400m + jg 400m)×4 + E 30분** E 데이 E 데이 E 데이 E 데이 **E 10분 + (T 2마일 + 휴식 2분)×4 + E 40분** E 데이
5	100%	E 데이 E 데이 **L 런 18-20마일 (2.5시간 이하로)** E 데이 E 데이 E 데이 **E 10분 + M 10-12마일 + E 30분**

(뒤 페이지 계속)

주차	최대 주행거리 대비 비율	훈련 내용
6	80%	E 데이 E 데이 E 데이 E 데이 **E 20분 + (T 2마일 + 휴식 2분)×4 + E 60분** E 데이 E 데이
7	100%	E 데이 E 데이 **E 30분 + M 12마일 + E 30분** E 데이 E 데이 E 데이 E 데이
8	90%	**E 60분 + (I 1,000m + jg 400m)×6 + T 2마일 + E 10분** E 데이 E 데이 E 데이 E 데이 **L 런 20-23마일 (2.5시간 이하로)** E 데이
9	90%	E 데이 E 데이 E 데이 **E 30분 + M 14마일 + E 20분** E 데이 E 데이 E 데이
10	80%	**E 30분 + (T 3마일 + 휴식 3분)×2 + (T 2마일 + 휴식 2분)×2 + E 20분** E 데이 E 데이 E 데이 E 데이 **E 30분 + (I 1,200m + jg 3분)×6 + T 2마일 + E 30분** E 데이

주차	최대 주행거리 대비 비율	훈련 내용
11	90%	E 데이 E 데이 E 데이 **L 런 20-23마일 (2.5시간 이하로)** E 데이 E 데이 E 데이
12	80%	**E 10분 + M 80-90분** E 데이 E 데이 E 데이 E 데이 **E 10분 + (T 1마일 + 휴식 1분)×5 + E 60분** E 데이
13	100%	E 데이 E 데이 E 데이 **E 10분 + T 3마일 + (I 1,000m + jg 400m)×4 + T 2마일 + E 10분** E 데이 E 데이 E 데이
14	90%	**L 런 20-23마일 (2.5시간 이하로)** E 데이 E 데이 E 데이 E 데이 **E 20분 + M 6마일 + E 10분 + T 3마일 + E 10분** E 데이
15	80%	E 데이 E 데이 E 데이 **E 10분 + M 6마일 + T 1마일 + M 6마일 + T 2마일 + E 10분** E 데이 E 데이 E 데이

(뒤 페이지 계속)

주차	최대 주행거리 대비 비율	훈련 내용
16	70%	**E 10분 + M 12-14마일 + E 50분**
		E 데이
		E 데이
		E 데이
		E 데이
		E 10분 + (T 1마일 + 휴식 1분)×5 + E 60분
		E 데이
17	60~70%	E 데이
		E 데이
		E 데이
		E 30분 + (T 2마일 + 휴식 2분)×3 + E 20분
		E 데이
		E 데이
		E 데이
18	—	L 90분
		E 60분
		E 20분 + (T 1마일 + 휴식 2분)×3~4 + E 10분
		E 50분
		E 30분
		E 30분 , 혹은 휴식 (특히 대회장으로 이동하는 날이면)
		E 30분 (다음날이 대회일)

Table created by Jack Daniels' Running Calculator designed by the Run SMART Project.

시간을 기준으로 하는 18주 프로그램

훈련은 거리 베이스가 아닌 시간 베이스로도 할 수 있다. 그것은 사람에 따라서는 장점도 될 수 있고 단점도 될 수 있지만, 모든 훈련을 시간 베이스로 나타내면 자신의 달리기를 감각적으로 파악할 수 있게 되어 정확히 얼마나 빨리 뛰었는지 1km마다 일일이 확인하는 일도 없어진다. 스스로 자신에게 가하고 있는 스트레스가 지금 얼마나 힘든지/편한지, 감각적으로 알게 되면 레이스에서 큰 이점이 되는 것은 틀림없다. 기복이 많은 코스나 바람이 강한 날이라면 레이스 강도를 달린 거리로 판단하는 것이 어려워지기 때문에 그 이점은 더욱 더 커진다. 따라서 나는 날씨가 좋고 코스가 순탄한 경우에도 시간을 베이스로 해서 각 종류의 트레이닝을 하도록 지도하고 있다. 그렇게 하면 러닝의 강도와 자신의 감각을 잘 연결할 수 있게 되기 때문이다.

시간을 베이스로 한 18주 프로그램에서는 트레이닝 종류마다 훈련의 합계시간을 나타내고 있다. **L**은 장거리로 실시하는 **E** 트레이닝이다. **T**는 대부분이 간헐적인 러닝의 합계시간이다. 예를 들어 **T** 40은 총 40분간 **T** 러닝을 실시한다는 의미이며 5분×8, 8분×5, 10분×4 등의 조합을 생각할 수 있다(**T** 러닝 사이사이에 1~2분간 휴식하되 그 시간은 전체 시간에 포함되지 않는다). 그리고 **TL** 40-70의 의미는 **T** 러닝 40분과 **L** 러닝 70분을 실시한다는 의미이며, 다음의 예시처럼 표기할 수 있다:
(**T** 10분 + 휴식 2분)×4 + **L**(**E**) 70분

TIR 15-10-5는 **T** 러닝 합계 15분, **I** 러닝 합계 10분, **R** 러닝 합계 5분을 실시한다는 의미이다. 이 역시 하나의 예시로 표기하면 다음과 같다:
(**T** 5분 + 휴식 1분)×3 + (**I** 2분 + jg 2분)×5 + (**R** 1분 + 휴식 2분)×5
여기서 **R** 러닝은 거리로 하면 400m를 4~5회, 혹은 200m를 8~10회 달리는 훈련량이다.

M은 목표로 하는 마라톤 페이스이다. **MT** 80-20은 **M** 페이스로 지속주 80분을 소화하고 나서 **T** 러닝을 총 20분, 예를 들어 (**T** 5분 + 휴식 1분)×4, 또는 (**T** 10분 + 휴식 2분)×2를 실시한다는 의미이다. **ME** 80-60은 **M** 페이스로 지속주 80분 직후에 **E** 러닝을 60분 동안 실시하는 것을 나타낸

다. 한편 계획표에 "**T** 레이스 25km 이하"라고 쓰여 있으면, 주말에 중간 정도 거리(15~25km)의 레이스에 참여하라는 의미이다. 만약 참여하지 못한다면 참여할 수 있는 날로 계획을 바꾸고, 그 주에는 가장 마음에 드는 훈련 내용을 하나 골라서 실시한다.

E, **L**, **M** 훈련에는 워밍업이 필요 없다. 그러나 **T** 러닝으로 시작되는 훈련에서는 워밍업을 반드시 실시해야 한다. 훈련이 지정되어 있지 않은 날은 모두 **E** 데이다. 목표로 하는 주간 주행거리에 도달하려면 이 **E** 데이로 거리를 번다(목표 주행거리에 이미 도달했다면 **E** 데이 전체를 휴식일로 생각해도 된다). **E** 데이 중 매주 이틀은 스트라이즈(ST)를 6~8회 추가한다. 각 트레이닝 페이스의 관련성을 나타내면, **T** 페이스는 **M** 페이스보다 1km당 약 9~13초(1마일당 15~20초) 빠르게, **I** 페이스는 **T** 페이스보다 400m당 6초 빠르게, **R** 페이스는 **I** 페이스보다 400m당 6초 빠르게 달리는 것이다.

표 16.8은 시간을 기반으로 한, 18주 마라톤 트레이닝 프로그램의 세부 사항을 보여 준다. 융통성 있는 프로그램이므로 훈련을 조정하면 어떤 스케줄에도 맞출 수 있다. 가장 중요한 것은 Q트레이닝을, 지정된 날에 할 수 없었다 해도, 차례대로 실시하는 것이다.

표 16.8 시간 기반 18주 트레이닝 프로그램

주차	훈련 내용 및 시간
1	**L** 120-150분 **TIR** 15-10-5분
2	**EM** 60-40분 **TL** 40-60분
3	**TIR** 20-15-6분

주차	훈련 내용 및 시간
4	**MT** 60-15분 **L** 120-150분
5	**TIR** 20-10-10분
6	**TL** 40-70분 **T** 레이스 25K까지
7	**MT** 80-15분
8	**TIR** 20-10-8분 **T** 20-20-10-10분
9	**T** 40분
10	**TIR** 20-15-10분 **L** 150분
11	**MT** 80-20분
12	**TIR** 20-10-10분 **L** 150분
13	**TIR** 20-15-10분
14	big **T*** 20-20-15-12-6분
15	**L** 150분 **I** 레이스 5-10K
16	**ME** 80-60분
17	**TL** 40-80분 **T** 40분
18	**L** 90분 **E** 60분 **T** 20분 **E** 60분 **E** 40분 **E** 30분, 혹은 휴식일 **E** 30분 마라톤 경기 당일

*big T= T 런의 양이 많은 것을 의미

Table created by Jack Daniels' Running Calculator designed by the Run SMART Project.

레이스 전 12주 훈련 프로그램

이 프로그램에서는 모든 주에 Q데이가 이틀 들어간다(자신의 사정에 맞춰 요일을 설정한다). 그 외의 날은 모두 **E** 러닝이다. 목표로 하는 주간 주행거리에 도달하는 데는 이 **E** 러닝을 활용한다. 표 16.9의 두 번째 열의 수치는 그 주에 달려야 할 거리를 최대 주간 주행거리에 대한 비율로 표시한 것이다.

예를 들어 최대 주간 주행거리를 150km로 했을 경우, 두 번째 열의 수치가 80%라면 그 주에 목표로 하는 주간 주행거리는 120km가 된다. 최대 주간 주행거리는 그 시즌의 피크로서 타당하다고 생각하는 거리로 한다. 표에서 소개하는 훈련 내용은 저지대에서의 훈련이다. 고도가 2,130m 정도(7,000피트)인 고지대면 **R** 페이스는 저지대와 같을 수 있지만 **M**, **T**, **I**의 각 페이스는 저지대보다 400m당 4초씩(1km당 10초씩) 느리게 한다. 트레이닝 페이스는 바람이나 기온, 험한 코스 등 훈련 환경에 맞추어 조절하도록 한다.

VDOT를 사용하지 않고 트레이닝 페이스를 결정하는 경우에는 목표 **M** 페이스를 현실적인 페이스로 정할 필요가 있다. 그런 다음 **M** 페이스에서 각 트레이닝의 최종 페이스를 설정한다. **T** 페이스는 **M** 페이스보다 1km당 약 9초(1마일당 15초) 빠른 페이스, **I** 페이스는 **T** 페이스보다 400m당 6초 빠른 페이스, **R** 페이스는 **I** 페이스보다 200m당 3초 빠른 페이스이다.

표 16.8은 대회 전 12주 훈련 프로그램을 보여준다. Q트레이닝을 일주일에 2회 실시하는 힘든 프로그램이다. 이 2회의 Q트레이닝은 개인 스케줄이나 날씨에 맞추어 어느 요일에 배치해도 되지만, 그 사이에 **E** 데이를 적어도 이틀은 넣도록 하자.

표 16.9 대회 전 마지막 12주 트레이닝 프로그램

주차	최대 주행거리 대비 비율	훈련 내용	총거리	유형
12	80~100%	Q1 = **E** 6.4K + **M** 13K + **T** 1.6K + **M** 9.7K + **T** 1.6K + **E** 3.2K Q2 = **E** 3.2K + **T** 6.4K + **E** 4분 + **T** 4.8K + **E** 3분 + **T** 3.2K + **E** 2분 + **T** 1.6K + **E** 3.2K	35.4K 24K	**MT** **T**
11	90%	Q1 = **E** 3.2K + **T** 6.4K + **E** 16K + (**T** 3.2K + 휴식 2분)×2 + **E** 3.2K Q2 = **E** 3.2K + {(**I** 1K + **E** 2분)×6 or (**I** 1.6K + **E** 4분)×4} + (**R** 400m + **E** 3분)×4 + **E** 3.2K	35.4K 21K	**TLT** **IR**
10	80%	Q1 = **E** 런 32K (지속주) Q2 = 19K를 달리면서 마지막 4.8K는 **T** 페이스에 이르도록 꾸준히 가속 + **E** 3.2K	32K 22.5K	**L** **T**
9	100%	Q1 = **E** 9.7K + **M** 9.7K + **T** 1.6K + **M** 9.7K + **T** 1.6K + **E** 3.2K Q2 = **E** 3.2K + **T** 8K + **E** 5분 + **T** 6.4K + **E** 4분 + **T** 4.8K + **E** 3분 + **T** 1.6K + **E** 3.2K	35.4K 37K	**MT** Big **T**
8	90%	Q1 = **E** 3.2K + **T** 6.4K + **E** 16K + **T** 6.4K + **E** 3.2K Q2 = **E** 3.2K + (**I** 1.6K + **E** 4분)×3 + (**I** 1,000m + **E** 2분)×3 + **E** 3.2K	35.4K 16K	**TLT** **I**
7	70%	Q1 = **E** 런 35.4K (지속주) Q2 = **E** 13K + **M** 13K + **T** 1.6K + **M** 6.4K + **T** 1.6K + **M** 1.6K	35.4K 37K	**L** **MT**
6	100%	Q1 = 16K를 달리면서 마지막 6.4K는 **T** 페이스에 이르도록 가속 + **E** 3.2K Q2 = **E** 3.2K + **T** 8K + **E** 5분 + **T** 6.4K + **E** 4분 + **T** 4.8K + **E** 3분 + **T** 3.2K + **E** 2분 + **T** 1.6K + **E** 3.2K	19.3K 34K	**T** Big **T**
5	80%	Q1 = **E** 3.2K + **T** 6.4K + **E** 16K + (**T** 3.2K + 휴식 2분)×2 + **E** 3.2K Q2 = **E** 3.2K + (**I** 1K + **E** 2분)×6 + (**R** 400m + jg 400m)×4 + **E** 3분	35.4K 18K	**TLT** **IR**
4	70%	Q1 = **E** 런 35.4K (지속주) Q2 = **E** 3.2K + (**T** 1.6K + **E** 1분)×3 + (**I** 1K + **E** 2분)×3 + (**R** 400m + jg 400m)×3 + **E** 3.2K	35.4K 18K	**L** **TIR**

*big T= T 런의 양이 많은 것을 의미

(뒤 페이지 계속)

3	70%	Q1 = **E** 9.7K + **M** 9.7K + **T** 1.6K + **M** 9.7K + **T** 1.6K + **E** 3.2K Q2 = **E** 3.2K + (**T** 3.2K + **E** 2분)×4 + **E** 3.2K	35.4K 19.3K	**MT** **T**
2	—	Q1 = **E** 3.2K + {(**T** 3.2K + **E** 2분)×3 or (**T** 4.8K + **E** 2분)×2} + **E** 16K Q2 = **E** 3.2K + (**T** 3.2K + **E** 2분)×3 + **E** 3.2K	29K 16K	**TL** **T**
1	—	• 7일: Q1 = **E** 90분 • 6일: **E** 1시간 • 5일: Q2 = **E** 3.2K + (**T** 1,200m + **E** 2분)×4 + **E** 3.2K • 4일: **E** 50분 • 3일: **E** 30-40분 • 2일: **E** 0-20분 • 1일: **E** 20-30분 (다음날이 대회일)	21K 14.5K 11.3K 11.3K 9.7K 4.8K 4.8K	**E** **E** **T** **E** **E** **E** **E**

Table created by Jack Daniels' Running Calculator designed by the Run SMART Project.

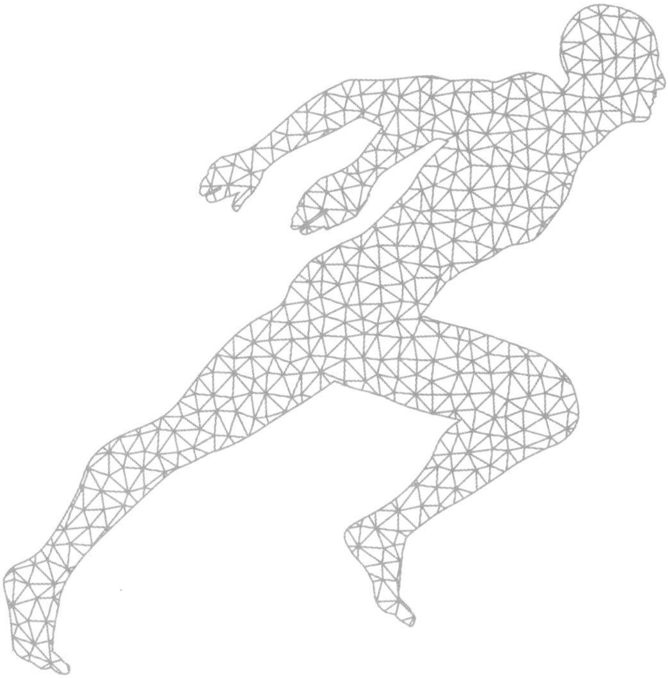

Chapter 17

울트라 마라톤 트레이닝

당신이 하는 모든 것을 경기력 향상으로 연결하자.

울트라 마라톤 완주는 이제 아주 인기 높은 존재가 되었다. 그리고 내가 아는 한 광범위한 연구가 되지 않은 종목이기도 하다. 무진장 먼 거리라는 의미에서는 아이언맨Ironman-distance triathlon도 울트라 마라톤도 마찬가지지만, 아이언맨은 3개의 스포츠로 구성된 복합 경기, 울트라 마라톤은 오로지 달리는(그리고 때때로 걷는) 경기이다.

불행히도 나에게는 울트라 마라톤의 지도 경험이 없다. 그러나 영광스럽게도 트레일로 전향하기 전의 막델리나 레비 풀레Magda Lewy-Boulet를 지도할 수 있었다. 이 준족이 39세에 몇 종목에서 자기 베스트를 경신하는 모습을 나는 코치로서 목격할 수 있었다. 그녀가 달성한 훌륭한 기록(1,500m, 5,000m, 마라톤)은 모두 대략 VDOT 68에 해당한다. 이에 대해서는 제5장의 VDOT 일람표를 참고하기 바란다. 마라톤에서 2시간 26분을 마크한 그녀는 미국 대표로 올림픽 무대를 밟을 수 있었다. 그리고 트레일 러너로서도 미국뿐만 아니라, 전 세계의 메이저 레이스에서 승리를 거듭하고 있다.

그 풍부한 경험에서 나온 귀중한 정보를 듣기 위해 나는 울트라 마라톤의 훈련과 레이스에 대해 그녀와 인터뷰를 실시했다. 아래 내용는 그 Q&A이다.

Q: 레이스를 앞둔 훈련에서 어느 정도(시간 또는 거리)의 장거리주가 표준인가?

A: 그것은 목표로 하는 레이스의 거리에 따라 다르다. 50마일이나 100마일 정도(80~160km)의 레이스라면, 매주 실시하는 장거리주의 거리는 2시간 반~4시간 반 정도이다. 거리는 그때의 체력과 달리는 장소에 따라 다르다. 1개월이나 2개월에 한 번 실제 레이스로, 혹은 이벤트 형식으로 더 길게(50km 또는 100km) 달리는 것도 좋다고 생각한다. 또한 때때로 (1개월에 한 번) 백투백(이틀 연속)으로 장거리주를 할 수도 있다. 그 경우 토요일에 3~4시간 달리고, 일요일에 2~3시간 달린다.

Q: 장거리주의 빈도는?

A: 회복을 위한 주간이 있는 시기가 아닌 한, 매주 1회이다. 가끔 2회 달리는 주도 있다.

Q: 장거리주의 페이스는?

A: 전혀 빠르지 않다. 어쨌든 울트라 마라톤은 엄청나게 오랜 시간 다리를 사용하는 경기, 그것도 가능한 한 기분 좋은 상태로 다리를 사용해야 하는 경기이기 때문에 몇 시간 동안 적절하게 연료를 사용할 수 있게 하는 것(그렇게 몸에 기억시키는 것)이 핵심이다. 애초에 장거리주의 대부분은 기복이 심한 곳에서 실시하는 데다가 업다운이 있는 레이스를 앞두고

있으면 더욱 더 그렇다. 급경사에서 효율적인 파워 하이킹을 할 수 있도록 차분히 시간을 들여 훈련해야 한다.

Q : 하루 중 장거리주를 실시하는 타이밍은?

A: 쭉 아침에 먼저 하고 있다. 그것이 내 생활에도 적합하기 때문이다. 하지만 20시간 이상 걸리는 레이스라면 저녁 늦게나 야간에 트레이닝을 하는 것도 좋다고 생각한다. 하루 24시간 깨어있으면 뇌의 작동 방식도 달라지기 때문에, 그런 때의 정신 상태를 경험하는 것도 좋다. 게다가 어둠 속에서 헤드라이트를 켜서 달리는 데 익숙해지는 의미도 있다. 나는 자주 출퇴근 달리기를 한다. 하루 종일 일한 후에는 대개 정신적으로 피곤하지만 뇌가 피로한 상태에서 달리면 후반 스테이지의 좋은 시뮬레이션도 된다.

Q: 평소에는 하루에 몇 번 달리나?

A: 하루에 1, 2회, 주 6일 달리고 있지만, 주 하루는 휴식일로 잡아 충분히 회복하도록 하고 있다. 매일 일정이 빡빡하기 때문에 평일에는 출퇴근 달리기를 자주 하고 있다.

Q: 매주 몇 시간 정도 달리나?

A: 주당 10~14시간이 표준적이다. 주말에 백투백(이틀 연속) 장거리주를 할 때는 일주일 훈련시간의 절반 가까이를 주말에 집중하게 된다.

Q: 리피티션(200m, 400m)도 하나?

A: 그렇다. 전반적인 체력을 향상시키기 위해 리피티션은 매우 중요한 훈

련이라고 생각한다. 느린 페이스로 달릴 때, 이전보다 강해졌다고 느끼는 것도 리피티션 덕분이라고 생각한다. 매주 빠른 움직임의 달리기를 하면 기분 전환도 된다. 대개 짧은 거리(200m)로 8~12회 반복(리피티션)한다.

피니시 라인을 넘는 마지막 한 걸음으로 마라토너들은 그동안의 고된 훈련을 모두 보상받는다.

Q: 인터벌 트레이닝이나 T 트레이닝은?

A: T 트레이닝을 매우 좋아한다. 내 훈련의 핵심이다. 트레드밀에서 경사를 두고 할 때도 자주 있다. 내 레이스 유형에 특화시킨 훈련이다.

Q: R 트레이닝/T 트레이닝의 빈도와 양은 어떤가?

A: R 트레이닝의 대부분은 200m이고, 대체로 8~12회, 이것을 주 1회 실시한다. T 트레이닝도 주 1회 실시한다. T 페이스, 즉 T 강도로 하는 러닝은 합계 30~60분이다. 5분, 10분, 15분 등 시간으로 구분하여 달리고 있다.

Q: 목표 레이스보다 짧은 거리의 레이스도 참가하나?

A: 그렇다. 50마일(80km)과 100마일(160km) 레이스를 위한 훈련으로 마라톤과 50km 대회에 나가는 경우가 자주 있다.

Q: 어느 정도의 거리를 울트라로 간주하나?

A: 정의하자면 마라톤보다 조금이라도 길면 울트라이다. 단지 실제로는 50km보다 더 먼 거리를 울트라로 부르는 것이 일반적이다.

Q: 울트라 레이스를 위한 영양 보충으로 특별한 준비를 하나?

A : 물론이다. 울트라 레이스의 성공 여부를 결정하는 것은 식사이다. 적절한 계획을 세워 충분히 영양·수분을 보급하는 것이 필요하다. 그것만큼 결과를 좌우하는 것은 없다. 트레이닝이나 레이스에 필요한 것을 전략적으로 보급할 수 있도록 러너가 스스로 계획을 강구해야 한다. 그리고

그 계획은 조건에 따라 달라진다. 크게 영향을 미치는 것은 레이스의 총 거리, 지형, 날씨이다. 50km와 100km는 크게 다르며, 지형에는 고도 문제도 관련이 있다. 더위도 난적이다.

Q: 평상시 트레이닝에서 영양 보급에 특히 조심하는 것은?

A : 영양 보충 계획을 어떻게 실행할지가 열쇠이다. 적절한 영양소를 적절한 시기에 충분히 섭취하면 회복이 극대화되고 신체의 반응을 촉진할 수 있다. 식사도 훈련이다. 그 외 조심해야 하는 포인트를 정리해 보면 이렇다.

- 영양 보급의 타이밍은 전략적으로: 타이밍이 핵심이다! 지방, 섬유질, 단백질은 훈련 직전에는 줄이지만, 그 외의 시간에는 늘린다. 탄수화물은 고강도 운동이나 초장시간 훈련할 때의 주종목이다. 몸이 연료로써 무엇보다 필요로 하는 게 탄수화물이다. 하루에 2회 이상 훈련하는 날은 훈련 사이에 반드시 글리코겐을 보충한다. 회복을 위한 영양소는 고강도 훈련에 필수적이다. 근육 회복을 위해 충분한 단백질을 섭취하는 것도 매우 중요하다.

- 장을 단련한다: 주된 영양분(탄수화물, 전해질, 수분)을 섭취하면서 운동을 하면 장의 흡수 능력이 향상되어 소화 관련 장기에 트러블이 일어날 위험도 줄어든다.

- 레이스별 보급계획을 세운다: 레이스에서는 그 무엇도 운에 맡겨서는 안 된다. 레이스 전, 레이스 중간, 레이스 후에 무엇을 어떻게 먹을지 제대로 이해하고 있어야 한다(계획을 세워야 한다는 것). 단 계획을 세우는 것뿐만 아니라 훈련도 하도록 한다. 신체가 가장 잘 받아들이는 것은 무엇인가, 연습을 통해 확인하는 것이다. 식품의 형태(고체,

액상, 젤 등), 맛은 무엇이 자신에게 맞는지 등 가능한 한 레이스에 가까운 상황을 만들어 연습해두면 중요한 본 대회를 잘 이끌어갈 가능성도 높아진다.

Q : 같은 울트라 레이스를 여러 번 반복하는 것이 일반적인가?

A: 일반적이다. 울트라 레이스는 운영이 훌륭한 대회가 많다. 레이스 자체가 작은 커뮤니티이다. 트레일 러너들은 매년 자신들의 커뮤니티 내에, 혹은 어딘가 특별히 마음에 둔 다른 지역에 참가하고 싶은 몇몇 울트라 레이스 목록을 대부분 가지고 있다. 만약 참가할 수 없게 되면 자원봉사라도 하고 싶어 한다. 보급소aid station를 운영하거나 여타 다른 방법으로라도 대회를 돕고자 하는 것이다.

Q : 보조 훈련(웨이트 트레이닝이나 스트레칭)에 대해서는?

A: 물론 보조 훈련도 하고 있다. 코어 운동과 균형 운동 및 안정성 운동은 매주 최소 2회 또는 3회 실시한다. 장거리주 후에 웨이트 조끼를 입고 하이킹도 자주 한다. 신체의 가동 영역을 넓게 유지하는 것도 중요하다. 이를 위해 매주 3회는 액티브 아이솔레이티드active isolated 유연성 훈련을 하고 있다.

Q: 큰 레이스의 참가자 수는?

A: 내가 아는 한 미국의 메이저 레이스에서는 200~400명 정도로 제한되어 있다. 국립공원국, 국유림국, 그리고 토지관리국이 규제를 하고 있기 때문이다. 이것보다 참가 인원수가 많은 울트라 레이스는 그렇게 많지는 않다. 규모가 큰 대회의 대부분은 엔트리가 추첨에 의해 결정되는데, 웨스턴

스테이츠Western States와 같은 레이스는 엔트리에 수년이 걸릴 수 있다. 반면, 울트라 트레일 뒤 몽블랑Ultra-Trail du Mont-Blanc, 즉 UTMB는 이탈리아, 프랑스, 스위스의 유명한 트레일을 연결하는 세계에서 어렵기로 손꼽히는 레이스이지만, 2,500명의 참가자 수를 자랑하는 세계 최대급의 울트라 트레일 레이스이기도 하다. 프랑스 샤모니Chamonix를 기반으로 한 주 동안 개최되는 러닝 페스티벌의 일환으로 진행되고 있다.

Q: 울트라 레이스는 대부분 하루에 끝나는가? 아니면 이틀 이상이 많나?

A : 대부분은 24시간이 걸리지 않고 끝난다. 연중 계획되어 있는 대부분의 레이스는 50km에서 100km까지의 대회이다. 그런데 역시 인기가 높은 100마일 레이스에서는 완주에 24시간 이상 걸리는 참가자도 많이 있다. 그 외에도 며칠 동안 행해지는 레이스도 다수 있는데 사실 나 자신도 몇 군데 경험한 적이 있다. 며칠이 걸리는 레이스의 대표격은 모로코의 사하라 사막 마라톤The Marathon des Sables이다. 참가자는 1,000명에 이른다. 개인적으로 마음에 드는 것은 콜로라도의 트랜스록키 런TransRockies Run이다. 120마일(193km)을 주파하는 6일간의 스테이지 레이스로, 록키 산 중에서도 특히 경치 좋은 지역을 연결하는 코스이다. 이런 종류의 레이스에서는 드물게 음식도, 자는 장소도 준비된다. 코스의 아름다움과 함께 인기가 높은 레이스이다.

Q : 울트라 트레일 러너의 백그라운드는 뭔가? 어떤 사람이 울트라 레이스에 도전하나?

A: 보통 울트라 레이스는 러닝 커리어의 시작점은 아니다. 울트라 러너의 대부분은 고등학교에서 크로스컨트리로 러닝을 시작한 사람이거나, 어른

이 되고 나서 로드 레이스에 참가하게 된 사람이다. 최근 많은 사람들이 버킷리스트의 하나로 마라톤 완주를 목표로 하고 있고, 그 다음 챌린지로서 울트라 레이스를 하는 것 같다. 특별한 지형을 탐험하고, 엄청난 거리에 도전하고, 다른 누군가가 아니라 스스로 부과한 기록과 경쟁하는 것, 울트라 러너의 대부분은 그런 것에 매료된다. 체형, 나이, 신체의 크기는 사람에 따라 각양각색이다.

Chapter 18

트라이애슬론 트레이닝

때로는 조금 천천히 가는 것이 더 빨리 도착하는 방법이다.

트라이애슬론은 3개의 독립적인 종목으로 구성된 스포츠이다. 수영, 바이크, 달리기가 그것이다. 통상은 이 순서로 경기를 한다. 3가지 종목을 모두 소화해야 하기 때문에 대회를 앞둔 트레이닝에서는 올라운드all-around 체력이 요구된다. 그중에서도 러닝 파트는 마지막이다. 힘차게 달리기 위해서는 피로도가 상당히 높아진 뒤에도 이어나갈 수 있는 체력이 필요하다.

대부분의 트라이애슬론 선수에게는 특기인 종목과 서투른 종목 모두가 있다. 또한 세 종목 모두 훈련하는 데 상당한 시간이 걸린다. 나 자신도 한때는 복합 경기의 선수였다. 근대 5종 선수로서 세계 선수권에는 3번, 올림픽에는 2번 출전한 경험이 있다. 근대 5종은 펜싱, 수영, 승마, 레이저 런(사격+크로스컨트리 러닝)을 혼자 해내는 경기이다. 5개의 종목을 1개 훈련 프로그램에 통합하는 가장 좋은 방법을 짜내는 것에 상당히 시간이 걸렸다.

미 육군에서 복무하는 동시에 근대 5종 선수로 보냈던 4년간, 나는 다양한 트레이닝 방법을 체험했다. 육군에서의 훈련은 무척 빡빡해서 주 6일간 대부분의 시간을 훈련으로 보냈다. 우리의 하루는 2시간(아침 6시부터 8시까지) 마술horseback riding 연습으로 시작된다. 그 후에는 아침 식사를 하기 위한 휴식시간이 1시간 있고, 그것이 끝나면 펜싱 연습이 2시간, 그 후 수영 1시간 반, 점심, 휴식 2시간, 사격과 두 번째 펜싱 또는 마술 연습을 몇 시간, 그리고 저녁 식사로 이어진다. 마무리는 취침 전 1시간 달리기다.

육군 소속의 선수는 각각의 강점과 약점에 관계없이 모두 같은 스케줄을 실시하는 것이 의무였다. 모두가 똑같은 일을 하고, 러닝으로 하루를 마무리한다. 그것이 이 육군 프로그램의 나쁜 점이다. 러닝이 약한 사람에게 2시간 마술, 2시간 펜싱, 1시간 이상의 수영을 해내고 나서의 러닝은 특히 힘들었다.

나는 육군에서 4년을 보낸 후에도 훈련을 계속했다. 외국(2개국)을 포함한 여러 곳의 대학원에서 연구 생활을 했는데 그 와중에 근대 5종 선수 경력을 이어간 것이다. 스웨덴에 유학했을 무렵에는 매일 체조 수업이 있었고, 가을 학기에는 매주 토요일 오리엔티어링orienteering(역자 주: 크로스컨트리와 유사한 방식으로 주로 숲속에서 열리는 경기) 대회가 있었기 때문에 훈련에 충당할 시간은 얼마밖에 없었다. 1주일의 스케줄은 마술과 사격이 1일, 펜싱이 2일, 이른 아침 수영이 5일, 그리고 러닝은 경우에 따라서 매일 실시하여 점심 시간을 할애하는 일도 드물지 않았다. 이렇게 훈련 시간은 줄었지만, 여전히 마술과 사격은 이전 수준을 유지했고 수영과 달리기는 오히려 레벨 업했다. 아마 육군에 있었을 무렵보다 휴식을 많이 취하고 연습과 연습 사이의 회복시간을 늘렸기 때문일 것이다.

내가 현역이었을 무렵 근대 5종 경기는 하루 1종목씩 5일간 일정으로 열렸다. 따라서 특정한 순서로 훈련을 구성해야 할 필요를 별로 느끼지 못했다. 그러나 트라이애슬론은 다르다. 확실히 다음 종목으로의 전환을 반복적으로 경험하는 것이 핵심이다. 수영에서 바이크, 그리고 바이크에서 러닝으로 종목이 바뀌면 신체가 받는 부하도 바뀐다. 그 변화에 대한 신체의 반응을 느끼는 연습을 하는 것이다.

요컨대 트라이애슬론 트레이닝은 수영, 바이크, 러닝의 차례로 훈련하도록 계획을 세우면 이치에 맞는다는 것이다. 따라서 러닝은 항상 이전 2종목으로 피로한 상태에서 시작한다. 즉, 다른 종목의 훈련에서 완전히 회복하지 않은 상태에서 훈련을 시작할 수 있다는 것이다. 하지만 때로는 러닝 훈련을 제일 먼저 해보는 것도 좋은 생각이다. 이런 생생한 몸과 신선한 감각으로 연습할 때 가장 좋은 것은 **T** 강도의 훈련, 혹은 장거리 **E** 러닝이다.

트라이애슬론 훈련에는 두 가지 유형이 필요하다. 우선 피로가 그다지 남아 있지 않은 신선한 상태에서 각 종목의 훈련을 하는 것이 중요하다. 그러나 바이크와 러닝이 시작될 무렵 이미 피로해진다고 생각되면 레이스 상황을 시뮬레이션하는 것도 요구된다. 따라서 러닝 연습은 바이크 연습 직후에 포함한다. 표 18.1은 6주간의 프로그램 일정을 보여 주고 있으며, 이는 종목 전환을 경험할 수 있도록 만들어졌다. 예를 들어 스케줄 C를 보면, 화요일부터 토요일 오전 세션은 전날 오후 세션과 종목이 동일하고, 오후에는 다른 종목으로 이행하고 있는 것을 알 수 있다.

이렇듯 표 18.1은 오전 세션, 오후 세션 및 다양한 훈련 조합을 보여준다. 한 번 훑어본 후 같은 주 세션 중에서 몇 가지 운동을 빼내 조합해도 좋다. 어떻게 조합해도, 오후 세션 중에는 훈련하는 종목을 하나로 줄이고, 그것과 같은 종목을 다음날 오전에 다시 훈련하도록 설정할 수가 있다. 그 목적은 운동 스트레스를 동일한 신체 시스템에 가하는 것이다. 다음날 오전 훈련은 매우 힘든 세션의 종반처럼 느껴질 것이다. 이것은 밤새 쉬더라도 전날 오후 세션으로부터 완전히 회복할 수 없기 때문이다.

트라이애슬론과 같은 복합 경기 훈련에는 수많은 방법들이 있다. 따라서 한 선수에게 최상의 훈련이라도 다른 선수에게는 최선이 아닐 수 있다. 표를 통해 최대한 다른 접근법들을 제시해 놓았으므로 무엇이 자신에게 가장 적합한지 스스로 확인해 보기 바란다.

표 18.1 트라이애슬론을 위한 6주 트레이닝 프로그램

A 스케줄	
요일	**훈련 내용**
일	오전: **E** 수영 30분 늦은 오전: **E** 바이크 1-1.5시간 (지속주) 오후: **E** 런 60분 (지속주)
월	오전: **I** 세션 수영 + **E** 런 30-45분 오후: 보조 훈련 (9장 참조)
화	오전: 편안한 페이스로 바이크 90-120분 (지속주) 오후: 60분 런, 마지막 30분은 **T** 페이스
수	이른 오전: **E** 런 60분 + **E** 수영 30-60분 오후: **E** 바이크 60-90분 (지속주)
목	오전: (**H** 수영 2분 + **E** 수영 1분)×5 오후: **E** 런 40분 + **R** 런 200m로 1.6-3.2K까지
금	오전: 바이크 120분 (지속주) + **E** 런 60분 (바이크 훈련 후 즉시 지속주로 실시)
토	오전: **E** 런 2시간 (지속주) 오전 or 오후: **T** 수영 60분 (지속주)

B 스케줄	
요일	**훈련 내용**
일	오전: 솔리드 **I** 수영 (**H**와 **E** 조합으로 멈추지 않고 약 1.6K) 오후: **I** 런 (**H** 800m + jg 2분)×6
월	오전: **E** 수영 60분 오후: **E** 바이크 2시간 (지속주)
화	오전: **E** 바이크 90분 (지속주) 오후: 크루즈 **I** 런 (**T** 1.6K + 휴식 1분)×5
수	오전: **E** 런 90분 (지속주) 오후: **I** 수영 (**H** 200m + **E** 100m)×5
목	오전: **E** 수영 60분 + 바이크 2시간(수영 훈련 후 즉시 지속주로 실시)
금	오전: **E** 바이크 2시간 + (**T** 런 20분 + 휴식 3분)×2
토	오전: **E** 런 2시간 오후: **E** 수영 1시간 (러닝 훈련 후 되도록 빠른 시간 내에)

C 스케줄	
요일	**훈련 내용**
일	오전: **I** 수영 (**H** 200m + **E** 100m)×5 오후: **T** 런 (**T** 1.6K + 휴식 1분)×5
월	오전: **T** 수영 (**T** 300m + 회복 50m)×3 오후: **E** 바이크 2시간
화	오전: **E** 바이크 2시간 (어제 바이크 훈련과 합산되어 총 4시간 동안 바이크 훈련) 오후: **I** 런 (**H** 3분 + jg 1분)×6
수	오전: **E** 런 90분 (지속주) 오후: **I** 수영 (**H** 200m + **E** 100m)×5
목	오전: **T** 수영 (**T** 300m + 회복 50m)×3 오후: **E** 바이크 2시간
금	오전: **E** 바이크 90분 오후: **I** 런 (**H** 3분 + jg 1분)×6
토	오전: **E** 런 1시간 오후: **E** 수영 1시간 + **E** 바이크 1시간(수영 훈련 후 즉시 실시)

부록:
기록 및 페이스 변환표

표 A. 각 거리별 기록 변환표

분:초 / 400m	초 / 400m	미터 / 초	미터 / 분	초 / 100m	분:초 / 1,000m
7:00	420	0.95	57	105.0	17:30
6:45	405	0.99	59	101.3	16:52
6:30	390	1.03	62	97.5	16:15
6:15	375	1.07	64	93.8	15:37
6:00	360	1.11	67	90.0	15:00
5:50	350	1.14	69	87.5	14:35
5:40	340	1.18	71	85.0	14:10
5:30	330	1.21	73	82.5	13:45
5:20	320	1.25	75	80.0	13:20
5:10	310	1.29	77	77.5	12:55
5:00	300	1.33	80	75.0	12:30
4:50	290	1.38	82	72.5	12:05
4:40	280	1.43	85	70.0	11:40
4:30	270	1.48	88	67.5	11:15
4:20	260	1.54	92	65.0	10:50
4:10	250	1.60	96	62.5	10:25
4:00	240	1.67	100	60.0	10:00
3:50	230	1.74	104	57.5	9:35
3:40	220	1.82	109	55.0	9:10
3:30	210	1.90	114	52.5	8:45
3:20	200	2.00	120	50.0	8:20
3:10	190	2.11	126	47.5	7:55
3:00	180	2.22	133	45.0	7:30
2:50	170	2.35	141	42.5	7:05
2:40	160	2.50	151	40.0	6:40
2:30	150	2.67	160	37.5	6:15

분:초 / 400m	초 / 400m	미터 / 초	미터 / 분	초 / 100m	분:초 / 1,000m
2:20	140	2.86	171	35.0	5:50
2:10	130	3.08	185	32.5	5:25
2:00	120	3.33	200	30.0	5:00
1:50	110	3.64	218	27.5	4:35
1:45	105	3.81	229	26.3	4:22
1:40	100	4.00	240	25.0	4:10
1:35	95	4.21	253	23.8	3:57
1:30	90	4.44	267	22.5	3:45
1:25	85	4.71	282	21.3	3:32
1:20	80	5.00	300	20.0	3:20
1:15	75	5.33	320	18.8	3:07
1:10	70	5.71	342	17.5	2:55
1:05	65	6.15	369	16.3	2:42
1:00	60	6.67	400	15.0	2:30
0:58	58	6.90	414	14.5	2:25
0:56	56	7.14	429	14.0	2:20
0:54	54	7.41	444	13.5	2:15
0:53	53	7.55	453	13.2	2:12
0:52	52	7.69	462	13.0	2:10
0:51	51	7.84	471	12.8	2:07
0:50	50	8.00	480	12.5	2:05
0:49	49	8.16	490	12.2	2:02
0:48	48	8.33	500	12.0	2:00
0:47	47	8.51	511	11.7	1:57

표 B. 각 거리별 페이스 변환표

mph	kph	분:초 / 1,000m	분:초 / 1마일	초 / 400m
1.0	1.61	37:17	60:00	895
2.0	3.22	18:38	30:00	447
3.0	4.83	12:26	20:00	298
4.0	6.44	9:19	15:00	224
5.0	8.05	7:27	12:00	179
6.0	9.66	6:13	10:00	149
7.0	11.27	5:20	8:34	128
8.0	12.87	4:40	7:30	112
9.0	14.48	4:09	6:40	99
10.0	16.09	3:44	6:00	89
11.0	17.70	3:23	5:27	81
12.0	19.31	3:06	5:00	75
13.0	20.92	2:52	4:37	69
14.0	22.53	2:41	4:17	64
15.0	24.14	2:29	4:00	59.6
16.0	25.75	2:20	3:45	55.9
17.0	27.36	2:12	3:32	52.6
18.0	28.97	2:04	3:20	49.7
19.0	30.58	1:58	3:09	47.1
20.0	32.19	1:52	3:00	44.7
21.0	33.80	1:47	2:51	42.6
22.0	35.41	1:42	2:44	40.7
23.0	37.01	1:37	2:37	38.9
24.0	38.62	1:33	2:30	37.3
25.0	40.23	1:29	2:24	35.8
26.0	41.85	1:26	2:18	34.4
27.0	43.45	1:23	2:13	33.1
28.0	45.06	1:20	2:09	32.0
29.0	46.67	1:17	2:04	30.9
30.0	48.28	1:15	2:00	29.8
31.0	49.89	1:12	1:56	28.9
32.0	51.50	1:10	1:52	28.0
33.0	53.11	1:08	1:49	27.1
34.0	54.72	1:06	1:46	26.3

mph	kph	분:초 / 1,000m	분:초 / 1마일	초 / 400m
35.0	56.33	1:04	1:43	25.6
36.0	57.94	1:02	1:40	24.9
37.0	59.55	1:00	1:37	24.2
38.0	61.16	0:59	1:35	23.6
39.0	62.76	0:57	1:32	22.9
40.0	64.37	0:56	1:30	22.4
41.0	65.98	0:55	1:28	21.8
42.0	67.59	0:53	1:26	21.3
43.0	69.20	0:52	1:24	20.8
44.0	70.81	0:51	1:22	20.3
45.0	72.42	0:50	1:20	19.9
46.0	74.03	0:49	1:18	19.5
47.0	75.64	0:48	1:17	19.0
48.0	77.25	0:47	1:15	18.6
49.0	78.86	0:46	1:13	18.3
50.0	80.47	0:45	1:12	17.9

용어 정리

유산소(Aerobic)— 산소 사용을 통해 에너지를 만들어 내는 것

애슬레틱 웨스트(Athletics West)— 미국 오레곤주 유진시에 있는 나이키의 엘리트 육상 클럽

BLa(혈중 젖산)— 산소 수급이 제때 이루어지지 않으면 근육에 발생하는 부산물

마무리 운동(cool-down)— 질 높은 훈련을 끝내고 실시하는 정리 운동

CO_2— 이산화탄소

E— 쉬운(낮은 스트레스의) 러닝, 또는 저강도 훈련을 실시하는 날

이코노미(economy)— 러닝 스피드와 이에 필요한 에너지 사이의 상관 관계

엘리트(elite)— 올림픽 수준의 실력 있는 선수

팜 팀(Farm Team)— 캘리포니아 팔로알토에 있는 나이키의 엘리트 러닝 팀

FR— 빠른 반복 훈련(800m 레이스 페이스 정도)

H— 주관적인 고강도 훈련

심박수(heart rate)— 훈련과 연계된 분당 심장박동수

Hgb— 혈액에서 측정한 헤모글로빈 수치

I — 일정 거리, 혹은 시간을 두고 반복해서 실시하는 고강도 달리기 세트

jg— 조깅, 혹은 느린 달리기

K— 킬로미터 거리

km— 킬로미터로 측정하는 거리 표현

L— 장거리 달리기

m— 미터로 측정하는 거리 표현

M— 마라톤의 레이스 페이스

Mod— 중간 페이스를 의미하며 전형적인 **E**(쉬운)나 **L**(장거리) 페이스보다 마일당 약 20~30초(km당 12~18초) 빠른 페이스

mph— 시속 몇 마일을 의미

O_2 혹은 O— 산소

오버스트레스(overstress)— 훈련에서 기대되는 것 이상의 스트레스

P— 주간 주행거리의 최고치

프로필(profile)— 다양한 훈련 형태에 대한 반응의 표현

Q— 질 높은 훈련(스트레스의 양을 특별히 설정한 훈련)

R— 강도 높은 훈련의 반복(1마일 레이스 페이스 정도)

리피티션(repetition)— 중간에 적절한 회복주와 번갈아 실시하는 상당히 빠른 반복 달리기

RPE— 주관적인 훈련(스트레스) 강도 (보통 1~10까지 범위로 표현)

Run SMART Project— 러너에게 훈련법을 제공하는 러닝 조직

ST— 스트라이즈, 즉 가볍고 짧게, R 페이스로 실시하는 달리기

스트레스(stress)— 훈련 시 몸에 가해지는 부하(반응)

보조훈련(supplemental)— 달리기에 추가하여 러너가 실시하는 부가적인 활동

T— 현재의 VDOT에 근거한 역치 강도의 달리기(역치주). 역치란 근육 속에 젖산이 쌓이는 시점과 분해되는 시점이 같은 지점.

시간(time)— 운동 시 훈련하고 회복하는 기간

울트라(ultra)— 마라톤 거리보다 더 긴 거리의 러닝 종목

VDOT— 대회 성적에 근거한 달리기 능력의 척도

$\dot{V}O_2$— 분당 소비되는 산소의 양

$v\dot{V}O_2max$— 개인의 $\dot{V}O_2max$와 연관된 러닝의 속도

감사의 글

나는 지금도 주위로부터 계속 배우고 있다. 다양한 연령대에서 성공적인 달리기 경력을 쌓은 다른 코치나 여러 종목의 선수들로부터 계속 가르침을 받고 있다. 코치와 교습자로 60년을 보냈는데(코치도 교습자라고 나는 생각한다), 훌륭한 멘토, 학생, 그리고 선수들과 함께 시간을 보낼 수 있었고 앞으로도 같이 할 수 있는 것은 나에게 매우 큰 행운이다.

교습자와 코치 생활을 도와준 모든 사람의 이름을 여기에 나열할 수는 없지만, 학술적으로 큰 영향을 주신 몇 분은 이름을 들어 감사를 표하고 싶다. 그중 한 분은 나의 박사 과정에서 지도 교수였던 브루노 볼크 박사이다. 볼크 박사는 미연방 항공국에서의 연구뿐만 아니라 1968년 멕시코 올림픽 전에 실시한 수많은 고지대 훈련 연구에서도 함께했다. 다른 한 사람은 페르올로프 오스트랜드 박사이다. 나는 운 좋게 1년간 스톡홀름의 왕립 체조학교에서 연수할 기회를 얻었는데, 거기서 운동생리학의 세계적 권위자이며 전 세계 사람들의 체력향상에 비견될 수 없는 이바지를 한 오스트랜드 박사의 가르침을 받고 친교를 맺을 수 있었다.

내가 엘리트 선수를 대상으로 수년간 연구를 진행하는 동안 많은 선수들이 아낌없이 시간을 내주었다. 무수한 테스트를 반복할 수 있었던 것은 그런 선수들 덕분이다. 도움이 필요할 때 언제든지 함께해준 사람들을 소개하고 싶다. 짐 라이언, 톰 핸드폰 루덴, 크리스 맥커핀스, 조안 베노이트, 존 메이슨, 톰 하이노넨, 오스카 무어, 데이브 치솜, 콘래드 나이팅게일, 이 밖에도 애슬레틱 웨스트와 나이키 팜의 많은 선수들 중에는 매우 긴 연구에 참가해 준 사람도 있다.

위에서 언급한 선수를 포함한 26명이 1968년, 1993년, 그리고 2013년에 실시한 3번의 테스트에 참가해 45년에 이르는 연구의 피험자가 되어 주었다. 45년의 기간은 엘리트 중장거리 선수를 대상으로 한 연구에서는 사상 최장이 아닐까 생각한다. 이 연구가 매우 흥미로운 결과를 가져오고, 과학 잡지에 논문으로 발표될 수 있었던 것은 그들의 덕택이다.

뛰어난 선수를 오랫동안 지도할 기회가 많았던 것도 역시 나에게 있어서 영광스러운 일이었다. 지도자는 뛰어난 선수로부터 배울 수 있다. 그 선수들의 이름을 여기에 적는다. 페니 웰스너(몬트리올 올림픽 1,500m 캐나다 대표), 켄 마틴과 제리 로손(두 명 모두 2:09 마라톤 주자), 리사 마틴과 막달레나 루이 불렛(두 명 모두 마라톤 올림픽 대표, 각각 2시간 24분, 2시간 26분 기록 보유), 피터 길모어와 제프리 에글스톤(두 사람 모두 마라톤 2시간 12분 기록 보유), 자넷 쉐보롱 보컴(런던 올림픽 10,000m 미국 대표).

나는 코트랜드 뉴욕 주립대학교에서도 17년간 코치로 있었는데 이때의 학생 여러분에게도 깊이 감사하고 싶다. 젊은 학생이 힘을 쌓아가는 것을 목격할 때, 코치는 자신의 지도가 효과를 내고 있다는 확신을 갖게 된다. 그 중에서도 특히 빅키 미첼에게 감사한다. 그녀는 고등학교 시절 800m 2분 39초의 주자에 불과했지만, NCAA 디비전의 트랙 종목과 크로스컨트리에서 총 7회 우승했고, 펜릴레이의 10,000m에서는 33분 1초를 기록했다. 게다가 이때의 마지막 800m는 2분 31초의 자기 최고 기록을 수립했다.

연구와 관련하여 오랫동안 지원해준 칼 포스터에 감사한다. 또 지미 길버트의 이름도 꼽아야 한다. 그는 많은 시간과 노력을 쏟아, 내가 모은 데이터를 편집한 결과를 VDOT 일람표로 변환해 주었다. 이 표 덕분에 모든 레벨의 러너가 훈련 페이스를 쉽게 설정할 수 있게 되었다. 덧붙여서 그는 대학 졸업 후 자신의 주행거리를 기록하기 시작했는데 지금까지 50년간 평균 주간 주행거리는 62km, 합계는 160,000km를 넘는다. 또 밥 세븐, 빈 라나나와 프링크 개그리아노에게도 감사의 말씀을 전하고 싶다. 이들은 엘리트 수준의 선수들과 협업하게 해주었다. 또 브라이언 로제티 외 Run SMART 프로젝트의 스태프에게도 감사드린다. 훈련 방식의 추천이 매우 성공적으로 이뤄지게 된 것은 이들의 덕택이다.

또 현재 의학박사가 된 앤서니 갤로, 그리고 블랙 칵투스(아프디 압디라만), 앤서니 파밀리에티(팜)에게도 감사드린다. 그들은 나뿐만 아니라 가족에게도 좋은 친구였다. 지금까지 소개한 모든 사람들의 지원이 있었기에 내가 지도자로서 성공을 거둘 수 있었으며, 지금도 지원을 멈추지 않은 그들 모두에게 감사드린다.

마지막으로, 아내 낸시와 사랑스런 두 딸에게 감사의 말을 전하고 싶다. 낸시는 화려한 경력을 가진 러너이다. 뉴잉글랜드 대학 챔피언십에서는 몇 번이나 우승했고 올림픽 대표 선발전에는 1,500m와 마라톤 두 종목에 출전했다. 딸 오드라와 사라는 언제나 나와 함께했다. 오드라는 마라톤, 트라이애슬론 외에 100마일 자전거 대회에서도 완주했다. 사라도 준족 러너였지만 음악의 길로 나아가 현재는 뉴욕에서 오페라 가수로 활동하고 있다. 지금까지 내 인생을 기쁨으로 가득 채워준 것은 이 멋진 여성들 덕택이다.

저자에 대하여

잭 다니엘스는 “세계 최고의 러닝 코치”라고 불리고 있다. 55년이 넘는 세월 동안 학생들을 포함하여 세계 톱 중장거리 선수들의 코치로서, 또 멘토로서 활약해 온 그의 가르침을 받은 유명 선수로는 짐 라이언, 페니 웰스너, 켄 마틴, 제리 로손, 알리시아 셰이, 피터 길모어, 리사 마틴, 막달레나 루이불렛, 자넷 셰로, 앤서니 “팜” 파밀리에티, 재닛 쉐로본 보컴 등이 있다. 그리고 다니엘스 본인 또한 근대 5종으로 올림픽에서 2번의 메달을 획득했고 세계 선수권대회에서도 우승한 엘리트 선수였다.

다니엘스는 오클라호마시티대학교, 텍사스대학교, 브레바드대학교, 코트랜드 뉴욕주립대학교 등에서 오랫동안 트랙과 크로스컨트리 코치를 역임했으며, 그중에서도 코틀랜드 뉴욕주립대학교는 다니엘스의 지도하에 NCAA 디비전 III의 단체 우승을 8회 달성했고 30명의 전미 챔피언을 배출했으며, 130명 이상의 선수를 전미 선수권에 보냈다. 또한 다니엘스 자신은 NCAA 디비전 III에서 "20세기 여자 크로스컨트리 최고의 코치"로 선정되었다.

다니엘스가 지도한 것은 대학뿐만이 아니다. 그는 백혈병/림프종 환우회 Leukemia/Lymphoma Society's Team의 내셔널 러닝 코치 어드바이저로도 오랫동안 활동해 매년 수천 명의 러너를 지도했으며, 그 외 나이키 팜팀이나 페루의 마라톤 클럽 '차스키'의 코치도 역임했다.

학술적인 영역에서도 경력을 이어 온 다니엘스는 미국과 스웨덴의 대학원에서 장거리 주행에 관한 조사와 연구를 오랫동안 실시했으며 위스콘신대학에서는 운동 생리학 박사 학위를 취득했다. 또한 스웨덴 왕립 중앙 체조학교에서도 스포츠 과학의 세계적 권위자 펠 오로프 오스트랜드 박사의 지도하에 운동 생리학을 수학했다. 최근에는 올림픽 출전 선수 육성에 가세해 애리조나주 A.T. 스틸보건과학대학교에서 학생들을 가르쳤다.

빛나는 업적을 가진 다니엘스이지만, 자신이 가장 자랑스럽게 생각하고 있는 것은 두 딸과 아내 낸시이다.

역자에 대하여

주용태는 30여 년간 조선일보에서 근무하며 조선일보 문화사업단장 겸 춘천마라톤 조직위원장을 역임하였다. 춘천마라톤 기획자로 그동안 김완기 선수와 권은주 선수의 한국기록 수립을 현장에서 지켜보았고, 마스터스 페이스메이커 제도, 명예의 전당, 메디컬디렉터 등을 처음 도입했다. 마라톤 풀코스를 5회 완주하였으며, 2023년 춘천마라톤 중계 해설위원으로 활약하고 2023년 4월 "성공적인 대구국제마라톤 개최를 위한 제언"으로 대구마라톤 관계자를 대상으로 컨설팅하는 등 마라톤과 한국 육상 발전에 대한 열정을 이어가고 있다. 최근 마라톤 콘텐츠 사이트인 "마라톤온라인"을 운영 중이다.

다니엘스의 러닝 포뮬러

초 판 발행 2024년 4월 10일
3 쇄 발행 2024년 5월 20일

지은이 잭 다니엘스
기획·번역 주용태
펴낸이 이송준
펴낸곳 인간희극
등록 2005년 1월 11일 제319-2005-2호
주소 서울특별시 동작구 사당동 1028-22
전화 02-599-0229
팩스 0505-599-0230
이메일 humancomedy@paran.com

ISBN 978-89-93784-81-7 13690

• 잘못 만들어진 책은 구입하신 곳에서 바꾸어 드립니다.
• 값은 표지에 표기되어 있습니다.